Carlo Donato Cossoni (1623-1700)

Publikationen der Schweizerischen
Musikforschenden Gesellschaft

Publications de la Société Suisse
de Musicologie

Serie II – Vol. 51

PETER LANG
Bern · Berlin · Bruxelles · Frankfurt am Main · New York · Oxford · Wien

Claudio Bacciagaluppi & Luigi Collarile

Carlo Donato Cossoni (1623-1700)

Catalogo tematico

PETER LANG

Bern · Berlin · Bruxelles · Frankfurt am Main · New York · Oxford · Wien

Bibliographic information published by Die Deutsche Bibliothek
Die Deutsche Bibliothek lists this publication in the Deutsche Nationalbibliografie;
detailed bibliographic data is available on the Internet at
‹http://dnb.ddb.de›.

Questo volume è stato pubblicato grazie al sostegno di:

Swiss National Science Foundation
Conservatorio di musica G. Verdi, Como (Italia)

In copertina:
partitura autografa di Carlo Donato Cossoni (CH-E, 437.3:4, c. 1r; particolare)

Layout: Davide Daolmi, Milano

ISSN 1012-8441
ISBN 978-3-03911-645-4

© Peter Lang AG, International Academic Publishers, Bern 2009
Hochfeldstrasse 32, Postfach 746, CH-3000 Bern 9, Switzerland
info@peterlang.com, www.peterlang.com, www.peterlang.net

Printed in Germany

Sommario

Prefazione

La figura di Carlo Donato Cossoni (1623-1700) gode in questi ultimi anni di una notevole attenzione critica, testimoniata da molteplici attività di ricerca, convegni scientifici, pubblicazioni (si vedano, *infra*, i titoli inclusi nella nostra *Bibliografia*). Fra le ragioni che hanno determinato quest'onda d'interesse, una è stata senz'altro decisiva: la straordinaria quantità di fonti autografe che di lui oggi si conservano. Pochissimi attori della vita musicale europea di quell'epoca ci hanno lasciato un tesoro di tale ampiezza. Non c'è dubbio che se queste partiture fossero andate disperse, come mille altre dei contemporanei, il compositore lombardo non sarebbe oggi che un nome fra gli altri, nella lista di coloro che a quell'epoca furono attivi – non sempre da protagonisti – nelle spesso travagliate vicende legate al 'far musica' presso una delle molte cappelle ecclesiastiche dell'Italia settentrionale. Ora, se già di per sé è abbastanza raro poter rintracciare partiture autografe di un compositore del Seicento, nel caso di Cossoni si assiste ad una situazione semplicemente eccezionale: la trasmissione di un insieme di manoscritti – considerevole per quantità, oltre che qualità – provenienti dal suo fondo privato, conservato praticamente intatto presso il monastero benedettino di Einsiedeln (Svizzera), dove il musicista lo ha lasciato per testamento.

La pubblicazione del presente catalogo trova, quindi, la sua principale ragion d'essere nell'inconsueta modalità di trasmissione dell'opera di Cossoni. Lungi dal proposito positivistico di aggiungere un ennesimo nome alla 'Heroen-Geschichte' della storia musicale – dalla pretesa cioè di 'riscoprire' un autore eccezionale per l'intrinseco valore stilistico delle sue opere – , i materiali musicali qui analizzati sono considerati soprattutto nella loro prospettiva di 'fonti' di un'esperienza compositiva colta nella sua immediatezza. Cossoni è infatti prima di tutto un 'testimone', capace di fornirci preziose informazioni relativamente ai principali contesti nei quali è stato attivo. Seguendo il gesto della penna del primo organista della Basilica di S. Petronio a Bologna, poi maestro della cappella musicale del Duomo di Milano, è possibile non soltanto scandagliare da vicino le modalità dell'atto creativo di un autore del Seicento, ma soprattutto riflettere sul peso delle interferenze dettate dalle diverse circostanze – liturgiche, esecutive – con le quali egli è chiamato a confrontarsi. Il fatto ad esempio che la maggior parte della produzione degli anni milanesi sia scritta in 'stile antico' – e veicolata quasi esclusivamente per via manoscritta – deve far riflettere su almeno due questioni. Da un lato, occorre chiedersi fino a che punto le consuetudini del contesto nel quale egli ha operato hanno determinato forme e modi della sua produzione musicale: non soltanto in rapporto alle 'possibilità' esecutive (l'assenza ad esempio di una compagine strumentale), ma soprattutto alle esigenze e alle aspettative stilistiche imposte dal cerimoniale liturgico, vero e proprio codice retorico al quale il compositore è chiamato a conformarsi. Dall'altro, è necessario riflettere sulle categorie alla base della nostra percezione storiografica di un autore e del suo ruolo storico: sino a che punto essa è distorta dal fatto di conoscerne – come solitamente avviene – la sola produzione a stampa? Su di essa, infatti, possono aver agito, a diversi livelli, le esigenze selettive dell'editore, quelle del pubblico e anche dello stesso compositore, che avrà forse voluto dare, di sé e delle proprie abilità, un'immagine volutamente artefatta.

Casi come quello rappresentato dalla produzione di Cossoni vanno dunque considerati come una sorta di faro per individuare una rotta di navigazione nel non facile pèlago storiografico della musica sacra italiana del Seicento. Un mare reso infido, oltre che dalla cronica mancanza di strumenti d'indagine (repertori, cataloghi, edizioni musicali, studi monografici in grado di andare oltre gli autori considerati 'maggiori'), da una serie di schemi e retaggi interpretativi tanto datati quanto radicati, incapaci – se non assolutamente fuorvianti – di rendere giustizia alle problematiche di una produzione musicale complessa e multiforme.

Il volume è aperto, oltre che da una scheda biografica curata da Timoteo Morresi, da un'introduzione storico-filologica, nella quale sono affrontate alcune questioni emerse nel corso del lavoro di studio e analisi delle fonti, in vista dell'allestimento del catalogo. Senza alcuna pretesa di esaustività, si vogliono offrire alcuni spunti di riflessione che meriterebbero di essere approfonditi, vuoi nell'ambito di una ricerca monografica su Cossoni, vuoi, più in generale, da chi intendesse occuparsi di musica sacra del Seicento. Vengono di seguito il catalogo tematico delle composizioni di Cossoni e il catalogo sistematico delle fonti – manoscritte e a stampa – attraverso cui la sua produzione musicale è trasmessa. In appendice, infine, trovano posto – oltre alla bibliografia – una serie di indici (delle filigrane, delle mani dei copisti, degli incipit testuali, della cronologia dei manoscritti, dei nomi citati), concepiti per agevolare la consultazione del volume, ma anche per rendere facilmente disponibili alcuni dei principali risultati raggiunti grazie alla sistematica indagine condotta sulle fonti.

Le ricerche che qui presentiamo si collegano al progetto *Musik aus Schweizer Klöstern*, in corso presso l'Istituto di musicologia dell'Università di Fribourg grazie al sostegno del Fondo Nazionale Svizzero per la Ricerca Scientifica (FNS), e in collaborazione con il Bureau svizzero del RISM e la Società Svizzera di Musicologia. Ringraziamo la signora PD Dr. Therese Bruggisser, presidente della SSM, per aver accolto questo volume tra le Pubblicazioni della Società Svizzera di Musicologia. Per l'indispensabile sostegno finanziario siamo riconoscenti al Conservatorio di Como, in particolare al direttore maestro Luca Bassetto, e al FNS. Con l'augurio che questa pubblicazione possa divenire uno 'strumento di lavoro' utile per quanti si occupano di musica sacra italiana del Seicento, desideriamo ringraziare il maestro Alessandro Picchi (Archivio del Duomo di Como), il dott. Roberto Fighetti (Archivio della Veneranda Fabbrica del Duomo di Milano), il dott. Romano Vettori (Accademia Filarmonica di Bologna), la dott. Daniela Schiavina (Fondazione Cassa di Risparmo di Bologna), don Alfredo Pacini (Archivio Capitolare di Pistoia), monsignor Paolo Bonato (Biblioteca Capitolare di Vigevano), i conservatori della Österreichische Nationalbibliothek di Vienna, padre Joachim Salzgeber e Andreas Meyerhans (Stiftsarchiv Einsiedeln), e la dott. Gabriella Hanke Knaus (RISM Svizzera), che con grande disponibilità hanno agevolato in ogni modo le nostre indagini archivistiche e documentarie. Ai colleghi Davide Daolmi e Danilo Costantini (Milano) dobbiamo innumerevoli stimoli nella discussione di temi cossoniani. Un grazie va poi a quanti hanno seguito passo passo la realizzazione di questa pubblicazione, in particolare le signore Caroline Schopfer (Peter Lang Verlag, Berna) e Laura Möckli (Fribourg). Per il prezioso e generoso sostegno che ormai da diversi anni accompagna il nostro lavoro di ricerca sul prezioso fondo manoscritto conservato presso il monastero benedettino di Einsiedeln, è a padre Lukas Helg (bibliotecario musicale) e a padre Giorgio Giurisato che va tutta la nostra più sincera e personale riconoscenza.

Luca Zoppelli
Claudio Bacciagaluppi
Luigi Collarile
Université de Fribourg

Come usare il catalogo
How to use this book

Il catalogo si divide in due parti principali, un catalogo delle composizioni e un catalogo delle fonti.

Le lettere accanto al numero di catalogo ('cc 3b') distinguono diverse versioni della stessa composizione.

Nei testi in latino, la *i* semivocalica in posizione iniziale è indicata *j* ('jam' e non 'iam').

La datazione delle filigrane è ricavata nella maggior parte dei casi da un confronto dei supporti materiali a partire dalle fonti certamente datate.

In tutte le opere manoscritte e a stampa, Cossoni è coerente nell'uso delle chiavi. Non sono state perciò riportate indicazioni se non in caso di deviazione dalla norma.

The catalogue has two main parts, a work catalogue and a source catalogue.

Small letters by the catalogue number indicate different versions of the same composition (e.g., 'cc 3b').

In Latin texts, the semivowel i at the beginning of a word has been spelt with the letter 'j' (e.g., 'jam' and not 'iam').

Watermarks have been mainly dated by comparing the paper of different sources, starting from the sources carrying a certain date.

In all manuscript and printed sources, Cossoni is consistent in his use of clefs. Only deviations from the standard system have been mentioned.

Chiavi originali: • *Original cleffing:*

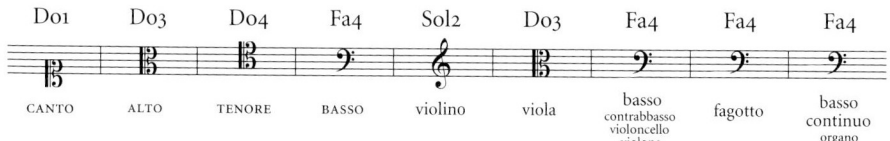

Do1	Do3	Do4	Fa4	Sol2	Do3	Fa4	Fa4	Fa4
CANTO	ALTO	TENORE	BASSO	violino	viola	basso contrabbasso violoncello violone	fagotto	basso continuo organo

Le due schede tipiche del catalogo:
Two typical entries of the catalogue:

CATALOGO COMPOSIZIONI
work catalogue

1.   CC 65   op. VI (1668)

2.   Salmo *Lauda Jerusalem*

3.   *Pubblicazione:* 1668

4.   «Al merito del Sig. Antonio Piantanida. Musico celeberrimo nella Reggia, e
      Ducal Corte di Milano, e nella Chiesa di nostra Signora presso S. Celso» (A)

5.   A, vl₁₋₂, bc •

6.

7.   *Edizione moderna:* in Kurtzman, *Introduzione*, pp. 195-210

CATALOGO FONTI
source catalogue

a.   CH-E, 677.30

b.   Convoluto di 2 parti (incomplete), relative a una composizione.

c.   *Salve regina silvarum*   → CC 238

d.   «A 3, p‹er› la Solennità di S‹an›ta Croce | Cossonij» (B)

e.   CAB, bc

f.   2 parti autografe: A, B; in-4°, cm 23×29, 10 righi per pagina, fil. 31.

g.   Con ogni probabilità, redatte nell'aprile 1686 insieme alla part. autografa
       → CH-E, 437.3:2 (12). Accanto al titolo nella parte dell'A, una mano sviz-
       zera ottocentesca (padre Gall Morel?) annota: «Partitur T.II.37».

1. Numero di catalogo   Rinvio al catalogo per fonti
   Catalogue number   *Link to the source catalogue*

2.   Genere e titolo normalizzato
            Genre, uniform title

3. Data (di pubblicazione o redazione della fonte manoscritta più antica)
   Publication date, or date of the most ancient extant manuscript source

4. Titolo proprio (se non identico con il titolo normalizzato) o sottotitolo
   Caption title (if different from uniform title) or subtitle

5. Organico
   Scoring

6. Incipit (eventuale introduzione strumentale e prima entrata della voce più acuta)
   Incipit (of instrumental introduction, if present, and first entrance of the highest voice)

7. Note, bibliografia, ristampe, edizioni moderne
   Notes, bibliography, reprints, modern editions

---

a.   Fonte (sigla della bibl. e segnatura, o n. d'op. o titolo della stampa)
            Source (library siglum and call number, or opus number or title of the print)

b. Descrizione sommaria
   Brief description

c. Titolo normalizzato   → Rinvio al catalogo per opere
   Uniform title   *Link to the thematic catalogue*

d. Titolo proprio (se non identico con il titolo normalizzato) e sua provenienza
   Caption title (if different from uniform title) and its source

e. Organico
   Scoring

f. Descrizione; dimensioni; copisti; filigrana
   Description; dimensions; copyists; watermarks

g. Note, bibliografia
   Notes, bibliography

Abbreviazioni e sigle
Abbreviations and sigla

D-MÜs	Münster, Santini-Bibliothek
F-Pn	Paris, Bibliothèque nationale de France
GB-Lbl	London, British Library
GB-Lwa	London, Westminster Abbey Library
GB-Ob	Oxford, Bodleian Library
I-AOc	Aosta, Cattedrale, Biblioteca Capitolare
I-ASc	Asti, Duomo, Archivio Capitolare
I-Baf	Bologna, Accademia Filarmonica
I-Bam	Bologna, Collezione d'Arte della Cassa di Risparmio, Biblioteca Ambrosini
I-Bc	Bologna, Museo Internazionale e Biblioteca della Musica
I-Bca	Bologna, Biblioteca Comunale dell'Archiginnasio
I-Bsp	Bologna, Basilica di San Petronio, Archivio Musicale
I-BRd	Brescia, Archivio e Biblioteca Capitolari
I-BRq	Brescia, Biblioteca Civica Queriniana
I-BRs	Brescia, Seminario Vescovile Diocesano, Archivio Musicale
I-COas	Como, Archivio di Stato
I-COd	Como, Duomo, Archivio
I-IBb	Isola Bella, Biblioteca privata Borromeo
I-Ls	Lucca, Seminario Arcivescovile, Biblioteca
I-LOc	Lodi, Duomo, Archivio Capitolare
I-Ma	Milano, Biblioteca Ambrosiana
I-Mas	Milano, Archivio di Stato
I-Mfd	Milano, Veneranda Fabbrica del Duomo, Biblioteca e Archivo
I-Nc	Napoli, Conservatorio S. Pietro a Majella
I-NOVd	Novara, Duomo, Biblioteca Capitolare
I-PCd	Piacenza, Duomo, Biblioteca e Archivo Capitolare
I-PEmazza	Perugia, Biblioteca privata Mazza
I-PS	Pistoia, Biblioteca dell'Archivio Capitolare
I-Rsmt	Roma, Basilica di Santa Maria in Trastevere, Archivio Capitolare
I-SPd	Spoleto, Duomo, Biblioteca Capitolare di S. Lorenzo
I-Td	Torino, Biblioteca del Capitolo Metropolitano
I-URBc	Urbania, Biblioteca comunale
I-VCd	Vercelli, Biblioteca Capitolare
I-VEaf	Verona, Accademia Filarmonica, Biblioteca e archivio
I-VIGsa	Vigevano, Biblioteca del Capitolo della Cattedrale
NL-DHk	Den Haag, Koninklijke Bibliotheek
PL-Kj	Kraków, Biblioteka Jagiellonska
PL-WRu	Wrocław, Biblioteka Uniwersytecka
S-Uu	Uppsala, Universitetsbiblioteket
US-BEm	Berkeley, University of California, Music Library
US-Wc	Washington, Library of Congress

INTRODUZIONE

Premessa

Di Carlo Donato Cossoni si conservano oggi quasi trecento composizioni musicali. Si tratta di una produzione musicale quantitativamente importante, riflesso dell'attività di un musicista assai prolifico. Seppur significativo, questo dato non è però in grado da solo di spiegare perché sia necessario occuparsi in dettaglio della sua produzione musicale, considerata secondo una categoria comune 'minore'. È presto detto: per il valore documentario che essa rappresenta. Occorre intendersi. Non è della qualità musicale del compositore che si sta parlando, ma di quella della sua esperienza di musicista del proprio tempo. Il fatto di poter disporre di un insieme organico di manoscritti autografi proveniente dal fondo privato del compositore e conservato fino ad oggi sostanzialmente integro, rappresenta una situazione la cui importanza è data dalla coerenza di una documentazione che anche per quantità ha davvero pochi confronti nel quadro della produzione musicale coeva. È soprattutto questo che fa di Cossoni un caso musicologico di estremo interesse, che giustifica quindi l'analisi puntuale delle modalità di trasmissione della sua produzione musicale. Le migliaia di pagine autografe custodite da oltre trecento anni presso l'abbazia benenedettina di Einsiedeln, in Svizzera, non rappresentano infatti soltanto una fonte primaria per le composizioni che trasmettono. Esse permettono di scandagliare da vicino l'esperienza artistica di un musicista di metà Seicento sotto molteplici angoli di lettura: quello del suo personale processo compositivo; di aspetti legati ai contesti nei quali egli opera; di prassi esecutive specifiche per le quali alcune composizioni possono essere state concepite. Scenari che nel migliore dei casi sarebbero altrimenti tutt'al più soltanto ipotizzabili.

Ma è possibile andare anche oltre. Considerati nella loro dimensione di 'supporti', le fonti – in particolare quelle manoscritte – sono in grado di fornire preziose informazioni per ricostruire una storia 'materiale', utile non soltanto per collocare spazialmente e temporalmente composizioni di cui non è noto né il luogo né la data di compilazione, ma più in generale come potenziale strumento d'indagine per ricerche condotte sul contesto storico e sociale nel quale Cossoni è attivo, per finalità anche non strettamente musicologiche. Un'indagine di bibliografia materiale condotta sulle fonti a stampa ha permesso ad esempio di osservare da vicino le dinamiche che governano la produzione editoriale musicale del tempo. È stato possibile mettere in luce così come dietro le edizioni stampate da Giovanni Battista Beltramino vi sia con ogni probabilità la mano di Cossoni: l'unico autore di cui egli pubblica un libro di musica.

È questa la prospettiva alla base di questo studio: indagare la produzione musicale di Carlo Donato come testimonianza di valore documentario in grado di fornire informazioni sul contesto (in senso lato) in cui egli ha operato. Ciò non ha nulla a che vedere quindi con la presunta (o presumibile) 'qualità' della sua musica. Anzi, è a prescindere da essa. Chiarire questo fatto significa marcare un confine netto tra due piani di indagine completamente diversi. Appare evidente l'esigenza di un ripensamento schietto sui troppi pregiudizi che ancora annebbiano la vista, specie nel caso ci si occupi di autori cosiddetti 'minori'. Occorre riflettere infatti sulla distorsione prodotta dalla reiterazione di giudizi di merito i cui presupposti andrebbero al contrario attentamente valutati, perché espressione di una prospettiva gerarchizzante, che tende a fossilizzare un autore in un 'ruolo'. Accanto ai 'maggiori', a cui viene assegnata spesso una funzione 'emblematica' (di un'evoluzione culturale, di un processo estetico, di un percorso storico, che tende poi a riflettersi su quella del contesto nel quale il singolo ha operato: la Venezia rinascimentale, la Roma barocca, la Parigi di Louis XIV, la Vienna imperiale, ecc.), si collocano i 'minori', a cui viene assegnato il ruolo di spettatori più o meno compartecipi o consapevoli del fluido progredire della storia.

In quest'ottica, il 'ruolo' che verrebbe assegnato a Cossoni è senza dubbio quello di un 'minore'. È abbastanza evidente quanto una prospettiva di questo tipo sia incapace di cogliere l'importanza documentaria di una produzione musicale come quella cossoniana, che deve essere studiata però senza nemmeno la presunzione di voler 'riscoprire' un autore che sarebbe stato 'ingiustamente dimenticato'. Una prospettiva che anche in questo caso porterebbe a risultati mediocri e arbitrari, almeno quanto il principale strumento d'indagine di cui intende avvalersi: ancora una volta, un giudizio di merito sul compositore. Difronte a una partitura seicentesca scritta secondo i dettami della più rigorosa scuola contrappuntistica, chiedersi infatti quale sia il valore artistico della penna di un compositore rispetto ai modelli palestriniani a cui egli si ispira, appare un puro esercizio dialettico, se non si considera come la scelta di esprimersi in un simile linguaggio sia nella maggior parte dei casi il frutto di un adeguamento a un codice retorico ed estetico imposto dal contesto nel quale il compositore lavora.

Se è vero che la 'storia della musica' che possiamo scrivere è essenzialmente una 'storia delle composizioni musicali che ci sono state trasmesse', la questione di come affrontare la 'storia delle fonti' che ci conservano l'esperienza musicale di un'epoca è quindi di fondamentale importanza. L'eccezionalità della testimonianza racchiusa in un caso come quello rappresentato dalla produzione musicale di Cossoni deve quindi far riflettere una volta di più sui retaggi – pesanti spesso come macigni – che gravano sulla comprensione di esperienze musicali del passato.

È necessario considerare attentamente il problema posto dalla prospettiva (o dalle prospettive): ripartendo dalle fonti. Negli ultimi anni, la musicologia – al pari delle altre discipline umanistiche – ha fatto passi da gigante in questo senso. Molto resta però ancora da fare, soprattutto per quanto riguarda ambiti di ricerca vasti quanto poco battuti, come ad esempio la produzione musicale sacra del Seicento: ambiti per i quali il comodo appiglio fornito da granitiche quanto apparenti certezze può dare ancora la sensazione di poter rappresentare una soluzione accettabile.

Principale obiettivo di questo studio è quello di fornire uno strumento di lavoro per dare avvio a una ricerca che dall'analisi delle fonti attraverso le quali la produzione musicale di Carlo Donato Cossoni ci è stata trasmessa, possa dare vita alla ricostruzione di un'esperienza artistica, considerata prima di tutto come espressione dell'interazione dei diversi contesti – culturali, storici, economici, istituzionali – di cui essa ci offre una vivida testimonianza.

L'introduzione si articola in cinque paragrafi. Il primo espone lo stato attuale della ricerca biografica. Nel secondo sono affrontate diverse questioni che riguardano le modalità attraverso cui la produzione musicale di Cossoni è stata trasmessa fino ad oggi. Nel terzo sono esaminati alcuni aspetti legati alla sua ricezione. Nel quarto, essa è considerata invece nella prospettiva dei contesti nei quali Cossoni ha operato, per valutare fino a che punto essi abbiano influito sulle 'forme della musica' a cui il compositore ha dato vita. Nel quinto sono proposte infine alcune riflessioni riguardo ad alcune questioni di prassi esecutiva che le fonti sollevano.

Carlo Donato Cossoni

Scheda biografica di Timoteo Morresi

Carlo Donato Cossoni nasce a Gravedona, sul lago di Como. Viene battezzato nella chiesa di S. Maria del Tiglio l'11 novembre 1623.[1] È il secondo di dieci figli. Il padre, Giovanni Antonio, è organista nella locale Collegiata, oltre che a Peglio e a Sondrio. Anche i fratelli di Carlo Donato esercitano a vario titolo il mestiere di organista: Euclide suona a Brenzio e a Peglio; Nicolao, notaio e giureconsulto, tra il 1702 e il 1706 svolge le mansioni di organista presso la Collegiata di Bellinzona; Giovanni Battista, il cadetto, è attivo a Gravedona e a Domaso. Carlo Donato frequenta il Collegio dei Gesuiti di Como. Terminati i corsi di umanità e retorica, veste l'abito di chierico. Il 28 ottobre del 1642 gli viene conferita la tonsura da parte del vescovo Lazaro Carafino, che l'11 marzo 1645 lo promuove ai quattro ordini minori. Nominato suddiacono, il 17 marzo 1646 viene ordinato diacono. Cossoni è ordinato infine sacerdote il 14 ottobre 1646.[2]

Nel febbraio del 1650 egli partecipa al concorso per il posto di organista della basilica di S. Fedele a Como. La nomina, di competenza della Confraternita della Beata Vergine e del capitolo dei canonici, è piuttosto combattuta. Il capitolo elegge dapprima Carlo Ceresa. A questa decisione si oppongono però i membri della Confraternita, che propongono di votare separatamente i due candidati. I canonici decidono di non partecipare alla votazione, decretando di fatto la vittoria di Cossoni, sulla quale è possibile abbia pesato anche l'intervento di Tolomeo Gallio, conte delle Tre Pievi. Non sappiamo di preciso per quanti anni Cossoni abbia svolto le mansioni di organista in S. Fedele. Di sicuro non oltre il 1656, quando l'incarico è affidato ad Antonio Pellegri.

---

1 *Cfr*. Archivio Parrocchiale, *Registro dei battezzati… sino al 1624*. A questo documento si rifanno anche gli studi che – per deduzione – ipotizzano che la nascita sia avvenuta il 10 novembre 1623.

2 Como, Archivio storico della diocesi, *Visite pastorali*, cart. LXIX (Cleeri), p. 69; Longatti, *Carlo Cossoni*, p. 248.

Il primo soggiorno milanese

Tra il 1656 e il 1659, Cossoni è attivo come organista in alcune chiese minori di Milano: in S. Maria Segreta e in S. Giuseppe. Nel novembre del 1659 partecipa al concorso di secondo organista nel Duomo di Milano, bandito in seguito alla morte di Franco Fumasio.[3] Il posto, per il quale si presentano nove candidati, viene assegnato però ad Angelo Maria Caspano.

In questo periodo, Cossoni entra in contatto con gli ambienti da cui prenderà vita l'Accademia dei Faticosi, fiorita nel 1662 su iniziativa dei padri Teatini e di alcuni membri della famiglia Borromeo. Da una lettera datata marzo 1661 e indirizzata al futuro principe dell'Accademia, Vitaliano Borromeo, si apprende infatti come Cossoni abbia segnalato un clavicembalo da acquistare.[4] L'Accademia poneva al centro dei propri interessi tematiche etiche e filosofiche: l'autore di riferimento era Aristotele. A giudicare dagli statuti, il ruolo della musica all'interno del sodalizio non doveva essere però secondario. In occasione dell'«accademia pubblica», le due orazioni e la recita di componimenti poetici erano introdotte da brani musicali. Prescritta era pure la presenza di un «maestro di cerimonie» e di un «sopraintendente della musica», entrambi membri della gerarchia. La musica che accompagnava la recita dei componimenti letterari doveva essere breve e sobria. Oltre ai Teatini, vi aderirono gruppi di letterati e intellettuali laici o appartenenti ad altri ordini religiosi, come i Somaschi, i Gesuiti e i Domenicani.[5] Non si sa esattamente quando Cossoni ne sia diventato membro. In ogni caso, prima del 1667, quando sul frontespizio dei *Salmi a otto voci pieni e brevi* op. III (Bologna 1667) egli si definisce «Accademico faticoso».

Il periodo bolognese

Nel 1662, Cossoni si trasferisce a Bologna. Secondo la *Notitia de' contrappuntisti e compositori di musica* di Giuseppe Ottavio Pitoni, il soggiorno nella città emiliana avrebbe dovuto essere una semplice tappa di un viaggio che aveva Roma come destinazione: essendo tuttavia vacante il posto di organista in S. Petronio, Maurizio Cazzati, allora maestro di cappella, convince il musicista lombardo a fermarsi.[6]

---

3   Si conserva la sua lettera di presentazione al concorso in I-Mfd, AS, c. 404 bis, c. 28 n. 5.
4   I-IBb, FB, *Vitaliano VI, Corrispondenza 1661/1686.*
5   Fra gli accademici di rilievo troviamo Carlo Maria Maggi, il maggior poeta milanese del Seicento. Altre notizie sull'Accademia si possono trovare in CARPANI, *Valenze sceniche.*
6   PITONI, *Notizia*, pp. 338-339: «Carlo Cossonio di Gravedona. Sacerdote, il quale, nel passaggio che fece da Bologna per portarsi a Roma, vi trovò vacante il posto di primo organista

Al concorso per il posto di organista, tenutosi il 3 novembre 1662, prende parte oltre a Cossoni un certo don Bernardino Ponti. Gli Atti della Fabbrica di San Petronio ci informano come il musicista lombardo abbia ottenuto quattro voti favorevoli, contro il solo voto favorevole e i tre contrari dell'altro concorrente.[7] Cossoni assume così la carica di primo organista della cappella. A San Petronio vige infatti la regola che questo incarico spetti al più anziano degli organisti: essa viene assegnata di conseguenza a Cossoni, perché di 14 anni più anziano dell'altro organista, Giovanni Paolo Colonna, in carica dal 1658.[8] Con un salario mensile di 50 lire, egli è l'organista meglio pagato della basilica.[9]

Il periodo bolognese, durato in tutto otto anni e qualche mese, rappresenta un tempo particolarmente felice per Cossoni. È qui che egli dà vita alla maggior parte delle sue composizioni e delle sue edizioni a stampa.[10] Fra le prime opere concepite a Bologna figura l'oratorio intitolato *L'Adamo* (CC 315), una «dramatica musicale», come viene indicato nella dedica. Rappresentato il 20 maggio 1663 nell'Oratorio della SS. Trinità in occasione dell'omonima solennità, esso costituisce uno dei primi esempi nel suo genere eseguiti a Bologna.[11] L'oratorio viene riproposto nel 1665, sempre alla SS. Trinità;[12] quindi nel 1667, questa volta eseguito però nell'oratorio del marchese senatore Paleotti, in occasione della festività di San Giuseppe. In questo medesimo contesto, Cossoni esegue nel 1668 anche la *Dina rapita* (CC 324). Il testo è

---

di quella cappella di San Petronio, dove dal Cazzati, allora maestro di cappella, fu fermato al detto posto di organista».

7   I-Bsp, *Atti della Fabbrica (Decreta Congregationis)*, vol. 24 (1650-1673), cc. 136v-137, 3 novembre 1662.

8   *Cfr.* GAMBASSI, *Cappella musicale*, pp. 361-362 (*Ordini*, pp. 6-7); e VANSCHEEUWIJCK, *The Cappella Nusicale*, pp. 107-109 e 135.

9   I-Bsp, *Mandati di pagamento*, cc. 602-603. Il salario del secondo organista ammontava a 17 lire.

10 In quanto a opere pubblicate in quegli anni è preceduto solo da Maurizio Cazzati, il quale nel periodo corrispondente dà alle stampe venti opere; Giovanni Battista Vitali è autore di cinque opere; Giovanni Paolo Colonna pubblica tardi, nel 1681, la sua prima opera; di Giulio Cesare Arresti se ne contano tre.

11 Benché la città, facendo parte dello Stato della Chiesa, fosse in stretto rapporto con Roma, per trovare notizie su una prima esecuzione di un oratorio bolognese bisogna aspettare fino al 1659, anno in cui Cazzati compone *La morte di San Giuseppe*, cui a distanza di due anni seguono due oratori dell'Arresti: la *Licenza di Giesù da Maria* e *L'orto di Getsemani glorioso nei sudori di Cristo* (1661). Di questi primi oratori bolognesi si è conservato purtroppo solo il libretto a stampa; la musica, per la stragrande maggioranza degli oratori composti fino al 1674, è andata persa. *Cfr.* CROWTHER, *The Oratorio in Bologna*, pp. 44-47; e MALVEZZI, *I libretti di Cossoni*, pp. 248-261.

12 *Cfr. L'Adamo* (1665), nel catalogo delle fonti perdute offerto in questo volume.

opera di padre Carlo Ciccarelli, monaco celestino in S. Stefano. Come nel caso de *L'Adamo*, la musica non è conservata. Un terzo oratorio vede la luce nel 1670, *La gloria de' santi* (CC 256). Sono ignote le circostanze per cui sarebbe stato composto; sconosciuto è pure il librettista. Di esso si conserva però la musica, trasmessa in un manoscritto custodito attualmente presso l'archivio del Duomo di Como.[13] Come la *Dina rapita*, anche *La gloria de' santi* si divide in due parti. Ciò che contraddistingue però quest'ultimo oratorio è l'estrema brevità: appena 300 versi in tutto.

Nella prima metà del Seicento, anche a Bologna sorgono numerose le accademie. Le principali sono quelle dei Floridi, dei Filomusi e dei Filaschisi.[14] Tutte e tre hanno vita breve. Destinata a durare fino ai nostri giorni è invece l'Accademia Filarmonica, istituita nel 1666 per volere del marchese Vincenzo Maria Carrati. Cossoni è tra i primi a farne parte: la sua aggregazione avviene infatti con ogni probabilità lo stesso anno della fondazione.[15]

Tra il 1665 e il 1668 Cossoni pubblica sei raccolte di musica sacra: mottetti a una voce, mottetti a due o tre voci, salmi, lamentazioni.[16] Nel marzo 1668, un suo mottetto a tre voci, *Procul delitiae* (CC 229), viene incluso nella raccolta di *Sacri Concerti overo Motetti a due, e trè voci di diversi Eccellentissimi Autori* di Marino Silvani, pubblicata da Giacomo Monti: il nome di Cossoni figura accanto a quello di compositori bolognesi o attivi a Bologna, come Maurizio Cazzati, Orazio Tarditi e Giovanni Paolo Colonna, e di altri illustri contemporanei, in particolare i veneziani Giovanni Rovetta, Natale Monferrato, Francesco Cavalli, Giovanni Battista Volpe e Pietro Andrea Ziani.

Nel 1669, Cossoni dà alla luce la sua prima raccolta di musica profana, *Il primo libro delle canzonette amorose* op. VII. Si tratta però di un genere che rimane minoritario all'interno della sua produzione musicale. In seguito, egli

---

13   I-COd, V-21.

14   Maylender, *Storia delle Accademie d'Italia*, II, 1927, pp. 348-350.

15   Per quanto riguarda la data di affiliazione di Cossoni, le fonti non sono concordi. Le *Notizie bio-bibliografiche relative a vari aggregati all'Accademia*, un prezioso manoscritto non datato (I-Bca, *Manoscritti, Fondi speciali, Accademia Filarmonica*), danno per certo che il compositore ne sia stato membro fin dalla fondazione, nel 1666. A questa fonte rinviano: Morini, *La regia Accademia Filarmonica*, p. 50; Gambassi, *L'Accademia Filarmonica*, p. 432; e Longatti, *Carlo Cossoni*, p. 250. Secondo invece la *Cronologia o sia istoria generale di questa Accademia*, manoscritto in due volumi, redatto a Bologna nel 1736 da Olivo Penna, Cossoni sarebbe stato aggregato l'anno successivo, nel 1667, quando principe dell'Accademia è Ottavio Garutti, a cui è dedicata l'op. XI (1671); a questa fonte si rifà Martini, *Serie cronologica* (Bologna 1776) e più recentemente Callegari Hill, *L'Accademia Filarmonica*, p. 186.

16   Si rinvia al catalogo delle fonti.

ne di un'antifona e un salmo, in due giorni separati.[28] Le prove sono spedite a tre periti: Francesco Beretta, maestro di cappella in S. Pietro a Roma, Alessandro Melani, maestro di cappella in S. Luigi dei Francesi, pure a Roma, e a Celani, *alias* Giuseppe Corsi, maestro della cappella ducale di Parma. Il 5 dicembre 1684, nella seduta in cui si deve eleggere il nuovo maestro di cappella, i deputati della Fabbrica vengono informati delle relazioni dei tre periti, le cui preferenze vanno alle prove di Pizzala e di D'Alessandri. Dopo molte votazioni senza esito, i deputati – più preoccupati di sostenere «non chi aveva maggior virtù, e merito, ma chi aveva più gagliarda raccomandatione», secondo le accuse mosse dall'autore di un anonimo *Racconto minuto e sincero*, apparso subito dopo la conclusione del concorso[29] – eleggono con un solo voto di maggioranza Carlo Donato Cossoni: e ciò, nonostante si fosse già diffusa la voce che egli fosse stato più volte processato dalla Curia arcivescovile. Informato dell'avvenuta elezione, l'arcivescovo di Milano, Federico Visconti, manifesta però tutta la sua contrarietà, ingiungendo al nuovo maestro di non metter piede in Duomo.[30] Cossoni, per reazione, senza recarsi dal presule come si conveniva, prende possesso della casa spettante al maestro di cappella. L'11 dicembre l'arcivescovo ne ordina perciò l'arresto, anche sulla base del fatto che Cossoni risiede a Milano senza la dimissoria del suo ordinario, avendo egli ottenuto il canonicato con obbligo di residenza nella diocesi di Como, celebrando oltretutto messa senza licenza della cancelleria milanese. Il giorno dopo, Cossoni viene liberato ed espulso dall'arcidiocesi di Milano. In risposta a questa «ingerenza» dell'Arcivescovo, il Capitolo della Veneranda Fabbrica sospende dal loro ufficio tutti i musici della cappella, rifiutando loro il salario fintanto che il maestro eletto non fosse entrato in funzione. La contesa che oppone il Capitolo della Fabbrica, favorevole alla nomina del Cossoni, all'arcivescovo Visconti, contrario, si trascina per diversi mesi, coinvolgendo direttamente il governatore di Milano, diversi cardinali e senatori, e addirittura papa Innocenzo XI. I salari dei musici della cappella del Duomo vengono pagati solo nel marzo del 1685. La situazione però non si sblocca ancora. Il 25 luglio l'arcivescovo Visconti chiede al segretario di stato vaticano, cardinale Alderano Cybo-Malaspina, di informare della vicenda papa Innocenzo XI. In realtà, il papa era stato già informato della questione direttamente dai rappre-

---

28 Le prove dei candidati si trovano nel convoluto miscellaneo I-Mfd, AD.11.1: le partiture delle composizioni di Cossoni (CC 75, 82 e 85) sono identificabili alle cc. 25r-38v.

29 I-Mas, *Culto parte antica*, c. 1049; è citato per intero in MAGAUDDA–COSTANTINI, *Giulio D'Alessandri*, pp. 338-342.

30 *Cfr.* DE RUVO, *Carlo Cossonio prete*, pp. 48-51. A proposito della figura dell'arcivescovo Visconti si veda PAGANI, *Federico Visconti*.

sentanti del Capitolo. Al secolo Benedetto Odescalchi (1611-1689), Innocenzo XI poteva godere di una serie di rapporti diretti con il territorio lombardo, essendo di origini comasche, uscito addirittura dalla stessa scuola dei Gesuiti di Como presso la quale si era formato Cossoni. Innocenzo XI condivide le preoccupazioni dell'arcivescovo circa le «male qualità» del musicista. Tuttavia, constatata l'irremovibilità dei deputati della Fabbrica riguardo alla nomina, decide di condonargli «delitti e processi che se gli adducevano contro»,[31] accondiscendendo così alle richieste della fazione favorevole all'insediamento di Cossoni. Un ruolo non secondario nella vicenda pare aver svolto il senatore Antonio Maria Erba, nipote di papa Odescalchi, al quale il musicista aveva dedicato le *Sacre lodi* e gli *Oratorii sacri*.

Il parere del papa non è però condiviso dall'arcivescovo, che soltanto il 29 dicembre accetta un compromesso con la Fabbrica. Cossoni avrebbe rinunciato al posto di maestro di cappella, supplicando l'arcivescovo di revocargli la pena dell'esilio e promettendo di chiedere le dimissorie al vescovo di Como per poter celebrare la messa nella diocesi di Milano. I deputati avrebbero aperto quindi un nuovo concorso, al quale avrebbe potuto partecipare anche Cossoni, con una nuova commissione di periti. Rinunciando a indire il concorso, il 31 dicembre 1685 i deputati presentano all'arcivescovo due candidati. Soddisfatto dell'accordo raggiunto che di fatto ristabilisce alcune formalità, l'arcivescovo delega la nomina del nuovo maestro di cappella al Capitolo, il quale propone «quello che era stato già nominato, e poi dimesso, cioè il reverendo Carlo Cossonio. E l'arcivescovo accettò, e fu contento di questa nomina».[32]

Lo stipendio annuo di Carlo Donato ammonta a 1500 lire milanesi. Il Capitolo, nella seduta del 22 dicembre 1688, su richiesta dello stesso Cossoni, decide di portarlo a 1800 lire. Cossoni è regolarmente pagato fino al mese di luglio del 1692.[33] Il 22 agosto Francesco Visconti, rettore della Veneranda Fabbrica, intima al ragioniere di non versare più il salario al maestro di cappella. Lasciata Milano grazie a un breve permesso (da mettere forse in relazione con la morte del padre, il novantaduenne Giovanni Antonio, avvenuta il 18 maggio 1692),[34] Cossoni – quantunque ammonito – non vi fa più ritorno. Nella riunione del 18 settembre, il Capitolo ne delibera quindi il licenziamento e dispone gli avvisi per un nuovo concorso.

---

31 Le citazioni sono prese da PAGANI, *Carlo Cossoni*, p. 56.
32 *Cfr. ibidem*, p. 57.
33 I-Mfd, *Mandati di pagamento*, luglio 1692.
34 Gravedona, Archivio Parrocchiale, *Liber mortuorum ab anno 1650 usque ad annum 1694*.

Gli ultimi anni

Poco dopo il suo trasferimento a Gravedona, Cossoni pubblica la sua ultima raccolta a stampa: le *Quattro Messe, tre piene e brevi e l'altra fugata* op. XVI, apparsa all'inizio del 1694. A partire dal 1698 celebra messa regolarmente presso l'oratorio dei Ss. Rocco e Vittore di Gravedona. Il *Miserere* (CC 72) redatto nel novembre 1699 e dedicato a Francesco Rusca, maestro di capella del Duomo di Como, rappresenta una delle sue ultime composizioni.[35] Il 27 gennaio 1700, Cossoni detta le proprie volontà al notaio Giuseppe Curti Basso di Gravedona.[36] Il successivo 26 febbraio redige però un'ultima versione del proprio testamento, depositato questa volta presso il notaio Giovanni Curti Pettarda.[37]

Carlo Donato Cossoni si spegne a Gravedona il 5 marzo 1700.[38] Per il tramite dei padri benedettini di Bellinzona, egli lascia i propri manoscritti musicali in latino all'abbazia di S. Maria di Einsiedeln (Svizzera), in cambio di una messa in suffragio perpetuo.[39]

---

35 Per i rapporti con Rusca e con l'ambiente musicale comasco, si rinvia a p. 44.

36 I-COas, *Notarile*, cart. 3074 (notaio Giuseppe Curti Basso).

37 I-COas, *Notarile*, cart. 2494 (notaio Giovanni Curti Pettarda), 26 febbraio 1700: «[…] Item legavit etc. et iure legati reliquit etc. venerando Monasterio reverendorum patrum sancti Benedicti appellato della Madonna de Valdo sito in monte in regione Helvetica, vulgo tutte le sue opere musicali manuscritte in lingua latina per chiesa, et non quelle che sono in lingua italiana, con carico all'infrascritta herede di darne notizia, subito doppo la morte di detto testatore alli reverendi padri benedettini di Bellinzona, et con carico a detta herede di non permettere che siano toccate da alcuno acciò non si confondino o mischino, mentre sono tutte aggiustate nella scantia a cosa per cosa […]». LONGATTI, *Carlo Cossoni*, p. 261.

38 Gravedona, Archivio Parrocchiale, *Liber defunctorum (dal 1680 al 1710)*. La data corretta della morte del compositore è indicata per la prima volta da LANDINI, *Carlo Donato Cossoni*, p. 114.

39 Per maggiori informazioni relativi alla trasmissione dei manoscritti di Cossoni, si rinvia al § 2. A proposito della residenza di Bellinzona, occupata dai padri benedettini a partire dal 1675, *cfr.* HENGGELER, *Geschichte der Residenz*; e COLLARILE, *Bellinzona 1675-1852*. Come Cossoni sia entrato in contatto con i benedettini di Bellinzona non è dato di sapere. È possibile che sia da mettere in relazione con i lavori di rifacimento dell'organo della vicina Collegiata, effettuati intorno agli anni 1690-1702: *cfr.* FERRARI, *L'organo Graziadio Antegnati*, p. 73. I rapporti tra Gravedona e Bellinzona non dovevano comunque essere infrequenti all'epoca: le due località si trovano lungo l'asse di un percorso molto battuto, attraverso il passo del San Iorio.

Problemi di trasmissione

La ricognizione sui problemi di trasmissione della produzione musicale di Carlo Donato Cossoni prende avvio dalla nutrita serie di sue raccolte a stampa. Sono analizzate in seguito le vicende legate all'importante fondo autografo proveniente dalla biblioteca del compositore. Quindi, ciò che riguarda le altre fonti manoscritte attualmente note. Per concludere, sono affrontate alcune questioni legate alla diversa redazione di alcune composizioni.

La produzione a stampa

Delle 289 composizioni musicali di Cossoni oggi conservate, 200 sono trasmesse in quattordici raccolte a stampa, pubblicate a cura dell'autore tra il 1665 e il 1694. L'esordio editoriale avviene con i *Motetti a due e tre voci, con le Letanie della B. V. Maria a 3* op. I, pubblicati nel 1665 a Venezia per i tipi di Francesco Magni (*v.* TAB. 2.1). È lecito chiedersi perché Cossoni si sia rivolto a uno stampatore veneziano, trovandosi a Bologna già da alcuni anni.[1] Egli avrebbe potuto affidare infatti l'allestimento del volume a un editore attivo *in loco*, come ad esempio Giacomo Monti, con il quale egli collabora oltretutto già nel maggio del 1663 in vista della pubblicazione del libretto della prima esecuzione dell'oratorio *L'Adamo*,[2] e poi anche nel corso dello stesso 1665, per la ristampa del medesimo libretto, in occasione della seconda rappresentazione dell'oratorio.[3] La mancata collaborazione con Monti per l'allestimento dell'op. I deve probabilmente essere messa in rapporto all'aspra polemica innescatasi all'indomani della nomina di Maurizio Cazzati a maestro della cappella di S. Petronio (1657), che contrappone i 'musici locali' ai 'foresti'.[4] Sebbene

---

1   Cossoni è nominato organista della basilica di S. Petronio il 3 novembre 1662: *cfr.* p. 9. È possibile però che egli si fosse trasferito a Bologna già da qualche tempo; in ogni caso, dopo il 24 marzo 1661, data a cui risale una lettera per Vitaliano Borromeo, scritta da Cossoni a Milano: *cfr.* MALVEZZI, *I libretti*, pp. 245-246.

2   FONTI → *L'Adamo* (1663).

3   Il libretto è andato perduto: *cfr.* FONTI → *L'Adamo* (1665).

4   Sulla questione, *cfr.* SCHNOEBELEN, *Cazzati vs. Bologna* e BRETT, *Music and ideas*.

DATA	OPUS	TITOLO	LUOGO, EDITORE
1663		*L'Adamo* [libretto] Dedica di Lorenzo Orlandi, Priore della Compagnia della Santissima Trinità, a Bernardo Pini, Canonico di S. Pietro e Primicerio della medesima Compagnia	Bologna, Monti
1665		*L'Adamo* [libretto] (senza dedica)	Bologna, Monti
1665	op. I₁	*Motetti a due e tre voci, con le Letanie* Dedica ad Alessandro Fachenetti presidente perpetuo di S. Petronio di Bologna	Venezia, Magni
1667	op. II	*Primo libro de motetti a voce sola* Dedica all'abate Carlo Sanpietro. • Il mottetto *Peccavi Domine* CC 226 è dedicato a Florenio Filiberi, musico dell'arcivescovo di Ravenna mons. Torregiani	Bologna, Monti
1667	op. III	*Salmi a otto voci* Dedica al mastro di campo Antonio Renato Borromei	Bologna, Monti
1667		*L'Adamo* [libretto] (senza dedica)	Bologna, Monti
1668	op. II₂	*Primo libro de motetti a voce sola* Dedica a don Melchior Oddi	Bologna, Monti
1668	op. IV₁	*Inni a voce sola* Dedica al marchese Cesare Tanara	Bologna, Monti
1668	op. V	*Lamentazioni della Settimana Santa a voce sola* Dedica al signor Bernardo Pezzi	Bologna, Monti

TABELLA 2.1 Opere pubblicate durante il soggiorno a Bologna (1662-1671)

Cossoni non paia aver avuto in essa un ruolo attivo, è evidente come la sua posizione di musicista 'foresto' potrebbe avergli procurato comunque l'ostracismo da parte del gruppo più intransigente della fazione locale, influenzando le scelte del più importante editore musicale bolognese. In questa prospettiva, è significativo osservare come Cazzati – principale protagonista della polemica – subisca in realtà lo stesso trattamento riservato a Cossoni. Monti stampa i libretti dei suoi oratori, ma nessuna sua raccolta musicale: la produzione di Cazzati conosce infatti la via delle stampe o grazie ad altri editori bolognesi diversi da Monti o a cura dello stesso musicista, nelle vesti di stampatore musicale in proprio.[5]

---

5   *Cfr.* SARTORI, *Dizionario*, p. 46. Apparentemente, l'unica composizione che Monti stampa di Cazzati è il mottetto *Salve mundi*, pubblicato all'interno dei *Sacri concerti*, miscella-

1668 op. VI	*Salmi concertati*	Bologna, Monti
	Dedica al cardinale Pietro Vidoni	
	• Il Salmo *Lauda Jerusalem* CC 65 è dedicato «Al merito del Sig. Antonio Piantanida. Musico celeberrimo nella Reggia, e Ducal Corte di Milano, e nella Chiesa di nostra Signora presso S. Celso»	
1668	*Dina rapita* [libretto]	Bologna, Monti
	(senza dedica)	
1668	*La regina delle rose* [raccolta poetica]	Bologna, Manolessi
	Dedica di C. D. Cossoni alla signora Sampieri	
1668	Mottetto *Procul delitiae dum Jesu perfruar* CC 229 in *Sacri concerti overo motetti a due, e tre voci* [raccolta Silvani]; dedica a Giacomo Maria Marchesini	Bologna, Monti
1669 op. VII	*Libro primo delle canzonette amorose a voce sola*	Bologna, Monti
	Dedica a Vincenzo Maria Carrati, fondatore dell'Accademia Filarmonica di Bologna	
	• La canzonetta *Un'empia fortuna* CC 288 è dedicata «Al merito del Sig. D. Lorenzo Gaggiotti. Basso in S. Petronio di Bologna.»	
1669 op. VIII	*Messe a quattro e cinque voci concertate*	Bologna, Monti
	Dedica al padre maestro Domenico Valvasori, reggente nel convento di S. Agostino di Roma	
1670 op. IX	*Il secondo libro de motetti a due, e tre voci*	Bologna, Monti
	Dedica a Giovanni Giani	
1670 op. X	*Il secondo libro de motetti a voce sola*	Bologna, Monti
	Dedica al signor Giulio Paravicino	
1671 op. XI	*Letanie a quattro antifone dell'anno a otto voci*	Bologna, Monti
	Dedica al padre maestro Ottavio Garutti servita, teologo collegiato di Bologna	

Per Cossoni, la situazione cambia però nel corso del 1666, quando egli dà avvio a un'assai proficua collaborazione con il maggiore stampatore musicale bolognese. Tra il 1667 e il 1671 vedono così la luce undici raccolte individuali (compresa una ristampa) e due libretti di oratori. Nel 1667, sono pubblicati il *Primo libro de motetti a voce sola* op. II e i *Salmi a otto voci* op. III; viene ristampato poi il libretto de *L'Adamo*, in occasione della sua terza ripresa bolognese.[6] Nel 1668, appaiono gli *Inni a voce sola* op. IV₁, le *Lamentazioni della Settimana Santa a voce sola* op. V, i *Salmi concertati* op. VI, la seconda impres-

---

nea curata nel 1668 da Marino Silvani, che ospita anche un mottetto di Cossoni; *cfr.* FONTI → 1668².

6   FONTI → *L'Adamo* (1667).

sione dell'op. II e il libretto di un nuovo oratorio, la *Dina rapita*.[7] Nel 1669, vedono la luce il *Libro primo delle canzonette amorose a voce sola* op. VII e le *Messe a quattro e cinque voci concertate* op. VIII. Nel 1670, poi, *Il secondo libro de motetti a due, e tre voci* op. IX e *Il secondo libro de motetti a voce sola* op. X. Infine, nel 1671, sono stampate le *Letanie e quattro antifone dell'anno a otto voci* op. XI.

La dedica dell'op. III è datata 10 luglio 1667. Ciò permette di stabilire il *terminus ante quem* per collocare l'uscita dell'op. II₁, stampata nei primi mesi del 1667. L'avvio del rapporto di collaborazione tra Cossoni e Monti segue quindi di poco l'aggregazione del musicista all'Accademia Filarmonica di Bologna.[8] Che tra i due eventi possa esservi un nesso pare probabile. Fondata nel 1666 dal nobile Vincenzo Maria Carrati, essa raccoglie un buon numero di musicisti bolognesi, che rappresentano il principale bacino musicale da cui Monti attinge. Cossoni entra a far parte dell'Accademia nello stesso anno della sua fondazione, insieme a personalità come Lorenzo Penna e Giulio Cesare Arresti, artefici della polemica contro Cazzati. Poiché è difficile pensare che egli possa essersi schierato apertamente dalla parte dei 'locali' vista la sua patente provenienza 'foresta', è possibile che egli abbia tentato una mediazione tra le parti in conflitto, sperando di ammorbidire l'intransigente posizione assunta da Cazzati nei confronti dei 'musici locali'. Un tentativo che, sebbene apparentemente sostenuto da più parti,[9] non va però in porto. Cazzati non solo non chiederà mai di far parte dell'Accademia Filarmonica, ma rifiuterà anche qualsiasi compromesso.

---

7   FONTI → *Dina rapita* (1668). Nel 1668 Cossoni pubblica poi il mottetto *Procul delitiae dum Jesu perfruar* CC 229 nella miscellanea *Sacri concerti* di Marino Silvani: *cfr.* FONTI → 1668².

8   Per quanto riguarda l'aggregazione di Cossoni all'Accademia Filarmonica, *cfr.* p. 10, in cui è discussa la discordanza riscontrabile in alcune fonti relativamente all'anno – 1666 o 1667 – in cui il compositore sarebbe diventato membro dell'importante istituzione musicale bolognese. Solo apparente è la contraddizione che proviene dalla data – 1668 – annotata su due delle tre composizioni del musicista conservate presso l'archivio dell'accademia (I-Baf, capsa I, n. 9² e 9⁴), che con ogni probabilità indica il momento in cui esse sono state depositate come 'prove di abilità' del nuovo membro.

9   È possibile che questo possa essere stato anche lo scopo del progetto dei *Sacri concerti*, volume allestito da Marino Silvani e stampato da Giacomo Monti nel 1668. Nella raccolta, infatti, gli autori chiamati a rappresentare la produzione bolognese tra i «rinomati Maestri, che fioriscono in questi tempi in Italia» (la citazione è presa dalla dedica del volume), sono Maurizio Cazzati, Carlo Donato Cossoni – le prime due cariche della cappella musicale di S. Petronio, 'bolognesi' però acquisiti – e Agostino Filippucci, membro fondatore dell'Accademia Filarmonica di Bologna, l'unico d'origine bolognese. Per una descrizione del contenuto *cfr.* FONTI → 1668².

È questo il contesto nel quale maturano le dimissioni di Cossoni dalla carica di primo organista della cappella di S. Petronio, rassegnate il 24 gennaio
1671.[10] Esse precedono di poco quelle dello stesso Cazzati, che lascia la dire-
zione della cappella il successivo 27 giugno.[11] Cazzati si trasferisce a Mantova.
Cossoni lascia invece Bologna per Milano, dove entra al servizio del principe
Antonio Maria Teodoro Trivulzio (1649-1678), principe di Musocco e Val
Mesolcina. Sul frontespizio della seconda impressione de *Il terzo libro di
motetti a voce sola* op. XII, pubblicato nel 1675, Cossoni si definisce infatti
«Maestro di Capella della Camera dell'Eccellentissimo Sig. Prencipe
Trivultio».[12] Il rientro a Milano è un passo che il musicista pare aver prepara-
to con cura. Dalla dedica dell'op. XI (1671), si apprende infatti che alcuni motetti della raccolta erano stati eseguiti in precedenza sotto la direzione di
Cossoni presso la chiesa di S. Maria della Scala a Milano.[13] Al medesimo contesto rinvia anche la ristampa dell'op. IV, apparsa nel 1674: il volume è dedicato al conte Giovanni Maria Casati, «Canonico nella Reale Collegiata di S.
Maria della Scala».[14] È interessante notare però come la seconda impressione
dell'op. XII, la cui dedica è firmata «Milano 1675», sia stata stampata in realtà
a Bologna, come si legge sul frontespizio, dove però il nome dell'editore non
figura. Con ogni probabilità, si tratta di un prodotto dell'officina di Giacomo
Monti, a cui appartengono con certezza i materiali tipografici adoperati per la
stampa del volume (*cfr.* FIGG. 1 e 2).[15] L'ordine perturbato delle prime pagine
dell'unico esemplare oggi conservato (I-Bc, Z.20) fa pensare però che il primo
fascicolo della raccolta, contenente il paratesto dell'edizione, possa essere

10   *Cfr.* p. 11.
11   *Cfr.* SCHNOEBELEN, *Cazzati*, www.grovemusic.com (consultato il 20.4.2008). Errato è inve-
     ce quanto sostiene LONGATTI, *La cappella musicale*, p. 251: «quando Cazzati nel 1671 fu
     costretto ad andarsene, lo seguì anche il Cossoni, che nel 1672 era a Milano». A parte la
     sequenza palesemente sbagliata degli eventi, che Cazzati sia stato costretto ad andarsene, è
     da considerarsi soltanto un'ipotesi.
12   I primi mandati di pagamento versati dai Trivulzio a favore di Cossoni risalgono al 15
     marzo 1672. Il musicista è rimunerato però per dire una messa nella cappella di famiglia
     eretta nella collegiata di S. Stefano in Brolio, e non come 'maestro di camera': *cfr.* MORRESI,
     Nuovi dati biografici, p. 7.
13   «La stima, che d'alcune di queste mie Compositioni fà già in Milano, facendo io la Musica
     nella Chiesa Ducale di Nostra Signora della Scala, […]». Per il testo completo della dedica
     si rinvia a FONTI → op. XI.
14   Per il testo completo della dedica si rinvia a FONTI → op. IV₂ (1674).
15   È però possibile che Monti abbia affidato anche a terzi i propri materiali di stampa, come
     ad esempio nel caso di alcuni volumi prodotti da Marino Silvani: *cfr.* SARTORI, *Dizionario*,
     pp. 144-145; SCHNOEBELEN, *Monti*; e EAD., *Silvani*.

FIG. 1.

Cossoni, *Il terzo Libro de motetti a voce sola* op. xii₂. Dall'alto in basso: i capilettera A (p. 28), N (p. 69), S (p. 15) e V (p. 82).

FIG. 2.

Cossoni, *Il secondo Libro de motetti a voce sola* op. x, pp. 97 e 83 (part.)

stato inserito in sostituzione di uno precedente.[16] Ciò rappresenterebbe una prassi editoriale abbastanza frequente al tempo: quella di una 'finta' ristampa. Difronte alla scarsa o insufficiente vendita di un titolo, l'editore (di sua iniziativa o su richiesta del curatore) fa ristampare un nuovo frontespizio con cui sostituisce quello della prima tiratura; il volume è così rimesso in commercio, dopo un minimo maquillage editoriale e presentato come una nuova edizione. È evidente quanto ciò possa potenzialmente falsare la percezione del reale

16 Le cc. 3 e 4 del primo fascicolo sono invertite: la dedica, stampata su due pagine numerate progressivamente «7» e «8», compare così prima del frontespizio del volume, cc. [4r-v].

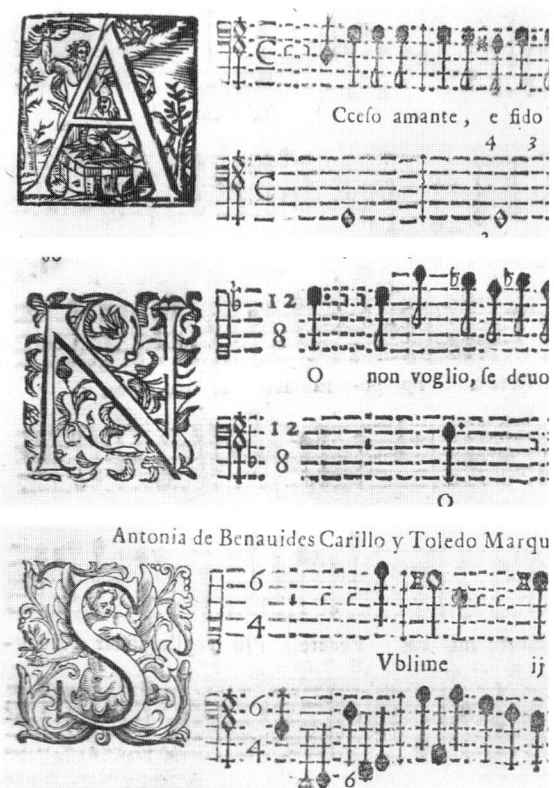

FIG. 3.
COSSONI, [*Cantate à una, due, e trè voci*] op. XIII, pp. 55, 86 e 32 (part.)

impatto di una raccolta sul pubblico: la 'nuova impressione' – specie se immessa sul mercato poco dopo l'uscita del volume – potrebbe far sembrare un successo editoriale ciò che non lo è affatto.[17]

All'interno della produzione editoriale di Cossoni, i casi accertabili di 'false' ristampe sono almeno due. Il primo riguarda le due impressioni dell'op. II, apparse a distanza di appena un anno, nel 1667 e nel 1668. Il confronto degli esemplari superstiti delle due tirature[18] non lascia adito a dubbi: per

---

17 In realtà, soltanto difronte a una ricomposizione completa di un volume si può parlare di 'ristampa' nel senso proprio del termine. Al contrario, in molti casi si assiste a un riutilizzo degli esemplari della prima tiratura rimasti ancora invenduti, a cui viene sostituito soltanto il frontespizio: *cfr.* CARTER, *L'editoria musicale*, p. 147, che indica questa pratica con il termine di 'falsa ristampa'. Essa è in realtà assai più diffusa di quanto si possa pensare. Ciò deve far riflettere su quanto pericoloso potrebbe essere esprimere un giudizio riguardo alla fortuna di una raccolta, qualora non si sia considerato con attenzione cosa si celi dietro la 'seconda impressione' di un libro prodotto nel Cinque o Seicento.

18 Come nel caso dell'op. XII, anche per entrambe le tirature dell'op. II è conservato un unico esemplare (si rinvia a FONTI): indice di una diffusione assai limitata di entrambe le raccolte.

la cosiddetta seconda impressione sono stati riutilizzati gli esemplari della prima tiratura, ai quali sono stati sostituiti il frontespizio e la dedica. Il secondo esempio è rappresentato dalle due impressioni dell'op. IV, stampata per la prima volta nel 1668 e rimessa in commercio con un nuovo frontespizio e una nuova dedica nel 1674.[19] In entrambi i casi, Cossoni contravviene a una consuetudine editoriale sostanzialmente rispettata. Normalmente, infatti, le 'ristampe' sono prive di dedica; oppure, nel caso raro in cui ne contengano una, viene riproposta quella della prima edizione.[20] Ciò avviene anche in occasione della seconda edizione dell'op. I (1678) – una 'vera' ristampa, questa volta – che contiene una dedica diversa rispetto alla prima (1665).[21]

Il fatto che la dedica della 'seconda impressione' dell'op. XII sia stata redatta nello stesso anno in cui è apparso il volume (1675), rende fortemente probabile che anche in questo caso Cossoni abbia dotato la nuova impressione di una nuova dedica, diversa rispetto a quella che si leggeva nell'*editio princeps* della raccolta – oggi dispersa. Più delicata è però la questione se anche nel caso dell'op. XII ci si trovi difronte a una 'finta' ristampa, come per l'op. II. In questo caso, i riscontri relativi a caratteri e filigrane messi in evidenza precedentemente riguarderebbero allora la prima tiratura della raccolta: essa sarebbe stata stampata quindi a Bologna presso l'officina di Giacomo Monti, in un periodo compreso tra la pubblicazione dell'op. XI (1671) e la seconda impressione della raccolta (1675). Osservando la cospicua produzione che ha conosciuto la via delle stampe negli anni subito precedenti al 1671, si potrebbe ipotizzare che la prima edizione dell'op. XII possa essere stata prodotta insieme all'op. XI. Di Cossoni, Monti ha stampato infatti anche tre titoli in un anno. Oltretutto, non ci sono certezze su dove Cossoni si trovi tra la fine di gennaio del 1671, quando si dimette dalla carica di organista di S. Petronio, e il mese di

---

19   Nello specifico, Monti riutilizza la parte musicale dei fascicoli della prima impressione, oltre a uno dei due fogli preliminari. Nell'edizione del 1668, il primo quaderno è formato da quattro carte non numerate: sul *recto* della prima è stampato un titolo sintetico; il vero frontespizio compare sul *recto* della seconda; poi la dedica e un sonetto preliminare (c. 3*r-v*); quindi la tavola del contenuto (c. 4*r-v*). Nella 'ristampa' del 1674, Monti asporta le carte 2 e 3, mentre utilizza le altre due (contenenti il titolo sintetico e la tavola) per avvolgere l'intero fascicolo: esse diventano quindi pp. [1] e [45]. Rispetto alla prima impressione, manca però un foglio nel primo quaderno: si spiega così l'errata numerazione del fascicolo, generata dal riutilizzo del materiale della precedente edizione. I rilievi sono fatti sul fascicolo del violino primo, l'unico ancora conservato della seconda impressione dell'op. IV.

20   La prima tiratura, apparsa nel 1667, è dedicata a Carlo Sanpietro; la seconda, apparsa l'anno dopo, a don Melchior Oddi.

21   La prima impressione, apparsa nel 1665, è dedicata a Alessandro Fachenetti, la seconda invece, apparsa nel 1678, a Maria Vittoria Terzaga.

FIG. 4. COSSONI, *Il libro primo delle canzonette amorose a voce sola* op. VII, p. 50

novembre dello stesso anno, quando egli è invece con certezza a Milano, come prova l'annotazione apposta sulla partitura autografa del *Beatus vir* CC 35.[22] Sebbene sia probabile che in aprile il musicista si trovi già a Milano per curare l'esecuzione del proprio oratorio *L'Adamo*, rappresentato in occasione della «Solennità di S. Filippo Benicii»,[23] è possibile che egli possa essersi fermato a Bologna giusto il tempo di curare l'allestimento dell'op. XI e dell'op. XII insieme.

Più probabile è però una seconda ipotesi. In maniera assai pertinente, Timoteo Morresi ha suggerito che l'*editio princeps* dell'op. XII possa essere stata stampata tra settembre e dicembre del 1673: in quei mesi, Cossoni pare infatti non trovarsi a Milano.[24] La sua assenza potrebbe essere messa quindi in relazione a un breve soggiorno bolognese, per curare la stampa della nuova raccolta di proprie composizioni. In realtà, il periodo individuato da Morresi è compatibile però anche con la possibile data di pubblicazione di un'altra raccolta di Cossoni: le [*Cantate à una, due, e tre voci*] op. XIII. L'unico esemplare oggi conservato di questa raccolta (I-Bc, z.21) è privo di frontespizio e dedica. L'analisi del materiale tipografico conferma come anche in questo caso il volume sia stato stampato nell'officina bolognese di Giacomo Monti (*v.* FIG. 3).[25] La raccolta è stata prodotta con certezza tra il 1671 e il

---

22 *Cfr.* già SCHUBIGER, *Cossoni*, p. 50.

23 Condividiamo l'ipotesi avanzata da Gustavo Malvezzi, secondo la quale l'oratorio sarebbe stato rappresentato in occasione della canonizzazione del santo, avvenuta il 12 aprile 1671: *v.* MALVEZZI, *I libretti*, p. 263n.

24 *Cfr.* MORRESI, *Nuovi dati biografici*, p. 8, che lo ipotizza correttamente sulla base del mancato pagamento a Cossoni per quei mesi dello stipendio in qualità di cappellano della chiesa di Santo Stefano in Brolio a Milano.

25 Oltre ai caratteri per la notazione musicale, va notata la presenza di un identico capolettera tra l'op. XIII e l'op. X: la matrice della «S» a p. 32 è infatti la stessa usata a p. 83 della precedente raccolta.

1678.[26] Sulla base di alcuni elementi interni, la sua pubblicazione può essere circoscritta però a un periodo compreso tra il 1672 e il 1674. La settima canta-ta della raccolta, *Sublime beldad del orbe* CC 285, è dedicata infatti alla nobil-donna spagnola Ana de Benavides, «Marquesa de Formista y Caracena Condesa de Pinto & c.», che nel 1672 diventa la seconda moglie di Gaspar Tellez Girón (?-1692), quinto duca di Osuna, governatore di Milano tra il 1670 e il 1674 (FIG. 4).[27] Il fatto che l'op. XIII abbia una serie di capilettera e due fili-grane in comune con l'op. XII,[28] è un ulteriore indizio a favore dell'ipotesi che queste due raccolte possano essere state allestite insieme, negli ultimi tre mesi del 1673.[29] Cossoni si sarebbe servito di Monti anche un anno più tardi, per dare alla luce la ristampa dell'op. IV.[30] Quindi un'ultima volta nel 1675, per la nuova impressione dell'op. XII.[31]

Non è difficile immaginare perché Cossoni si serva di un editore bologne-se anche dopo il suo trasferimento a Milano. Le possibilità di stampare musi-ca in città in quel periodo sono infatti estremamente ridotte.[32] Cossoni può vantare un rapporto già consolidato con Monti, in grado di garantirgli un prodotto editoriale di buon livello. Non si può ipotizzare invece che ciò sia

---

26   La data di pubblicazione della ristampa dell'op. XII, stampata nel 1675, non può infatti esse-re considerata un *terminus post quem* per la pubblicazione dell'op. XIII. La sua pubblicazio-ne va collocata quindi all'interno della finestra compresa tra la pubblicazione dell'op. XI, apparsa con ogni probabilità nei primi mesi del 1671, e la ristampa dell'op. I, apparsa nel 1678, che segna l'inizio della collaborazione tra Cossoni e l'editore Giovanni Battista Beltramino. Nel 1675, quando viene ristampata l'op. XII, non sembra che Cossoni si sia spo-stato invece da Milano.

27   Cfr. *Storia di Milano*, XI (*Il declino spagnolo. 1630-1706*), 1958, pp. 157-163.

28   Sono stati consultati gli esemplari I-Bc, z.20 (op. XII₂) e z.21 (op. XIII). La matrice della 'A' a p. 55 dell'op. XIII è identica a quella adoperata a pp. 28, 57 e 90 dell'op. XII; la matrice della 'N' a p. 86 è la stessa adoperata a p. 69 della precedente raccolta; così come la 'S' a p. 50 è identica a quelle delle pp. 97 e 103 nell'op. XII. L'op. XIII ha una filigrana in comune anche con l'op. X (l'esemplare consultato è I-Bc, z.18).

29   Sarebbe interessante poter stabilire quando sono state asportate le prima pagine del-l'op. XIII. È possibile infatti che lo stato lacunoso in cui versa l'unico esemplare oggi con-servato, privo di frontespizio e di dedica, più che il frutto di un'azione vandalica, possa essere l'effetto di una mirata asportazione del primo fascicolo del volume. Esso rappresen-terebbe quindi lo stadio intermedio di quel processo che, grazie a un nuovo frontespizio e a una nuova dedica, avrebbe portato – come già nel caso dell'op. II₂, dell'op. IV₂ e dell'op. XII₂ – a una nuova 'impressione' della raccolta.

30   La dedica del volume è firmata: «Milano li 10. Novembre 1674.»; si rinvia ancora a FONTI → op. IV₂ (1674).

31   Si rinvia a FONTI → op. XII₂ (1675).

32   Secondo DONÀ, *La stampa musicale*, le officine editoriali che intorno al 1670 si occupano di stampa musicale a Milano sono quelle dei Camagni e di Francesco Vigone.

DATA OPUS	TITOLO	LUOGO, EDITORE
?1671	*L'Adamo* [libretto] Dedica del servita padre Bernardo Daverio ai mercanti d'oro di Milano	Milano, Ghisolfi
?1673 op. XII₁	[*Il terzo libro di motetti a voce sola*] [perduto]	[Bologna, Monti]
?1673 op. XIII	[*Cantate à una, due, e tre voci*] [mancano il frontespizio e la dedica] • La canzonetta *Sublime beldad del orbe* CC 285 è composta «Sobre la hermosura de la Excelentissima Senora Duquesa de Osuna Donna Anna Antonia de Benavides Carillo y Toledo Marquesa de Formista y Caracena Condesa de Pinto & c.», moglie di Gaspar Tellez Girón, governatore di Milano	[Bologna, Monti]
1674 op. IV₂	*Inni per li vespri di tutte le solennità dell'anno* Dedica al conte Giovanni Maria Casati, canonico della collegiata di Santa Maria della Scala di Milano	Bologna, Monti
1675 op. XII₂	*Il terzo libro di motetti a voce sola* Dedica a don Ignatio Porta • Il mottetto *Heu infelix* CC 198 è dedicato «Al merito del Sig. Carlo Girolamo Carcano Basso Eccellentissimo nella Catedrale di Como.» • Il mottetto *O regina Dei mater* CC 220 è dedicato «Al merito del Sig. D. Lorenzo Gaggiotti. Basso in S. Petronio di Bologna.»	[Bologna, Monti]
1678 op. I₂	*Motetti a due e tre voci, con le Letanie* Dedica a Maria Vittoria Terzaga	Milano, Beltramino
1679 op. XIV	*Motetti, Messa e Te Deum laudamus, a otto voci* [perduta]	Milano, Beltramino
1679	*Mottetto In profundo silentio* CC 199 in *Nuova Raccolta de motetti sacri a voce sola* [raccolta Vigoni] Dedica alla contessa Livia Arconati	Milano, Vigone
?1680 op. XV	[perduta]	[Milano, Beltramino ?]
1680	*Sacre Lodi* [libretto] Dedica di Federico Moltini a don Antonio Maria Erba	Milano, Beltramino
1681	*Oratorii sacri* [libretto] Dedica di Federico Moltini a don Antonio Maria Erba	Milano, Beltramino
1681	Mottetto *In profundo silentio* CC 199 in *Nuova Raccolta de motetti sacri a voce sola* [raccolta Vigoni] Dedica a Pirro Gratiani, Conte di Sarzano, ambasciatore del Duca di Modena a Milano	Milano, Vigone
1689	*In exequijs*	Milano, Beltramino
1694 op. XVI	*Quattro messe, tre piene e brevi, l'altra fugata* Dedica a don Filippo Maria Stampa	Milano, Beltramino

TABELLA 2.2 Opere pubblicate durante il soggiorno a Milano e a Gravedona (dopo il 1671)

l'effetto di un 'contratto d'esclusiva', che legherebbe il musicista all'editore. Lo esclude il fatto che nessuna delle ben dodici raccolte di Cossoni pubblicate da Monti sia menzionata nell'*Indice dei libri* in vendita nel 1682 presso l'editore.[33] Difronte a questo dato, o si ipotizza un fulmineo successo delle raccolte di Cossoni, tale da aver esaurito in fretta tutta la tiratura disponibile: cosa che però può essere avvenuto per raccolte di relativo successo, come l'op. III e l'op. IV₁, ma certamente non nel caso delle già ricordate 'false' ristampe o dell'op. VI, ancora in commercio nel 1735 a oltre sessant'anni dalla sua uscita.[34] Oppure si deve presumere che Monti si sia liberato degli esemplari stampati subito dopo averli prodotti. In questo caso, se non l'editore, potrebbe essere stato il compositore a essersi occupato della vendita dei volumi. Si spieghereb- be così la scarsa distribuzione della produzione di Cossoni pubblicata nell'ul- timo periodo bolognese e poi durante gli anni milanesi, almeno consideran- do il dato che proviene dallo stato attuale di conservazione.[35]

La collaborazione con Giacomo Monti prosegue fino al 1675, quando appare la seconda impressione dell'op. XII (*v.* TAB. 2.2). Il mottetto *O regina Dei mater* CC 220 è dedicato «Al merito del Sig. D. Lorenzo Gaggiotti. Basso in S. Petronio di Bologna»:[36] indicativo dei buoni rapporti con l'ambiente musi-

---

33 L'unico *Indice* di Giacomo Monti che si conosca è quello stampato nel 1682: *cfr.* MISCHIATI, *Indici*, pp. 264-270 (cat. XIII). In esso non c'è traccia di stampe di Cossoni.

34 L'unica raccolta di Cossoni ad essere menzionata nell'indice di un editore musicale sono i *Salmi concertati* op. VI (Bologna 1668). Essa è ancora in vendita nel 1735, quando viene cita- ta nel catalogo dell'editore bolognese Lelio dalla Volpe: *cfr.* MISCHIATI, *Indici*, p. 332 (cat. XX, n. 22). Lo stesso titolo compare anche nel catalogo di Giuseppe Silvani, stampato nel 1734: *cfr. ibidem*, p. 322 (cat. XIX, n. 105).

35 Dopo un esordio alquanto incerto di Cossoni sulla scena editoriale bolognese (dell'op. II si conserva un solo esemplare integro della prima impressione, e uno della seconda 'finta' impressione), le successive raccolte pubblicate presso Monti registrano una buona o alme- no discreta distribuzione. Si potrebbe parlare di successo nel caso dell'op. III, di cui sono noti ben otto esemplari completi e sei incompleti. L'op. IV₁, V, VII, VIII e IX sono conser- vate poi in almeno tre esemplari completi. Incerta appare la fortuna dell'op. VI, di cui si conserva un solo esemplare integro e due incompleti, ma soprattutto quella delle ultime quattro raccolte prodotte da Monti: se si esclude l'op. XI, di cui sono noti tre esemplari completi e uno incompleto, dell'op. X si conserva un solo esemplare incompleto; dell'op. XII esiste un solo esemplare completo della seconda impressione; dell'op. XIII un solo esemplare mutilo.

36 Cossoni aveva già dedicato a don Lorenzo Gaggiotti la canzonetta *Un'empia fortuna* CC 288, pubblicata nel 1669 nel *Libro primo delle canzonette amorose a voce sola* op. VII. Al contra- rio, il mottetto *Heu infelix* CC 198 dell'op. XII porta una dedica «Al merito del Sig. Carlo Girolamo Carcano Basso Eccellentissimo nella Catedrale di Como»: sintomatico dei rap- porti del musicista con il contesto comasco, probabilmente rinvigoriti dopo il suo trasferi- mento a Milano.

cale bolognese, che Cossoni continua a coltivare anche dopo il suo trasferimento a Milano. Ciò è provato anche dalla dedica autografa che si legge in un esemplare della *Consideratione sopra una questione nata, se alcune Note poste nella Chiave di F. fa ut grave con l'obligo di non tramutare la detta Chiave, siano Autentiche ò Placali, con l'approvatione di molti eccellenti Autori* di Girolamo Zanetti (Milano, Francesco Vigone, 1680), che il compositore invia in dono a Lorenzo Perti nel luglio del 1680.[37] Nel 1689, sarà invece Angelo Berardi a dedicare «al Sig. D. Carlo Donato Cossonio Mastro di Cappella nel Duomo di Milano» il capitolo ottavo (*Dell'ordine, & uso de modi, ò tuoni secondo l'Accademia de Filosofi antichi*) della Parte Terza della sua *Miscellanea musicale*.[38]

Per quanto riguarda la successiva produzione musicale a stampa, Cossoni si avvale della collaborazione di un editore milanese, Giovanni Battista Beltramino. Il primo volume prodotto è la ristampa dei *Motetti a due e tre voci, con le Letanie della B. V. Maria a 3* op. I, pubblicata nel 1678. L'attività editoriale di Beltramino è attestata almeno a partire dal 1666.[39] Nel 1671, egli dà alle stampe la *Relatione delle feste celebrate in Napoli nel mese d'agosto 1671, per la solenne canonizatione di S. Gaetano Tiene*, stampata «In Roma, & Milano», e l'*Armonia con soavi accenti del nuovo fior di virtù raccolta da diversi autori nel quale si contengono per ordine d'alfabeto molti proverbi, sentenze, motti, e documenti morali*, pubblicata «In Luc‹c›a, & in Milano». Il doppio luogo di edizione lascia intendere che lo stampatore si sia avvalso di diverse collaborazioni esterne nelle prime fasi della propria attività. Il contenuto della *Relatione* rivela un legame con l'ordine dei Teatini, con cui Beltramino pare sia in contatto anche a Milano. La sua officina tipografica è collocata infatti «vicino a S. Antonio [Abate]», chiesa ufficiata da quest'ordine.[40] È qui che nel 1673 Beltramino dà alle stampe il *Libro d'abbaco* di Giuseppe Quirico. Beltramino non nasce infatti come stampatore di musica. A questa attività si dedica con ogni probabilità solo a partire dal 1678, quando dà alla luce la ristampa dell'op. I di Cossoni. Del compositore, egli pubblica in seguito la prima edizione di almeno altre due raccolte: nel 1679, dei *Motetti, Messa e Te Deum laudamus a otto voci* op. XIV, e nel 1694 delle *Quattro messe* op. XVI. È però assai probabile che anche l'op. XV di Cossoni, apparsa con certezza tra il 1679 e il 1694, oggi irrimediabilmente dispersa, sia stata prodotta nella sua officina.

---

37 Si tratta dell'esemplare I-Bc, E.86, proveniente dal fondo di Lorenzo Perti, ora conservato presso la Biblioteca del Museo Internazionale della Musica di Bologna.

38 BERARDI, *Miscellanea*, p. 171.

39 *Cfr.* SANTORO, *Tipografi milanesi*, p. 310.

40 La chiesa di S. Antonio Abate era stata affidata ai padri Teatini dal cardinale Carlo Borromeo nel 1576: *cfr.* FIORIO (ed.), *Le chiese di Milano*, pp. 294-303.

Plausibile è l'ipotesi avanzata da Timoteo Morresi, secondo cui l'op. xiv potrebbe essere stata stampata tra luglio e dicembre del 1679, quando Cossoni si assenta dal suo incarico di cappellano della chiesa di S. Stefano in Brolio.[41] Il fatto che sia possibile constatare anche un'altra assenza tra maggio e dicembre 1680,[42] permette di avanzare l'ipotesi che questo possa essere il periodo nel quale potrebbe essere stata allestita l'op. xv, di cui nulla si sa, nemmeno per quanto riguarda il contenuto. Se così fosse, ciò significherebbe che durante il periodo nel quale Cossoni ricopre la carica di maestro di cappella del Duomo di Milano (1686-1692),[43] egli non abbia dato alle stampe alcuna sua raccolta. Un'ipotesi che parrebbe trovare una conferma in quanto lo stesso compositore scrive nell'avvertimento al lettore dell'op. xvi, apparsa poco più di un anno dopo l'abbandono della carica di maestro di cappella del Duomo di Milano:[44]

> Amico lettore. Fui già pregato da molti à publicare col mezzo delle Stampe queste mie deboli fatiche, ne risentendomi per le molte occupationi all'hora negai di farlo. Hor che son sciolto sodisfaccio alla petitione delli Amici, e benevoli, ‹e› alla tua virtuosa curiosità, assicurandoti che non sono ancor posthume, e stà sano.

Non sappiamo come Cossoni e Beltramino siano entrati in contatto. È assai probabile però che ciò sia avvenuto per il tramite dei Teatini, con i quali entrambi sono in rapporto. Come si è visto, la sede dell'officina di Beltramino è collocata nei pressi della chiesa di S. Antonio Abate officiata dall'ordine, con cui egli ha anche collaborazioni di tipo professionale. Per quanto riguarda invece Cossoni, i suoi contatti con i Teatini devono essere messi in relazione

---

41 Morresi, *Nuovi dati biografici*, p. 8.

42 *Ibidem.*

43 È infatti soltanto a partire dal 12 gennaio 1686 che Cossoni prende in mano la cappella, dopo oltre un anno di polemiche seguite alla sua nomina alla carica di maestro, ottenuta il 5 dicembre 1684 al termine del concorso indetto per il posto che era stato di Giovanni Antonio Grossi. *Cfr.* De Ruvo, *Carlo Cossonio prete*, pp. 47-51, che però – oltre a commettere diverse imprecisioni – ignora il *pamphlet* polemico di Antimo Liberati, *Lettera scritta dal sig. Antimo Liberati in risposta ad una del sig. Ovidio Persapegi*, Roma, Mascardi, 1685, nel quale – pur non nominandolo – si sostiene la candidatura di Cossoni.

44 Fonti → op. xvi. Sul frontespizio dell'op. xvi, la data che compare è quella del 1694; la dedica porta invece la data del 13 novembre 1693. Ciò permette di stabilire che la raccolta sia stata allestita alla fine del 1693 e stampata nei primissimi primi mesi dell'anno successivo. L'ultimo mandato di pagamento della Fabbrica del Duomo di Milano a favore di Cossoni è del 1 agosto 1692 (I-Mfd, *Mandati*, 1692, vol. ii, fasc. 1; cit. da De Ruvo, *Carlo Cossonio prete*, p. 51). Cossoni viene rimosso dal suo incarico nella successiva seduta del consiglio della Fabbrica, il 18 settembre dello stesso anno: I-Mfd, *Deliberazioni*, ossia *Ordinazioni Capitolari*, vol. 49 (1688-1692), c. 144r.

alla sua appartenenza all'Accademia dei Faticosi, eretta nel 1662 proprio presso il convento dell'ordine, adiacente alla chiesa di S. Antonio.[45]

Se si esclude la pubblicazione del mottetto *In profundo silentio* CC 199, apparso nella miscellanea *Nuova raccolta de motetti sacri a voce sola* curata da Carlo
Federico Vigoni, stampata a Milano da Francesco Vigone nel 1679 e ristampata
due anni più tardi,[46] Beltramino è di fatto l'unico editore musicale che pubblica musiche di Cossoni dal 1678 alla morte del compositore. È significativo notare però come questi titoli (tre in tutto) rappresentino le uniche testimonianze
oggi conosciute in grado di documentare l'attività di Beltramino nel campo
dell'editoria musicale. Poiché è possibile che essi costituiscano in realtà gli unici
volumi musicali ad essere stati materialmente prodotti dall'editore, occorre
riflettere attentamente su quale sia la natura della collaborazione con il musicista. La scelta di Beltramino di dedicarsi all'editoria musicale potrebbe essere
stata infatti ispirata (e forse finanziata) proprio da Cossoni.

Che un musicista si coinvolga in prima persona per sostenere l'attività di
un editore, è una situazione per nulla eccezionale nel secondo Seicento. È il
sintomo più evidente della crisi che colpisce l'editoria musicale verso la metà
del secolo e che porta alla chiusura di firme storiche, come quelle di Vincenti
e Magni (erede Gardano) a Venezia, causata dalla difficile situazione econo-
mica che alcuni contesti, come in particolare quello veneziano, attraversano.
Non c'è quindi da stupirsi se Cossoni, pur di vedere pubblicate le proprie
composizioni, si sia investito in prima persona: dapprima, con Monti, copren-
do forse una parte delle spese di produzione (come quelle per l'acquisto della
carta); in seguito, sostenendo l'avvio di Beltramino nel campo dell'editoria
musicale. Cossoni ha certamente ben presente l'esperienza di Maurizio
Cazzati, attivo per diversi anni come stampatore musicale indipendente.
Sebbene è abbastanza evidente come l'apporto di Cossoni nell'allestimento di
un volume di musica sia stato determinante, non ci sono prove che egli abbia
acquisito competenze editoriali specifiche, che al contrario la collaborazione
con uno stampatore di professione come Beltramino potevano garantirgli. In
questo, egli potrebbe aver preso esempio da un'altra situazione che non è
escluso conoscesse: quella di Natale Monferrato (1610-1685), vicemaestro della
Cappella Ducale di S. Marco, che nel 1676 aveva dato avvio a Venezia a una
nuova stamperia musicale insieme allo stampatore Giuseppe Sala.[47]

45   *Cfr.* MAYLENDER, *Storia delle Accademia d'Italia*, II, 1927, pp. 348-350.

46   RISM 1679[1] e 1681[1].

47   *Cfr.* SARTORI, *Giuseppe Sala*; ID., *Le origini di una casa editrice*; ID., *Un catalogo di Giuseppe
      Sala*; MCGOWAN, *The Venetian printer Giuseppe Sala*. La sede della stamperia è in casa dello

Accanto all'attività editoriale musicale, Beltramino prosegue nel dare alle stampe anche volumi non musicali. Anche in questo caso però i contenuti appaiono emanazione degli stessi contesti nei quali Cossoni si muove. Nel 1681 vengono pubblicati gli *Oratorii sacri da cantarsi L'Ottava del Santissimo nella Chiesa parochiale di S. Vittore al Teatro di Milano* di Luigi de Teves, messi in musica proprio da Cossoni.[48] Stampati senza data, ma riconducibili sulla base del contenuto al 1687 o a poco dopo, sono poi il *Contrasto seguito tra il gran sultano de Turchi col primo visir, fuggito vergognosamente da Vienna ... e il Contrasto del gran sultano de Turchi con il suo falso profeta Maumetto, per la vergognosa fuga, e sconfitta ... sotto l'augusta citta di Vienna*. Presso Beltramino viene stampato anche il libretto della cerimonia funebre di Maria Luisa regina di Spagna, celebrato in Duomo a Milano il 3 aprile 1689, il cui apparato musicale – oggi perduto – era stato composto da Cossoni, all'epoca maestro di cappella.[49]

Il riferimento a Beltramino nel testamento redatto da Cossoni nel 1700 mette in evidenza come la collaborazione abbia dato vita nel corso degli anni a uno stretto rapporto personale: cosa piuttosto rara nella biografia del compositore, segnata da una serie innumerevole di contrasti. Dopo il 1700, di Giovanni Battista Beltramino si perdono le tracce. Sebbene non in campo musicale, è possibile però che la sua stamperia abbia continuato la propria attività anche nel corso della prima metà del sec. XVIII, come indicherebbe la pubblicazione del volume *L'origine dell'antichissima, e nobilissima famiglia Medicea … manipolata da Scipione Pompeiano* [pseudonimo di Carlo Antonio Medici], stampato a Milano dopo il 1726 da un altrimenti sconosciuto Giovanni Beltramino.[50]

stesso Monferrato, esattamente come nel caso di Maurizio Cazzati. Nel 1675, Monferrato è a Bologna per la pubblicazione dei propri *Salmi brevi a otto voci* op. IX (RISM: M 3045), stampati da Giacomo Monti, nella cui officina è possibile egli abbia conosciuto il futuro socio, Giuseppe Sala. Già in precedenza, Monferrato aveva avuto contatti con l'ambiente musicale ed editoriale bolognese. Egli è l'unico compositore veneziano del quale compaia una composizione in entrambe le antologie di mottetti curate da Marino Silvani: i *Sacri concerti*, stampati da Giacomo Monti a Bologna nel marzo del 1668 (RISM 1668²) e la *Nuova raccolta di motetti sacri a voce sola*, apparsa presso lo stesso stampatore nel 1670 (RISM 1670¹); alla prima delle due raccolte partecipa anche Cossoni con il mottetto *Procul delitiae dum Jesu perfruar* (CC 231). *Cfr.* COLLARILE, *Natale Monferrato.*

48   FONTI → *Oratorii sacri* (1681). Di questa azione oratoriale non si è conservata la musica.

49   FONTI → *In exequiis* [1689]. Per un'efficace inquadratura della cerimonia, *cfr.* KENDRICK, *Conflitti*, pp. 30-31.

50   Questa informazione bibliografica, gentilmente segnalataci da Davide Daolmi (per la quale lo ringraziamo), è tratta dal catalogo della British Library di Londra, dove il volume è attualmente conservato.

La morte di Cossoni segna però con ogni probabilità la fine dell'attività di Beltramino nel campo dell'editoria musicale. Pare provarlo anche quanto il musicista lascia in eredità all'editore. Non gli destina infatti i propri manoscritti musicali, di cui Beltramino avrebbe potuto servirsi per l'allestimento di nuove raccolte postume.[51] Gli lascia invece i propri «libri a stampa»:[52] una dicitura vaga, che per la verità potrebbe indicare gli esemplari in giacenza presso il musicista delle raccolte pubblicate in precedenza, dalla cui vendita Beltramino avrebbe potuto trarre qualche profitto.

Il fondo autografo

Carlo Donato Cossoni si spegne a Gravedona il 5 marzo 1700.[53] Le sue ultime volontà sono affidate a un testamento nel quale il destino dei propri manoscritti musicali viene sancito dettagliatamente. Si tratta evidentemente di materiale prezioso. È quanto deve aver ritenuto anche il Capitolo della Veneranda Fabbrica del Duomo di Milano, quando nel settembre del 1692 – nella stessa seduta nella quale viene deliberato il licenziamento in tronco del musicista – intima che tutte le partiture a cui l'allora maestro di cappella aveva dato vita (da lui conservate contro ogni consuetudine nella propria abitazione privata) siano sigillate e trasferite in archivio:[54]

> [18 settembre 1692] Facto verbo p‹er› D‹ominem› Comitem Fran‹ces›cu‹m› Sormanu‹m› in eo, quod tempore sui Rectoratus dederit facultatem R‹everen›do Carolo Consonio Magistro Capellae huius Templi recedendi ab hac Urbe titulo

---

51 È quanto avviene invece nel caso di Natale Monferrato, che per testamento lascia «tutti li manoscritti de musica à messer Iseppo Sala stampador di musica all'Insegna del David»: *cfr.* COLLARILE, *Natale Monferrato.*

52 L'inventario dei libri appartenuti a Cossoni è stilato il 6 marzo 1700: *cfr.* LONGATTI, *Carlo Cossoni*, p. 155n. Sulla parte del violino secondo dell'op. VI attualmente conservata presso l'archivio del Duomo di Como (nel convoluto I-COd, S-871), il titolo sulla rilegatura è vergato da Cossoni: siamo riconoscenti a Alessandro Picchi per la preziosa informazione relativa alla provenienza di questo fascicolo, giunto a Como nel dopoguerra dalla biblioteca parrocchiale di Lanzado (Sondrio). Lo stesso vale per la parte dell'organo dell'op. IX conservata presso l'Archivio di San Petronio (I-Bsp, L.25.C), anch'esso con annotazioni autografe. Se è possibile che questi due esemplari abbiano fatto parte della biblioteca musicale di Cossoni, non è detto però che essi provengano dal fondo librario ereditato dal Beltramino, andato irrimediabilmente disperso.

53 *Cfr.* p. 15.

54 I-Mfd, *Deliberazioni*, ossia *Ordinazioni Capitolari* vol. 49 (1688-1692), cc. 143v-144r. *Cfr.* DE RUVO, *Carlo Cossonio prete*, pp. 51-53. Nel documento si fa riferimento a un permesso ottenuto da Cossoni di allontanarsi «ab hac Urbe titulo indisposit‹ion›is»: è probabilmente quello che il musicista ottiene il 29 aprile 1692: *cfr.* I-Mfd, OC.49, c. 132v.

indisposit‹ion›is [il 29 aprile 1692?], et quod numqua‹m› licet monitus redierit, eodemque contextu audito D‹omino› Archid‹iaco›no Vicecomite Provinciali Ecclesiae, eaque maturé discussa, et considerata, ac bené perpensis antecedentibus circà hoc idem negotium

D‹eliberatu›m fuit esse licentiandum d‹ictu›m Magistru‹m› Capellae Templi, prout d‹ictu›m Ven‹eran›du‹m› Cap‹itulu›m illum licentiavit, et licentiat, et dele-gandos esse D‹ominum› Archid‹iaconu›m Vicecomitem, et D‹ominum› Rectorem ad aesistendum [?] perquisitioni compositionu‹m› Juris huius Ven‹eran›dae Fabricae, quam facienda‹m› fore in domo d‹ic›ti Magistri Capellae censuit d‹ictu›m Ven‹eran›du‹m› Cap‹itulu›m et insuper exponendas cedulas pro invitan-dis concurrentibus ad Munus pred‹ictu›m Magistri Capellae.

L'ordine viene eseguito il giorno seguente:[55]

> 1692. adi 19 7bre
> La mattina del giorno d'hoggi sud‹dett›o si sono p‹er› ord‹in›e del Ven‹erando› Cap‹itol›o portati l'Ill‹ustrissi›mi S‹ignor›i D‹on› Franc‹esc›o Visconti R‹ettor›e et Mons‹ignor›e Arch‹idiacon›o Visconti come deleg‹a›ti nella Casa del R‹everen›do Don Carlo Cossonio rig. [?] in Campo S‹an›to et hanno ordinato che si [ri]unissero le composi‹zio›ni musicali che in d‹ett›a Casa si sono ritrovate, e fatte legare in dieciotto mazzi si sono sigillate col sigillo della Ven‹eranda› Fab‹brica›, e riposte nell'Archivio p‹er› custodirle sino tanto che sarà ordinato ciò si dovrà fare dal V‹enerando› Cap‹itol›o con l'intervento del S‹ignor› Franc‹esc›o Mazzuchelli Confidente del D‹ett›o R‹everendo› Cossonio presso il q‹ua›le si tro-vavano le Chiavi della d‹ett›a Casa e in fede il dì sud‹ett›o Fran‹ces›co Visc‹on›ti R‹etto›re Alfonso Visconti Arc‹idiac›no Io‹vanni› Fran‹ces›co Mazzuchelli fu pre-sente p‹er› testim‹oni›o

Eppure, le uniche composizioni di Carlo Donato Cossoni oggi conservate presso l'archivio della Veneranda Fabbrica del Duomo di Milano sono quelle relative alla prova d'esame del tormentatissimo concorso del 1684 per il posto di maestro di cappella (I-Mfd, AD.11.1). Come Cossoni sia riuscito a riappro-priarsi dei propri manoscritti non è dato sapere. Non si è trovata traccia di successive delibere del capitolo in proposito. In ogni caso, i manoscritti si tro-vano nella residenza gravedonese già pochi mesi più tardi, quando Cossoni tra la fine del 1693 e l'inizio del 1694 allestisce l'op. XVI. In questa raccolta sono pubblicate infatti quattro messe (CC 3, 4, 6 e 7), di cui si conserva tutt'ora una redazione autografa su cui il compositore ha annotato: «stampata».[56]

---

55 I-Mfd, AS.405, c. 27, § 3, fasc. 8, n. 13.

56 Si tratta delle partiture destinate a costituire le messe prima e terza della stampa: CH-E, 678.21a (4), 437.3:1 (8), 437.3:1 (3) e 437.3:1 (6). Va corretta quindi la nostra precedente ipo-tesi, secondo cui il fondo autografo sarebbe stato portato a Gravedona già nell'agosto del 1692: cfr. BACCIAGALUPPI–COLLARILE, Trasmissione e recezione, p. 84.

Per testamento Cossoni destina le proprie partiture manoscritte in latino al monastero «appellato della Madonna de Valdo».[57] Si tratta della forma italianizzata del nome tedesco di «Maria im finstern Wald» con cui il monastero benedettino di Einsiedeln (Svizzera) è conosciuto. È lì che i manoscritti cossoniani sono ancor oggi conservati, da più di trecento anni. L'ipotesi avanzata in alcuni studi, secondo i quali l'importante lascito manoscritto sarebbe stato custodito dapprima presso la residenza benedettina di Bellinzona e di qui trasferito a Einsiedeln in un momento imprecisato prima della chiusura della casa (1852), è priva di fondamento.[58] Essa si basa infatti su un'errata interpretazione di due aspetti della questione. Nel testamento di Cossoni sono nominati esplicitamente i «padri benedettini di Bellinzona». È a loro infatti che i manoscritti sono affidati, affinché vengano trasportati oltralpe. La casa di Bellinzona non rappresenta infatti un convento a sé stante, ma una residenza che i padri di Einsiedeln utilizzano soprattutto per mantenere i contatti con l'ambiente milanese. Già nel tardo Seicento sono diversi i monaci che avevano potuto così soggiornare a Milano, tra cui anche almeno un apprezzato musicista.[59] Una

---

57 La citazione è tratta dalla seconda redazione del testamento: I-COas, *Notarile*, cart. 2494 (notaio Giovanni Curti Pettarda). Nella prima stesura, avvenuta 27 gennaio 1700 – I-COas, *Notarile*, cart. 3074 (notaio Giuseppe Curti Basso) – la formulazione è la seguente: «Item ha lasciato e lascia alla chiesa della Beata Vergine Maria di Vald nel paese Svizzero tutte le composizioni et opere musicali e manoscritte fatte da detto signor testatore, le quali si ritrovano nelle due scansie della saletta superiore verso la casa del Signor Sebastiano Curti». Ringraziamo Timoteo Morresi per averci messo a disposizione i documenti citati.

58 *Cfr.* LONGATTI, *Organi, organisti e organari*, p. 58, dove sostiene erroneamente che «Si trattava dei benedettini del Collegio di Santa Maria del Valdo di Bellinzona», rielaborando una già scorretta affermazione di LANDINI, *Carlo Donato Cossoni*, p. 114: «Molti dei suoi manoscritti finirono nel monastero dei padri benedettini di Monte Valdo in Svizzera, e non in quello di Einsiedeln come afferma lo Schubiger». Il riferimento di Landini è a SCHUBIGER, *Cossoni*, p. 54, in cui si legge invece correttamente: «Cossoni hatte schon bei seinen Lebzeiten die Anordnung getroffen, dass alle seine handschriftlichen Musikwerke über das hohe Alpengebirge auf deutschen Boden gelangen sollten, indem er dieselben kraft testamentarischer Verfügung an die Benedictinerabtei Einsiedeln in der Schweiz schenkte». Pur non citandolo, a Schubiger si rifà certamente TRAUB, *Die Kompositionen*, p. 93. Recentemente anche Mario Longatti ha proceduto a una correzione della sua precedente affermazione in LONGATTI, *Carlo Cossoni*, p. 254 («[...] opere liturgiche manoscritte, lasciate ai benedettini della badia di Einsiedeln»).

59 Nella seconda metà del Seicento visitarono Milano: padre Meinrad (Rudolf) Steinegger (1645-1727) e padre Karl (Nikolaus) Lussi (1643-1711) nel 1677; padre Beda (Johann Josef) Schwaller (1650-1691) con due altri padri prima del 1682; il suonatore di tromba padre Ignaz (Jakob) Stadelmann (1659-1721) nel 1687; infine padre Ildephons (Jodocus Franz) Schmid (1649-1708) e frate Kaspar (Andreas) Mosbrugger (1656-1723) nel 1695; *cfr.* HENGGELER, *Professbuch*, *sub voce* (consultato il 7.12.2007).

volta concluso il periodo prestabilito, essi facevano poi ritorno alla casa madre, portando con sé i materiali che avevano raccolto: in particolare, le preziose partiture musicali, di cui essi facevano letteralmente incetta in tutti i loro viaggi.[60] La residenza bellinzonese rappresenta quindi soltanto un tramite: anche per le partiture cossoniane, che giungono sane e salve ad Einsiedeln il 3 luglio 1700. Leggiamo dal diario del convento redatto da padre Josef Dietrich (1645-1704), al tempo organista dell'importante abbazia benedettina e dal 1670 maestro di cappella:[61]

Julius. 1700.

Am 16. Julij regnete es am Morgen unnd henkten sich vill Nebel an den Wald, so endtlich aufgestigen, unnd geg‹en› d‹er› Vesper der Him‹m›el sich in etwas angefangen zu öfn‹en› unnd umb 6. Uhr die Sonne zu schauen.

H. Decanus promulgierte heut, neben anderen Sach‹en›, so in actis Capitularib‹us› zufinden, daß H. Carolus Donat‹us› Cossonius Canonicus zu unnd gewester Capellmeister zu [spazio bianco] u‹nserer› L‹ieben› F‹rau›en zu Eynsidl‹en› alle seine opera Musicalia im Testament ligiret; selbige seyen auch verwichener 3. Julij allhero wohl verwahrt gebracht, unnd H. Capellmeister‹en› zugestellt word‹en›.

Weil nunn diß ein sehr kostliche Verehrung war (dann es waren d‹er› Operum gar vill) habe mann billich darumben zudank‹en›, unnd des abgelebt‹en› herr‹en› in Sacrificijs et precib‹us› memoria‹m› zumach‹en›: musst‹en› auch neüelich für Ihn ein Saal-Ambt gesung‹en› word‹en› ‹usw.›

Werd auch niemand von dem Convent widerig seyn, ihm ietz [?] abgelebt‹en› herr‹en› in gra‹ti›aru‹m› Actione‹m›

Luglio 1700.

Il 16 luglio piovve la mattina e restò molta nebbia nel bosco, sollevatasi infine, e circa al Vespro il cielo iniziò ad aprirsi un poco e alle 6 s'affacciò il sole.

Il signor Decano promulgò oggi, oltre ad altre cose che si trovano negli atti capitolari, che il signor Carlo Donato Cossoni canonico di, e passato maestro di cappella a [spazio bianco] ha lasciato per testamento tutte le sue opere musicali alla Nostra Signora di Einsiedeln; e che queste sono anche arrivate intatte qui il passato 3 luglio e sono state consegnate al signor maestro di cappella.

E che è opportuno essere riconoscenti, poiché fu una donazione molto preziosa (le opere erano infatti molto numerose), e ricordare il defunto in sacrifici e orazioni: e si è anche recentemente cantata per lui una messa.

E non si abbia a dispiacere nessuno nel convento nel donare al defunto la comunicazione delle buone opere 'in

---

60 Cfr. BACCIAGALUPPI, *La musique prédomine trop* e COLLARILE, *Bellinzona 1675-1852*.

61 CH-E, A.HB.12: *Acta sive Diarium rerum memorabilium Monasterii B. V. Mariae Einsidlensis … Tomus duodecimus, 1700-1703*, cc. 121r-121v. Su padre Dietrich si veda la voce in HENGGELER, *Professbuch*.

com‹m›unicat‹io›ne‹m› bonoru‹m› zu-schenk‹en›, darumb‹en› auch er Con-sensu‹m› Ven‹erabilis› Capituli requi-riere; Worauf alle unnd iede einhellig Ihr Haupt incliniert, unnd also aller Gut‹en› Werk‹en› Theilhaftig gemacht. Unnd solle dißen herr auch in Mor-tuariu‹m› Conventuale und‹er› die Gut-Täter eingezeichnet, unnd wie anderer sein Gedächtnus Jährlich gehuet‹en› werd‹en›.

gratiarum actionem'; su ciò richiese il consenso del venerabile capitolo; al che tutti chinarono il capo, e così comunicò a tutti le buone opere.

E questo signore dovrà anche essere riportato nel mortuario conventuale fra i benefattori, e come altri la sua memoria dovrà essere celebrata an-nualmente.

Padre Dietrich dal 1698 era anche segretario capitolare, per questo negli atti del capitolo la descrizione della seduta concernente il legato di Cossoni è scritta di suo pugno e riprende quasi verbalmente quanto egli aveva annota-to nel suo diario. Con un'aggiunta, però, di estremo interesse, che riguarda una disposizione testamentaria da lui non riportata in precedenza:[62]

1700. | Die 16. Julij Adm‹odum› R. P. Decanus Capituli Septimanarij culpis abso-lutis, de mandato Ill‹ustrissi›mi Principis n‹ost›ri statuit […].

[In margine:] D. Carolo Don. Cossonio, op‹er›a Musicalia Mon‹aste›rio n‹ost›ro leganti, ‹con›cedit‹ur› co‹mmun›icatio bonorum Op‹er›um.

Dein referebat, Ill‹ustrissi›mu‹m› D. Carolu‹m› Donatu‹m› Cossoniu‹m› Canonicu‹m› [spazio lasciato bianco] Opera sua Musicalia B‹eata› V‹irgini› Einsidlensi legâsse; quae oblatio maximi profectò pretij esset, adeòq‹ue› int‹er› benefactores Mon‹aste›rij merito numerandum. Unde eius nomen e‹sse›t Cathalogo benefactoru‹m› in libro mortuali inserendu‹m›. Et quid nî e‹sse›t co‹mmun›ica‹ti›o bonoru‹m› operu‹m› e‹sse›t post morte‹m› ei impertienda? Desup‹er› omnes inclinato humilit‹ate› Capite assensum praebuerunt. [In margi-ne: Vetat‹ur› distractio ei‹us› op‹er›um] Addidit D. Decan‹us›, D. Legatarium eam expressè legato suo addidisse ‹con›ditione‹m›, nè ad ullas alias man‹us› extrade-rent‹ur› haec opera, ‹scilicet› unicè pro Mon‹aste›rij Einsidlensis Officio Divino reservarent‹ur›: quare Ill‹ustrissi›mu‹m› Principem n‹ost›ru‹m› strictè mandare hui‹us› ‹con›ditionis observantiam.

L'ingiunzione di non disperdere i manoscritti e utilizzarli unicamente ad Einsiedeln spiega in realtà due cose. In primo luogo, chiarisce perché – non-ostante gli scambi continui di repertorio tra i monasteri, benedettini e non, della Svizzera interna – le opere di Cossoni non abbiano avuto alcuna diffu-sione al di fuori del monastero di Einsiedeln. In secondo luogo, aiuta a capire

---

62 CH-E, A.CC.6: *Acta Venerabilis Capituli Monasterij B. V. Einsidlensis. Ab Anno Gratia 1683. Usq. ad Annum 1700. In, et prae omnibus benedicatur Dominus*, p. 605.

perché i monaci abbiano 'adottato' la sua produzione musicale al punto da farne una parte viva e rispettata della propria tradizione musicale.[63]

Nello stesso anno 1700, nel libro dei conti del monastero è annotato un atto di pagamento riguardante le partiture cossoniane: «Wegen des H. Cossonij Musical‹ische› Oper‹a› so uns legirt worden verehrt h. [?] Filippi 29.–.–».[64] Evidentemente, il lascito era legato a qualche spesa, coperta in questo caso grazie all'intervento di un donatore, che mette a disposizione del convento la somma necessaria.[65] Come deliberato nel capitolo, il nome di Cossoni viene riportato nel *Mortuarium Monasterii Einsidlensis*:[66]

> Item Ad‹modu›m R‹everen›dus D‹ominus› Carolus Donatus Cossonius, Canonicus Collegiatae Ecclesiae S. Vincentii Gravedonae, olim Bononiae et Mediolani Cappellae Magister, qui Opera sua Musicalia manuscripta omnia Monasterio n‹ost›ro legavit. Anno 1700

Non è chiaro però perché la data sotto la quale il nome di Cossoni è stato registrato – l'8 febbraio 1700 – non coincida con quella effettiva della morte, e addirittura preceda quella del secondo testamento, 26 febbraio.

Il fondo manoscritto cossoniano conservato presso il monastero di Einsiedeln comprende ancor oggi diverse migliaia di pagine autografe (*v.* FIG. 5). In esse sono conservate ben 76 delle 89 composizioni di Cossoni trasmesse soltanto in forma manoscritta. Ad esse si sono via via aggiunti ulteriori materiali, redatti in epoche diverse (copie di partiture, fascicoli, rielaborazioni), che testimoniano – come si vedrà nel prossimo paragrafo – della peculiare 'fortuna' riscossa dal lascito fin dal momento del suo arrivo a Einsiedeln.

Non stupisce che tanto la serie delle mani dei copisti, quanto quella delle filigrane siano quindi assai variegate.[67] Nelle sole fonti autografe sono presen-

---

63 Per questo si rinvia alle pp. 61-69.

64 «Per le opere musicali del signor Cossoni che ci sono state lasciate il signor [?] Filippi dona 29.–.–», CH-E, TP.14: *Fürstl. Einsiedlischer Abbteÿ Rechnungs-Buch Von dem hochwürdigsten des H. R. R. Fürsten und Herrn H. Mauro à Roll … Ab Anno 1698. usque 1714.*, p. 321.

65 Purtroppo non è indicato con precisione il motivo della spesa. La somma in ogni caso non è particolarmente elevata: ad esempio, per rilegare «vari libri di canto» l'anno successivo si spendono lire 4.10.–, e nel 1711 «für Bassani 6 kurtze Messen V. 14 Stim‹m›en 8.5.–» (CH-E, TP.14, p. 321, 322; si tratta dell'*Acroama missale*, Augsburg 1709). Anche nel 1751 un cospicuo fondo di musiche del milanese Ferdinando Galimberti è acquistato grazie alla generosità di un donatore («solvente Celmo Magno musices Maecenate»; cit. in HELG, *Die neue Musikbibliothek*, p. 30).

66 CH-E, A.NC.8: *Mortuarium Monasterii Einsidlensis renovatum* (copiato nel 1695, per cui i nomi dei monaci e dei benefattori defunti a partire da quell'anno sono riportati come aggiunte). Il documento è stato citato per primo da SCHUBIGER, *Cossoni*, p. 54, che però non fornisce alcun riferimento bibliografico preciso.

67 Si rinvia all'*Indice delle filigrane*.

FIG. 5. COSSONI, *Domine ad adiuvandum* CC 19 (CH-E, 437.3:6, c. 1r; manoscritto autografo)

ti più di trenta filigrane diverse, su un arco cronologico di trentadue anni circa; sedici nelle altre fonti seicentesche (di cui soltanto sei in comune con gli autografi). Tredici sono le filigrane non italiane riscontrate nei manoscritti realizzati ad Einsiedeln. Può essere interessante rilevare come alcuni documenti stesi a Bellinzona dai padri di Einsiedeln presentino filigrane molto simili a quelle utilizzate da Cossoni.[68] Il fatto che i documenti bellinzonesi siano stesi su carta italiana è un'ulteriore riprova che i manoscritti di musica di Cossoni copiati da mani svizzere che presentano unicamente filigrane locali (basilesi o tedesche), siano stati tutti compilati per l'uso di Einsiedeln.[69]

68 CH-E, X.AB.7: alcuni conti per l'anno 1677 sono scritti su carta Cantoni di Bergamo (*cfr*. fil. 14 e fil. 22), come pure la lettera datata 9 luglio 1676 da Bellinzona dell'allora priore Maurus von Roll in CH-E, X.YA.25. Per contro, gli atti capitolari di Einsiedeln 1683-1700 (CH-E, A.CC.6) presentano, tra varie filigrane, a p. 611 una simile alla fil. 24, riscontrata in manoscritti cossoniani redatti ad Einsiedeln.

69 Ad esempio, la filigrana n. 26 nella nostra numerazione è databile al periodo di attività della cartiera di Hieronymus Blum (il giovane) a Basilea, 1756-1788; *cfr*. TSCHUDIN, *The Ancient Paper-Mills*, p. 229 e fil. n. 410.

S. A.	CAT.	*Partes*	PARTI ITALIANE	PARTI SVIZZ.	ORGANICO
1	CC 39	16	11		CATB CATB, bc
1	CC 8		10		CATB CATB, bc
3	CC 84		8 (*non segnate*)	14	CATB CATB, bc
4	CC 56				CC, bc
4	CC 84	10	8		CATB CATB, bc
5	CC 171	10			CATB CATB, bc
5	CC 29	13	11		CATB CATB, bc
5	CC 43	38			CATB, bc [a]
6	CC 191		8 (*n. s.*)	2	CATB CATB, bc
6	CC 197	18		21	CATB CATB, bc
6	CC 40				CATB CATB, bc
7	CC 180	26	7 (*n. s.*)		CATB CATB, bc
7	CC 32	8		2	B, vl1-2, bc
7	CC 58	21	21 (*n. s.*)		CATB CATB, bc
8	CC 182		5 (*n. s.*)	1	C, vl1-2, bc
9	CC 57		10		CATB CATB, bc
10	CC 35	34			CATB, bc [b]
10	CC 38	19	18 (*n. s.*)		CATB CATB, bc
11	CC 187	17	16 (*n. s.*)		CATB CATB, bc
11	CC 235			4	CAB, bc
12	CC 148		3		CATB CATB, bc
12	CC 36				CATB CATB, bc

TABELLA 2.3 Segnature antiche (S. A.) e parti conservate

Poiché le segnature più antiche, ancora visibili su gran parte dei manoscritti, sono state apposte probabilmente dai padri benedettini all'atto di un primo ordinamento dei materiali ricevuti in dono, grazie ad esse è possibile ricostruire ipoteticamente la consistenza del fondo al momento del suo arrivo ad Einsiedeln. Il fondo è stato ordinato tramite una serie numerica da 1 a 32 (oggi mancano 12 cifre) e una serie alfabetica fino alla v (mancano A, B, C, D, H, N, P, Q, R, S e U). L'ordine risultante dalle segnature non è perfetto: in dieci casi, opere diverse portano lo stesso numero o la stessa lettera e un piccolo numero di composizioni autentiche (una dozzina) non porta alcuna segnatura in nessuna delle fonti conosciute. Una seconda e una terza serie numerica paiono essere classificazioni posteriori, non legate all'ordinamento originario del materiale cossoniano, piuttosto che errori nella prima catalogazione: è il caso della segnatura «3.» apposta sulle parti svizzere di CC 84, ma non sulla partitura né sulle parti autografe. Nella serie alfabetica invece, l'unico punto problematico è la doppia assegnazione di una stessa segnatura «K.».

S. A.	CAT.	*Partes*	PARTI ITALIANE	PARTI SVIZZ.	ORGANICO
13	CC 15	19	19 (*n. s.*)	8	CATB CATB, bc
15	CC 224	27	27 (*n. s.*)		CATB CATB, bc
16	CC 238		2 (*n. s.*)		CAB, bc
16	CC 37	10	10 (*n. s.*)		CATB CATB, bc
17	CC 83	10	7 (*n. s.*)	8	CATB CATB, bc
19	CC 183		4 (*n. s.*)		CAB, bc
20	CC 16	28	18		CATB CATB, bc
20	CC 167	28	15 (*n. s.*)		CATB CATB, bc
24	CC 90	3			AB, bc
28	CC 196		3 (*n. s.*)		CC, bc
32	CC 212		3 (*n. s.*)		AB, bc
E	CC 142		1	3	CATB CATB, bc
F	CC 5	18	7	2	CATB CATB, bc
G	CC 11	30			CCATBB [c] CCATB, bc
I	CC 55		1		CATB CATB, bc
K	CC 1		2	2	CATB CATB, bc
K	CC 19	10	10		CATB CATB, bc
L	CC 13	28	14		CATB CATB, bc
M	CC 2	6	2		CATB
O	CC 47		1	?	
T	CC 146	21	6	2	CCATB [d], vl1-2, vla1-2, bc [e]
V	CC 12		7		CATB CATB, bc

[a] «cu‹m› VV. ad libitum» — [b] «cu‹m› V‹iolinibus› ad libitu‹m›» — [c] B2 ad lib. — [d] C2 ad lib. — [e] «Partes 21 necessariae 5. Voc‹ibus› cu‹m› 2. V‹iolinibus›»

In questa catalogazione è ravvisabile una suddivisione per generi, seppur con molte incongruenze: in genere le messe ricevono una segnatura alfabetica, mottetti e salmi una segnatura numerica. Nei trecento anni circa da che i manoscritti cossoniani sono conservati presso l'abbazia benedettina sarebbero andate perse circa venti composizioni, contro le oltre sessanta pervenuteci: una perdita non sorprendente, considerando i danni provocati ad esempio dal passaggio dell'armata di Napoleone nel 1798.[70]

Nel proprio testamento Cossoni raccomanda che i manoscritti siano conservati nel loro ordine, «a cosa per cosa».[71] Non sappiamo quale fosse questo ordine: le segnature antiche non rispecchiano infatti l'ordinamento del fondo all'arrivo ad Einsiedeln. La sola traccia certa di un ordinamento preesistente

---

70 Per la storia della biblioteca *cfr.* HELG, *Die neue Musikbibliotheck.*
71 La citazione è tratta dalla redazione del testamento di Cossoni del 26 febbraio 1700: *cfr.* LONGATTI, *Carlo Cossoni*, p. 261.

FIG. 6: Cossoni, *Ci vuol tempo* CC 264a (A-Wn, Mus. Hs. 17760, c. 23r; ms. autografo)

si trova sulle partiture dei due mottetti *Eia resonent* CC 191 e *Jubilate chori angelici* CC 201. Cossoni stesso numera i due fascicoli, ancora oggi rilegati in successione in CH-E, 437.3:3 (13-14), con le cifre «2» e «3». Ciò indica in primo luogo che i mottetti sono forse da considerare parte di una composizione più vasta, di cui è perduta la prima parte; e in secondo luogo che certamente l'ordinamento attuale non rispecchia pienamente quello originario. Certi elementi – il fatto che le segnature vengano riprese anche su parti realizzate in Svizzera e che ad esempio il Lucernario (un genere esclusivamente ambrosiano) non porti alcuna segnatura – paiono inoltre avvalorare l'ipotesi che la classificazione sia stata effettuata ad Einsiedeln con uno scopo pratico per i monaci, riordinando quindi il materiale del lascito.

La stessa mano che scrive la segnatura annota sovente sulla prima pagina della partitura il numero di parti corrispondenti. Oggi il numero di parti conservate è spesso differente (*v.* TAB. 2.3). Solo in cinque casi si sono conservate tutte le parti originali accanto alla partitura. La consistenza originaria del fondo, insomma, non è solo ricostruibile in quanto a numero di composizioni, ma in parte anche in quanto a numero di parti.

Altre fonti manoscritte

Recentemente è stata identificata una nuova fonte autografa cossoniana. Si tratta della partitura della 'canzonetta amorosa' *Ci vuol tempo e poi Dio sa* CC 264a, rilegata all'interno di un volume miscellaneo proveniente dalla collezione di Leopoldo I, conservato attualmente presso la Österreichische Nationalbibliothek di Vienna (*v.* FIG. 6).[72] L'analisi della grafia non lascia

---

72 A-Wn, Mus. Hs. 17760; si rinvia al catalogo delle fonti per una descrizione dettagliata del contenuto della miscellanea, che – oltre alla canzonetta di Cossoni – comprende altre sette

FIG. 7: COSSONI, *Magnificat* CC 145 (I-Baf, capsa I, n. 9⁴; manoscritto non autografo)

adito a dubbi sul fatto che il manoscritto sia stato vergato dalla mano di Carlo Donato Cossoni, che della composizione è anche l'autore.[73] In esso è trasmessa una diversa redazione dell'omonima canzonetta apparsa a stampa nel 1669 all'interno del *Libro primo delle Canzonette amorose a voce sola* op. VII di Cossoni (CC 264), con ogni probabilità precedente alla versione stampata.[74]

Tra le fonti risalenti al periodo bolognese, vanno ricordati tre manoscritti conservati presso l'Accademia Filarmonica di Bologna. Essi trasmettono una composizione ciascuno: il sonetto *Misere turbae* CC 257, il salmo *Beatus vir* CC 34 e un *Magnificat à 8 Concertato* CC 145. Si tratta delle composizioni che Cossoni avrebbe offerto all'importante istituzione musicale bolognese al momento della sua ammissione (*v.* FIG. 7).[75] Il recente catalogo del fondo

---

composizioni profane di differenti autori. La rilegatura, in pergamena chiara, è quella tipica dei volumi appartenenti alla collezione di Leopoldo I, la cui effigie dorata compare sul piatto esterno anteriore.

73 Nel catalogo della Österreichische Nationalbibliothek di Vienna la canzonetta è attribuita erroneamente a Giovanni Antonio Cossoni, padre di Carlo Donato: *cfr.* MANTUANI, *Tabulae*, p. 51. All'interno del manoscritto la grafia di Cossoni compare soltanto in rapporto alla propria composizione.

74 Sulla partitura manoscritta è annotato anche il nome dell'autore del testo poetico: «Parole del Can‹oni›co Grossi» (c. 23*r*).

75 I-Baf, capsa I, n. 9², n. 9³ e n. 9⁴.

musicale dell'Accademia classifica questi manoscritti come autografi, sulla base del fatto che «almeno per quanto riguarda gli 'esperimenti d'esame' veri e propri, essi rappresentano per definizione degli autografi certi».[76] Il confronto con il materiale certamente autografo permette però di escludere categoricamente che questi manoscritti siano stati redatti da Cossoni di proprio pugno. Se non c'è motivo di dubitare dell'attribuzione al compositore delle tre composizioni per il semplice fatto che siano state copiate da un diverso copista, c'è da chiedersi quante delle partiture depositate presso l'archivio dell'Accademia prima del 1721 – quando fu istituito l'obbligo di una prova scritta d'esame per tutti gli aspiranti – siano realmente delle fonti autografe.[77]

Finora si sono considerate soprattutto fonti musicali riflesso dei due principali contesti nei quali Cossoni ha operato come musicista: Bologna e Milano. Vanno ora considerate una serie di fonti relative all'ultimo periodo di attività del compositore, dopo il volontario esilio nella patria Gravedona. Lasciata Milano nell'estate del 1692, Cossoni si ritira sul lago di Como, dove trascorre gli ultimi anni della propria esistenza. Questa residenza gli permette di stringere rapporti con il contesto musicale comasco, con il quale in realtà è rimasto sempre in contatto, anche durante i periodi nei quali si trovava a Bologna e a Milano. Non appare un caso quindi se proprio nell'archivio del Duomo di Como sia stato possibile identificare numerose testimonianze della sua produzione musicale, tra cui sette sue partiture autografe, contententi cinque composizioni senza concordanze in altre fonti.[78]

Cossoni ancora vivente, diverse sue composizioni furono eseguite nella cappella del Duomo di Como, diretta in quegli anni da Francesco Spagnoli Rusca, amico di lunga data del compositore gravedonese.[79] Accanto alle fonti autografe, figurano perciò parti copiate da collaboratori diretti di Cossoni (che è possibile individuare grazie a grafie ricorrenti o all'utilizzo di carta della zona), e altri materiali copiati da mani comasche: una decina in tutto, tra cui quella dello stesso Rusca. Con ogni probabilità, le parti sono state copiate a Como a partire da partiture autografe, andate in seguito perdute.

---

76   CALLEGARI HILL, *L'Accademia Filarmonica*, p. 83.

77   Prima del 1721, a ogni nuovo membro era richiesto infatti soltanto di depositare alcune sue composizioni: *cfr.* GAMBASSI, *L'Accademia Filarmonica*, pp. 101-108.

78   Nel corso dell'ottimo lavoro di ricatalogazione del fondo comasco (PICCHI, *Catalogo*) gli autografi hanno ricevuto le segnature I-COd, V 16-18 e 20-27. Ad esse si aggiungono i manoscritti I-COd, 1A-12 e AA-43, privi del nome dell'autore.

79   Tra queste, il *Magnificat* CC 72, trasmesso in I-COd, V-24, che rappresenta anche l'unica partitura autografa contenente una dedica: nella fattispecie, proprio a Francesco Spagnoli Rusca: si rinvia a FONTI.

CATALOGO	STAMPE	MANOSCRITTI	NOTE
CC 3, 3a, 3b	op. 16 (1)	CH-E, 437.3:1 (8); 677.21; 678.21a (4)	Fonti autografe
CC 4, 4a, 4b	op. 16 (3)	CH-E, 437.3:1 (3); 677.26; 678.21a (6)	Fonti autografe
CC 6	op. 16 (4)	GB-Ob, Ms. Tenbury 333	
CC 7, 7a	op. 16 (2)	CH-E, 678.21a (3)	Fonti autografe
CC 17	op. 3 (1)	D-MÜs, Hs. 1269; I-PS, B.163:1 (1)	
CC 30	op. 3 (16)	I-PS, B.163:1 (16)	
CC 31	op. 3 (4)	D-MÜs, Hs. 1269 (4); I-PS, B.163:1 (4)	
CC 41	op. 3 (3)	D-MÜs, Hs. 1269 (3); I-PS, B.163:1 (3)	
CC 44	op. 3 (17)	I-PS, B.163:1 (17)	
CC 45	op. 3 (11)	D-MÜs, Hs. 1269 (11); I-PS, B.163:1 (11)	
CC 46	op. 3 (14)	I-PS, B.163:1 (14)	
CC 48	op. 3 (2)	D-MÜs, Hs. 1269 (2); I-PS, B.163:1 (2)	
CC 53	op. 3 (13)	I-PS, B.163:1 (13)	
CC 60	op. 3 (12)	I-PS, B.163:1 (12)	
CC 61	op. 3 (7)	D-MÜs, Hs. 1269 (7); I-PS, B.163:1 (7)	
CC 62	op. 3 (8)	D-MÜs, Hs. 1269 (8); I-PS, B.163:1 (8)	
CC 64	op. 3 (10)	D-MÜs, Hs. 1269 (10); I-PS, B.163:1 (10)	
CC 66	op. 3 (6)	D-MÜs, Hs. 1269 (6); I-PS, B.163:1 (6)	
CC 69	op. 3 (5)	D-MÜs, Hs. 1269 (5); I-PS, B.163:1 (5)	
CC 71	op. 3 (15)	I-PS, B.163:1 (71)	
CC 73	op. 3 (9)	D-MÜs, Hs. 1269 (9); I-PS, B.163:1 (9)	
CC 91	op. 2 (18)	I-COd, 10A-2 (2)	
CC 134	op. 4 (47)	I-COd, 2A-20	
CC 143	op. 3 (18)	I-PS, B.163:1 (18)	
CC 151	op. 11 (1)	I-COd, 3A-8	
CC 203	op. 1 (9)	S-Uu, Vok. Mus. i hs. 83 (11)	
CC 204	op. 1 (5)	I-COd, 1A-11	
CC 208	op. 1 (11)	I-COd, 1A-12	
CC 222	op. 1 (1)	S-Uu, Vok. Mus. i hs. 78 (82)	
CC 225, 225a	op. 2 (6)	I-COd, AA-43	Fonti autografe
CC 237, 237a	op. 2 (16)	I-COd, V-27	Fonti autografe
CC 234	op. 10 (2)	I-COd, 2A-18	
CC 243	op. 10 (11)	I-COd, 10A-1	
CC 246	op. 2 (17)	I-COd, 10A-2 (1)	
CC 247	op. 10 (12)	I-COd, 10A-1	
CC 264, 264a	op. 7 (17)	A-Wn, Mus. Hs. 17760 (4)	Fonti autografe

TABELLA 2.4 Concordanze tra fonti manoscritte e fonti a stampa

FIG. 8. COSSONI, *Messa Confringet Deus* CC 3b (CH-E, 437.3:1, c. 99r; manoscritto autografo)

Accanto ai copisti 'comaschi', va ricordata poi la quindicina di mani italiane che è stato possibile identificare tra le fonti attualmente conservate ad Einsiedeln.[80] Poiché le composizioni da loro trascritte sono conservate all'interno del fondo del compositore, è evidente che si tratti di copisti – tutti anonimi – che operavano nell'immediato entourage del compositore a Milano o forse anche a Gravedona.

Questioni di redazione

Le composizioni trasmesse sia in fonti a stampa, sia per via manoscritta sono in tutto 36 (*v.* TAB. 2.4). Sei sono i casi che riguardano fonti autografe, di cui però soltanto tre appartenenti al fondo di partiture lasciato in eredità dal musicista. Poiché il 60% delle composizioni tràdite in forma manoscritta è trasmesso in fonti redatte da Cossoni di proprio pugno, si tratta di un numero estremamente esiguo di partiture: indice del fatto che la stragrande maggioranza dei manoscritti autografi serviti per l'allestimento delle raccolte a

---

80   Si rinvia all'*Indice dei copisti*.

stampa sia oggi disperso, con ogni probabilità perché eliminato subito dopo la pubblicazione dei volumi.

La collazione del dettato musicale delle 36 composizioni evidenzia un dato significativo. Con ogni probabilità, le 30 redatte da mani diverse da quella del compositore sono state descritte da esemplari delle raccolte a stampa. Al contrario, le sei composizioni tràdite in manoscritti autografi (CC 3a-b, 4a-b, 7a, 225a, 231a, 264a) trasmettono con ogni probabilità una redazione precedente rispetto a quella poi data alle stampe.

Tra le partiture autografe di Cossoni provenienti dal fondo lasciato in eredità all'abbazia benedettina di Einsiedeln, le uniche concordanze con fonti a stampa riguardano tre cicli di messe, pubblicati all'interno dell'op. XVI (1694), l'ultima raccolta monografica del compositore: si tratta delle Messe CC 3, 4 e 7. Confrontando il dettato a stampa con quello trasmesso dai manoscritti, non emergono sostanziali differenze. L'assenza di segni tipografici lascia intendere che le fonti autografe attualmente note non siano state utilizzate come bozza di stampa: motivo forse del perché siano oggi conservate. Più probabile è infatti che da queste partiture siano state redatte una serie di parti, ora disperse, utilizzate per l'allestimento dei diversi fascicoli dell'edizione a stampa. Le partiture presentano una serie di correzioni (*v.* FIG. 8), puntualmente registrate nell'edizione. È possibile che esse rappresentino un intervento migliorativo compiuto dall'autore in vista della pubblicazione. In questo caso, però, occorrebbe ammettere che le parti autografe attualmente conservate – nelle quali il dettato delle composizioni è quello definitivo, senza alcuna cancellatura – siano state redatte in alcuni casi diversi anni dopo le partiture.[81] Assai più probabile è che esse siano state redatte invece insieme alle partiture. Le correzioni rappresenterebbero quindi l'ultima fase del processo compositivo, non per forza finalizzato alla preparazione delle messe per la stampa.

È interessante notare come nel passaggio dal manoscritto alla stampa, la Messa CC 4 abbia subito una modifica macroscopica. Nella fonte autografa, il *Kyrie* segue infatti il *Gloria*. Si tratta di un aspetto tipico della liturgia ambrosiana; così come l'omissione dell'*Agnus Dei*, assente in tutte le messe: nel rito proprio della cattedrale milanese, l'*Agnus Dei* – con il nome di *contrafactorium* – è infatti parte del *proprium* (e non dell'*ordinarium*) *missae*.[82] Nella

---

81 La Messa CC 3 è stata composta infatti tra il luglio del 1687 e il novembre del 1689; la Messa CC 4 nel settembre del 1688: si rinvia a OPERE.

82 Le partiture autografe del *Kyrie*, del *Gloria*, del *Credo* e del *Sanctus* (CC 4a e 4b) sono state redatte nel 1688, quando Cossoni è maestro di cappella del Duomo di Milano. Sul rito ambrosiano si veda in generale BORELLA, *Il rito ambrosiano*.

FIG. 9. COSSONI, *Ci vuol tempo* CC 264A, miss. 1-23 (trascrizione del manoscritto autografo).

stampa, si assiste quindi a un adattamento delle composizioni per un pubblico non ambrosiano. Il *Kyrie* della Messa CC 4 viene stampato perciò prima del *Gloria*, nella sequenza normale per la liturgia romana.[83] In fondo al volume è

83 A differenza della Messa CC 4, la Messa CC 7 è concepita già in forma romana, con il *Kyrie* anteposto al *Gloria*. Essa però è stata composta nei mesi subito precedenti alla pubblicazione (e forse proprio in funzione di essa), quando Cossoni ha già lasciato Milano. Stupisce però che la giustapposizione *Kyrie–Gloria* riguardi anche la Messa CC 3: la partitura autografa – di cui si conserva soltanto la pagina iniziale CH-E, 678.21a (4) – reca infatti la data del luglio 1687. A proposito del contesto di questa Messa, da mettere in rapporto anche con il ciclo CC 11, si rinvia al prossimo paragrafo. Riguardo al problema rappresentato dal passaggio dal manoscritto alla stampa, *cfr.* ROMAGNOLI, *Il manoscritto di musica*, in part. pp. 221-223.

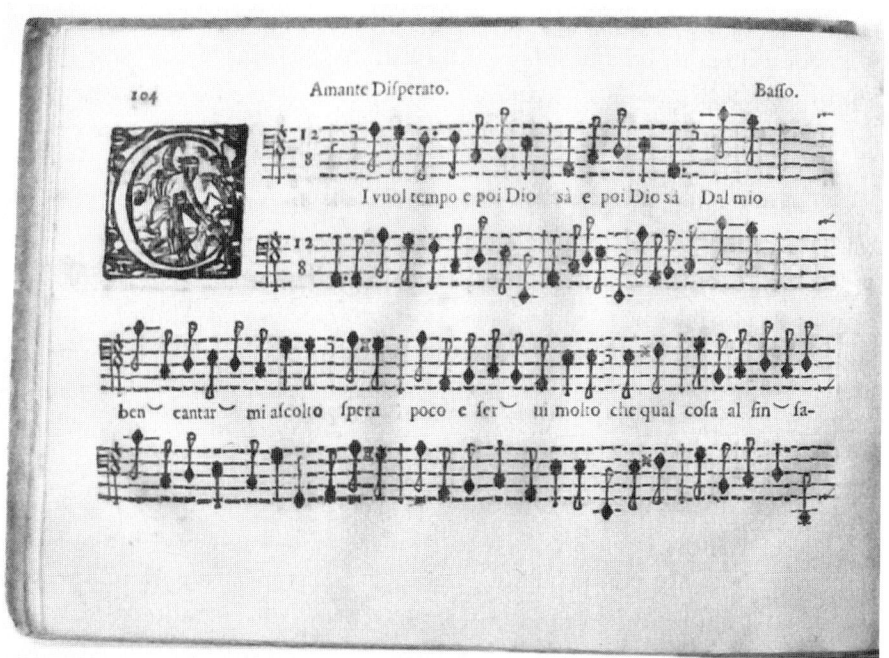

FIG. 10. COSSONI, *Ci vuol tempo* CC 264 (*Il libro primo delle canzonette* op. VII, pp. 104-105).

aggiunto poi un *Agnus Dei*, composto evidentemente per l'occasione, che è possibile adoperare *ad libitum* per tutte le messe della raccolta.

Altra peculiarità dell'op. xvi: le messe della raccolta sono apparentemente il risultato di un assemblaggio di diverse composizioni concepite in epoche anche differenti tra loro. Ciò riguarda con certezza la Messa cc 3. *Kyrie* e *Gloria* (cc 3a) risalgono al luglio del 1687. *Credo*, *Sanctus* e *Benedictus* (cc 3b) sono stati composti invece tra l'ottobre e il novembre del 1689. Nel caso della Messa cc 4, tutte le parti sono state scritte nel settembre del 1688. La partitura autografa di *Kyrie* e *Gloria* (cc 4a) porta però il titolo di «Missa Acuerunt linguas tuas».[84] Su quella di *Credo*, *Sanctus* e *Benedictus* (cc 4b) è annotato invece «Missa Iniquos odio habui».[85] La diversa indicazione rinvierebbe se non a un diverso contesto esecutivo, almeno a un differente momento compositivo dei due cicli.[86]

Nel caso della 'canzonetta amorosa' *Ci vuol tempo, e poi Dio sa* cc 264, la collazione delle fonti evidenzia come la redazione autografa trasmessa all'interno della miscellanea A-Wn, Mus. Hs. 17760 (cc 264a) contenga una serie di significative varianti nel dettato musicale rispetto alla redazione apparsa a stampa nel 1669 all'interno dell'op. vii. Intere sezioni, a partire dal ritornello che dà il titolo alla composizione, presentano differenze macroscopiche (*v.* FIGG. 9 e 10). La partitura è vergata su una carta norditaliana assai diffusa al tempo. Il fatto che Cossoni se ne sia servito durante il periodo nel quale ricopre la carica di maestro di cappella del Duomo di Milano,[87] potrebbe far ipotizzare che si ci possa trovare difronte alla rielaborazione della composizione successiva alla redazione a stampa. Da sola, però, la filigrana non è in grado di identificare con certezza alcuna sicura finestra temporale. L'analisi della grafia permette di stabilire che ci si trovi difronte a uno dei manoscritti più antichi tra quelli conservati. Il tratto è infatti più arrotondato rispetto a quello presente nelle partiture redatte dal compositore ormai anziano: simile ad esempio a quello della partitura del *Magnificat* cc 146, composto a Bologna nel marzo del 1669.[88] Ciò lascerebbe intendere una redazione alta della canzo-

---

84 CH-E, 437.3:1 (3). Lo stesso titolo è indicato anche sulla partitura dell'*ordinarium missae* cc 8. Il ciclo, che comprende anche in questo caso soltanto un *Gloria* e un *Kyrie* (disposti però secondo la sequenza ambrosiana), risale al medesimo periodo (1686-1691ca.). Il dettato musicale è però diverso.

85 CH-E, 437.3:1 (6).

86 Per la questione delle annotazioni presenti sulle partiture autografe, si rinvia al § successivo.

87 La stessa filigrana – n. 32 – è identificabile in manoscritti autografi databili tra il 1686 e il 1690: si rinvia all'indice delle filigrane delle fonti autografe.

88 CH-E, 437.3:6 (6).

FIG. 11. Cossoni, *Peccavi Domine* CC 225a (I-COd, AA-43, c. 1r; manoscritto autografo)

netta, precedente alla versione a stampa. Sulla base dei riscontri paleografici e dell'analisi delle diverse redazioni della composizione, assai più probabile è che la partitura possa essere stata redatta durante il primo soggiorno milanese di Cossoni (1656-1662) o nei primissimi anni dopo il suo trasferimento a Bologna. La partitura sarebbe finita in seguito nella biblioteca di Leopoldo I, dove tra il 1693 e il 1705 sarebbe stata rilegata nella miscellanea in cui è tutt'ora conservata.[89]

89 È possibile che la partitura autografa di Cossoni sia giunta nel fondo musicale di Leopoldo I tramite Lorenzo Gaggiotti, basso prima a S. Petronio e poi alla corte imperiale. La presenza nella miscellanea di autori di area bolognese (come Antonio Masini e Giovanni Antonio Boretti) o dell'Italia centrale (come Marco Marazzoli) lascerebbe intendere una possibile provenienza da quest'area. È probabile però che le partiture che compongono la miscellanea A-Wn, Mus. Hs. 17760 siano giunte nel fondo separatamente, e soltanto in un secondo momento rilegate insieme, con certezza dopo il 1693. È possibile stabilirlo dal contenuto della cantata *Alle scosse fatali* di Antonio Masini – A-Wn, Mus. Hs. 17760 (2) –, in cui si fa riferimento al terremoto che sconvolse in quell'anno Ragusa. Il *terminus ante quem* è dato invece dalla morte dell'imperatore Leopoldo I, avvenuta nel 1705.

FIG. 12. Cossoni, *Quaerens dilectum* CC 231a (I-COd, V-27, c. 1r; manoscritto autografo)

Delle sei composizioni tràdite nei manoscritti autografi dell'archivio del duomo di Como, due presentano concordanze con una fonte a stampa. In entrambi i casi si tratta dell'op. II. La versione del mottetto *Peccavi, Domine, impie gessi* CC 225a conservata nel manoscritto I-COd, AA-43 (FIG. 11) è con ogni probabilità la prima redazione dell'omonima composizione pubblicata nel 1667. La partitura autografa presenta infatti numerose cancellature e ripensamenti, che evocano l'azione creatrice del compositore. Il confronto con la stampa mostra però come la versione manoscritta non rappresenti in realtà la redazione definitiva della composizione. In vista della pubblicazione, Cossoni rielabora ulteriormente il mottetto, correggendo alcuni valori e diverse figurazioni, senza tuttavia modificare l'impianto del brano. Poiché di questo intervento non c'è traccia nel manoscritto, è assai probabile che la partitura attualmente conservata a Como abbia cominciato a circolare prima del momento in cui Cossoni abbia maturato l'idea di pubblicare il mottetto. Sulla base dell'analisi della grafia della partitura è possibile sostenere come anche questo manoscritto rappresenti una tra le partiture autografe più antiche tra quelle oggi conservate. Se è assai probabile che il mottetto possa essere stato composto prima del trasferimento di Cossoni a Bologna nel 1662, l'attuale localizzazione della partitura autografa potrebbe far ipotizzare che la sua stesura possa essere avvenuta addirittura tra il 1650 e il 1656, durante il soggiorno comasco del compositore.

Il mottetto *Quaerens dilectum quem corde colebat* CC 231a, trasmesso nel manoscritto in I-COd, V-27 (FIG. 12), rinvia al medesimo contesto. In questo caso, però, la redazione a stampa presenta delle varianti nel dettato musicale più sensibili rispetto al mottetto *Peccavi, Domine, impie gessi*. Nella versione a stampa, si assiste alla soppressione di una sezione interna in cui veniva ripetuta una parte precedente; ma soprattutto all'omissione di un'ampia porzione con cui il mottetto si conclude nella fonte manoscritta. Anche in questo caso, la grafia conferma una datazione alta della partitura, che potrebbe essere stata concepita – come forse anche altri mottetti pubblicati all'interno dell'op. II – ben prima del trasferimento di Cossoni a Bologna.

Delle altre 30 composizioni di cui è possibile individuare una concordanza in fonti a stampa, nove sono trasmesse in manoscritti attualmente conservati presso l'archivio del Duomo di Como, redatti da anonimi copisti italiani (probabilmente del luogo) verso la fine del Seicento. I due mottetti trasmessi in I-COd, 10A-2 (*Vanitas vanitatum* CC 246 e *Salve regina* CC 91) sono certamente descritti da un esemplare dell'op. II. A riprova, è possibile citare il caso di un errore nella partitura a stampa – la mancanza di una pausa o di un *punctum additionis* nel continuo di *Vanitas vanitatum*, a metà del rigo inferiore di p. 242 – che non viene identificato dal copista, costretto quindi a congetturare una soluzione per la battuta seguente, senza peraltro riuscire a evitare un primo rivolto inelegante sul tempo forte della battuta. Descritto da un esemplare dell'op. IV₁ è poi l'inno *Tantum ergo sacramentum* CC 134 vergato in I-COd, 2A-20, copiato rispettando addirittura la medesima distribuzione della musica sulla pagina dell'edizione a stampa. Descritti da un esemplare dell'op. X sono anche i mottetti *Quid anima mea retribues* CC 234, copiato in I-COd, 2A-18; e *Suavissime Jesu, amabilissimum nomen* CC 243 e *Venite gentes, properate festinate* CC 247, entrambi trasmessi in I-COd, 10A-1.[90] Così pure le *Litanie della Beata Vergine Maria* CC 151, vergate nel manoscritto I-COd, 3A-8 forse proprio a partire dall'esemplare dell'op. XI conservato all'interno del medesimo archivio del Duomo di Como.

Pochi dubbi anche nel caso del mottetto *O amor, o dolor* CC 208 vergato in I-COd, 1A-12. La versione manoscritta coincide perfettamente con quella del-

---

90 Nel caso del mottetto *Suavissime Jesu*, ad esempio, il copista riprende addirittura certe peculiarità grafiche della stampa (le due maiuscole iniziali: «SVavissime»).

FIG. 13. COSSONI, *Musa voces* CC 204, mis. 1-5 (trascrizione dell'op. I, 1665)

FIG. 14. COSSONI, *Musa voces* CC 204a (I-COd, 1A-11, parte di Alto; manoscritto non autografo)

FIG. 15. COSSONI, *Musa voces* CC 204a (I-COd, 1A-11, parte dell'organo; ms. non autografo)

l'omonimo mottetto pubblicato all'interno dell'op. I. Lo stesso copista redige anche un secondo mottetto, *Musa voces melos ede* CC 204a (I-COd, 1A-11), che rinvia ancora una volta all'op. I. In questo caso però egli non avrebbe semplicemente ricopiato il mottetto. Il dettato musicale della prima parte della composizione diverge infatti in maniera sostanziale rispetto alla versione a stampa (FIGG. 13, 14 e 15). Al contrario, tutta la parte successiva è identica, con soltanto piccole modifiche verso la fine. È possibile che ci si trovi difronte a una diversa redazione del mottetto, che l'anonimo copista comasco potrebbe aver copiato da una fonte autografa ora dispersa. Più probabile è però che si tratti invece di una rielaborazione del mottetto compiuta all'interno della cappella comasca. Nella stampa, il mottetto è per canto, basso e organo; nel manoscritto, è adattato per alto, tenore e organo, senza però che ciò comporti alcuna trasposizione. La rielaborazione della prima sezione potrebbe quindi essere stata dovuta alla difficoltà di adattare facilmente quella parte del mottetto al diverso organico vocale. Ciò spiegherebbe perché essa sembri parafrasare la versione a stampa, seppur con una sostanziale modifica dell'unità ritmica (3/2 nella versione a stampa; ¢ in quella manoscritta). L'anonimo rielaboratore – che potrebbe anche essere lo stesso copista del manoscritto – si sarebbe servito quindi di un esemplare della stampa, che potrebbe anche essere quello conservato nell'archivio del Duomo di Como, relativo alla seconda edizione dell'op. I (1678), servitogli probabilmente anche per la redazione del mottetto *O amor, o dolor* CC 208.

Alle fonti sin qui citate, vanno aggiunti poi due manoscritti redatti da Gustav Düben intorno al 1670. Essi trasmettono altrettante composizioni descritte con certezza dall'op. I: si tratta dei mottetti *Morior misera* CC 203 e *O suavis animarum vulnerator* CC 222, copiati con ogni probabilità dall'esemplare dalla prima edizione della raccolta (1665) di proprietà del collezionista scandinavo (S-Uu, Vok. Mus. i ns. 83:11 e 78:82).

Infine tre manoscritti più tardi. Il manoscritto I-PS, B.163:1, risalente al primo quarto del secolo XVIII, contiene una copia completa dell'op. III, redatta con ogni probabilità a partire dall'esemplare della stampa conservato nel medesimo archivio. Il manoscritto D-MÜs, Hs. 1269, compilato da Fortunato Santini nella prima metà del secolo XIX, contiene le prime undici composizioni della stessa op. III, come viene indicato in una nota apposta sul verso del frontespizio. Infine il manoscritto GB-Ob, Ms. Tenbury 333, in cui è conservata la partitura della Messa CC 6, copiata forse per Vincent Novello (1781-1861) in Inghilterra a partire da un esemplare dell'op. XVI.[91]

---

91 *Cfr.* a riguardo anche p. 60.

L'interesse del copista, negli ultimi casi citati, è soprattutto quello di rendere disponibili in partitura composizioni trasmesse in parti separate. A questo scopo padre Sigismund Keller a metà Ottocento mette in partitura alcune composizioni di Cossoni, servendosi delle fonti autografe presenti presso la biblioteca di Einsiedeln, ad esempio CH-E, 678.21a (7) oppure CH-E, 287.4.[92]

---

92 In questo paragrafo sono state prese in considerazione soltanto fonti di opere originali di Cossoni. La questione relativa all'arrangiamento di alcune sue composizioni realizzate ad Einsiedeln viene trattata nel paragrafo successivo.

Aspetti della ricezione

Fra i fondi di Einsiedeln e Como e alcune più recenti identificazioni, è giunto fino ai nostri giorni un numero di autografi musicali di Cossoni assolutamente eccezionale per un musicista dell'epoca. Il lascito al monastero benedettino permette alla produzione di Cossoni una presenza attiva nella vita musicale del convento fino alla metà dell'Ottocento. Per far meglio risaltare la peculiarità della ricezione del lascito sarà utile mettere a confronto la particolare ricezione della musica del compositore ad Einsiedeln, con quella registrata in altri contesti.

La diffusione di musiche cossoniane in Italia avviene attraverso molteplici canali. Il caso dell'archivio del Duomo di Como è a questo riguardo esemplare. A Como si conservano diverse stampe e tre tipologie di manoscritti: autografi, manoscritti di copisti attivi nell'immediata cerchia dell'autore, e manoscritti di copisti locali. Una parte di questi ultimi sono *codices descripti* da stampe in parte ancora presenti a Como. Alcuni però trasmettono una versione differente delle composizioni rispetto a quella trasmessa dai testimoni a stampa, suggerendo che l'antigrafo della copia realizzata a Como debba essere stato un autografo oggi perduto. Queste eccezionali circostanze derivano dai rapporti personali che intercorrevano tra Cossoni, di cui sono noti i continui soggiorni a Gravedona, e musicisti locali, tra cui il maestro di cappella nel Duomo di Como, Francesco Spagnoli Rusca, testimoniati anche dalla dedica a quest'ultimo della sua ultima composizione datata, il *Miserere* CC 72 composto nel 1699 (FIG. 16).[1] I rapporti con l'ambiente musicale di Como risalgono al primo impiego del compositore presso la chiesa di S. Fedele (1650-1656 ca.). Essi si mantengono però stabili anche in seguito, come testi-

---

1   Le mani dei copisti vicini a Cossoni sono due e sono state identificate grazie all'identità della grafia con manoscritti conservati ad Einsiedeln, o della carta con manoscritti autografi. Sul fondo di Como in generale si vedano le osservazioni fatte più sopra e gli studi di Alessandro Picchi e Mario Longatti: PICCHI, *L'archivio musicale*, pp. 177-179; PICCHI, *Catalogo*; LONGATTI, *La cappella musicale*. L'autografo del *Miserere* con la dedica a Rusca porta la segnatura I-COd, V-24.

FIG. 16. COSSONI, *Miserere* CC 72 (I-COd, V-24, c. 1r; manoscritto autografo)

moniano i manoscritti databili a varie stagioni creative: due autografi dall'op. II del 1667 (I-COd, AA-43 e V-27), un oratorio in copia datato 1670 (I-COd, V-21), e due sonetti di nuovo autografi dalle *Sacre lodi* del 1680 (I-COd, V-20). Un copista comasco (mano 14 nella nostra classificazione) trascrive con particolare frequenza composizioni che prevedono parti di basso solo (tra cui il *Tantum ergo*, CC 134):[2] è probabile che lui stesso fosse un basso, forse quel Carlo Girolamo Carcano cui Cossoni dedica nel 1675 il mottetto *Heu infelix* CC 198 dell'op. XII.

Angelo Berardi, musicista e trattatista bolognese, che con Cossoni aveva contatti personali tanto da donargli un proprio ritratto,[3] considera il compositore come un tipico rappresentante dello stile concertato con strumenti. È questo lo stile delle due più ambiziose pubblicazioni del nostro autore, uscite

2   I-COd, 2A-3, 2A-4, 2A-5, 2A-7, 2A-12, 2A-13, 2A-15, 2A-17 e 2A-19 e 2A-20 – di Cossoni –; il copista è identificato con la sigla 2A da PICCHI, *Catalogo*, pp. 128, 131, 135, 138, 141, 149, 157, 160-161.

3   Un elenco dei quadri posseduti da Cossoni è riportato da MORRESI, *Nuovi dati biografici*, pp. 13-15.

nel 1668 e nel 1669 verso la fine del suo periodo bolognese, i *Salmi concertati a cinque voci* op. VI, e le *Messe a quattro e cinque voci concertate* op. VIII.[4] La maggior parte della produzione a stampa di Cossoni consiste però in raccolte di mottetti a poche voci o di musica sacra in 'stile antico': forme tipiche degli apparati musicali delle cappelle del tempo. Non stupisce quindi se un certo interesse per questo tipo di produzione sopravvive in Italia anche dopo la morte del compositore.

Nella biblioteca dell'archivio capitolare di Pistoia si trova, insieme a un esemplare della stampa, una partitura dei *Salmi* dell'op. III realizzata nel Settecento. Essa testimonia l'interesse durevole per una produzione in stile osservato, sebbene forse già allora non estraneo a un carattere antiquario. È questo invece con certezza lo scopo perseguito dal collezionista Fortunato Santini, quando al volgere del secolo mette in partitura i primi undici salmi della stessa raccolta, sulla base di un esemplare della stampa disperso durante la seconda guerra mondiale.[5] Un volume di salmi – l'op. III oppure l'op. VI – era presente ancora nella seconda metà del Settecento anche nella biblioteca musicale del convento benedettino di Osimo. Il volume viene infatti elencato insieme ad altri in una indignata lettera, inviata a padre Giovanni Battista Martini, nella quale uno studioso denuncia che molte antiche stampe musicali vengono usate dai monaci «per netarsi il Culo», affermando di averne salvate almeno alcune dalla distruzione.[6]

I volumi compilati da Gustav Düben, musicista alla corte svedese e infaticabile collezionista, contengono opere di numerosi autori italiani: Giacomo Carissimi, Francesco Foggia, Stefano Fabri e altri. Negli anni Sessanta del Seicento, Düben riporta in partitura, scritta in intavolatura tedesca, anche due

---

4 Rispettivamente RISM C 4206 e C 4208. Berardi dedica a Cossoni un libro della sua *Miscellanea musicale* (Bologna, Giacomo Monti, 1689, p. 171) e lo cita nei *Ragionamenti musicali* (*ibid.*, 1681, p. 134) tra i rappresentanti del terzo stile da chiesa, ossia «Salmi, Motetti, e Messe à più voci, concertate con gl'Instrumenti».

5 FELLERER, *Verzeichnis*, 1933, p. 150.

6 La copia di Pistoia ha la segnatura I-PS, B 163:1; una scheda si trova in URFM (consultato nel novembre 2006). La copia di Santini si trova nella sua collezione di manoscritti a Münster: D-MÜs, Hs. 1269. La lettera, non datata, di tale F. Pinelli a padre Martini è conservata a Bologna (I-Bc, I.23.77): «Nella cantoria del Con‹ven›to d'Osimo hò ritrovato una Scansia di Musica è di questa se ne servono li B‹enedetti›ni» per netarsi il Culo, io pero o veduto che vi sono delle Cose buone è le hò poste da parte, le Cose Stampate che qui si ritrovano [sono] le seguenti: […] Salmi del Cossoni». Gli altri volumi di salmi nell'elenco contengono opere sia concertate che in stile antico di Orazio Tarditi, [Giovanni Maria?] Ruggieri, [Giacomo] Gastoldi, [Domenico] Freschi, Francesco della Ruga [?], Vincenzo de Grandis [il giovane], [Francesco] Petrobelli, [Nicolò] Fontei, [Angelo] Berardi e Giovanni (della) Croce.

mottetti dall'op. I di Cossoni. Le parti a stampa che gli sono servite da antigrafo sono ancora conservate nella stessa biblioteca universitaria di Uppsala
cui appartiene anche il suo fondo manoscritto.[7] Particolarmente significativo,
e caratteristico dell'atteggiamento di Düben, è l'interesse di un musicista pro-
testante per la produzione sacra cattolica: la fama della musica italiana (della
'scuola romana' in particolare) trascendeva i confini confessionali.

Diverso è il caso della partitura settecentesca della messa a otto voci conservata a Oxford nella Bodleian Library e proveniente dalla collezione del St.
Michael's College di Tenbury (GB-Ob, Ms. Tenbury 333). A differenza di Düben,
il cui intento copiando composizioni italiane è di natura essenzialmente pratica, il manoscritto inglese evidenzia un interesse antiquario tipico della tem-
perie estetica britannica del periodo. La destinazione puramente collezionisti-
ca o di studio è provata dal fatto che il copista, pur trascrivendo interamente
la musica della Messa cc 6 (l'ultima composizione dell'op. XVI), non si dà la
pena di inserire le parole del testo fino alla fine, lasciando in bianco gli spazi
sotto i righi del *Sanctus* e dell'*Agnus*. Un numero sorprendente di volumi a
stampa del Cossoni – ben nove titoli – si trovava nel 1696, e ancora nel 1723,
nell'archivio della parrocchiale di S. Niccolò in Merano.[8]

Nell'archivio dello Stift di Beromünster, in Svizzera, si conserva un documento di grande valore per lo studio della diffusione della musica italiana
oltralpe. Nel 1696 il vicemaestro di cappella interinale, Bernard Späni, compila un manoscritto intitolato *Bonus ordo musicus, sive index universalis*. Si tratta di più che un semplice catalogo della biblioteca. Dopo una breve introduzione, vengono elencati i libri e i manoscritti musicali secondo la loro collo-
cazione nell'archivio, ma la parte più corposa del libro è un elenco delle feste
e ore liturgiche corredato di tutte le composizioni adatte all'occasione in ordine di organico. Tra i compositori italiani si possono citare tra gli altri Isabella
Leonarda, Maurizio Cazzati e Giovanni Antonio Grossi, oltre a Cossoni.
Troviamo di lui le «Quattro Messe D. Carlo Donato Cossoni. Libri 10», ossia
le messe op. XVI pubblicate nel 1694, e i «Salmi à 8. voci pieni è brevi A‹utho-
re› di [*sic*] Carlo Cossonj. L‹ibri› 10. cum 2 di org‹ani›», i Salmi op. III. Non a
caso nell'archivio di Beromünster questi ultimi erano conservati accanto a
due raccolte analoghe di Natale Monferrato (l'op. IX, Bologna 1675) e Stefano
Bernardi (l'op. XIV, Venezia 1624).[9]

7   I due mottetti sono conservati in S-Uu, Vok. mus. i hs. 78:82 e Vok. mus. i hs. 83:11 e sono
     tratti dall'op. I₁ (1665); su Gustav Düben *cfr.* GRUSNIK, *Die Dübensammlung*.

8   LUNELLI, *Di alcuni inventari*, pp. 351-360.

9   L'esemplare dell'op. XVI di Cossoni è stato acquistato dopo la prima compilazione del cata-
     logo: l'entrata è infatti una delle annotazioni con cui Späni ha continuato ad aggiornare il

In Italia il nome di Cossoni viene rapidamente dimenticato. Al contrario, il lascito garantisce al compositore una fortuna duratura nel contesto specifico di Einsiedeln. La ricezione inizia immediatamente dopo l'arrivo dei manoscritti in monastero, nel luglio 1700:

Seine Opera waren von treflich guter Composition, unnd unßeren Herr‹en› dermahl‹en› nach Ihrem Humor: hab‹en› auch deßetweg‹en› sich drey d‹en› ganz‹en› dißen Monat unabläßig gebraucht, ungeacht mithin d‹er› Gottesdienst darmit sehr verlängeret word‹en›.[10]	Le sue opere erano di ottima fattura, e secondo il gusto del nostro signore [abate]; abbiamo perciò di continuo utilizzato tre delle composizioni questo mese, sebbene così la celebrazione della messa si sia allungata di molto.

Abbiamo già osservato come i monaci abbiano ordinato, classificato e, ove necessario, completato i materiali musicali ricevuti grazie al lascito testamentario. Osserviamo ora altri esempi di questa ricezione 'attiva'.

Nel fondo di Einsiedeln si possono distinguere circa otto differenti mani svizzere settecentesche e sei ottocentesche, tra cui quella di padre Sigismund Keller. I benedettini di Einsiedeln non si limitano infatti a conservare i manoscritti ricevuti in lascito, ma utilizzano le composizioni cossoniane nella loro cappella musicale. Copisti locali realizzano così nuove parti, se tra quelle di mano italiana ve ne mancano, oppure aggiungono parti di raddoppio. A questo proposito un caso esemplare costituisce il *Magnificat* CC 142. Si distinguono quattro strati diversi nella trasmissione di questa composizione. Quello più antico, l'unico appartenente al lascito di Cossoni, è testimoniato da una singola parte di C1 ripieno in CH-E, 678.21b (2), copiata da una mano italiana seicentesca (mano 24) e recante la segnatura antica «E.». Nello stesso convoluto, si conservano tre 'cartine', ossia tre parti separate per cantanti solisti, di mano di un monaco benedettino (mano A), che però non recano alcuna indicazione di autore. La tonalità e la numerazione dei versetti (n. 2, *Quia fecit*, n. 4, *Esurientes* e «Versetto ultimo», *Sicut locutus*), se si numerano in una serie a sé stante i versetti a solo, permettono di associare queste parti a CC 142. A favore dell'identificazione gioca la frequente ricorrenza della stessa mano in parti di composizioni autentiche (CC 1, 84, 32, 146, 182, 191 e 197). Successivamente sono state disperse le 'cartine' dei versetti a solo, oppure è intervenuto un cambiamento nella prassi esecutiva del *Magnificat* ad Einsiedeln: infatti l'anonimo che presumibilmente nel tardo Settecento copia le parti di ripieno in CH-E, 681.8 aggiunge al titolo l'indicazione «Chorale intermix‹tus›», suggerendo un'esecu-

---

suo catalogo dopo il 1696. Sul *Bonus ordo*, conservato in CH-BM, Bd. 1206, *cfr.* BRUGGISSER-LANKER, *Kirchenmusik*, pp. 111 e 125-126, in nota.

10 CH-E, A.HB.12, c. 121v.

zione in alternanza con il gregoriano. L'alternanza è poi stata resa esplicita nella partitura ottocentesca di padre Sigismund Keller (CH-E, 287.4), descritta da queste ultime parti. In realtà, nessun *Magnificat* di Cossoni prevede un'esecuzione *alternatim* (con la melodia gregoriana o con l'organo). Fortunatamente il titolo dell'unica parte seicentesca sopravvissuta indica l'organico originario, fugando ogni dubbio: «Pieno, con Versetti a solo». Rimandiamo però per il momento le osservazioni di prassi esecutiva a un paragrafo successivo, e ritorniamo alla ricezione ad Einsiedeln delle composizioni cossoniane.

La ricontestualizzazione delle composizioni di Cossoni attraverso l'inserimento di testi alternativi è una pratica riscontrabile in più occasioni.[11] Lo scopo principale è di rendere utilizzabili composizioni il cui testo originale è legato a un contesto ambrosiano o milanese. La modalità più semplice è di sostituire il solo nome del santo o della santa oggetto della celebrazione con un altro nome.[12] È il caso dei due testi del mottetto *Par urbi sit festum* CC 224 (CH-E, 678.1):

Motetto concertato, p‹er› S. Carlo.	ò *S. Benedetto overo altro S. Confessore*
Par Urbi sit festum,	Par Ordini sit festum,
par festo triumphus […]	par festo triumphus […]
Quis non laudabit Carolum	Quis non laudabit N.
[in tenebris luminare?	[in tenebris luminare?
Quis non intelliget mirabilia Borromei?	Quis non intelliget mirabilia patriarchae?

Una sostituzione completa del testo trasforma invece un'antifona per una festa mariana (CC 84: «Inviolata, integra et casta es Maria») in un'antifona per la Passione («O dolorosa Mater, afflicta, transfixa doloris gladio»). Un intervento ancora più radicale può comportare un cambiamento di destinazione liturgica. Nell'invitatorio *Domine ad adiuvandum* CC 19, la parte autografa del C1 conservata in CH-E, 678.10 riporta nella mano di un monaco benedettino anche il testo di un'antifona:[13]

Domine, ad adiuvandum me festina.	Filiae Jerusalem, venite et videte martyres cum coronis quibus coronavit eos Dominus in die solemnitatis [et laetitiae].
Gloria Patri, et Filio, et Spiritui Sancto.	Alleluia.
Sicut erat…	[nessun testo alternativo, probabilmente tralasciato nell'elaborazione]

11 In realtà, è una pratica nota anche al tempo di Cossoni e indicata dallo stesso compositore, ad esempio nel mottetto *Charitate Dei* CC 185.

12 La sostituzione del nome non è esclusivamente legata alla presenza di elementi ambrosiani: in CH-E, 437.3:4 (4) il nome di «Maria» sostituisce quello di «Anna».

13 Sulla parte del C2 è riportato invece solo l'incipit testuale.

Si tratta della forma più comune di contrattazione in uso nei monasteri della Svizzera centrale, dove il testo originale è sostituito generalmente con un testo liturgico di uso comune.[14]

Un caso analogo è l'adattamento di due composizioni per una solennità locale, la Engelweihe. Celebrata il 14 settembre, in essa si commemora un miracolo avvenuto nel 948, quando Gesù con un gruppo di santi e angeli sarebbe apparso al vescovo Corrado di Costanza e, dopo aver celebrato una messa, avrebbe dedicato alla Madonna la cappella – prima consacrata al Redentore – attorno a cui sarebbe sorto in seguito il monastero. In quell'occasione, un coro di angeli avrebbe intonato un *Sanctus* e un *Agnus* tropati, il cui testo nel corso dei secoli è stato più volte musicato dai maestri di cappella del convento. Padre Marianus Müller, musicista e abate (ad Einsiedeln tra il 1763 e il 1780), sostituisce l'antico testo del tropo a quello del *Sanctus* e del *Benedictus* di due messe di Cossoni, destinando così un brano del musicista lombardo ad accompagnare musicalmente una delle più importanti feste del calendario liturgico locale.[15]

Più rara è la forma di *contrafactum*, dove il testo sostitutivo è composto *ex novo*, a rispecchiare fedelmente il ritmo sillabico, ma anche degli affetti e delle figure retoriche dell'originale. Essa si riscontra nella trasformazione del mottetto *Haec dicit Dominus* cc 197, composto a Milano nel 1689 in occasione del matrimonio di Carlo II con Maria Anna di Neuburg, in un mottetto generico in onore di un santo. L'anonimo monaco (uno dei copisti settecenteschi più comuni, la mano A nella nostra classificazione) interviene anche sul piano formale. Il ritornello non viene eseguito dopo ogni 'solo', ma solamente al termine del mottetto; un breve episodio a otto voci viene tralasciato; l'ordine dei 'soli' è poi differente. Il testo alternativo si trova nelle parti settecentesche, e viene riportato solo in seguito, e non integralmente, sulla partitura autografa CH-E, 437.3:3 (8):

---

14   *Cfr.* COLLARILE, *Bellinzona 1675-1852.*

15   Sulla Engelweihe e la musica scritta per questa festività *cfr.* HELG, *Meinrad*, pp. 235-240 e HANKE KNAUS, *Ganze Parthien Musikalien*, p. 107, in nota. La partitura con il testo aggiunto da padre Müller si trova in CH-E, 437.3:1 (pp. 66-68 e 13-16). Per l'identificazione della mano di Müller ringraziamo vivamente l'amico Giuliano Castellani. La versione tropata fu copiata in parti staccate – e quindi preparata per l'esecuzione – in CH-E, 435.5 con il titolo di *Sanctus angelicum* (sulla carta basilese citata sopra). Quasi cent'anni più tardi fu poi riportata in partitura da padre Sigismund Keller (1803-1882), CH-E, 283.6 (1). L'adattamento è stato pubblicato insieme ad altre musiche scritte per la Engelweihe nel primo volume di una serie dedicata alla musica sacra nei conventi della Svizzera interna: BRUGGISSER–CASTELLANI (ed.), *Engelweihe*.

TESTO ORIGINALE	CONTRAFACTUM	
(a) Haec dicit Dominus: Audietur in loco isto vox gaudii et laetitiae, vox sponsi et vox sponsae dicentium: confitemini Domino exercituum in medio belli.	(1) Haec dicit Dominus: Audietur in loco isto vox gaudii et laetitiae, vox sponsi et vox sponsae dicentium: confitemini Domino Dominorum in meritis Sancti N.	A solo
(b) Vox gaudii, vox laetitae, vox sponsi et vox sponsae in medio belli.	(3) Confitemur tibi Domino Dominorum et laudamus te Dominum caeli et laudamus in meritis Sancti N. quem coronasti in caeli gloria et honore.	a 8
(c) Dicite Civitatibus quae sunt ad austum, quia germinare faciam germen de domo Regis et ibunt rami eius et quasi oliva gloria eius.	(4) Dicite, anunciate [sic] omni populo, dicite, depredicate in universa terra quanta eius fuerint merita in vita sua et quanto amore in Deum flagraverit.	A, T
(rit.: Vox gaudii…)	—	(a 8)
(d) Quia ego Dominus percutiens et sanans, videns afflictionem et firmans regna.	(5) Mundi fallacia delusit, infernales hostes stravit prostravit, carnem ieiuniis afflixit et mentem ad caelestia elevavit.	B solo
(e) Germinare faciam germen de domo Regis.	—	a 8
(f) Confitemini Domino exercituum in strepitu tympanorum, in buccinis et tubis, in medio belli.	(2) Confitemini [Domino Dominorum] in tympano, et choro, in buccinis et tubis, in cordis et oris iubilo, in meritis gloriosis Sanctissimi N.	C, B
(g) Quia germinare faciam germen de domo Regis.	(6) Sancte N., militantam serva ecclesiam ab hostibus maligni iuva cedentem tu, precibus tu iuva, tu para nobis victoriam, et caeli triumphum.	a 8
(rit.: Vox gaudii…)	(ad lib.: Confitemini…)	(a 8)

Si può considerare un autentico collage infine la composizione della Messa spuria CC 347. L'inizio del *Kyrie* è un adattamento del coro finale del dialogo *Ave, crux amabilis* CC 183. Il *Gloria* presenta affinità con lo stile 'brevissimo' di Cossoni (si veda ad esempio la seconda Messa dell'op. XVI, CC 7). Ricordando la perdita, posteriore al 1871, di un *Gloria a 8* (CC 292) e di un *Credo* appunto «brevissimo» (CC 293), si può ipotizzare che l'originale non si trovi più nel fondo di Einsiedeln. Al contrario il *Sanctus*, che ha uno stile decisamente più tardo, va senz'altro considerato un'aggiunta ottocentesca.

Sul ruolo della musica nel secolo XIX l'abbazia di Einsiedeln possiede una fonte eccezionale: le cosiddette *Kirchenmusikalische Aufzeichnungen*, o più semplicemente *Kapellmeisterbuch*, una miscellanea dove sono annotate le composizioni musicali eseguite in occasione di ciascuna festività in un periodo compreso tra il 1805 e il 1884 (e pressoché ininterrottamente negli anni 1813-1852). Nel *Kapellmeisterbuch* è documentata la stima di cui godono nell'Ottocento le composizioni di Cossoni. La circostanza è forse da mettere in rapporto con la riscoperta di stampo romantico della musica sacra in stile antico. La prima citazione del Cossoni si trova per il giorno di Natale del 1831: «ad I Missam […] ad Offert‹orium› Felix nox. Ad Elev‹ationem› Consurge a 8 voci di Cossoni». Nella stessa occasione due anni dopo furono eseguiti «al Offert‹orio› O Mirum, Motetto di Cossoni a 4 voci. Intrada del medesimo», e nel 1834, sinteticamente, «Offert‹orium› et intrada Cossoni». La considerazione per l'autore è testimoniata anche dall'attribuzione di composizioni dubbie o spurie. Soltanto il salmo *Consurge induere* è certamente autentico (CC 187). *O mirum, o ineffabile mysterium* CC 349b è una composizione dubbia, non testimoniata in alcun manoscritto autografo. L'«intrada» è uno di quegli introiti strumentali tipici di molte messe solenni in area tedesca. Padre Gall Morel la descrive nel catalogo della biblioteca musicale da lui redatto nel 1835 come una «Intrad‹a› Past‹orale› Org‹el› 2 Cl‹arin› 2 Cor 2 Tr‹ompeten› 2 Tymp‹ani› (schwer)»; l'incipit, in *re* maggiore e in quattro quarti, porta l'indicazione Largo. A Cossoni è stata attribuita ad Einsiedeln anche *Felix nox* (CC 348a-b), una composizione anonima tràdita in più copie nei paesi cattolici di lingua tedesca.[16] A queste testimonianze di esecuzioni ottocentesche si possono aggiungere le parti datate 1830 di un «Et incarnatus, a voci IV obligate e IV voci di choro del pio Cossoni» (CH-E, 681.40, tratto dal *Credo* CC 13), e la nota che padre Gall Morel compilò riguardo al nostro autore per la *Chronique d'Einsidlen* di Joseph Régnier (Paris: Gauthier, 1837):

16 Sul *Kapellmeisterbuch*, che porta la segnatura CH-E, 925.03, *cfr.* HANKE KNAUS, *Ganze Parthien Musikalien*, p. 103. Le composizioni citate si conservano ancor oggi nell'archivio di Einsiedeln: *Felix nox* come anonimo in CH-E, 681.07 e 199.51, con attribuzione a Cossoni da parte di padre Sigismund Keller in CH-E, 681.06; *Consurge induere* nella partitura CH-E, 437.3:2 (1) e nelle parti 435.8, tutte autografe; *O mirum, o ineffabile mysterium* invece soltanto in una copia di padre Keller (partitura e parti), con attribuzione a Cossoni, insieme a un'altra versione (precedente) con il testo *Laeti Bethlehem*, in CH-E, 681.3. L'*Intrada* è invece perduta o quantomeno non più identificabile.

> Cossoni war gegen des Ende des 17ten Jahrhunderts Capellmeister am Dom zu
> Mayland. Er vermachte seine sämtliche Compositionen vor seinem Tod dem Stift
> Einsiedeln. Noch sind sie vorhanden und werden mit Effekt aufgeführt.[17]

Dal gennaio 1838 al marzo 1839, oltre all'elenco delle composizioni eseguite
nei giorni festivi riportato nel *Kapellmeisterbuch*, si è conservato fortunatamente anche un elenco di tutta la musica eseguita nei giorni feriali (definita
da padre Gall Morel sul frontespizio «Werktagmusik») sotto la direzione del
vicemaestro di cappella, padre Anselm Schubiger. La musica di Cossoni, in
gran parte priva di strumenti obbligati, si prestava naturalmente a un utilizzo
meno solenne, e dunque il suo nome ricorre – a centoquarant'anni dalla
morte! – in tre occasioni.[18] Il giorno 3 luglio 1838 viene eseguito da padre
Claude Perrot (1803-1881) l'«Offert‹orium› Cossoni Alt sol. de S. Theresia»
CC 212, forse tralasciando la parte del basso. L'esecuzione nel 1838 di un mottetto concertato composto nel 1667 (non quindi nel rispettabile 'stile antico',
ma in uno stile che ovunque altrove sarebbe stato considerato semplicemente come antiquato) si spiega soltanto con la consapevole cura di un repertorio sentito come proprio e specifico del monastero. Il 23 febbraio 1839 è in
programma la «M‹i›ssa a 2 Choris et 8 Vocibus. Cossoni in C. welche Fr‹ater›
Sigismund [Keller] geschrieb‹en› Cr‹edo› a 8 V. Cossoni aus C moll. die alten
Stimmen gebraucht. […] Statt Agnus Cossonis Ecce Sacerdos von Fr‹ater›
Sigismund neu geschr‹ieben› (alles ordentlich schön gegangen)», ossia probabilmente la Messa CC 4a, il *Credo* CC 4b e l'antifona CC 83 al posto dell'*Agnus
Dei*. Si noti la precisazione sulle parti utilizzate, antiche o moderne.
L'esecuzione è affidata ai monaci dell'abbazia col sostegno di alcuni studenti
convittori. Infine il 16 marzo la «Missa a 2 Chören. vertheilt [probabilmente
sulle cantorie dei due organi principali della chiesa]. von Cossoni in C von
mir neu geschrieben.» (CC 5 o CC 8?) e di nuovo all'*Agnus* «Cossonis Ecce
sacerdos von Sigismund geschr.»; questa volta però, «Cossonis Messe kam
nicht gar gut heraus», forse per la difficoltà supplementare della divisione sui
due cori.

Padre Gall Morel, il primo bibliotecario musicale dell'abbazia e autore del
primo catalogo manoscritto dell'archivio della cappella di Einsiedeln, probabilmente poco dopo il 1835, in seguito al riordinamento della biblioteca, si
prende cura anche dei manoscritti di Cossoni, facendo nuovamente rilegare
la maggior parte delle partiture autografe in sei volumi corredati ciascuno di

---

17   Padre GALL MOREL, *Notizen über die Musik in Einsiedeln. Für Regniers Chronik gesammelt
und dort grösstenteils gedruckt*, CH-E, ML 523, cc. 89-93: 91*r*, in nota.

18   CH-E, D.11e: «Der grosse musikalische Einmaleins. berechnet auf Anno 1838».

un indice scritto di suo pugno. Durante questa operazione due partiture, in seguito disperse (cc 292, 293), vengono purtroppo tolte dai volumi in cui erano state inserite con una prima rilegatura, effettuata chissà quando. Il catalogo della biblioteca redatto nel 1835 riporta infatti le seguenti entrate:[19]

[cc 292] [*a matita:* SG] Cossoni M‹iss›a a 8 V‹oci› org‹ano› (br‹eve›) ohne Credo [incipit] P. P.
[…]

[cc 12] [*a matita:* SG] Cossoni. Credo & Sanct a 8 V‹oci› org‹ano› N. 1 (a) E moll – 1686

[cc 4b] – N. 2 (B) C moll 1688

[cc 13] – N. 3. (C) F. 1688.

[cc 3b] – N. 4 (D) 1689.

[cc 293] – N. 5. (senza Org‹ano›) brev‹issi›mo in C – Incidit in foveam
[…]

[cc 55] [*a matita:* SG] Cossoni Off‹ertorium› de Temp‹ore› «Ecce nunc» in a. a 8 V. org

L'abbreviazione «SG» significa con ogni probabilità 'Sammlung', raccolta, e indica un volume rilegato: i quattro *Credo* cc 12, 4b, 13 e 3b sono tutt'oggi raccolti in questa successione nella miscellanea CH-E, 437.3:1, cui però manca il quinto della serie. Il salmo «Ecce nunc» cc 55, oggi ridotto a frammento, apparentemente era conservato interamente in partitura (si noti che viene riportato come «Offertorium de Tempore», secondo una tipica modalità di 'rifunzionalizzazione').

Se la spesa della rilegatura ottocentesca offre un'ulteriore prova del valore che i musicisti benedettini continuavano ad attribuire al lascito, la catalogazione bibliografica e la rilegatura (in cui si presentano ancor oggi le partiture) sanciscono la fine della 'ricezione attiva' della produzione di Cossoni. È probabile che lo scopo principale delle partiture realizzate da padre Sigismund Keller nei decenni seguenti sia lo studio delle composizioni cossoniane piuttosto che

---

19 CH-E, ml 23: «Alphabetischer Katalog des Musikarchivs der Kapellmeisterei in Einsiedeln 1835-36. (Strazza) von P‹ater› G‹all› M‹orel› damals Musikdirector Verfasst mit Hülfe von frater Anselm Schubiger und Fr‹ater› Joachim Bachman‹n›». Sul primo catalogo della biblioteca *cfr.* Helg, *Die neue Musikbibliothek*, p. 34 e padre Gall Morel, *Zur Geschichte der Musik in Einsiedeln*, CH-E, ml 523, cc. 103-138. Oltre alla bozza del catalogo alfabetico, si conserva un catalogo sistematico, *Catalogus der im Musik-Archive des Stiftes Einsiedeln aufbewahrten Musikalien*, CH-E, ml 11, e un terzo catalogo, *Catalog der Musik-Abtheilung der Bibliothek des Stiftes Einsiedeln*, CH-E, gm 48. Le due partiture furono forse escluse dalla nuova rilegatura perché non autografe; *v.* sotto la discussione dell'elenco compilato da Schubiger (*Cossoni*).

l'esecuzione.[20] La definitiva storicizzazione arriva con la dettagliata descrizione del fondo Cossoni pubblicata da padre Anselm Schubiger nel 1871 (*v.* TAB. 3.1).[21] Questa lista rappresenta il termine ultimo della ricezione e il punto di partenza di un interesse musicologico per l'opera di Cossoni.

LISTA SCHUBIGER	CATALOGO COSSONI
Composizioni autografe datate	
1 *Audite insulae*, 1665	CC 182
2 *O Jesu chare* dialogo, 1667	CC 212
3 *Magnificat* a cinque voci, 1669	CC 146
4 *Beatus vir* a quattro voci 'in fuga', 1671	CC 35
5 *Confitebor* a quattro voci 'in fuga', 1679	CC 43
6 *Furiae vos incito*, 1682	CC 196
7 *Salve regina silvarum*, 1686	CC 238
8 *Credo* e *Sanctus* a otto voci, 1686	CC 12
9 *Pater noster*, 1686	CC 16
10 *Lucernario, Inno etc.* 'per l'Ascensione', 1686	CC 21, 26 e 120
11 *Veni Sancte Spiritus* a otto voci, 1686	CC 15
12 *Inviolata, integra et casta* a otto voci, 1686	CC 84
13 Messa a quattro voci 'Confundantur superbi', 1686	CC 2
14 *Par urbi sit festum* offertorio, 1686	CC 224
15 *Consurge induere fortitudine*, 1686	CC 187
16 Lucernario e Inno 'in Nativitate Domini', 1686	CC 22, 110, 28 e 25
17 *Cantate Domino* salmo, 1686	CC 39
18 *Exultate Deo* salmo, 1687	CC 58

20   Di mano di padre Keller sono le partiture dei tre *Magnificat* di Cossoni trasmessi in CH-E, 287.4 (CC 140, 141 e 142), oltre alla partitura del già citato *Sanctus angelicum* in CH-E, 283.6.

21   SCHUBIGER, *Cossoni*, in part. pp. 50-52. In realtà, per realizzare la sua lista, Schubiger si è servito soltanto di una minima parte dei manoscritti cossoniani disponibili nel fondo di Einsiedeln. Le principali informazioni le ricava infatti dalle partiture autografe conservate in CH-E, 437.3:1-6, dimenticando due composizioni – i mottetti *Audite gaudia fideles* CC 180 e *Regina caeli* CC 90 – che figurano però nella lista preparatoria da lui predisposta in vista della pubblicazione: questi appunti sono conservati nel convoluto CH-E, c 13 (ringraziamo padre Lukas Helg per questa importante segnalazione). Padre Schubiger pare ignorare invece tutte le composizioni trasmesse in parti separate, forse perché non ancora ordinate e inventariate, che utilizza apparentemente soltanto per i salmi *Ecce nunc benedicite* CC 57 e *Inclina Domine* CC 59, entrambi trasmessi in CH-E, 681.10, e per lo spurio *Laeti Bethlehem*, conservato in CH-E, 681.3. Per quanto riguarda le composizioni 47-52 di TAB. 3.1, Schubiger annota nei suoi appunti: «Cossonis Musikwerke die noch vollständig, doch nicht in seiner Handschrift existieren». Egli legge infatti la Messa CC 347 con ogni probabilità in CH-E, 435.6, e i tre *Magnificat* CC 140, 141 e 142 in CH-E, 287.4. La dispersione delle altre partiture del «Gloria et Kyrie à 8 Voci in C.» e del «Credo brevissimo in C (senz'organo) "Incidit in foveam."» (p. 52, CC 292 e 293) è avvenuta quindi in epoca recente.

19	*Furiae, non me tentate*, 1687	CC 195
20	*Canite tuba in Sion*, 1687	CC 38
21	*Super flumina Babilonis*, 1688	CC 76
22	*Gloria* e *Kyrie* a 11 voci, 1688	CC 11
23	*Gloria* e *Kyrie* 'Acuerunt linguas suas', 1688	CC 4a
24	*Credo* e *Sanctus* a otto voci [in F], 1688	CC 13
25	*Credo* e *Sanctus* a otto voci [in c-moll], 1688	CC 4b
26	*Haec dicit Dominus*, 1689	CC 197
27	*Credo* e *Sanctus* 'Deus confringet', 1689	CC 3b
28	*Caeli enarrant*, 1689	CC 37
29	*Cur me tenetis*, 1690	CC 188
30	*Audite haec omnes gentes* salmo, 1690	CC 29
31	*Ad sydera cor meum*, 1690	CC 171
32	Messa 'Disperdet illos', 1690	CC 5
33	*Dixit Dominus* salmo, 1696	CC 50
34	*Domine ad adiuvandum* a otto voci 1696	CC 19
35	*Ecce sacerdos magnus* a otto voci, 1699	CC 83

Composizioni autografe non datate:

36	*Adoramus te Christe* a otto voci	CC 167
37	*Ave Crux amabilis* dialogo (Chiesa, Eraclio, Cosdroa)	CC 183
38	*Ecce nunc benedicite* e *Laudate Dominum* salmi a 2 C	CC 56 e 68
39	*Il sagrificio d'Abramo* dialogo	CC 235
40	*Eia resonent omnia plausu* a tre voci	CC 191
41	*Jubilate chori angelici*	CC 201
42	Invitatorio 'per li Defonti', Salmi ecc.	CC 20, 77, 52, 51, 23, 27, 24, 163, 164 e 162
43	*Beatus vir* per basso solo, 2 violini e organo	CC 32
44	*Ecce nunc benedicite* salmo a otto voci	CC 57
45	*Inclina Domine* salmo	CC 59
46	*Laeti Bethlehem properemus*	CC 349a

Composizioni trasmesse in partiture non autografe:

47	*Gloria* e *Kyrie* a otto voci [in C]	CC 292, perduto
48	Messa breve a otto voci (senza *Credo*)	CC 347
49	*Credo* brevissimo in C 'Incidit in foveam'	CC 293, perduto
50	*Magnificat* a otto voci [in F] 'chorale intermixto'	CC 142
51	*Magnificat* a otto voci [in D]	CC 141
52	*Magnificat* [in F]	CC 140

TABELLA 3.1 Il catalogo redatto da padre Anselm Schubiger (1871)

Forme e contesti

Carlo Donato Cossoni è prima di tutto un 'musicista di chiesa'. Nel corso della sua esistenza egli riveste senza soluzione di continuità molteplici incarichi all'interno di diverse cappelle musicali ecclesiastiche. Ciò si rispecchia in un'abbondante e variegata produzione musicale di destinazione liturgica. In termini quantitativi, essa rappresenta oltre il 90% di quanto di lui è oggi conservato. Messe, salmi, antifone, ma anche mottetti e oratori, queste composizioni coprono l'intero ventaglio delle occasioni in cui la musica è chiamata ad accompagnare le forme nelle quali la devozione del tempo si manifesta: dal sontuoso apparato per una grande cappella musicale in un'importante festività del calendario liturgico, alla musica scritta per gli esercizi spirituali di un ordine o di una confraternita. In questo senso, la produzione musicale di Cossoni offre un interessante panorama per osservare da vicino in che modo egli sia chiamato ad assolvere alle diverse esigenze di quel codice retorico complesso e assai diversificato, al quale l'apparato musicale è chiamato ad adeguarsi: per enfatizzare l'arcaica ieraticità del mistero che avvolge l'azione liturgica di una grande istituzione ecclesiastica (esaltando, di riflesso, la magnificenza del suo reggente); oppure dando sfoggio alle sue più intime potenzialità 'affettive', capaci di far breccia nella sfera irrazionale dell'ascoltatore, per raggiungerlo con veri e propri messaggi 'subliminali' di natura dottrinale. Difronte a questa gamma di possibili esiti formali, occorre osservare con attenzione le sfumature di quel discorso retorico su cui si riverberano le esigenze specifiche dei diversi contesti nei quali un compositore – specie nel Seicento – è chiamato a operare.

Questioni di contesto

Se si esclude un piccolo nucleo di composizioni che potrebbero appartenere agli anni precedenti al 1662 – i mottetti *Peccavi, Domine, impie gessi* cc 225a e *Quaerens dilectum quem corde colebat* cc 231a, secondo le lezioni dei manoscritti I-COd, AA-43 e V-27 (v. ancora FIGG. 11 e 12) – il grosso dell'attività compositiva di Cossoni si colloca nei quasi nove anni trascorsi a Bologna. È durante il periodo in cui ricopre la carica di primo organista della basilica di S. Petronio, infatti, che vedono la luce undici delle sedici raccolte individuali a stampa, senza contare alcune ristampe. In questi volumi è senz'altro possibile che abbiano trovato posto anche composizioni concepite già in precedenza. È probabile però che il grosso di esse rappresenti una produzione musicale recente, frutto della reazione del musicista agli stimoli del contesto nel quale egli opera.

Quando si trasferisce a Bologna, Cossoni ha trentanove anni. Non è più un compositore alle prime armi. Non è però nemmeno un musicista affermato, non avendo finora ricoperto alcun incarico musicale di prestigio. Non deve stupire, quindi, se nel momento in cui ottiene il posto di primo organista della basilica bolognese, egli avverta la necessità di mettere in luce la poliedricità delle sue capacità e dei suoi interessi musicali. La situazione è certamente molto favorevole. Il contesto bolognese gli fornisce non soltanto importanti stimoli per confrontarsi con generi musicali assai diversi, legati a una committenza altrettanto variegata, ma anche la possibilità di entrare in contatto con un'industria editoriale che proprio verso la metà del Seicento permette a Bologna di contendere per la prima volta a Venezia il primato – finora indiscusso – di capitale italiana del libro musicale. Il percorso di Cossoni è emblematico anche in questo senso. Egli esordisce nel 1665 pubblicando una raccolta di *Motetti a due, e tre voci* – genere che occupa parecchio i torchi tipografici degli editori del tempo – stampata a Venezia da Francesco Magni. Poi, a partire dal 1667, si serve dei torchi tipografici bolognesi di Giacomo Monti. Con regolarità sorprendente, Cossoni dà alla luce almeno un volume all'anno – quando non due o tre – fino al 1671, quando si trasferisce a Milano. Per un certo periodo, egli continua però a servirsi dell'officina di Giacomo Monti: un fatto che potrebbe far ipotizzare l'esistenza di un contratto di esclusiva con l'editore.[1] A questo proposito, occorre valutare però attentamente alcuni dati. La 'falsa' ristampa dell'op. II (1668) – la prima raccolta stampata da Cossoni presso Monti, rimessa in commercio con un nuovo frontespizio appena un anno dopo la sua pubblicazione[2] – è un segnale che non va sottovalutato. Il volume non ha incontrato infatti un successo editoriale tale da giustificare il massiccio investimento per la pubblicazione delle successive raccolte. È possibile che in questa operazione Monti sia stato coinvolto soltanto come stampatore. Lo lascerebbe intendere l'assenza di tutte e dodici le raccolte di Cossoni dall'indice dei libri che egli avrebbe in

---

1   È quanto ipotizza KURTZMAN, *Introduzione ai salmi di Cossoni*, p. 185.
2   Per la questione *v.* pp. 23-24.

deposito nel 1682.[3] Monti potrebbe aver accettato di stampare opere del compositore lombardo a fronte di una sicura copertura finanziaria, garantitagli probabilmente dallo stesso musicista.

All'interno delle maggiori cappelle musicali seicentesche, è abbastanza consueto che il comporre musica per le occasioni 'minori' sia appannaggio delle cariche subordinate della cappella, piuttosto che del maestro di cappella, a cui viene richiesto *in primis* di occuparsi della musica per le maggiori solennità dell'anno liturgico. Una buona parte delle composizioni che hanno conosciuto la via delle stampe è probabilmente il frutto di questa attività.

A un contesto solenne come la liturgia vesperale rinvia sicuramente l'op. III, pubblicata nel 1667. Si tratta di composizioni «a otto voci piene e brevi», vale a dire in quella policoralità di stampo norditaliano che caratterizzava molta produzione dell'epoca in stile 'antico'. Il concetto di stile 'antico' va infatti ulteriormente differenziato, distinguendo tra uno stile contrappuntistico volutamente arcaizzante, 'alla Palestrina', e lo stile policorale, 'antico' solo perché privo di strumenti obbligati, che in queste pagine è designato con il termine storico di 'stile pieno'.[4] Se i salmi dell'op. III appartengono a questa seconda tipologia, Cossoni offre alcuni esempi della prima nei salmi 'in fuga' *Beatus vir* CC 35 e *Confitebor* CC 43, entrambi composti nei primi anni dopo il suo ritorno a Milano (FIGG. 17 e 18), o nel *Gloria* CC 11, composto nell'agosto del 1688 per una solenne celebrazione ambrosiana. A questo proposito, è opportuno sottolineare alcuni equivoci provocati da persistenti quanto errate ricostruzioni moderne. La produzione in 'stile antico' e 'stile pieno' non è affatto quella destinata a liturgie feriali o 'minori'. Al contrario, essa rappresenta l'apparato musicale delle celebrazioni più solenni del calendario liturgico, e non solo di quelle festività nelle quali gli strumenti non sono ammessi, come ad esempio durante l'Avvento e la Quaresima.[5] Soltanto una grande cappella stabile di musicisti professionisti (o una cappella conventuale) poteva avere a disposizione un organico abbastanza ampio da potersi esibire in esecuzioni a otto voci. La musica concertata – in particolare quella a piccolo organico – era appannaggio invece o delle festività minori, in cui la presenza al completo della cappella non era richiesta, oppure soprattutto delle cappel-

---

3   *Cfr.* MISCHIATI, *Indici*, pp. 264-270 (cat. XIII).

4   Nella sua *Miscellanea musicale* (Bologna 1689), Angelo Berardi parla a questo proposito di «Cantilene usate con l'Organo piene à più voci, d'un stile più sollevato»: BERARDI, *Miscellanea musicale*, p. 41.

5   In questa imprecisione cade ancora KURTZMAN, *Introduzione ai salmi di Cossoni*, pp. 170 e 185. Sull'organico previsto per le composizioni in 'stile antico' e 'pieno' si veda il paragrafo dedicato alla prassi esecutiva.

FIG. 17. COSSONI, *Beatus vir* CC 35 (CH-E, 437.3:6, c. 45r; manoscritto autografo).

FIG. 18. COSSONI, *Confitebor* CC 43 (CH-E, 437.3:6, c. 24r; manoscritto autografo).

le minori, che potevano permettersi di assoldare musicisti 'soprannumerari' talvolta soltanto per le feste più importanti, corredate per questo da 'musiche straordinarie'.

Esclusa l'op. III, tutte le altre raccolte pubblicate da Cossoni a Bologna appartengono al genere della musica concertata, certamente il più appetibile nell'ottica di una commercializzazione del prodotto editoriale. L'op. II è una raccolta di mottetti a una voce: un genere che conosce in particolare a Bologna una notevole fortuna. Gli inni dell'op. IV₁ rinviano a un genere liturgico minore, ma di impiego universale. Essi prevedono poche voci e violini di accompagnamento, mutuando il modello della canzonetta profana con ritornello strumentale (di cui Cossoni dà esempi nell'op. VII) per trasferirlo in una produzione musicale liturgica. In realtà, osservando la produzione seicentesca di inni con strumenti obbligati, è possibile notare la formazione di una tradizione indipendente che arriva quasi a configurare un genere a se stante.[6] Appare invece superfluo cercare un'ispirazione profana anche nelle *Lamen-*

---

6   *Cfr.* TORELLI, *Carlo Donato Cossoni*, pp. 134-137.

FIG. 19. Cossoni, *Magnificat* cc 146 (CH-E, 437.3:6, c. 53r; manoscritto autografo).

tazioni della Settimana Santa op. V, che si rifanno a una scarna ma significa-tiva tradizione compositiva risalente alla prima metà del Seicento.[7]

I salmi op. VI e le messe op. VIII formano un dittico costituito dalle due raccolte certamente più ambiziose di Cossoni, perché contengono le compo-sizioni a più ampio organico non soltanto mai pubblicate, ma anche mai con-cepite dall'autore. La loro scrittura è ricca di ritornelli strumentali e di vorti-cosi cambi di organico: dal versetto a solo all'episodio contrappuntistico, al tutti omofonico di solisti, strumenti e ripieni. Assai affine a questo stile è il *Magnificat* cc 146 conservato ad Einsiedeln in una fonte autografa redatta – non a caso – nel 1669 (FIG. 19), appena un anno dopo la pubblicazione del-l'op. VI (1668).[8] L'organico è a cinque voci (un secondo canto *ad libitum*), due violini, due viole e continuo: del tutto simile quindi a quello delle composi-zioni dell'op. VI, anch'esse a cinque voci (dove però *ad libitum* è un secondo basso), due violini e basso continuo. Al medesimo contesto parrebbe rinviare però anche la Messa cc 11, la cui partitura autografa è redatta al contrario a

7 *Ibidem*, pp. 130-134.
8 *Cfr.* KURTZMAN, *Introduzione ai salmi di Cossoni*, p. 183.

Milano nel 1688. È possibile che in questo caso Cossoni abbia riutilizzato una partitura composta a Bologna vent'anni prima? Sarebbe un caso unico, per quanto ne sappiamo. Eppure, proprio la presenza del *Magnificat* CC 146 nel fondo del compositore mette in evidenza come Cossoni abbia portato con sé a Milano diverse sue partiture concepite negli anni precedenti, evidentemente in previsione di un loro possibile riutilizzo. D'altro canto, sappiamo che anche durante il periodo bolognese i contatti con la Lombardia spagnola non si erano mai interrotti del tutto, come prova ad esempio la dedica del *Lauda Jerusalem* CC 65 a un cantore della cappella ducale milanese.[9] Le due messe concertate dell'op. VIII (a quattro e cinque voci con ripieni) si collocano sulla stessa latitudine stilistica delle composizioni dell'op. VI. Secondo le consuetudini della messa concertata bolognese (come anche di quella romana e veneziana), sono poste in musica tre parti dell'*ordinarium missae*: *Kyrie*, *Gloria* e *Credo*, mentre sono tralasciati *Santus* e *Agnus Dei*, per i quali nelle occasioni più importanti si ricorreva a composizioni in 'stile antico' o 'pieno' attinte dal fondo dell'archivio musicale della chiesa, talvolta con un mottetto o una composizione strumentale per l'elevazione.[10]

Cossoni si occupa quindi dei generi musicali legati alle mansioni più comuni del principale ambiente nel quale lavora, la cappella di S. Petronio, non diversamente da altri musicisti attivi nel medesimo contesto, Maurizio Cazzati in testa. Recentemente, Jeffrey Kurtzman ha ipotizzato l'esistenza di una vera e propria competizione tra i due.[11] Più probabile è però che per Cossoni Cazzati rappresenti un modello da imitare, almeno da un punto di vista stilistico e formale. Sarebbe del resto auspicabile una migliore definizione del periodo bolognese di Cazzati, capace di andare oltre la storica polemica che avrebbe visto contrapposto al folto gruppo di 'musicisti locali' cappeggiati da Giulio Cesare Arresti il 'foresto' Cazzati, colpevole di aver allontanato i primi dalla cappella di S. Petronio. È infatti falso ad esempio sostenere che Monti non abbia mai stampato nulla di Cazzati. Del musicista egli dà alle stampe i libretti di tutti gli oratori. Quella di non rivolgersi a Monti per pubblicare raccolte musicali è probabile che sia quindi una scelta del musicista.

Trasferitosi a Milano nel 1671, Cossoni assume l'incarico di 'maestro di camera' presso il principe Antonio Maria Teodoro Trivulzio (1649-1678), come egli dichiara sul frontespizio della ristampa dell'op. XII (1675). Si tratta di una carica che non può essere nemmeno lontanamente paragonata al prestigio di

---

9   *Cfr.* TAB. 2.1, p. 18.

10 Cfr. SCHNOEBELEN, *Le messe bolognesi*, pp. 211-214; e BACCIAGALUPPI, *Con quegli «Gloria, gloria» non la finiscono mai*, pp. 115-119.

11 KURTZMAN, *Introduzione ai salmi di Cossoni*, p. 185.

quella da lui ricoperta a Bologna. Motivo per il quale è probabile che il suo trasferimento possa essere stato davvero il frutto di un'azione indotta: come forse anche l'allontanamento di Maurizio Cazzati, qualche mese più tardi.

Con la pubblicazione dell'op. XII e dell'op. XIII, le prime apparse subito dopo il suo trasferimento a Milano, Cossoni pare continuare con la medesima strategia editoriale che aveva caratterizzato il periodo bolognese, volta più che altro a mettere in luce la propria versatilità compositiva. Le cose cambiano apparentemente con la pubblicazione dei *Motetti, Messa e Te Deum laudamus a otto voci* op. XIV. Apparsa nel 1679, la raccolta è stampata qualche mese dopo la morte del principe Antonio Maria Teodoro Trivulzio, alle cui dipendenze Cossoni era stato assunto. La dedica del volume al conte Giuseppe Maria Arconati tradisce una scelta strategica, volta a ingraziarsi un altro membro della potente famiglia milanese. Una scelta che si rivelerà vincente qualche anno più tardi, durante le fosche vicende che accompagnano la nomina di Cossoni a maestro di cappella del Duomo di Milano. Il concorso mette a nudo lo scontro tra due diverse fazioni: quella capeggiata dall'arcivescovo Federico Visconti, che alla guida della cappella vorrebbe Giulio D'Alessandri; e quella che fa capo alla famiglia Trivulzio, che imporrà il proprio candidato – Cossoni – soprattutto grazie ai forti appoggi in Vaticano.[12]

Poiché anche la dispersa op. XV potrebbe essere stata pubblicata prima del 1684, è possibile che durante il periodo nel quale ricopre la carica di maestro di cappella del Duomo di Milano Cossoni non abbia dato alla luce alcun volume a stampa.[13] Sui motivi si può solo speculare. Si potrebbe addurre la poca commerciabilità della produzione musicale concepita in quegli anni, quasi esclusivamente in 'stile pieno', come consueto per l'apparato musicale delle maggiori cerimonie liturgiche del Duomo. I tempi sono infatti cambiati da quando Michel'Angelo Grancini dava alle stampe raccolte di composizioni di questo genere, spesso sostenute dalla stessa Fabbrica del Duomo come operazione di promozione della propria immagine.[14] L'editoria musicale, a Milano come nel resto d'Italia, attraversa un momento assai difficile. Lo stesso Cossoni, per veder stampate le sue più recenti raccolte, ha dovuto ricorrere alla collaborazione con uno stampatore – Giovanni Beltramino – che assai probabilmente stampa musica soltanto per conto del musicista.

12 *Cfr.* pp. 12-14.
13 *Cfr.* pp. 29-30.
14 *Cfr.* Scarpetta, *Michelangelo Grancino*. Nel 1669 la Fabbrica del Duomo delibera la pubblicazione di un volume postumo di composizioni di Michel'Angelo Grancini: *cfr.* I-Mfd, *Ordinazioni Capitolari*, cc. 36v-37r (seduta del 9 maggio 1669); cit. in Collarile, *Giovanni Legrenzi*, pp. 50-51.

FIG. 20. Cossoni, *Cantate Domino* CC 39 (CH-E, 437.3:6, c. 8r; manoscritto autografo)

Le principali fonti per documentare l'attività del periodo nel quale Cossoni è maestro di cappella del Duomo di Milano sono rappresentate quindi dai manoscritti provenienti dal fondo privato del musicista. Scorrendo le diverse migliaia di pagine autografe, appare evidente l'impegno profuso da Cossoni una volta ottenuta l'ambita carica, che raggiunge il suo apice nel 1686, con un vero e proprio picco.[15] È evidente come una netta prevalenza sia data alla produzione in 'stile antico' o 'pieno', in linea con quanto richiesto dal cerimoniale della cattedrale. Cossoni porta però questo indirizzo stilistico alle estreme conseguenze, impiegando anche tecniche compositive arcaiche. Nel *Sicut erat* che conclude il salmo *Cantate Domino* CC 39 si assiste così all'impiego di un *cantus firmus* (FIG. 20): relitto di una tradizione ormai lontana.

La specificità della liturgia ambrosiana si riflette ad esempio nella successione dei movimenti *Gloria–Kyrie* e nell'assenza dell'*Agnus Dei* nella Messa CC 5, o nella composizione su un testo liturgico assente dal repertorio romano,

---

15   Si rinvia all'*Indice cronologico dei manoscritti*.

come il *Lucernario* CC 22. Se quindi nella Messa CC 3a, redatta nel 1687, di cui ci è giunto solo il frammento CH-E, 678.21a (4), il *Kyrie* precede il *Gloria*, si deve trattare necessariamente di una commissione da parte di una chiesa che a Milano non seguiva la liturgia ambrosiana, come ad esempio tutte le chiese conventuali; oppure di una cappella al di fuori della diocesi di Milano: e pensiamo in primo luogo a Como, con cui Cossoni mantiene sempre stretti contatti.

La produzione di musiche 'straordinarie' del resto seguiva modalità differenti dalle festività ordinarie anche nel Duomo stesso. In certe particolari occasioni di stato, come matrimoni o funerali di membri della famiglia reale spagnola, la cappella del Duomo si trovava a operare in una funzione civica, e perciò in collaborazione con la cappella della chiesa ducale di Santa Maria della Scala. È quanto avviene in occasione dei funerali della regina di Spagna Marie Louise d'Orléans, deceduta il 12 febbraio 1689.[16] Per le esequie tenutesi in Duomo il successivo 2 aprile, documentate in maniera esemplare da Robert Kendrick, Cossoni compose espressamente un'impressionante quantità di musica (di cui si conserva una lista stampata, *In exequiis*, descritta nel catalogo delle fonti). Purtroppo nessuna delle composizioni è conservata: possediamo però un ciclo completo di brani per la liturgia dei defunti, che sono – come testimoniano le partiture riassunte sotto un unico titolo autografo – da considerarsi un'unità.[17] Da queste risulta un'attenta orchestrazione dei vari generi coinvolti: un invitatorio concertato con soli, ripieni, e violini; i salmi a doppio coro, 'pieni e brevi'; i responsori, nello stesso stile; e le lezioni, concertate a poche voci con strumenti.

Per il fabbisogno di musica liturgica, Cossoni poteva certo attingere liberamente ai fondi conservati nell'archivio della Veneranda Fabbrica. Era infatti tradizione che il maestro di cappella depositasse regolarmente le proprie composizioni in archivio, per essere conservate.[18] Dopo il licenziamento di

---

16 *Cfr.* KENDRICK, *Conflitti*.

17 Oggi compongono l'intero contenuto del volume CH-E, 437.3:5. Proprio per questo motivo l'identificazione da parte di Kendrick di due dei brani del 1689 (CC 303 e 311) con composizioni conservate ad Einsiedeln (CC 51 e 77) non è purtroppo sostenibile; *cfr.* KENDRICK, *Conflitti*, p. 27.

18 Normalmente, il problema della destinazione delle partiture non si poneva nemmeno, in quanto il maestro di cappella rimaneva in carica a vita. Al momento della sua dipartita, la sua produzione musicale veniva quindi inglobata dall'archivio. Le dimissioni di Cossoni dalla carica di maestro di cappella rappresentano qualcosa di assolutamente eccezionale, che pone un serio problema – probabilmente anche giuridico – riguardo a chi potesse rivendicare il diritto a conservare le composizioni: se il maestro di cappella dimissionario, che di esse è l'autore, o la Veneranda Fabbrica, da cui il maestro veniva spesato proprio per assolvere alla funzione di scrivere musica per la cappella.

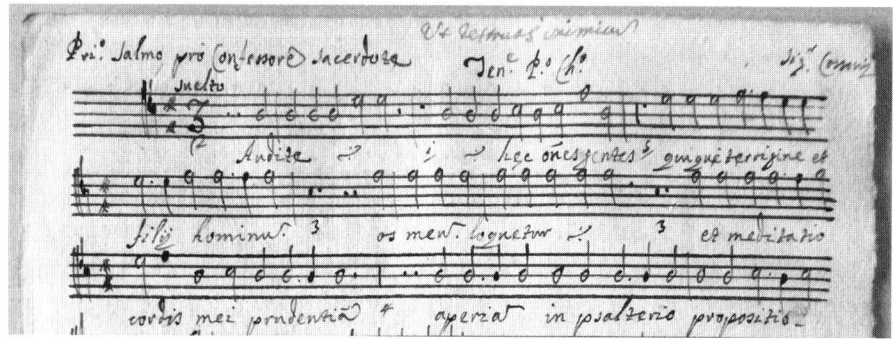

FIG. 21. COSSONI, *Audite haec omnes gentes* CC 29 (CH-E, 678.5, parte del T1; 'motto' autografo)

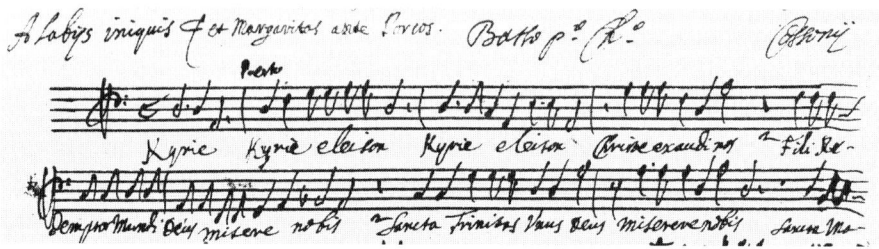

FIG. 22. COSSONI, *Litanie* CC 149 (I-COd, V-22, parte del B; manoscritto autografo)

Cossoni nel 1692, il Capitolo cerca senza successo di appropriarsi della sua biblioteca musicale: il caso è da considerarsi nel Seicento del tutto eccezionale.[19] Le cappelle musicali italiane facevano infatti grande affidamento al fondo prodotto durante generazioni dai maestri attivi localmente, soprattutto per un utilizzo 'ordinario'. Ogni maestro di cappella doveva produrre regolarmente anche per questo repertorio. Nella produzione di Cossoni non a caso si nota, come già è stato osservato, un picco assolutamente eccezionale durante il 1686, il suo primo anno come maestro di cappella in Duomo.[20]

Un dettaglio che accomuna alcune composizioni liturgiche del periodo milanese (e alcune senza data) è l'aggiunta di un 'motto': una citazione biblica senza diretto legame con il testo messo in musica. Il 'motto' doveva essere importante per Cossoni, visto che egli si è preso la briga di aggiungerlo di suo pugno su tutte le parti, preparate da due copisti diversi, del salmo *Audite haec omnes gentes* CC 29 (FIG. 21). Queste annotazioni sembrano avere un carattere privato: forse è per questo che il titolo della messa CC 7a, *Et in ignem deiciet eos*, non è stato ripreso nell'edizione a stampa, op. XVI (2).

19 *Cfr.* pp. 33-34.
20 *Cfr.* l'*Indice cronologico dei manoscritti.*

TITOLO	RIFERIMENTO	CAT.	DATAZIONE
Acuerunt linguas suas sicut serpentes	Ps 139, 4	cc 4a	settembre 1688
Acuerunt linguas suas sicut serpentes	Ps 139, 4	cc 8	?
A labiis iniquis	Ps 119, 2	cc 149	?
Confundantur superbi	Ps 118, 78	cc 2	ottobre 1686
Confringet Deus capita inimicorum suorum	Ps 67, 22	cc 3b	novembre 1689
Disperdet illos Dominus Deus noster	Ps 93, 23	cc 5	novembre 1690
Et in veritate tua disperde illos	Ps 53, 7	cc 142	?
Et in ignem deiciet eos	*Cfr.* Mt 3, 10 [a]	cc 7a	prima del 1694
Incidit in foveam	Ps 7, 16	cc 293	?
Iniquos odio habui	Ps 118, 113	cc 4b	settembre 1688
Iter impiorum peribit	Ps 1, 6	cc 148	?
Ut destruas inimicum	Ps 8, 2	cc 29	marzo 1690

[a] «arbor quae non facit fructum bonum exciditur et in ignem mittitur»

TABELLA 4.1 Citazioni bibliche nei titoli delle composizioni in fonti autografe

Attribuire emozioni a un uomo seicentesco sulla base di lievi indizi è operazione quantomai azzardata. La tentazione però è forte di vedere in questi 'motti' il riflesso dell'amarezza rimasta a Cossoni dopo le drammatiche vicende legate al suo insediamento come maestro di cappella in Duomo a Milano. In questa prospettiva risalta come «un tributo alla dignità artistica del Cossoni nei confronti dei suoi detrattori»,[21] e come un segno di autentica stima e amicizia, l'aggiunta che Francesco Rusca appose sulle dieci parti autografe delle *Litanie* cc 149 accanto al titolo «A labiis iniquis»: «et Margaritas ante Porcos» (*v.* TAB. 4.1 e FIG. 22).

A poco più di un anno dall'abbandono della cappella del Duomo di Milano, avvenuto nell'agosto del 1692, Cossoni pubblica la sua ultima fatica, l'op. XVI, concepita alla fine del 1693 e stampata nei primi mesi dell'anno successivo.[22] Le messe del volume sono in almeno due casi composizioni scritte negli anni precedenti, per il servizio del Duomo. Una data tra il 1696 e il 1699 portano infine quattro partiture autografe, tutte di brani liturgici a doppio coro (cc 19, 50, 72 e 83). È pensabile che la provinciale Gravedona potesse disporre dei musicisti necessari ad eseguire l'antifona *Ecce sacerdos magnus* cc 83 in occasione di una visita del vescovo di Como? E per quale vespro è stata scritta nel febbraio 1696 la coppia 'piena e breve' *Domine, ad adiuvandum–Dixit Dominus* (cc 19 e 50)? Mentre il *Magnificat* cc 72 è stato dedicato

21 PICCHI, *Sull'impiego*, p. 305, n. 10.
22 *Cfr.* p. 30.

a Francesco Rusca, e quindi è presumibilmente destinato alla cappella del Duomo di Como, per le altre tre composizioni la questione della destinazione rimane aperta.

Mottetti e oratori

Con il termine 'mottetto', nel Seicento si indica una produzione musicale assai eterogenea, che raggruppa un assai folto numero di composizioni concepite per le altrettanto variegate pratiche liturgiche e devozionali del tempo. L'unico apparente comun denominatore è dato dalla tipologia del testo: in latino, generalmente di nuovo conio (con qualche eccezione significativa rappresentata dalle antifone mariane e da alcuni salmi).[23] A parte ciò, nella categoria 'mottetto' confluiscono composizioni stilisticamente assai diverse. Adoperando la suddivisione proposta da Angelo Berardi nella sua *Miscellanea musicale* (Bologna 1689), un mottetto può essere una composizione scritta in stile *more veteri*; una 'cantilena' a voci piene; un brano in stile concertato; oppure un «concertino alla moderna».[24]

La produzione mottettistica di Carlo Donato Cossoni – che comprende 103 titoli (il 35% circa delle composizioni oggi conosciute)[25] – rappresenta perfettamente questa varietà. Il musicista si confronta infatti con tutte le diverse tipologie, adeguando – come si è detto in precedenza – le soluzioni formali alle esigenze dei contesti esecutivi nei quali egli è attivo. Non stupisce quindi che la maggior parte dei mottetti in 'stile antico' e soprattutto delle «cantilene … piene à più voci» appartenga al periodo nel quale Cossoni ricopre la carica di maestro di cappella del Duomo di Milano. A otto voci reali egli compone il mottetto *Adoramus te* CC 167, concepito con ogni probabilità tra il 1685 e il 1688 (FIG. 23).[26] Nel mottetto *Audite gaudia fideles* CC 180,

23 Per la delicata questione riguardo alla definizione di cosa sia un mottetto nel Seicento, si rinvia in particolare a COLLARILE, *Sacri concerti*, di prossima pubblicazione.

24 *Cfr.* BERARDI, *Miscellanea musicale*, p. 41: «Lo stile da Chiesa si considera in quattro modi. I. Messe, Salmi, Motetti, Hinni à più voci, more veteri. II. Cantilene usate con l'Organo piene à più voci, d'un stile più sollevato. III. Salmi, Motetti, Messe à più voci concertate con li Strumenti. IV. Concertini alla moderna, cioè Dialoghi, Motetti, e Musiche da Oratorio». Il rinvio all'opera di Berardi è quantomai opportuno: come si è ricordato (*v. supra*, p. 29), proprio a «Carlo Donato Cossonio Mastro di Cappella nel Duomo di Milano» è dedicato un capitolo nella Parte Terza della *Miscellanea* (p. 171).

25 Si tratta dei mottetti CC 165-251, a cui vanno aggiunte le antifone CC 78-93.

26 La filigrana del manoscritto rinvia a una finestra leggermente più ampia, compresa tra il 1682 e il 1688. È però assai probabile che questa composizione sia stata concepita dopo l'assunzione della direzione della cappella del Duomo di Milano (1685). A questa medesima

FIG. 23. Cossoni, *Adoramus te* cc 167 (CH-E, 437.3:2, c. 25r; manoscritto autografo)

composto nel 1686 (FIG. 24), anch'esso a otto voci, dove però i due cori danno vita a una polifonia omoritmica piuttosto semplice, si può vedere la forma più tipica delle composizioni del periodo milanese: un genere che però era stato frequentato da Cossoni anche in precedenza, come dimostra il caso delle quattro antifone mariane cc 79, 81, 89 e 93, pubblicate all'interno dell'op. XI (1671).

Mottetti a medio o grande organico concertati con strumenti sono rari all'interno della produzione di Cossoni. Evidentemente, egli ritiene questa forma più congeniale per composizioni di impiego più strettamente liturgico, come ad esempio Messe, Salmi e Magnificat.[27] L'unico esempio in questo senso è rappresentato dal mottetto *Plaudite, ludite in plausis* cc 228, a tre voci

tipologia appartengono anche le tre prove d'esame a cui Cossoni sarebbe stato sottoposto durante il concorso per il posto di maestro di cappella del Duomo di Milano nel 1684: il salmo *Qui cogitaverunt* cc 75, l'antifona *Benedicite Deum caeli* cc 82 e l'antifona *In virtute tua, Domine, laetabitur iustus* cc 85.

27 Si consideri a questo proposito il contenuto delle opp. VI (1668) e VIII (1669): → FONTI.

FIG. 24. Cossoni, *Audite gaudia fideles* cc 180 (CH-E, 437.3:2, c. 17r; manoscritto autografo)

e due violini.[28] Va considerato però il mottetto *Haec dicit Dominus* cc 197, composto nel 1689 per celebrare le nozze (per procura, il 28 agosto) del re di Spagna Carlo II con Maria Anna di Neuburg, in cui è previsto un coro di *favoriti* (FIG. 25). In questo caso, l'assenza degli strumenti deve essere messa in rapporto alle peculiarità del contesto esecutivo: come già ricordato, in Duomo a Milano non sono ammessi infatti strumenti diversi dall'organo.

Cossoni non si occupa molto però nemmeno di composizioni a piccolo organico con strumenti obbligati: un genere che al contrario specie a Bologna è assai ben attestato. Sulla partitura autografa del mottetto *Auditae insulae* cc 182 è annotata la data del 1668.[29] Il mottetto è composto quindi nello stesso periodo durante il quale Cossoni lavora alla pubblicazione degli *Inni a voce sola con violini* op. IV₁ (1668). Nel volume sono presenti anche quattro mottetti sul testo delle quattro antifone mariane canoniche (cc 78, 80, 88 e 92).[30]

---

28   Un organico simile ha la cantata devozionale *Fulmina col suo sdegno* cc 254.

29   CH-E, 437.3:4, c. 1r.

30   A questa tipologia appartengono però anche due composizioni su testo devozionale in italiano: il «Sonetto sopra il Pentimento de peccati» *Colpe dell'alma mia* cc 253 e il «Sonetto

FIG. 25. COSSONI, *Haec dicit Dominus* CC 197 (CH-E, 437.3:3, c. 33r; manoscritto autografo)

Assai più numerosi nel catalogo di Cossoni sono invece i mottetti a voce sola con il solo basso continuo. Si tratta di un repertorio concepito a Bologna e nei primissimi anni milanesi, che ha conosciuto la via delle stampe in tre raccolte pubblicate per i tipi di Giacomo Monti: l'op. II (1667), l'op. x (1670) e l'op. XII (prob. 1673).[31] Un'eccezione è rappresentata dal mottetto *Cur me tenetis* CC 188. Trasmesso in una partitura autografa datata 1690, esso rappresenta l'unica composizione nel suo genere risalente al periodo in cui Cossoni è maestro di cappella del Duomo di Milano. Il compositore potrebbe aver rispolverato un genere a cui si era parecchio dedicato negli anni precedenti forse per rispondere alle esigenze – o alle richieste – di quell'ambiente religioso femminile con cui aveva avuto già in precedenza dei rapporti: la ristampa dei mottetti a due e tre voci dell'op. I, apparsa a Milano nel 1678, è dedicata a suor Maria Vittoria Terzaga del locale convento di S. Maria del Cappuccio.[32]

---

sopra la Memoria della Morte» *Già vibra a' danni miei l'invida Cloto* CC 255, entrambe per canto e due violini obbligati.

31 Ad un medesimo contesto compositivo ed esecutivo rinviano anche le *Lamentazioni della Settimana Santa* op. v (1668), composte anch'esse a voce sola con basso continuo.

FIG. 26. COSSONI, *Ave Crux amabilis* CC 183   (CH-E, 437.3:2, c. 29r; manoscritto autografo)

A questo contesto si richiama anche la *Nuova Raccolta de Motetti sacri a voce sola di diversi eccelenti autori*, curata da Carlo Federico Vigoni e stampata a Milano da Francesco Vigone, che ospita anche un mottetto di Cossoni: *In profundo silentio* CC 199.[33] I conventi femminili di Milano rappresentano un contesto di primo piano per il consumo di una produzione musicale sacra all'avanguardia, nella quale un posto di rilievo ha proprio il mottetto solistico. Nonostante la clausura, è certo che i monasteri milanesi intrattenessero rapporti anche fuori città, attraverso cui si garantivano l'afflusso di nuova musica, composta talvolta esplicitamente per loro: tra il 1659 e il 1666, Maurizio Cazzati pubblica ad esempio tre raccolte dedicate a Maria Domitilla Ceva, monaca del monastero di Santa Radegonda di Milano.[34] I contatti con Bologna testimoniano la volontà di stringere rapporti con uno tra i contesti musicali certamente più vivaci. È difficile stabilire quali fossero i canali di cui i conventi si servissero. I rapporti di Cossoni con l'ambiente monacale femminile di Bologna, soltanto di recente messi in luce, appaiono una pista da non sottovalutare.[35]

---

32   Per il contesto al quale rinvia la ristampa dell'op. I (1678), si veda KENDRICK, *Celestial sirens*, pp. 142-143 e 368.

33   FONTI → 1679[1]. I mottetti di Angelo Zanetti, Gerolamo Zanetti, Paolo Magni e Giovanni Appiano (o Appiani) recano una dedica particolare ad altrettante suore di quattro diversi conventi milanesi: per la questione si rinvia a KENDRICK, *Celestial sirens*, pp. 498.

34   Per i rapporti tra Maurizio Cazzati e suor Ceva, si rinvia a KENDRICK, *Celestial sirens*, pp. 136-137. A un'altra sorella del medesimo convento milanese di Santa Radegonda, suor Antonia Francesca Clerici, sono dedicati i mottetti dell'op. X di Giovanni Legrenzi, pubblicati a Bologna da Giacomo Monti nel 1670: *v.* ID. *Celestial sirens*, pp. 388-390 e COLLARILE, *Giovanni Legrenzi*, pp. 41-42.

35   Il riferimento è alla pubblicazione della silloge di componimenti poetici *La regina delle rose*, curata da Cossoni: si rinvia al *Catalogo delle fonti*.

	TITOLO	ORGAN.	CAT.	FONTI	EPOCA
1	*Ad lacrimas oculi* «Per qual si voglia Santo ò Santa»	CCB, bc	CC 165	op. I (13)	1665
2	*Musa voces melos ede* «Per ogni Solennità»	CB, bc	CC 204	op. I (5)	1665
3	*O quae monstra, o quae prodigia* «Per la Pentecoste»	TB, bc	CC 217	op. I (7)	1665
4	*O superi, o caelites* «Per la Madonna Santissima»	CC, bc	CC 223	op. I (2)	1665
5	*Putruerunt et corruptae sunt* «Per i S. Cosma e Damiano e per più martiri e per un Sancto»	CB, bc	CC 230	op. I (6)	1665
6	*Quas tibi reddemus gratias* «Dialogo di Tobia»	CAB, bc	CC 232	op. I (12)	1665
7	*O Jesu care* «Per Santa Teresa»	AB, bc	CC 212	CH-E, 437.3:4 (7) CH-E, 678.2	1667
8	*Il sagrificio d'Abramo* (Abraham: «Quae vox de caelo») «Puol servire per il Santissimo»	CAB, bc	CC 235	CH-E, 437.3:3 (11) CH-E, 678.7	[1670]
9	*Cogitavi dies antiquos* «Per il Signore, e per ogni Tempo»	CB, bc	CC 186	op. IX (5)	1670
10	*Ave Crux amabilis* «Per l'invenzione di S‹ant›a Croce»	CAB, bc	CC 183	CH-E, 437.3:2 (11) CH-E, 678.18	[1682–88]

TABELLA 4.2 I mottetti 'in dialogo' di Carlo Donato Cossoni

Assai probabile è infatti che la circolazione di partiture – come anche la possibilità di coltivare importanti contatti – avvenisse per il tramite di monasteri affiliati.[36]

Della categoria dei «concertini alla moderna» fanno parte a pieno titolo anche i mottetti a due e tre voci. A questo genere Cossoni dedica due raccolte a stampa: l'op. I, pubblicata nel 1665 e ristampata – come si è visto – nel 1678, e l'op. IX, apparsa nel 1670. Esse raccolgono una produzione musicale concepita quasi esclusivamente negli anni bolognesi. All'interno di questa categoria si segnala la presenza di dieci mottetti 'in dialogo' (v. TAB. 4.2).[37] La composizione del mottetto *Ave Crux amabilis* CC 183 (FIG. 26), non datato,

36 È quanto avviene all'epoca per la circolazione ad esempio di partiture oratoriali: *cfr.* MORELLI, *La circolazione dell'oratorio*.

37 I mottetti CC 165 e CC 212 (nn. 1 e 7 di TAB. 4.2) non sono stati presi in considerazione in NOSKE, *Saints and Sinners*.

FIG. 27. COSSONI, *Il sagrificio d'Abramo* CC 235 (CH-E, 437.3:3, c. 53r; manoscritto autografo)

potrebbe essere ipoteticamente collocata nel periodo bolognese in virtù della sua appartenenza a questo gruppo particolare. In base alle due filigrane riscontrate, il materiale oggi conservato – interamente autografo – risalirebbe invece agli anni milanesi di Cossoni.[38]

Assai rilevante è la presenza di mottetti 'in dialogo' all'interno dell'op. I: quasi la metà delle composizioni della raccolta. Uno solo invece all'interno dell'op. IX (1670), il dialogo *Cogitavi dies antiquos* CC 186, concepito probabilmente insieme ad altre due composizioni che non hanno conosciuto invece la via delle stampe: il mottetto *O Jesu care* CC 212 e *Il sagrificio d'Abramo* CC 235 (FIG. 27). Il titolo in italiano di quest'ultimo non deve trarre in inganno. Il testo, che elabora la ben nota scena tratta dal libro della Genesi, è in latino.[39]

---

38 La finestra temporale sarebbe compresa tra il 1682 e il 1688: si rinvia al *Catalogo delle filigrane* delle fonti autografe. Si tratta di un dialogo per alto e basso, e non per tenore e basso come erroneamente indicato in NOSKE, *Saints and Sinners*, pp. 121-123.

39 Una trascrizione moderna della partitura (in alcuni punti però da emendare) è fornita in NOSKE, *Sacred Music*, pp. 171-181. Esemplare il caso del mi_1 nella linea del bc alla mis. 215, a

La fonte che lo trasmette – la partitura autografa CH-E, 437.3:3 (11) – non è datata. L'analisi delle filigrane e della grafia permette però di datare la fonte con buona probilità al 1670 circa. *Il sagrificio d'Abramo* sarebbe stato composto quindi negli anni bolognesi (non durante il successivo soggiorno milanese, come supposto da Frits Noske),[40] non molto tempo dopo i tre oratori in italiano a cui Cossoni dà vita nel periodo in cui è primo organista di S. Petronio: *L'Adamo* CC 315 (la cui prima rappresentazione è del 1663), la *Dina rapita* CC 324 (eseguito per la prima volta probabilmente tra il 1665 e il 1668) e *La gloria de' Santi*, l'unico di cui è ancora conservata la musica, in una partitura non autografa datata 1670 (I-COd, V-21).

Secondo Victor Crowther, *L'Adamo* si inserirebbe in un ciclo di rappresentazioni oratoriali dedicate alle storie della Genesi, insieme ad altre partiture come *Il Caino condannato* di Maurizio Cazzati.[41] La prima esecuzione dell'*Adamo* risale al 1663. Poco dopo il suo trasferimento a Bologna, Cossoni accetta quindi di misurarsi con un genere musicale all'avanguardia, di cui quasi certamente non ha alcuna esperienza. *L'Adamo* viene riproposto nel 1665 e nel 1667 a Bologna, quindi a Milano, con ogni probabilità nell'aprile del 1671. In occasione delle riprese, la composizione prevede una macroscopica variazione formale: l'originaria struttura tripartita viene resa bipartita, tipica del genere, accorpando la seconda e la terza parte della prima versione dell'oratorio.[42]

La prima rappresentazione della *Dina rapita* di cui si abbia notizia risale al 1668. Il relativo libretto (in cui è stampato il testo dell'oratorio, opera del monaco celestino padre Carlo Ciccarelli) non reca però alcuna dedica. Considerate le convenzioni editoriali dell'epoca, non era per nulla abituale dare alle stampe un'opera prima senza dedica. È probabile quindi che ci si trovi difronte al libretto di una replica dell'oratorio. Se così fosse, la prima rappresentazione della *Dina rapita* andrebbe collocata tra il 1665 e il 1668. La sua forma bipartita – più evoluta di quella tripartita della prima esecuzione dell'*Adamo* (1663) – lascerebbe intendere come l'oratorio sia stato concepito dopo il 1665, quando anche *L'Adamo* viene trasformato in un oratorio in due parti.

Monaco celestino è anche padre Celso Aversani, autore di un anagramma in onore del Cossoni che accompagna la raccolta di mottetti op. II[1] stampata

---

cui Noske attribuisce un fantasioso quanto errato valore affettivo: nella partitura autografa, la nota incriminata è il realtà un *do*[1] e la sequenza una semplice cadenza di fine frase.

40   *Cfr.* Noske, *Saints and Sinners*, pp. 172-195.

41   Crowther, *The Oratorio in Bologna*, pp. 45-47, e Malvezzi, *Libretti di Cossoni*, pp. 248-261.

42   Si rinvia al *catalogo delle fonti* per i relativi libretti. Quello della rappresentazione del 1665 è attualmente disperso, come le partiture musicali di tutte la rappresentazioni: *v.* il *catalogo delle fonti perdute*.

nel 1667.[43] Nel 1668 due testi poetici di Aversani erano stati ospitati nella silloge di componimenti (privi di musica) *La regina delle rose*, curata da Cossoni
(che ne firma la dedica) in occasione dell'ordinazione di Ginevra Zannoni a
suora del monastero dei Ss. Naborre e Felice di Bologna.[44] È interessante
notare come il musicista dedichi questo volume alla moglie di Gentile Sampiero. Sebbene nulla si apprenda sulla natura del rapporto con suor Ginevra
Zannoni, il cognome 'Sampiero' rinvia a quello dell'abate Carlo Sanpietro,
dedicatario a sua volta dell'op. II₁ (1667): un dato che pare stabilire come il
contesto nel quale *La regina delle rose* e l'edizione dei mottetti dell'op. II sono
state concepite sia lo stesso.

Nella tavola del contenuto dell'op. II, all'altezza del mottetto *Charitate Dei*
cc 185 si legge:

> Per S. Filippo Neri, e le seconde parole per la Madonna Santissima nel Natale del
> Signore. Questo sudetto Motetto Charitate Dei, puol servire anco per S. Frances-
> co, per S. Teresia, e per S. Cattarina da Siena, mutando dove dice Filippus Nerius
> in Divus Franciscus, ò Diva N. e dove dice Filippus Nerius, ò Nerium se vi mette-
> rà il nome del Santo, ò Santa, al quale si vuol applicare.

La sostituzione del nome di un santo nel testo di un mottetto è una pratica
assai diffusa al tempo. Grazie a un piccolo intervento, una medesima composizione può essere così impiegata in vari contesti liturgici: caratteristica particolarmente apprezzata per un brano destinato alle stampe, che deve essere in
grado di adattarsi alle esigenze di contesti potenzialmente assai diversi da
quelli per il quale è stato concepito. In questo caso, Cossoni specifica anche i
nomi dei santi che potrebbero essere utilizzati nel testo. Più comunemente,
questa prassi è indicata però con annotazioni come «per qual si voglia altro
Santo», come nel caso ad esempio dei mottetti cc 241 e 184 della stessa raccolta. Il riferimento a S. Filippo Neri costituisce un interessante elemento per
legare ancora una volta le composizioni della raccolta a un contesto oratoriale. Il richiamo ai mottetti 'in dialogo' ha già evidenziato quanto labile sia il
confine che dovrebbe delimitare le due forme musicali. Ambiguità sottolinea-
ta dallo stesso Berardi, per il quale «concertini alla moderna» e «dialoghi»
appartengono a un genere che viene da lui esplicitamente indicato con il
nome di «musica da oratorio»: di quella musica concepita cioè per accompagnare azioni devozionali assai diffuse nel Seicento, che si svolgevano in appo-
site sale («oratori») dedicate a questo genere di esercizi.[45] È questo il caso di

---

43 FONTI → op. II₁.

44 FONTI → *La regina delle rose* (1668).

45 *Cfr.* ancora BERARDI, *Miscellanea musicale*, p. 41. A proposito della delicata questione del
    rapporto – più che della distinzione – tra oratori e mottetti, la bibliografia si è notevolmen-

FIG. 28. Cossoni, *Già vibra a' danni miei* CC 255 (I-COd, V-20)

molte composizioni 'in stile rappresentativo', come ad esempio mottetti 'in dialogo' o cantate e oratori in italiano. A questa categoria appartiene però tutta una serie di partiture che rinviano a precisi contesti liturgici o paraliturgici: in particolare, l'adorazione del Santissimo, la devozione mariana e il culto dei Santi.

Uno tra i primi incarichi di cui Cossoni deve occuparsi, poco dopo essersi trasferito da Bologna a Milano, è la ripresa dell'*Adamo*.[46] Qualche anno più tardi, egli è chiamato almeno per due volte a scrivere la musica per un'azione devozionale che si svolgeva la settimana dopo il *Corpus Domini* presso la chiesa di S. Vittore al Teatro.[47] Non si tratta di un 'oratorio' vero e proprio, ma di una serie di componimenti devozionali in italiano, suddivisi in sette sere.

---

te incrementata negli ultimi anni. Solo a titolo esemplificativo, rinviamo a SMITHER, *What's Oratorio* e GILLIO, *Il mottetto a voce sola*.

46 *V. supra*, p. 89.

47 A proposito delle attità musicali oratoriane a Milano, si veda anche VACCARINI GALLARANI, *L'ambrosianità'*, in part. pp. 475-476 per quanto riguarda l'esecuzione di oratori nella chiesa di S. Vittore al Teatro, in occasione della festività del Corpus Domini.

Vedono la luce così le *Sacre lodi* nel 1680 e gli *Oratorii sacri* l'anno successivo. Entrambi i libretti sono dedicati al senatore don Antonio Maria Erba, evidentemente il principale sostenitore di quell'azione devozionale. Già solo osservando i testi, parrebbe evidente come questo potrebbe essere il contesto nel quale una manciata di composizioni attualmente conservate in forma manoscritta (CC 252-257) potrebbero essere state eseguite. La concordanza dei testi di due composizioni – i sonetti *Già vibra a' danni miei l'invida Cloto* CC 255 e *Colpe dell'alma mia* CC 253 (FIG. 28) – con quelli stampati nelle *Sacre lodi*, rafforza sostanzialmente questa ipotesi. Va sottolineato però come la partitura (non autografa) che trasmette le due composizioni potrebbe essere stata redatta alcuni anni prima rispetto all'esecuzione milanese. La carta impiegata è infatti la stessa adoperata per la partitura della *Gloria de' Santi* CC 256, risalente al 1670: indice del fatto che tutto questo nucleo di partiture potrebbe risalire all'ultimo scorcio del soggiorno bolognese, per poi essere riadoperato nel nuovo contesto milanese nel quale Cossoni lavora.

Entrambe le partiture sono conservate presso l'archivio del Duomo di Como. Non c'è finora traccia di esecuzioni di oratori di Cossoni in città. C'è da chiedersi però se davvero quelle partiture non siano state utilizzate: se ed eventualmente in quale contesto non è però per ora possibile stabilirlo.

Dietro la produzione profana

La produzione profana di Cossoni si limita a due sole raccolte a stampa: le *Canzonette a voce sola* op. VII (1669) e le *Cantate à una, due, e tre voci* op. XIII, pubblicate probabilmente nel 1673.[48] Entrambe sono stampate a Bologna, per i tipi di Giacomo Monti, sebbene la seconda sia stata concepita dopo il trasferimento di Cossoni a Milano: ambiente che – come si è visto nel paragrafo dedicato ai problemi di trasmissione – si riflette anche nel contenuto della raccolta, con la presenza di una composizione in spagnolo – la cantata *Sublime beldad del orbe* CC 285 – in onore di Ana Antonia de Benavides Carillo y Toledo, seconda moglie di Gaspar Tellez Girón, governatore di Milano.

L'autore dei testi delle *Canzonette* del 1669 rimarrebbe anonimo, se non fosse per un'indicazione che si legge sulla partitura autografa della canzonetta *Ci vuol tempo e poi Dio sa* CC 264a.[49] Sul manoscritto Cossoni annota il nome di un tal «canonico Grossi». Il fatto che in più testi della raccolta ricor-

---

48 Per la questione della datazione dell'op. XIII *cfr.* pp. 25-26.
49 Si tratta del manoscritto A-Wn, Mus. Hs. 17760. Per la questione rappresentata dalla doppia redazione della composizione *cfr.* p. 50.

ra una figura femminile di nome Lilla, rende possibile che essi siano stati concepiti insieme, come una sorta di piccolo 'canzoniere'. Non è da escludere quindi che essi siano il frutto della penna di un medesimo autore, che nel qual caso sarebbe il canonico Grossi.

Il fatto che un ecclesiastico si occupi attivamente di poesia in lingua volgare non deve in alcun modo stupire. Ben note sono ad esempio le propensioni letterarie di Clemente IX, al secolo Giulio Rospigliosi, chiamato a sedere tra il 1667 al 1669 sulla cattedra di Pietro. Sentito come un esercizio letterario di raffinata arte umanistica, l'attività di comporre versi è caldeggiata anche per le sue intrinseche possibilità espressive, attraverso cui poter trovare un 'onesto diletto'. Lo stesso Cossoni cura nel 1668 cura un'antologia poetica dal titolo *La regina delle rose*, dedicata alla consacrazione di tal Ginevra Zannoni, che evidenzia un lato finora inedito del musicista. Il volumetto raccoglie infatti componimenti poetici in italiano e in francese concepiti per la lettura, senza accompagnamento musicale.

Il modello seguito da Cossoni per le sue canzonette è quello offerto dalla coeva produzione di Cazzati.[50] Il registro decisamente basso dei testi (analogo a quello delle parti buffe di un'opera), anche di quelli di argomento moraleggiante, è perfettamente in accordo con la veste musicale leggera concepita da Cossoni. La raccolta, che nella produzione del musicista rappresenta davvero un *unicum*, rinvia a un preciso contesto: quello degli intrattenimenti musicali dell'Accademia Filarmonica di Bologna. È quanto si evince dalla dedica. Cossoni lega infatti il volume al nome di Vincenzo Maria Carrati, fondatore dell'Accademia, evocando le qualità del mecenate («così perfettamente versato in questa sì pregiata, e dilettevol'Arte della Musica, havendo perciò con particolare inclinatione eretto in casa propria la nobile Academia de Filarmonici cotanto riguardevole») e nel contempo il periodo nel quale egli avrebbe concepito la raccolta: il riferimento a «L'Hore più importune de' passati giorni estivi» rinvierebbe all'estate del 1668.

Non sappiamo a chi siano state dedicate le *Cantate* dell'op. XIII.[51] Il contesto per il quale sono state concepite appare comunque diverso rispetto a quello delle *Canzonette* dell'op. IX. Lo stile dei testi è generalmente più elevato, anche se non si tratta di un canzoniere unitario, ma di una silloge di testi di genere assai diverso. Pastorale è ad esempio il contesto della cantata *D'un ruscello in su la riva* CC 268: Aminta e Clori ne sono i personaggi. Il tono

50 Si rinvia a Mioli, *Dal 1649 al 1677*.
51 Un primo studio delle *Cantate* op. XIII è offerto in Uggé, *Cossoni*.

encomiastico di *Sublime beldad del orbe* CC 285, l'unico testo in spagnolo musicato da Cossoni, si spiega con la dedica alla moglie del governatore di Milano.

Sublime beldad del orbe (CC 285)

Sublime beldad del orbe
Ana hermosa y sin igual
De vuestros altos primores
Quisiera poder cantar.

Quisiera de vuestros ojos
El resplandor celebrar,
Pues nunca en el mejor día
El sol le ha tenido tal.

De vuestro agrande y donaire
Decir nada es decir más,
Porque entender vuestros dones
Es más que natural. [*sic*, ipometro]

En fin las prerogativas
Que os dio el Cielo liberal
Solo el Cielo en su armonía
Las deve manifestar.

Apertamente politico è il soggetto del *Regnator inglese* CC 274, un lamento del re Carlo I, decapitato nel 1649. Il testo è di provenienza romana. In un manoscritto di «Villanelle spirituali et altri Recitativi a una voce» è accompagnato da una diversa veste musicale, attribuita da una mano ottocentesca a Carlo Caproli (I-Nc, 33.4.14 B). Nel rivestimento musicale di Cossoni era parte del repertorio del basso Ippolito Fusai (come testimoniato dal manoscritto I-URBc, Ubaldini Ms. 31/2).[52] Il modello è il 'Lamento di Maria Stuarda', la famosa cantata di Giovanni Filippo Apolloni e Giacomo Carissimi «Ferma, lascia ch'io parli», additata come esemplare tra gli altri da John Hawkins e Charles Burney (e trasmessa ad esempio in GB-Lbl, Harley MS 1265, cc. 1-12*v*). Va segnalato anche un parallelismo con una cantata più vicina nel soggetto a quella di Cossoni, il «Lamento della regina d'Inghilterra» di Antonio Bertali.[53] Il testo, opera dell'arciduca Leopoldo Guglielmo d'Asburgo (1614-1662), ha come protagonista Enrichetta Maria, la vedova del re che figura nella cantata cossoniana.

Il Regnator inglese. Lamento (CC 274)

Recitativo. Il regnator inglese
Prescito dalla sorte
Mentre in scena di morte
Chiamava il ferro infido

Il capo augusto a forza d'un pensiero
Magnanimo e dolente,
Attonito e feroce
Così prigion disprigionò la voce.

---

52   *Cfr.* GIALDRONI, *Dalla Biblioteca comunale di Urbania*. La cantata nella sua doppia veste musicale è stata esaminata da Andrea Garavaglia; sull'attribuzione a Caproli si veda la tesi di dottorato di Tiziana Affortunato (entrambi i lavori sono in preparazione). Ringraziamo Teresa Gialdroni per la segnalazione del manoscritto di Urbania.

53   La cantata è trasmessa come unicum nella raccolta Düben (S-Uu, Vokalmusik i handskrift 47:21) ed è stata recentemente pubblicata a cura di Andrew H. Weaver, in *The Web Library of Seventeenth-Century Music*, n. 11 (www.sscm-wlscm.org, consultato il 17.4.2008).

«Che magia di destino
Con turbini di sdegno
Cangia in sepolcro un regno?
Le trombe già canore
Forriere [sic] di vittorie
Lingue delle mie glorie
Sepeliscon sonando un funesto fragore
In doppio funeral vita, ‹e› honore.

Più monarca non sono
M'è catena lo scettro, e bara il trono.
Stelle, barbare stelle,
Satiatevi hormai del sangue mio,
Vantati pur Trofeo,
Che facesti morir un re da reo.

Sfere reclinatevi,
Nubi squarciatevi,
Su, si spezzi il cielo in lampi,
T'odio, o Cielo, se mi scampi.

Misero, a che son gionto.
Vo mendicando i tuoni,
Non trovo una saetta,
Non per diffesa mia, ma per vendetta.

Recitativo. Libertà di morire
Manca ancor a' regnanti,
Non ho fra tanti, e tanti
Eserciti di ferro
Una spada per me.
Fantasma son di Carlo, umbra di re.

Ma non son io, che freno
L'ocean più feroce?
Volan alla mia voce
Per i campi del mar selve di vele.
Arbitro di più vite,
Ercole de' Scozzesi,
Il Giove de' Britanni
Sempre Carlo sarò.

All'armi, all'armi
A vendicarmi
Regni vassalli, ‹e› isole natanti,
Si tronchi la man rubella,

Quel perfido cor si svella,
Che sdegna d'adorarmi.
Il ciel, la terra, il mar
Con allegro sonar
Mi cantino il viva.

Recitativo. Infelice, che sogno?
Speranze traditrici,
Larve lamentatrici,
Sparite da me.
Fantasma son di Carlo, umbra di re.

Figli voi dove sete,
Miseri, perché miei
Heredi di ruine,
Martiri di sventure
Per pietà soccorrete
Ad un re, ad un padre.
No‹n› fra belliche squadre
Vincitor coronato
Ma fra ceppi di pene.
Lingua, ch'ardisci dir?
Ma condannato
Vittima del furor, spoglia del fato.
Uccidetemi voi, viscere mie,
Non infami un plebeo,
Un carnefice, un mostro
L'adorato splendor del sangue nostro,
Che sarà la fierezza pietà.
Voi non m'udite ohimé?
Fantasma son di Carlo, umbra di re.

Recitativo. Morrò dunque, che meco
Non more la grandezza.
Può il ferro traditore
Troncarmi il capo sì, non la corona.
Farò dalle ruine
Sorger allori al crine.
Coraggio, mia costanza.
Lagrime, che volete?
Non sa che sia dolore
Un'alma coronata, un reggio [sic] core.

Fra l'arene d'Egitto
Cadde Pompeo sì, ma cadde invitto.

Ch'ardisce minacciarmi.
Anco nel cielo suole
Temerario vapor dar tomba al sole.»

[*Recitativo.*] Così disse, e parve,
Che commandando al colpo
Tutto pien di decoro
Dicesse in un sospir
Regnando io moro.
Il sangue generoso
Con più stille sbalzando
Di mille lampi acceso
In aria ancor sospeso
Minacciò, fulminò
La turba patricida,

Ch'uccise senza fè
Con tributo di piaghe il proprio re.

Ogn'aurora al fin s'imbruna
Non v'è regno che non cada,
E recida un fil di spada
Laberinto di fortuna,
Intendetela eroi
Porta in fronte ogni sol gl'esperi suoi.

Dove luce più si spezza
È fatal l'oro del crine
Precipizi di ruine
Fanno barra ad ogni altezza,
E sa tessere la sorte
A porpora real trame di morte.

Come nel caso delle dediche, anche i testi qui trascritti meriterebbero un commento approfondito, che esula dagli scopi della presente pubblicazione. Essi sono offerti come esempio di possibili nuove prospettive di ricerca.

Appunti di prassi esecutiva

L'ultimo capitolo della presente introduzione intende offrire alcune considerazioni riguardo alla prassi esecutiva delle composizioni cossoniane, emerse durante lo studio delle fonti: più che altro spunti di riflessione, utili anche in vista di una possibile esecuzione moderna della produzione musicale di Cossoni.

Oltre alla più volte ricordata importanza delle partiture autografe, altrettanto fortunata può dirsi la conservazione di un numero tanto rilevante di parti staccate (autografe o meno). Le parti infatti spesso danno preziose informazioni di prassi esecutiva, che nelle partiture rimangono implicite (il numero di strumenti coinvolti nella realizzazione del continuo, il raddoppio o meno di passaggi affidati ai 'tutti' e così via). Purtroppo la presenza di parti non è equamente distribuita lungo le tappe della carriera del Cossoni. Particolarmente lacunoso è il periodo bolognese. L'unica testimonianza è quella offerta da un anonimo copista bolognese per quanto riguarda la sua attività nell'ambito dell'Accademia Filarmonica. Nessun materiale esecutivo manoscritto si è conservato invece nel fondo musicale di San Petronio.[1] La differenza rimonta certamente alla diversa natura dei due archivi: il primo è destinato a conservare la memoria degli accademici; il secondo è una raccolta di tutto ciò che può in qualche modo essere utile alla cappella musicale della chiesa, e quindi soggetto a rinnovamenti.

La maggior parte delle parti staccate manoscritte proviene dal periodo trascorso in qualità di maestro di cappella nel Duomo di Milano. Una peculiarità di Cossoni è l'abitudine di estrarre personalmente un'intera serie di parti dalle proprie partiture – attività piuttosto insolita considerata la sua posizione,[2] lasciando ai suoi collaboratori (presumibilmente cantori della cappella) la realizzazione delle sole parti di ripieno. Il maestro in seguito controlla il

---

1   Le uniche tracce autografe dell'attività di Cossoni a Bologna sono i titoli manoscritti sulle rilegature in cartone delle tre parti stampate dell'op. IX conservate in I-Bsp, C.XII/74, e dell'esemplare dell'op. VII conservato in I-Bc, Z.15.

2   Solitamente affidata al vicemaestro, secondo la cordiale comunicazione del dott. Roberto Fighetti.

lavoro dei copisti, apponendovi la propria firma, come si vede ad esempio sulla parte dell'alto del mottetto *O Jesu care* CC 212 conservata in CH-E, 678.2 (FIG. 29). Altre volte sembra che Cossoni abbia preparato la parte con l'armatura delle chiavi, il titolo e la propria firma, e che al copista non manchi che riempire i righi di musica (si veda a questo proposito l'immagine della mano 24 nella sezione dedicata ai copisti).

In alcune composizioni vocali a stampa si riscontra la presenza di due organici, offerti come alternativa agli esecutori. La presenza di indicazioni del tipo 'canto o tenore' è assai comune all'epoca: la trasposizione d'ottava viene effettuata tacitamente, senza bisogno di alcun cambiamento di chiave. Più rara è invece una trasposizione alla quinta superiore indicata esplicitamente sulla partitura con un sistema di doppie chiavi. Di questa pratica Cossoni offre diversi esempi: nei mottetti CC 184 e 231 dell'op. II; CC 236 e 251 dell'op. X; CC 213 e 239 dell'op. XII. In questi casi, l'alternativa è tra contralto e soprano. Il compositore indica una chiave di soprano prima della chiave di contralto nell'armatura della parte vocale, e una chiave di tenore prima della chiave di basso in quella della parte del continuo, lasciando agli esecutori la facoltà di leggere trasposta la partitura.

Per le esecuzioni bolognesi, Cossoni può contare su una buona compagine vocale. A metà Seicento, la cappella musicale di S. Petronio è formata da 2-3 soprani uomini, 2-3 contralti, 5-6 tenori e altrettanti bassi; ma soprattutto da una ricca orchestra di violini, viole, violoni, tiorbe, tromboni, ciascuno strumento presente perlomeno in coppia. Ben diversa la situazione a Milano. La cappella del Duomo a Milano, dove è bandito l'uso di strumenti (ad eccezione degli organi), presenta negli anni di attività del Cossoni un organico formato soltanto da quattro cantori adulti per voce, più vari «soprani alunni».[3]

Per quanto riguarda gli strumenti acuti, le parti dei violini presenti nelle stampe e nei manoscritti del periodo bolognese prevedono soprattutto ritornelli (op. IV, VI, VIII); nella seconda Messa dell'op. VIII (CC 10) assumono anche un ruolo indipendente nei Tutti. Nella Messa CC 1, a parte la sinfonia iniziale e i ritornelli, gli strumenti suonano sempre 'colla parte', come anche le viole, *ad libitum*, del *Magnificat* CC 146. Le parti indipendenti di viole negli inni op. IV, nell'invitatorio CC 20 e nella lezione CC 163 per i defunti sono sempre scritte in chiave di soprano.

Dato l'ambito prevalentemente sacro delle composizioni, l'organico del basso continuo prevede in primo luogo ovviamente l'organo. Una varietà timbrica

---

3　　*Cfr.* GAMBASSI, *La cappella musicale*, pp. 137-141 e 298-299; DE RUVO, *Carlo Cossonio prete*, pp. 54-55.

FIG. 29. COSSONI, *O Jesu care* CC 212 (CH-E, 678.2: parte dell'Alto)

particolare mostrano alcune composizioni bolognesi come il mottetto *Audite insulae* CC 182, composto nel 1668, e il *Magnificat* CC 146, scritto nel 1669, per il quale si conservano parti separate anche per il fagotto e il contrabbasso o violone (rispettivamente in CH-E, 678.13 e 678.12), confermando ancora una volta l'attenzione per l'apporto strumentale coltivato all'interno della cappella di S. Petronio. In parte analogo è il caso del salmo *Beatus vir qui timet Dominum* CC 32, per basso solo, due violini e basso continuo. L'uso degli strumenti obbligati in questo caso non sorprende, poiché la composizione risale con ogni probabilità al periodo bolognese. Nessuna delle parti originali si è conservata, si sa però che esse erano in numero di otto. È possibile immaginare parti triplicate per i due violini? Forse è più credibile ipotizzare un raddoppio degli archi (che sarebbe comunque un caso unico nel fondo cossoniano) e un basso continuo particolarmente ricco, composto da tre strumenti. Un fagotto obbligato o indicato esplicitamente tra gli strumenti del continuo è previsto anche nelle tre lezioni per i defunti CC 162-164, risalenti al periodo milanese. Probabilmente in questo caso si tratta di un'associazione simbolica tra il suono del fagotto e l'occasione funebre. Al di fuori delle composizioni utilizzate durante le funzioni liturgiche troviamo – caso isolato – una parte per strumento a pizzico (tiorba) tra i materiali dell'oratorio frammentario *Argumentor contra conclusiones* CC 177 (I-COd, v-16).

La frequenza con cui tra i materiali a stampa si conservano nelle biblioteche due parti per l'organo lascia supporre che venissero vendute regolarmente in doppia copia. È possibile che la seconda copia sia destinata al violone o contrabbasso.[4] Eppure l'estrema frequenza nella prassi esecutiva dell'epoca di suddivisioni in più 'cori' rende assai probabile che si preveda un secondo

---

4 Così suggerisce KURTZMAN (*Introduzione ai salmi di Cossoni*, p. 171) per i salmi dell'op. VI.

gruppo di bassi anche in composizioni concertate non esplicitamente scritte per doppio coro (cioè composte per meno di otto voci reali). In tutte le composizioni a otto voci la necessità di due bassi continui è evidente. In particolare ricordiamo la presenza sia in S. Petronio a Bologna sia in Duomo a Milano di due organi in due cantorie affrontate, disposizione che si riflette esplicitamente in molte fonti redatte dopo il 1684, come ad esempio nell'indicazione «due Organi» sulla partitura della Messa CC 12 in CH-E, 437.3:1 (5) e sulle parti del salmo *Caeli enarrant gloriam Dei* CC 37 in CH-E, 678.8.

Osservando la tabella in cui è fornita la consistenza originaria del lascito di Cossoni (*v.* TAB. 3, nel paragrafo dedicato alla trasmissione), si possono fare alcune osservazioni in proposito alla prassi esecutiva delle composizioni a doppio coro e di quelle in 'stile antico'. Sono particolarmente degne di attenzione le discrepanze tra il numero di parti arrivate nel luglio del 1700 ad Einsiedeln e il numero di parti reali indicate nelle partiture. Il numero minimo di parti necessario a eseguire una composizione a doppio coro è dieci: otto voci e due bassi continui (CC 19 «pieno», CC 37 «pieno, e breve», CC 83 «pieno», CC 84 «pieno, e breve», CC 171 «a più voci concertate»). Alcune partiture per lo stesso organico però erano corredate di un numero ben maggiore di parti: 26 (il mottetto «pieno, e breve» *Audite gaudia fideles* CC 180) o 28 (il *Pater noster* «pieno, e breve» CC 16 e l'*Adoramus te, Christe* «pieno» CC 167). In queste parti aggiuntive, i due cori non venivano soltanto raddoppiati, bensì spesso differenziati secondo procedimenti non immediatamente intuibili osservando la partitura.

È essenziale ricordare che il termine 'coro' ha un significato diverso quando è usato su una partitura e quando compare come intestazione di una parte. In partitura caratterizza la struttura musicale («a due cori», cioè per otto parti reali), nelle parti suggerisce o piuttosto presuppone una certa disposizione dei musicisti nello spazio della chiesa. Due serie di parti ci possono dare informazioni sulla moltiplicazione dei cori: le 27 parti per il «motetto concertato» *Par urbi sit festum* CC 224 (CH-E, 678.1) e le 14 parti, incomplete, per il *Credo* e *Sanctus* «pieno, e breve» CC 13 (CH-E, 677.20).

Il termine 'concertato', quando compare in partitura, non implica soltanto la presenza di episodi solistici, ma anche la necessità di una distribuzione spaziale dei cori nei tutti. Il mottetto CC 224 in onore di San Carlo Borromeo – diviso in quattro sezioni: «Par urbi sit festum» (tutti), «Anima servi Dei» (soli), «Quis non laudabit» (tutti), «Alleluia» (tutti) – è scritto a otto voci reali. Le parti distinguono però cinque 'cori': coro primo concertato, coro primo, coretto primo ripieno, coro secondo e coretto secondo ripieno.[5] I due

---

5   Le parti di C e A del coretto I ripieno sono chiamate «ripieno primo coro» nell'originale.

cori di ripieno raddoppiano sostanzialmente i due cori principali, mentre gli episodi solistici sono riservati al coro concertato. Si conservano tuttavia solo quattro parti di organo: probabilmente i solisti del coro primo concertato erano disposti accanto ai cantori del primo coro nella cantoria dell'organo principale (ossia l'organo del coro primo).[6]

Lo stile 'pieno' appare del tutto analogo allo stile 'concertato' nella pratica della moltiplicazione dei cori. Nelle parti della Messa cc 13 (CH-E, 677.20) in stile «pieno, e breve» si distinguono due cori e due coretti (ciascuno col suo continuo). I coretti raddoppiano i cori, con un'eccezione: il coretto primo non raddoppia il coro primo nel Credo, come risulta dallo schema seguente.

	VOCI 1-4 IN PARTITURA	VOCI 5-8 IN PARTITURA
Credo	coro i	coro ii + coretto i e ii
Sanctus	coro i + coretto i	coro ii + coretto ii

I monaci di Einsiedeln, pensando che lo 'spostamento' del coretto primo tra il *Credo* e il *Sanctus* fosse un errore, hanno poi corretto a matita la denominazione del basso del coretto primo in «2do Choro». In realtà il cambiamento si giustifica con la differenza di scrittura musicale tra il *Credo* e il *Sanctus*. Il breve testo del *Sanctus* è equamente distribuito tra due blocchi simmetrici di voci; il testo del *Credo* è invece affidato sostanzialmente alle prime quattro voci reali, mentre le altre si limitano a riaffermare di tanto in tanto la loro professione di fede: «Credo, credo».[7] Per questo Cossoni affida a quattro solisti del coro primo le prime quattro parti reali del Credo.

Il fatto che in entrambe le composizioni analizzate al coro primo sia affidato un ruolo solistico, ci fa anche ricordare che tra «coro» e «coretto» non vi sia una differenza in termini di organico, ma una puramente 'architettonica': «coro» indica una cantoria stabile, «coretto» una tribuna estemporanea eretta in occasione di una particolare festa.[8]

---

6   Del resto la parte dell'organo primo coro è l'unica a contenere anche la parte del secondo coro.

7   La struttura di questo brano dimostra l'inutilità di definire tipologicamente una «Credo-Messe», termine frequente nella letteratura musicologica tedesca del Novecento. L'idea compositiva di utilizzare le parole «Credo» (o «Gloria») come una specie di ritornello per rendere un brano musicalmente unitario, è infatti già comune nel Seicento e non contraddistingue alcuna particolare tradizione.

8   Ricordiamo che «coro» e «coretto» significano in primo luogo architettonicamente 'tribuna', e solo per metonimia 'gruppo di musicisti'; *cfr.* per un'esemplare analisi del rapporto tra palchetti estemporanei e architettura ecclesiastica nella Roma del Seicento MORELLI, *Musica nobile e copiosa*, pp. 303-309. «Coretto» era un'espressione già usata in Duomo ad esempio su una copia manoscritta di un requiem di Michelangelo Grancini tratto dai suoi *Sacri concenti* op. XVII (1664): I-Mfd, busta 15 n. 5; *cfr.* SCARPETTA, *Michelangelo Grancino*, p. 254.

FIG. 30. COSSONI, *Eia resonent* CC 191 (CH-E, 678.9: una parte del Canto secondo)

FIG. 31. COSSONI, *Eia resonent* CC 191 (CH-E, 678.9: una parte del Canto secondo)

Molto diversa è invece la prassi esecutiva delle composizioni in 'stile antico', così come risulta dalle parti appartenenti al lascito cossoniano. I due salmi «a quattro in fuga», il *Beatus vir qui timet Dominum* CC 35 del 1671 e il *Confitebor tibi, Domine* CC 43 del 1679, di cui oggi si conserva soltanto la partitura nel volume miscellaneo CH-E, 437.3:6 (5) e (3), sono entrambi concepiti in rigoroso stile contrappuntistico, a quattro voci reali. Nel lascito del compositore però le partiture erano accompagnate rispettivamente da ben 38 e 34 parti. Non si trattava in questo caso soltanto di raddoppi vocali. Come annota l'anonimo archivista benedettino, entrambi i salmi potevano eseguirsi «cum violinibus ad libitum». Questo dato tenderebbe a escludere che Cossoni avesse destinato le due composizioni alla cappella del Duomo, dove l'uso degli strumenti era bandito.[9]

Del mottetto «a 8 voci, pieno e breve, per ogni solennità» *Eia resonent* CC 191 [10] non conosciamo l'originaria consistenza delle fonti. Oggi sono con-

---

9   Non siamo a conoscenza di occasioni eccezionali in cui fosse permesso l'uso di un'orchestra all'interno del Duomo, come era ad esempio il caso in San Giovanni in Laterano a Roma per Santa Lucia; *cfr.* WITZENMANN, *Das Fest der Heiligen Lucia*, pp. 151-153.

10   Probabilmente collegato al mottetto *Jubilate chori angelici* CC 201; *cfr.* pp. 41-42.

FIG. 32. COSSONI, *Eia resonent* CC 191 (CH-E, 678.9: parte del Violone)

servate otto parti autografe, che a prima vista appaiono come sette parti per il coro (con una doppia parte di canto secondo) e una parte per il violone. Accanto a queste, un copista svizzero (mano A) aggiunge le due parti mancanti di basso primo e tenore secondo copiandole dalla partitura CH-E, 437.3:3 (13) per completare la serie. A un esame attento però si nota che la mano che verga il testo di sei delle sette parti vocali non è quella di Cossoni, bensì quella dell'anonimo svizzero, e che il compositore ha soltanto scritto il testo di una delle due parti di canto secondo (FIGG. 30 e 31). Osserviamo inoltre che, nella parte di canto secondo che Cossoni aveva lasciato senza testo, l'incipit verbale non è scritto sotto le note come nella parte provvista del testo intero, ma è spostato a sinistra, esattamente come nella parte del violone (FIG. 32).

A questo punto, le conclusioni sono facili. Le parti prive di testo erano in origine destinate ai raddoppi strumentali (sia pure denominate con i nomi delle parti vocali corrispondenti). Non riconoscendo questa prassi, il monaco benedettino ha trasformato le parti strumentali in parti vocali. In realtà questa fonte, offrendoci l'unica prova sopravvissuta di esecuzione strumentale 'colla parte' di una composizione 'piena e breve', ci permette di ipotizzare come potevano apparire le oltre trenta parti perdute dei due salmi in stile 'antico': quattro voci moltiplicate in quattro cori, ciascuno con un raddoppio strumentale e almeno una parte di basso continuo.

Lungi dall'essere esclusivamente utilizzate come musica 'minore' (anche se certamente eseguibile, se necessario, con un organico ristretto di musicisti anche non professionisti), le composizioni in stile 'pieno' si prestano a un dispiego davvero barocco di magnificenza nella moltiplicazione dei cori delle composizioni a otto voci reali. Qui come nelle composizioni in stile 'antico', la prassi di accompagnare 'colla parte' le voci con strumenti permette (dove que-

sti sono ammessi) un'amplificazione timbrica straordinaria.[11] Associare lo
stile 'antico' a un'esecuzione a cappella esclusivamente vocale è il riflesso del-
l'affermazione tardosettecentesca del modello fornito dalla cappella Sistina,
che però nel Seicento non ha assolutamente validità universale. Quali siano le
modalità che nei diversi contesti regolano la prassi esecutiva dello stile 'pieno'
e dello stile 'antico' all'epoca di Cossoni è quindi una questione che va chiari-
ta caso per caso.

---

11   L'apporto strumentale non rappresenta quindi soltanto una soluzione di ripiego nel caso
     manchino singole voci, come suppone KURTZMAN (*Introduzione ai salmi di Cossoni*, p. 170).

Introduction

The mere quantity of preserved compositions by a composer generally classi-fied as 'minor' does not in itself justify the study of his or her musical output. It is rather its value as documentary evidence of the production and con-sumption of music in its age which sparked our interest concerning the 17th-century composer Carlo Donato Cossoni. The thousands of autograph pages preserved in the Swiss Benedictine abbey of Einsiedeln give insight into the compositional process, the context of music production, as well as some important issues of performance practice in the venues where Cossoni was active in Bologna and Milan. Furthermore this exemplary case offers insight into the production of the sources themselves, the relationship of the compo-ser to his publishers and to his copyists. Thus a step back to the sources on the rarely trodden paths of late 17th-century sacred music reveals a wealth of musical and meta-musical information.

Biographical sketch (Timoteo Morresi)

Carlo Donato Cossoni was born on 11 November 1623 in Gravedona, on the northwestern shore of Lake Como. He studied at the Jesuit College of Como and was ordained to priesthood in October 1646. Four years later, he obtained a post as organist of the Basilica San Fedele in Como where he remained until 1656. In November 1659 he participated in a contest for the position of orga-nist at the cathedral of Milan. For some years he worked as an organist in Milan, in several minor churches such as Santa Maria Segreta and San Giuseppe. During this period he became a member of the Accademia dei Faticosi. According to Giuseppe Ottavio Pitoni's *Notitia de' contrapuntisti e compositori di musica*, Cossoni was planning to move to Rome in 1662. However, his journey led him to Bologna instead, where Maurizio Cazzati, maestro di cappella at San Petronio, convinced him to stay. On 3 November 1662 he was appointed to the position of first organist. His stay in Bologna lasted over eight years, a particularly prolific period in which he published eleven works. In 1663 he composed *L'Adamo* (CC 315), one of the first examples of oratorio in Bologna, performed on 2 March in the Oratorio della Santissima Trinità, and again at the Palazzo Paleotti in 1667, where he presented a second oratorio, *Dina rapita* (CC 324), in 1668. The music of both oratorios is lost. Around 1666, he entered the Accademia Filarmonica founded by Marchese Vincenzo Carrati. Until 1668, Cossoni published exclusively in the area of sacred music: solo motets, two/three-voice motets, psalms, lamentations, etc. In 1669, his first secular collection, *Il primo libro delle canzonette amorose*, op. VII appeared in print. This would remain a relatively rare occurrence in his repertoire, since he published only one other secular opus: the *Cantate a una, due e tre voci*, op. XIII, probably in 1673. In 1670, he produced a third oratorio, *La gloria de' santi* (CC 256), before leaving Bologna. By November 1671 Cossoni was back in Milan. Then, from March 1672 until August 1681, he figures on the pay list of Prince Antonio Maria Teodoro Trivulzio (1649-1678), with the obligation of celebrating holy mass every day in the private chapel of San Teodoro in the Collegiata of Santo Stefano in Brolio. On the title page of the op. XII, Cossoni indicates his rank of «maestro di camera» to the Prince. During the following decade he published three new works. In 1679, Cossoni's motet *In profundo silentio* (CC 199) was included in Carlo Federico Vigoni's anthology *Nuova raccolta de motetti sacri a voce sola*. Two of his oratorios, *Sacre lodi* e *Oratorii sacri*, were performed in the Milanese church of San Vittore al Teatro in 1680 and 1681. In July 1681, he received a canonicate from the bishop of Como in the Collegiata of Gravedona.

At the end of December 1685, Cossoni was appointed maestro di cappella at the Cathedral of Milan. This election put an end to a long-standing disagreement between Archbishop Federico Visconti, opposed to his appointment, and the Fabbrica del Duomo and Milanese aristocracy, who were in favour of it. This contretemps lasted one year and even involved pope Innocent XI: his intervention in favour of Cossoni resolved the conflict. Under Cossoni's direction, the choir comprised eighteen to nineteen singers and did not undergo any particular transformation. Cossoni was paid regularly until August 1692, when he suddenly left Milan and moved to Gravedona, where he spent the final years of his life. In 1694 he published his last collection, the *Quattro Messe, tre piene e brevi e l'altra fugata* op. XVI. After 1698 Cossoni celebrated mass in the oratorio of Santi Rocco e Vittore of Gravedona. He wrote his last compositions between August and November 1699: the motet *Ecce sacerdos magnus* CC 83, and the psalm *Miserere mei Deus* CC 72. In his will he bequeathed all his Latin musical manuscripts to the Abbey of the Virgin Mary in Einsiedeln (Switzerland) through the Benedictine fathers of Bellinzona.

Problems of transmission

The greater part of Cossoni's output is preserved in the sixteen printed opus numbers he published between 1665 and 1694. In Bologna he did not follow the example of his kapellmeister, Maurizio Cazzati, who printed music under his own name, but worked with Giacomo Monti, the major music publisher in town. He apparently adopted an intermediate position in the polemics which opposed Cazzati to the local musicians.

After leaving his post in Bologna, Cossoni probably returned to the city in the autumn of 1673 to survey the first impression of op. XII (now lost) together with op. XIII, which shows Monti's typeface. The same typographical materials are also used for the second impression of op. XII, which appeared without a publisher's name in 1675. The missing name may be explained if we consider that Cossoni probably had some unsold copies left from the first edition, in which he just replaced the first gathering, including the title page. (This had already been the case for the second impression of his op. II.)

After 1678, with the second edition of op. I, Cossoni started giving his music to the Milanese publisher, Giovanni Battista Beltramino. Strangely, Cossoni's works are the only musical output of his press. We may presume that Cossoni actively supported Beltramino, providing him with the typing characters or even supporting him financially. Similar collaborations between composers and printers are known from Cazzati in Bologna and Natale Monferrato in Venice.

Carlo Donato Cossoni died in Gravedona on 5 March 1700. In his will he left the printed books to his Milanese publisher, Giovanni Battista Beltramino. The manuscripts of sacred music, on the other hand, he bequeathed to the monastery of the «Madonna de Valdo», the Italianized form of «Maria im finstern Wald», that is the Benedictine abbey of Einsiedeln in Switzerland. He had in fact brought with him to Gravedona much of his output as Milanese kapellmeister in 1692, despite the efforts of the cathedral chapter to keep the music in the cathedral archive.

As we learn from the Einsiedeln abbey diary, the scores arrived on 3 July 1700. The chapter protocol mentions an important clause: that the scores should never be lent, copied or performed outside the monastery. At its arrival in Einsiedeln in 1700, the Benedictine monks catalogued Cossoni's music, quite an exceptional procedure for musical material. They wrote a call number on most scores, and very often added the number of part books belonging to each composition. This enables us to tentatively reconstruct not only the number of lost works (by counting the gaps in the call number series), but also the amount of single part books which were originally sent to Einsiedeln after Cossoni's death.

The presumed autographs in the Accademia Filarmonica in Bologna are really the work of a copyist. Other autograph sources by Cossoni are to be found in Vienna (in Emperor Leopold I's collection) and especially in Como (in the cathedral archive). His many compositions preserved there were probably gathered mainly by Cossoni's friend and colleague Francesco Rusca, kapellmeister in Como cathedral.

There are only few cases where the same composition is preserved both in print and in manuscript. Some of these manuscripts can be identified as having been copied from the printed edition, but others show differences from the printed collections, ranging from alternative readings to quite radical changes in whole sections of the work.

Non-autograph sources are mainly the work of copyists working under the composer's supervision in Milan. Other important groups of copies were produced by 17th-century copyists active in Como, and by Einsiedeln monks in the 18th century. The variety of copyists' hands is reflected in the many watermarks. More than thirty watermarks can be found, just in the autograph sources, written over thirty-two years. Sixteen others (and only six in common with the ones in the autographs) are found in the remaining 17th-century sources. Finally, thirteen further watermarks, dating from the 18th and early 19th centuries, were identified in the Swiss manuscripts from Einsiedeln.

Reception

The Como sources mentioned above, together with the preserved variant readings from the printed versions, testify to a great interest in Cossoni's 'concertato' output. This is undoubtedly due to the personal connections between Cossoni and the city of Como. During Cossoni's lifetime his friend Francesco Rusca performed many of his compositions at the Como cathedral. This is why the Como cathedral archive contains these numerous autograph manuscripts and copies both in Milanese and Como hands.

As early as the 1660s, Gustav Düben in Sweden knew Cossoni's op. I, and transcribed two of his motets into German tablature. Then a 1694 inventory from Beromünster in Switzerland lists a lost print of op. III and a 1696 inventory from Meran no less than 9 prints. In Italy, some interest for Cossoni's work also remained alive after his death, mainly because of his production in 'pieno' style (see for example I-PS, B.163:1). Then around 1800, the score of a mass from op. XVI is found belonging to Vincent Novello (GB-Ob, Ms.

Tenbury 333). Unlike the Düben copies or the Beromünster sources, which were intended for practical use, Novello's interest was undoubtedly already a historical one.

The presence of the autographs in Einsiedeln created a unique setting for a long-lasting reception of Cossoni's music. Cossoni was indeed perceived as a part of the monastery's own musical tradition. Among the manuscript sources of his works we thus find copies or adaptations of his bequeath in the hands of many Swiss monks. The most frequent kind of adaptation was the substitution of a text from an original composition through a new one either tailored for local feasts (e.g. the Engelweihe, the commemoration of the miraculous dedication of the church), or transformed for use as a generic Offertory motet. In some cases, alternative texts were written into the scores where the specifically Ambrosian texts did not permit their performance in a Roman liturgy. The so-called *Kapellmeisterbuch* reports every single piece of music performed on feast days in Einsiedeln from 1805 to 1884, and testifies how Cossoni's music was copied and performed well into the middle of the 19th century.

Forms and contexts

As an organist in Como and Bologna, and Cathedral kapellmeister in Milan, Cossoni's activities are always connected with the production of sacred music, which constitutes the greatest part of his preserved output. Some of the early prints of his Bolognese period are subtitled «a otto voci pieni e brevi», indicating the particular type of North Italian polychorality that was so popular in the second half of the 17th century. The other works from Bologna are in the 'stile concertato'. Two of these are secular (op. VII and op. XIII), and two are minor sacred genres (hymns, op. IV, and lamentations, op. V). The psalms in op. VI and the masses in op. VIII are undoubtedly the most ambitious and extensive works published by the author. In his role as first organist, he appears as a follower rather than a competitor to Cazzati. This observation is derived from biographical data as well as from his editorial strategies. In his Bolognese years, he covers a vast panoply of different genres and styles; he was evidently aiming eventually to acquire a prestigious post of kapellmeister.

After arriving in Milan around 1671, working first as «maestro di camera» of the Trivulzio household and then as kapellmeister in the cathedral, Cossoni's printed output greatly diminished, as did his compositional output of 'concertato' music. In the next years, following the necessities of the cathedral, he mostly produced 'stile antico' or 'pieno' (eight-part) music, which remained unpublished. However, two years after leaving the employment in Milan, Cossoni published his last work, op. XVI, including at least two masses written for the cathedral service.

The dedicatees of his 16 opus numbers and of printed librettos of his oratorios (and of a poetic anthology, which Cossoni edited) are listed as a stimulus to further research. But even from a brief survey some of his connections can be outlined, for example to the Theatine order.

Selected issues of performance practice

A few questions that were directly prompted by the sources examined could be addressed in this study. One of Cossoni's particular habits was to copy a whole set of parts from his scores personally, leaving only the 'ripieno' parts to others. Thus there are many Milanese hands in the Einsiedeln sources, but the main bulk of the material, even in the part books, is autograph.

Cossoni sometimes offers alternative scorings in his printed collections of solo music, not only the ubiquitous (in 17th-century music) 'canto o tenore' with its octave transposition, but also soprano instead of alto scorings: in these cases he adds a different clef to the score. Throughout the Bolognese period, strings acquire surprisingly independent roles, not only in the ritornellos, but even in tutti passages. Viola parts are written in the soprano clef. Among the continuo instruments, an independent bassoon line is sometimes called for, mostly but not exclusively during the Bologna years. Furthermore, a unique example of a separate part book for a plucked instrument (theorbo) is preserved in the Como archive. The presence of two identical continuo parts in many printed sets points to the widespread, though not always explicitly stated, 'double choir' practice. This implies a distinction both in scoring and in placement between soloists and 'ripieni'. Eight sounding voices could be assigned to as many as five 'cori' (*Par urbi sit festum*, CC 224). These habits applied both to 'pieno' (homophonic, eight-part) writing and to 'concertato' (monodic, soloistic) style: there is no univocal correlation between number of performers and compositional texture. 'Stile antico' works (four-part Palestrina-like psalms) are recorded, surprisingly, to have had as many as 38 part books. The multiplication of choirs and the instrumental doublings give these old-fashioned compositions some most flamboyant auditive effects. Thus the lesser-voiced, more modern 'concertato' settings appear most suitable for use in the recurring feasts throughout the liturgical year, while the 'stile antico' works, in the performance practice of Cossoni's day, were reserved for the most solemn and exceptional occasions.

CATALOGO DELLE COMPOSIZIONI

Messe complete

CC 1 CH-E, 678.21a

Messa

Redazione: [1686 ca.]

«Messa, piena e breve a due Chori | Basso 2.º Ch‹or›o | Cossonij» (B₂)

CATB CATB, bc

Composizione mutila: se ne conservano solo quattro parti (C₂, B₂, vlc, org).

CC 2

Messa *Confundantur superbi*

Redazione: 1686

«Messa a quattro voci, da Capella. | 1686 | mense 8bris | Grabedonae | B[...] Deus [corretto in:] Confundantur superbi | Cossonij» (partitura)

CATB

CC 3

Messa

Pubblicazione: 1694

«Messa prima» (indice della stampa)

CATB CATB, org$_{1-2}$ (org$_2$ *ad lib.*)

Agnus Dei (*ad lib.*, v. CC 6)

CC 3a CH-E, 678.21a

Messa

Redazione: 1687

«Kyrie, e Gloria a due Chori. pieno, e breve | Sta‹mpa›te | Cossonij | 1687 | mense Julii | mediol‹ani›» (partitura)

CATB CATB, bc

    Kyrie (*v. supra*, CC 3)
    Gloria (*v. supra*, CC 3)

CC 3b CH-E, 437.3:1 • 677.21

Messa *Confringet Deus capita inimicorum suorum*

Redazione: 1689

«Pieno, e breve. | Confringet Deus capita inimicorum suorum. | Sta‹mpa›te | Cossonij | 1689 | mense 8bris | Mediolani [corretto in:] 9bris | Grabedonae» (partitura)

CATB CATB, bc

    Credo (*v. supra*, CC 3)
    Sanctus (*v. supra*, CC 3)

CC 4   op. XVI (1694)

Messa

Pubblicazione: 1694
«Messa terza» (indice della stampa)
CATB CATB, org$_{1-2}$ (org$_2$ *ad lib.*)

Kyrie

Gloria

Credo

«*Sanctus ut supra*» (v. CC 3)
Agnus Dei (*ad lib.*, v. CC 6)

CC 4a   CH-E, 437.3:1 • 678.21a

Messa *Acuerunt linguas suas*

Redazione: 1688
«Gloria in excelsis, pieno, e breve. | 1688 | mense 7bris | Mediolani | Acuerunt linguas suas. | Sta‹mpa›ta | Cossonij» (partitura)
CATB CATB, bc

  Gloria (*v. supra*, CC 4)
  Kyrie (*v. supra*, CC 4)

CC 4b   CH-E, 437.3:1 • 677.26

Messa *Iniquos odio habui*

Redazione: 1688
«Pieno, e brevis‹sim›o | a Due Chori. | 1688. Mense 7bris Mediolani. | Sta‹mpa›ta | Cossonij | Iniquos odio habui | Credo cu‹m› S‹anc›tus» (partitura)
CATB CATB, bc

Credo (*v. supra*, CC 4)

Sanctus e Benedictus

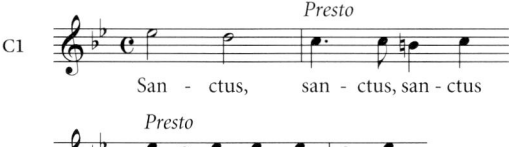

San - ctus,   san - ctus, san - ctus

Be - ne - dic - tus qui ve - nit

CC 5   CH-E, 283.6 • 435.5 • 437.3:1 • 677.28

Messa *Disperdet illos*

Redazione: 1690

«1690 | mense | 9bris | Mediolani | Missa. Disperdet illos D‹omi›nus Deus noster. piena, e brevis‹sima›. | Cossonij» (partitura)

CATB CATB, bc

Gloria

Glo -   ri-a, glo -   ri-a, glo - ri -   a

Kyrie

Ky - ri-e e-le-i-son, e-le-i son

Credo

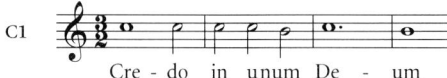

Cre - do   in   unum De -   um

Sanctus e Benedictus

Sanctus

Bene-dictus, *be ne-dictus*

L'ordine dei brani segue la liturgia ambrosiana.

Edizione moderna: BRUGGISSER–CASTELLANI, *Engelweihe*, pp. 54-68 (il solo *Sanctus* con il tropo «Sanctus angelicum», aggiunto ad Einsiedeln nel XVIII sec.).

CC 6   GB-Ob, Ms. Tenbury 333 • op. XVI (1694)

Messa

Pubblicazione: 1694
«Messa quarta fugata» (indice della stampa)
CATB CATB, org$_{1-2}$ (org$_2$ *ad lib.*)

L'*Agnus Dei* porta nella tavola alla fine di ogni parte la seguente indicazione: «Agnus Dei, Che puol servire ancora per le altre Messe». L'aggiunta dell'*Agnus* a discrezione è fatta da Cossoni per venire incontro a diverse esigenze liturgiche: nella liturgia ambrosiana infatti l'*Agnus Dei* viene omesso.

CC 7 op. XVI (1694)

Messa

Pubblicazione: 1694
«Messa seconda brevissima» (indice della stampa)
CATB CATB, org$_{1-2}$ (org$_2$ *ad lib.*)

Kyrie

Gloria

Credo

«Sanctus ut supra» (*v.* CC 3)
Agnus Dei (*ad lib., v.* CC 6)

CC 7a CH-E, 678.21a

Messa *Et in ignem deiciet eos*

Redazione: [ante 1694]
«Pieno, e brevis‹im›o. | Et in igne‹m› deiciet eos. | Basso p‹rim›o Ch‹or›o. | Cossonij» (B$_1$)
CATB CATB, bc (*ad lib.*)

Kyrie (*v.* CC 7)
Gloria (*v.* CC 7)

Messe

Parti di messe

Messa *Acuerunt linguas suas sicut serpentes*

Data di redazione incerta

«Acuerunt linguas suas sicut serpentes. | Canto p‹rim›o Ch‹or›o | Cossonij» (C1)
CATB CATB, bc

Gloria

Kyrie

L'ordine dei brani segue la liturgia ambrosiana; manca tuttavia il *Christe*.

Messa

Pubblicazione: 1669

«A 4. voci concertati [*sic*] con due Violini, e Ripieni se piace.» (vl₁)
CATB, CATB ripieni (*ad lib.*), vl₁₋₂ (*ad lib.*), bc

Sinfonia

Kyrie

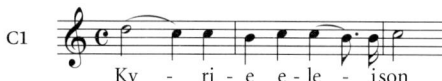

Gloria

Credo

C1

CC 10 op. VIII (1669)

Messa

Pubblicazione: 1669

«A 5. voci concertate, con due Violini obligati, e Ripieni à beneplacito.» (vl₁)

CCATB, CCATB ripieni (*ad lib.*), vl$_{1-2}$, bc

Sinfonia

Kyrie

Gloria

Credo

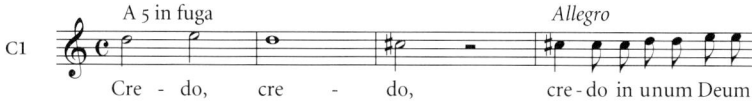

Edizione moderna del Credo: in SCHNOEBELEN, *Le messe bolognesi,* pp. 226-243.

CC 11   CH-E, 437.3:1

Messa

Redazione: 1688

«Gloria in excelsis, à più voci, intrecciato sino al fine. con Ripieni. | Mediolani | mense | Augusti | 1688. | Cossonij [B solo:] a beneplacito nel p‹rim›o ch‹or›o.» (partitura)
CCATBB (B₂ *ad lib.*) CCATB, bc

Gloria

Kyrie

L'ordine dei brani segue la liturgia ambrosiana.

CC 12   CH-E, 283.6 • 435.5 • 437.3:1 • 677.27

Messa

Redazione: 1686

«Pieno e breve. p‹er› Due Organi. 1686 Mense Martij. Mediol‹ani› | Credo. | Cossonij» (partitura)
CATB CATB, bc

Credo

Sanctus e Benedictus

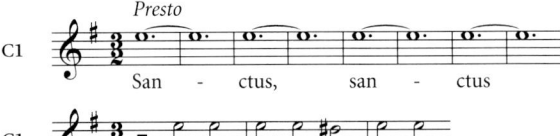

Edizione moderna: BRUGGISSER–CASTELLANI, *Engelweihe*, pp. 54-68 (il solo *Sanctus* con il tropo «Sanctus angelicum», aggiunto ad Einsiedeln nel XVIII sec.).

CC 13 CH-E, 437.3:1 • 677.20 • 681.40

Messa

Redazione: 1688
«A due Chori, pieno, e breve. | Cossonij | 1688 mense | 8bris | Grabedonae» (partitura)
CATB CATB, bc

Credo

Sanctus e Benedictus

CC 14 CH-E, 678.21a

Messa

Data di redazione incerta
«Sanctus et Benedictus | Tenore P‹rim›o Ch‹or›o | Cossonij» (T$_1$)
CATB CATB, bc

Sanctus e Benedictus

Composizione mutila: sono attualmente disperse le parti del C$_1$, C$_2$, A$_1$ e A$_2$. Gli incipit sono tratti dalla parte del T$_1$.

Messe

Altre composizioni per la *liturgia missae*

CC 15 CH-E, 437.3:2 • 678.19 • 681.4

Sequenza *Veni Sancte Spiritus*

Redazione: 1686

«Sequenza p‹er› la Festa della Pentecoste à 8 concertata e breve | 1686. Mense Maij Mediol‹ani› | Cossonij» (partitura)

CATB CATB, bc

CC 16 CH-E, 437.3:3 • 678.4

Pater noster

Redazione: 1686

«1686 | Mense Ap‹ri›lis. Mediol‹ani› | Breve, e pieno | Cosso[nii]» (partitura)

CATB, bc

Edizione moderna: KLADECK, *Cossoni-Pater noster.*

Invitatori

CC 17 D-MÜs, Hs. 1269 • I-PS, B.163:1 • op. III (1667)

Invitatorio *Domine, ad adiuvandum*

Pubblicazione: 1667

CATB CATB, bc

CC 18 op. VI (1668)

Invitatorio *Domine, ad adiuvandum*

Pubblicazione: 1668

CCATBB (B₂ *ad lib.*) CCATB ripieni, vl₁₋₂, bc

Edizione moderna: in KURTZMAN, *Introduzione*, pp. 187-194.

CC 19 CH-E, 437.3:6 • 678.10

Invitatorio *Domine, ad adiuvandum*

Redazione: 1696

«1696 mense Februarij. Grabedonae. | A due Chori, pieno. | Cossonij» (partitura)

CATB CATB, bc

CC 20

Invitatorio *Regem cui omnia vivunt*

Redazione: [1686-1691 ca.]

«Invitatorio, col Venite exultemus p‹er› li Defonti, e li Salmi, Lettioni, e Resp‹onsori› del p‹rim›o Notturno. | Cossonij» (partitura)

CC soli, CATB coro, vl₁₋₄, vla₁₋₃, bc

Sinfonia

Regem cui omnia vivunt

L'invitatorio – in forma responsoriale – introduce l'ufficio ambrosiano per i defunti.

Ufficio
Lucernari

Lucernario *Quoniam in te eripiar*

Redazione: 1686

«Lucernario, Inno, e post Inno, p‹er› l'Ascensione di N‹ostr›o Sig‹no›re | Cossonij |
1686 | mense | Maii | Mediol‹ani›» (partitura)

CATB, bc

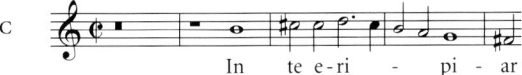

In te e-ri – pi - ar

Lucernario *Quoniam in te eripiar*

Redazione: 1686

«Lucern‹arium› Hymn‹us›; et post hym‹num›, in Nativitate, et Circumcis‹ione› |
Cossonij | 1686 mense | 9bris Mediol‹ani›» (partitura)

CATB, bc

In te_____ e - ri – – – pi - ar

CC 23 CH-E, 437.3:5

Responsorio *Credo quod redemptor meus vivit*

Redazione: [1686-1691 ca.]

«Resp‹onsori›o p‹rim›o» (partitura)

CATB CATB, bc

Cre - do   quod redemptor me - us__   vi - vit

CC 24 CH-E, 437.3:5

Responsorio *Domine, quando veneris*

Redazione: [1686-1691 ca.]

«3.º Resp‹onsori›o» (partitura)

CATB CATB, bc

Do - mi - ne,   quando ve - neris iu-di-ca-re terra‹m›

CC 25 CH-E, 437.3:2 • 677.23

Responsorio *Praeter te Deus*

Redazione: [1686]

«In Circumcisione | Domini | Post [Hymnum] supra» (partitura)

CATB, bc

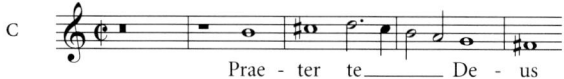

Prae - ter te___ De - us

CC 26

Responsorio *Prosperum iter*

Redazione: 1686

«Post Imnum» (partitura)

CATB, bc

Pro - - - - - - - - - - - sperum

CC 27

Responsorio *Qui Lazarum resuscitasti*

Redazione: [1686-1691 ca.]

«2.º Resp‹onsori›o» (partitura)

CATB CATB, bc

Qui La - za ru‹m› re - su - sci - ta - sti

CC 28

Responsorio *Venite populi*

Redazione: [1686]

«Post Hymnum in Nativitate D‹omi›ni» (partitura)

CATB, bc

Ve - - - - ni - te po - pu - li

Ufficio

Salmi

Salmo *Audite haec omnes gentes*

Redazione: 1690

«Primo Salmo, pro Confessore Sacerdote. | Pieno, e breve | Ut destruas inimicu‹m› | Cossonij | 1690 | Mense | Martij | Mediolani» (partitura)

CATB CATB, bc

Salmo *Beati omnes qui timent Dominum*

Pubblicazione: 1667

CATB CATB, bc

Salmo *Beatus vir qui timet Dominum*

Pubblicazione: 1667

CATB CATB, bc

CC 32 CH-E, 437.3:6 • 678.11

Salmo *Beatus vir qui timet Dominum*

Redazione: [1667-1668]

«Basso solo con Violini | del Cossoni | Beatus vir» (partitura)

B, vl₁₋₂, bc

CC 33 op. VI (1668)

Salmo *Beatus vir qui timet Dominum*

Pubblicazione: 1668

CCATBB (B₂ *ad lib.*) CCATB ripieni, vl₁₋₂, bc

CC 34 I-Baf, capsa I, n. 9³

Salmo *Beatus vir qui timet Dominum*

Redazione: [1668]

«A 3. A.T.B. con Istrom‹en›ti» (org)

ATB, vl₁₋₂, bc

CC 35

Salmo *Beatus vir qui timet Dominum*

Redazione: 1671
«A quattro in fuga. | Mediolani 1671. mense 9bris. | Cossonij | Beatus vir» (partitura)
CATB, bc

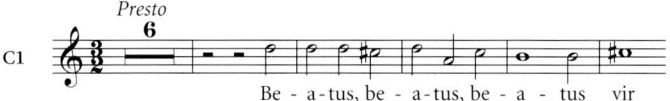

CC 36

Salmo *Beatus vir qui timet Dominum*

Redazione: [1689-1696 ca.]
«Pieno. à due Chori | Organo 2.º Ch‹or›o | del sig‹nor› Cossonij» (org2)
CATB CATB, bc

Composizione mutila: se ne conserva solo la parte di org2.

CC 37

Salmo *Caeli enarrant gloriam Dei*

Redazione: 1689
«Primo Salmo p‹er› li 2. Vesperi delli Apostoli, à duo Chori, pieno, e breve, col Gl‹ori›a
Patri, e Sicut erat fugato | Cossonij | 1689 | Mense | 9bris | Grabedonae | Relegatus |
Mediolano» (partitura)
CATB CATB, bc

CC 38

CH-E, 437.3:3 • 678.6

Salmo *Canite tuba in Sion*

Redazione: 1687

«Per la Vittoria grandiosa data da Dio all'Armi dell'Imp‹erator›e contro il Turco | Cossonij | 1687 | Die 24 | Mense | Augusti | Mediolani» (partitura)

CATB CATB, bc

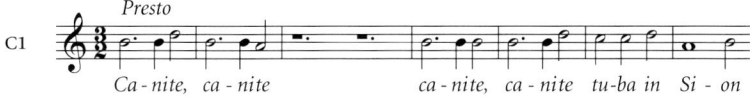

CC 39

CH-E, 437.3:3 • 678.17

Salmo *Cantate Domino canticum novum*

Redazione: 1686

«P‹rim›o Salmo p‹er› li Vesperi della Circoncisione del Sig‹no›re. | Pieno, e breve. | Cossonij | 1686 | Mense 9bris | Mediol‹ani›» (partitura)

CATB CATB, bc

CC 40

CH-E, 678.21b

Salmo *Confitebor tibi, Domine*

Data di redazione incerta

«Pieno, e breve. | Choretto 2.º Ch‹or›o | Cossonij» (org$_2$ coretto)

CATB CATB, bc

Composizione mutila: se ne conserva solo una parte (org$_2$ coretto).

CC 41

D-MÜs, Hs. 1269 • I-PS, B.163:1 • op. III (1667)

Salmo *Confitebor tibi, Domine*

Pubblicazione: 1667

CATB CATB, bc

CC 42   op. VI (1668)

Salmo *Confitebor tibi, Domine*

Pubblicazione: 1668
CCATBB (B₂ *ad lib.*) CCATB ripieni, vl₁₋₂, bc

Confi-te-bor   ti-bi_Do mi - ne in_ to-to_ cor de me - o

CC 43   CH-E, 437.3:6

Salmo *Confitebor tibi, Domine*

Redazione: 1679
«A quattro in fuga. | Mediolani me‹n›se Ap‹ri›lis 1679. | Cossonij» (partitura)
CATB, bc

Con - fi - tebor, confi - tebor ti-bi,Do-mine,

CC 44   I-PS, B.163:1 • op. III (1667)

Salmo *Confitebor tibi Domine*

Pubblicazione: 1667
«Confitebor Angelorum» (C)
CATB CATB, bc

Confi - tebor ti - bi Do - mine

CC 45   D-MÜs, Hs. 1269 - I-PS, B.163:1 - op. III (1667)

Salmo *Credidi propter quod locutus sum*

Pubblicazione: 1667
CATB CATB, bc

Cre - di-di, cre - di-di propterquod lo-cu-tus sum

CC 46 I-PS, B.163:1 • op. III (1667)

Salmo *De profundis clamavi*

Pubblicazione: 1667

CATB CATB, bc

CC 47 CH-E, 678.21b

Salmo *Dixit Dominus*

Data di redazione incerta

«Alto solo | Doppo il Gloria Patri pieno del Dixit» (A solo)

Organico non determinabile

Composizione mutila: se ne è conservata soltanto una parte (A solo).

CC 48 D-MÜs, Hs. 1269 • I-PS, B.163:1 • op. III (1667)

Salmo *Dixit Dominus*

Pubblicazione: 1667

CATB CATB, bc

CC 49 op. VI (1668)

Salmo *Dixit Dominus*

Pubblicazione: 1668

CCATBB (B₂ *ad lib.*) CCATB ripieni, vl₁₋₂, bc

CC 50 CH-E, 437.3:6 • 678.10

Salmo *Dixit Dominus*

Redazione: 1696

«1696 mense Februarij [corretto in:] Januari. Grabedonae. | A due Chori Pieno. | Cossonij» (partitura)

CATB CATB, bc

CC 51 CH-E, 437.3:5

Salmo *Domine Deus meus, in te speravi*

Redazione: [1686-1691 ca.]

«3.o Salmo»

CATB CATB, bc

KENDRICK, *Conflitti*, p. 27.

CC 52 CH-E, 437.3:5

Salmo *Domine, ne in furore*

Redazione: [1686-1691 ca.]

«2.º Salmo» (partitura)

CATB CATB, bc

CC 53 I-PS, B.163:1 • op. III (1667)

Salmo *Domine probasti*

Pubblicazione: 1667
CATB CATB, bc

Do - mi - ne   Do - mine proba - sti me

CC 54 CH-E, 678.21b

Salmo *Dominus regnavit*

Data di redazione incerta
«P‹rim›o Salmo p‹er› li Vesperi, nel giorno dell'Assontione del S‹igno›re N‹ostr›o | all'Amb.ʳᵉ [?] | Tenore p‹rim›o Ch‹or›o | Cossonij» (T₁)
CATB CATB, bc

Do - mi - nus   *Dominus* regnavit   regnavit, *regnavit*

Composizione mutila: se ne conserva solo la parte di T₁.

CC 55 CH-E, 678.21b

Salmo *Ecce nunc benedicite Dominum*

Redazione: [1686 ca.]
CATB CATB, bc

Composizione mutila: se ne conserva solo la parte di org₂.

CC 56 CH-E, 437.3:3

Salmo *Ecce nunc benedicite Dominum*

Redazione: [1686-1691 ca.]
«A due Sop‹rani› | Cossonij» (partitura)
CC, bc

Ec - ce nunc be-ne-di - ci - te Do - minum

CC 57

Salmo *Ecce nunc benedicite Dominum*

Redazione: [1686-1689 ca.]

«A più voci, con Rip‹ieni› | Canto p‹rim›o Ch‹or›o Concertato. | Cossonij» (C1 conc)

CATB CATB, bc

Composizione mutila: mancano le parti di T₁ conc, T₁, A₁, B₁, T₂, org₂.

CC 58

Salmo *Exultate Deo*

Redazione: 1687

«P‹rimo› Salmo, in solemnitate Corporis Christi | in 2.ⁱˢ Vesp‹eris› | Pieno e breve. | Cossoni | 1687 Mense | Maij Mediol‹ani›» (partitura)

CATB CATB, bc

CC 59

Salmo *Inclina Domine aurem tuam*

Redazione: [1686-1691 ca.]

«Salmo, p‹er› la Dedicazione della Chiesa, a due Chori, pieno e breve | Canto p‹rim›o Ch‹or›o» (C1)

CATB CATB, bc

Composizione mutila: manca la parte di org₂.

CC 60

Salmo *In convertendo*

Pubblicazione: 1667

CATB CATB, bc

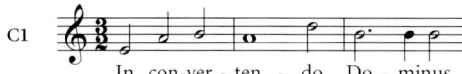

CC 61   D-MÜs, Hs. 1269 • I-PS, B.163:1 • op. III (1667)

Salmo *In exitu Israel*

Pubblicazione: 1667

CATB CATB, bc

In e - xitu I - srael de Ae - gipto

CC 62   D-MÜs, Hs. 1269 • I-PS, B.163:1 • op. III (1667)

Salmo *Laetatus sum*

Pubblicazione: 1667

CATB CATB, bc

Lae - ta-tus, lae - ta-tus   lae - ta - tus sum

CC 63   op. VI (1668)

Salmo *Laetatus sum*

Pubblicazione: 1668

CCB, vl₁₋₂, bc

Lae - ta-tus, laeta-tus,   lae-tatus, laeta-tus sum

CC 64   D-MÜs, Hs. 1269 • I-PS, B.163:1 • op. III (1667)

Salmo *Lauda Jerusalem*

Pubblicazione: 1667

CATB CATB, bc

Lau - da, *lau-da* Je - ru - salem Do - minum

CC 65 op. VI (1668)

Salmo *Lauda Jerusalem*

Pubblicazione: 1668

«Al merito del Sig. Antonio Piantanida. Musico celeberrimo nella Reggia, e Ducal Corte di Milano, e nella Chiesa di nostra Signora presso S. Celso» (A)

A, vl$_{1-2}$, bc

Edizione moderna: in KURTZMAN, *Introduzione*, pp. 195-210.

CC 66 D-MÜs, Hs. 1269 • I-PS, B.163:1 • op. III (1667)

Salmo *Laudate Dominum omnes gentes*

Pubblicazione: 1667

CATB CATB, bc

CC 67 op. VI (1668)

Salmo *Laudate Dominum omnes gentes*

Pubblicazione: 1668

CCATBB (B$_2$ *ad lib.*) CCATB ripieni, vl$_{1-2}$, bc

CC 68

CH-E, 437.3:3

Salmo *Laudate Dominum omnes gentes*

Redazione: [1686-1691 ca.]

CC, bc

CC 69

D-MÜs, Hs. 1269 • I-PS, B.163:1 • op. III (1667)

Salmo *Laudate pueri Dominum*

Pubblicazione: 1667

CATB CATB, bc

CC 70

op. VI (1668)

Salmo *Laudate pueri Dominum*

Pubblicazione: 1668

CCATBB (B₂ *ad lib.*) CCATB ripieni, vl₁₋₂, bc

CC 71

I-PS, B.163:1 • op. III (1667)

Salmo *Memento Domine David*

Pubblicazione: 1667

CATB CATB, bc

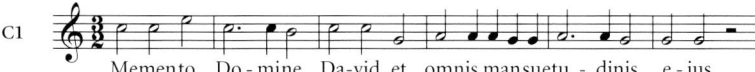

CC 72 I-COd, V-24 • V-25

Salmo *Miserere mei Deus*

Redazione: 1699

«A più voci con Ripieni | obligati | 1699 mense ‹novem›bris Grabedonae | Al singolar merito del Sig. Francesco Rusca M‹aestr›o di Capella meri‹tissi›mo di Como dedicatogli dal suo se‹rvitor›e Carlo D‹onat›o Cossoni» (partitura)

CATB soli, CATB ripieni, bc

CC 73 D-MÜs, Hs. 1269 • I-PS, B.163:1 • op. III (1667)

Salmo *Nisi Dominus*

Pubblicazione: 1667

CATB CATB, bc

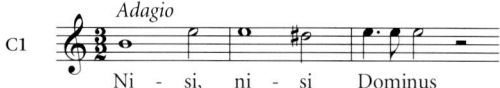

CC 74 op. VI (1668)

Salmo *Nisi Dominus*

Pubblicazione: 1668

CCATBB (B$_2$ *ad lib.*) CCATB ripieni, vl$_{1-2}$, bc

CC 75   I-Mfd, AD.11.1

Salmo *Qui cogitaverunt*

Redazione: 1684

«Salmo a 8 voci, concertato, del 7o. Tono. | Cossonij.» (partitura)

CATB CATB, bc

Salmo del mattutino ambrosiano composto il 21 agosto 1684 come prova d'esame per il posto di maestro di cappella in Duomo a Milano.

CC 76   CH-E, 437.3:3 • 678.16

Salmo *Super flumina Babilonis*

Redazione: 1688

«A 3 | C A e Basso. | 1688 Mense Feb‹rarii› Medi‹o›l‹ani› | Per la Dom‹eni›ca di quinquagesima | Cossonij» (partitura)

CAB, bc

CC 77   CH-E, 437.3:5

Salmo *Verba mea auribus percipe Domine*

Redazione: [1686-1691 ca.]

«P‹rim›o Salmo. | A 8 voci; pieno e breve» (partitura)

CATB CATB, bc

KENDRICK, *Conflitti*, p. 27.

CC 78

op. IV₁ (1668) • op. IV₂ (1674)

Antifona *Alma redemptoris mater*

Prima pubblicazione: 1668
«Basso solo con Violini» (B)
B, vl₁₋₂, bc

CC 79

op. XI (1671)

Antifona *Alma redemptoris mater*

Pubblicazione: 1671
CATB CATB, bc

CC 80

op. IV₁ (1668) • op. IV₂ (1674)

Antifona *Ave regina caelorum*

Prima pubblicazione: 1668
«Canto solo con Violini.» (C)
C, vl₁₋₂, bc

CC 81

op. XI (1671)

Antifona *Ave regina caelorum*

Pubblicazione: 1671

CATB CATB, bc

A - ve, a-ve, a - ve re-gi - na cae-lo-rum

CC 82

I-Mfd, AD.11.1

Antifona *Benedicite Deum caeli*

Redazione: 1684

«a 8 voci reali obligat‹e› | Cossonij» (partitura)

CATB CATB, bc

Be - ne - di - ci - te De-u‹m›, De - - - - u‹m›

Antifona composta il 18 agosto 1684 come prova d'esame per il posto di maestro di cappella in Duomo a Milano. Il soggetto obbligato, su cui Cossoni dovette comporre il brano, è esplicitato nelle prime sette note della parte dell'A1.

CC 83

CH-E, 435.7 • 437.3:4 • 677.32

Antifona *Ecce sacerdos magnus*

Redazione: 1699

«A due Chori Pieno. Motetto dà dirsi in occasione de Visite de R‹everendissi›mi Vescovi, come | per la prima entrata fanno alle Sue Chiese i Med‹esim›i | [poi aggiunto] Per un S‹ant›o Pontifice | Cossonij | 1699 | Mense | Augusti | Grabed‹ona›e» (partitura)

CATB CATB, bc

Ec - ce ec - ce sacer - dos

CC 84   CH-E, 437.3:4 • 677.29

Antifona *Inviolata, integra et casta*

Redazione: 1686

«A due Chori, pieno, è breve. | 1686. die 17 Mense Junij. Mediol‹ani› | Cossonij» (partitura)

CATB CATB, bc

CC 85   I-Mfd, AD.11.1

Antifona *In virtute tua, Domine, laetabitur iustus*

Redazione: 1684

«a cinque obligato da Capella. Quinto Tono. | Cossonij» (partitura)

CATTB

Antifona composta il 19 agosto 1684 come prova d'esame per il posto di maestro di cappella in Duomo a Milano. Il soggetto obbligato, su cui Cossoni dovette comporre il brano, è esplicitato nelle prime nove note della parte di T_1.

CC 86   CH-E, 678.21b

Antifona *O sacrum convivium*

Data di redazione incerta

«A 8. voci pieno, e breve. | p‹er› il S‹antissi›mo | Basso p‹rim›o Ch‹or›o | del Cossoni» (B_1)

CATB CATB, bc

Composizione mutila: se ne conservano solo tre parti (B_1, B_2, vlne).

CC 87

op. II$_1$ (1667) • op. II$_2$ (1668)

Antifona *Regina caeli*

Prima pubblicazione: 1667
«Per il tempo Pascale.» (indice)
C *o* T, bc

Regi-na ca - li lae - tare, laeta - re, lae-ta-re, laeta - re

CC 88

op. IV$_1$ (1668) • op. IV$_2$ (1674)

Antifona *Regina caeli*

Prima pubblicazione: 1668
«Alto solo con Violini» (A)
A, vl$_{1-2}$, bc

Regi - na caeli lae-tare, laetare

CC 89

op. XI (1671)

Antifona *Regina caeli*

Pubblicazione: 1671
CATB CATB, bc

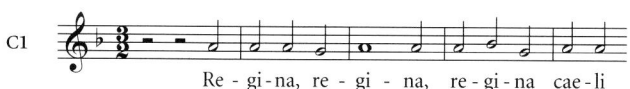

Re - gi-na, re - gi - na, re-gi-na cae-li

CC 90

CH-E, 437.3:4

Antifona *Regina caeli*

Redazione: 1691
«1691 | Mense Ap‹ri›lis. Mediolani | Alto, e Basso | Cossonij» (partitura)
AB, bc

Re-gi-na cae-li lae-ta-re, lae-ta-re

CC 91 I-COd, 10A-2 • op. II₁ (1667) • op. II₂ (1668)

Antifona *Salve regina*

Prima pubblicazione: 1667
B, bc

CC 92 op. IV₁ (1668) • op. IV₂ (1674)

Antifona *Salve regina*

Prima pubblicazione: 1668
«Solo con Violini.» (C)
C, vl₁₋₂, bc

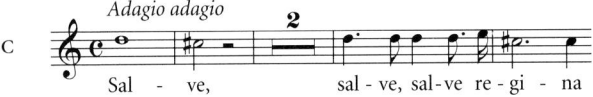

CC 93 op. XI (1671)

Antifona *Salve regina*

Pubblicazione: 1671
CATB CATB, bc

Ufficio

Inni

Inno *Ad regias agni dapes*

Prima pubblicazione: 1668
«In Dominicis Paschal‹ibus›» (C)
C, vl$_{1-2}$, bc

Il ritornello («sinfonia») segue la strofa.

Inno *Audi benigne conditor*

Prima pubblicazione: 1668
«In Dominicis Quadragesimae» (C)
C, vl$_{1-2}$, bc

Il basso, eccettuato l'*Amen* finale, è uguale per il ritornello (chiamato *Sinfonia* nella parte del C) e per la strofa.

CC 96

Inno *Audi benigne conditor*

Prima pubblicazione: 1668
«In Dominicis Quadragesimae» (B)
B, vl₁₋₂, bc

Il basso, eccettuato l'*Amen* finale, è uguale per il ritornello e per la strofa.

CC 97

Inno *Ave maris stella*

Prima pubblicazione: 1668
«In omnibus festivitatibus B‹eatae› M‹ariae› V‹irginis›» (B)
B, vl₁₋₂, bc

Il ritornello («sinfonia») segue la strofa.

Edizione moderna: in TORELLI, *Carlo Donato Cossoni*, p. 149.

CC 98

Inno *Ave maris stella*

Prima pubblicazione: 1668
«In omnibus festivitatibus B‹eatae› M‹ariae› V‹irginis›» (C)
C, vl₁₋₂, bc

L'intero inno è *durchkomponiert*, in contrasto con la realizzazione strofica di CC 97.

Edizione moderna: in TORELLI, *Carlo Donato Cossoni*, pp. 161-166.

CC 99

Inno *Caelestis urbs Jerusalem*

Prima pubblicazione: 1668
«In Dedicatione Ecclesiae» (C)
C, vl₁₋₂, bc

Il ritornello («sinfonia») segue la strofa. Ritornello e strofa hanno lo stesso basso.

CC 100

Inno *Creator alme siderum*

Prima pubblicazione: 1668
«In Dominicis Adventus Domini» (C)
C, vl₁₋₂, bc

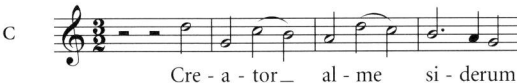

Il ritornello («sinfonia») segue la strofa cantata.

CC 101

Inno *Creator alme siderum*

Prima pubblicazione: 1668
«In Dominicis Adventus Domini» (B)
B, vl₁₋₂, bc

CC 102

Inno *Crudelis Herodes*

Prima pubblicazione: 1668

«In Epiphania Domini» (C)

C, vl₁₋₂, bc

Ritornello e strofa hanno lo stesso basso.

CC 103

Inno *Custodes hominum*

Prima pubblicazione: 1668

«In festo Sanctorum Angelorum Custodum» (B)

B, vl₁₋₂, bc

CC 104

Inno *Decora lux aeternitatis*

Prima pubblicazione: 1668

«In festo S‹anctorum› Apostolorum Petri, e‹t› Pauli» (C)

C, vl₁₋₂, bc

CC 105 op. IV₁ (1668) • op. IV₂ (1674)

Inno *Deus tuorum militum*

Prima pubblicazione: 1668
«In Natali unius Martyris» (C)
C, vl₁₋₂, bc

Il ritornello segue la strofa.

CC 106 op. IV₁ (1668) • op. IV₂ (1674)

Inno *Egregie doctor Paule*

Prima pubblicazione: 1668
«In Conversione, ‹et› Commem‹oratione› S‹ancti› Pauli» (B)
B, vl₁₋₂, bc

CC 107 op. IV₁ (1668) • op. IV₂ (1674)

Inno *Exultet orbis gaudiis*

Prima pubblicazione: 1668
«In Natali Apostolorum, ‹et› Evangelistarum» (C)
C, vl₁₋₂, bc

Il ritornello («sinfonia») segue la strofa.

CC 108

Inno *Exultet orbis gaudiis*

Prima pubblicazione: 1668
«In Natali Apostolorum, ‹et› Evangelistarum» (B)
B, vl₁₋₂, bc

Exsultet orbis gau-di-is

Edizione moderna: in TORELLI, *Carlo Donato Cossoni*, pp. 150-151.

CC 109

Inno *Fortem virili pectore*

Prima pubblicazione: 1668
«In Natali S. Martyris tantum, ‹et› nec Viriginis nec Martyris.» (B)
B, vl₁₋₂, bc

Fortem vi-ri-li pec-tore laudemus omnes fe-minam

Il ritornello («sinfonia») e la strofa hanno lo stesso basso.

CC 110

Inno *Intende qui regis Israel*

Redazione: [1686]
CATB CATB, bc

In - ten de qui regis I - sra el   super Cherubim qui se - det

CC 111 op. IV₁ (1668) • op. IV₂ (1674)

Inno *Iste confessor*

Prima pubblicazione: 1668
«In Natali Confessorum» (C)
C, vl₁₋₂, bc

CC 112 op. IV₁ (1668) • op. IV₂ (1674)

Inno *Iste confessor*

Prima pubblicazione: 1668
«In Natali Confessorum» (A)
A, vl₁₋₂, bc

L'inno *Sanctorum meritis* (CC 130) utilizza le stesse parti strumentali.

CC 113 op. IV₁ (1668) • op. IV₂ (1674)

Inno *Iste confessor*

Prima pubblicazione: 1668
«In Natali Confessorum» (B)
B, vl₁₋₂, bc

Il ritornello («sinfonia») segue la strofa; il basso è comune a entrambi.

CC 114

op. IV₁ (1668) • op. IV₂ (1674)

Inno *Jam sol recedit igneus*

Prima pubblicazione: 1668

«In Festo S‹anctissimae› Trinitatis» (C)

C, vl₁₋₂, bc

CC 115

op. IV₁ (1668) • op. IV₂ (1674)

Inno *Jesu corona virginum*

Prima pubblicazione: 1668

«In Natali Virginum, ‹et› Martyrum» (A)

A, vl₁₋₂, bc

Il ritornello («sinfonia») segue la strofa e ha lo stesso basso.

CC 116

op. IV₁ (1668) • op. IV₂ (1674)

Inno *Jesu redemptor omnium*

Prima pubblicazione: 1668

«In Nativitate, e Circuncisione Domini, ‹et› in Dominicis usque ad Epiphaniam» (C)

C, vl₁₋₂, bc

CC 117

Inno *Lucis creator optime*

Prima pubblicazione: 1668
«In Dominicis per Annum» (C)
C, vl₁₋₂, bc

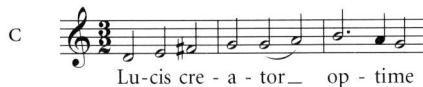

Il ritornello («Sinfonia») segue la strofa cantata.

CC 118

Inno *Lucis creator optime*

Prima pubblicazione: 1668
«In Dominicis per Annum» (B)
B, vl₁₋₂, bc

CC 119

Inno *Miris modis*

Prima pubblicazione: 1668
«In festo S‹ancti› Petri ad vincula» (C)
C, vl₁₋₂, bc

CC 120   CH-E, 437.3:2 • 677.24

Inno *Optatus orbis gaudio*

Redazione: 1686
CATB CATB, bc

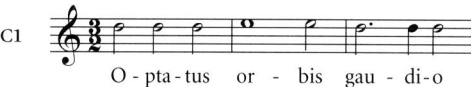

CC 121   op. IV$_1$ (1668) • op. IV$_2$ (1674)

Inno *Pange lingua gloriosi*

Prima pubblicazione: 1668
«In festo Corporis Christi» (C)
C, vl$_{1-2}$, bc

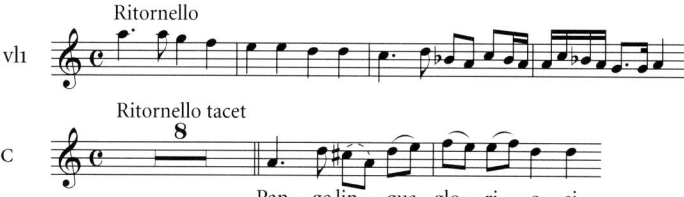

La strofa *Tantum ergo sacramentum*, secondo le indicazioni stampate nella tavola del contenuto nella stampa originale, può essere utilizzata come un brano indipendente (CC 133).

CC 122   op. IV$_1$ (1668) • op. IV$_2$ (1674)

Inno *Pater superni luminis*

Prima pubblicazione: 1668
«In festo S‹anctae› Mariae Magdalen‹a›e» (C)
C, vl$_{1-2}$, bc

Ritornello e strofa hanno lo stesso basso.

CC 123
op. IV₁ (1668) • op. IV₂ (1674)

Inno *Placare Christe servulis*

Prima pubblicazione: 1668

«In festo omnium Sanctorum» (C)

C, vl₁₋₂, bc

Ritornello e strofa hanno lo stesso basso.

CC 124
op. IV₁ (1668) • op. IV₂ (1674)

Inno *Quicumque Christum*

Prima pubblicazione: 1668

«In festo Transfigurationis Domini» (A)

A, vl₁₋₂, bc

CC 125
op. IV₁ (1668) • op. IV₂ (1674)

Inno *Quodcumque in orbe*

Prima pubblicazione: 1668

«In festo Cathedrae S‹ancti› Petri» (B)

B, vl₁₋₂, bc

Invece di un vero e proprio ritornello, vi sono brevi intercalari tra un verso e l'altro.

CC 126   op. IV₁ (1668) • op. IV₂ (1674)

Inno *Regis superni nuntia*

Prima pubblicazione: 1668
«In festo S. Teresiae Virginis» (A)
A, vl₁₋₂, bc

Sinfonia *Adagio*

Sinfonia tacet

Adagio

Re-gis su-per - ni_ nun-ti-a

Edizione moderna: in TORELLI, *Carlo Donato Cossoni*, pp. 154-155.

CC 127   op. IV₁ (1668) • op. IV₂ (1674)

Inno *Rex gloriose martyrum*

Prima pubblicazione: 1668
«In Comune plur‹ium› Martyrum, Tempore Pascali» (C)
C, vl₁₋₂, bc

Ritornello

Ritornello tacet

Rex glo - ri - o - se,_ rex glori-o-se mar - tyrum

CC 128   op. IV₁ (1668) • op. IV₂ (1674)

Inno *Salutis humanae sator*

Prima pubblicazione: 1668
«In Ascensione Domini» (A)
A, vl₁₋₂, bc

Ritornello

Ritornello tacet   *Adagio*

Sa - lu - tis hu-ma-nae sa - tor

Ritornello e strofa hanno lo stesso basso.

CC 129
op. IV₁ (1668) • op. IV₂ (1674)

Inno *Salvete flores martyrum*

Prima pubblicazione: 1668

«In festo S‹anctorum› Innocentium» (C)

C, vl₁₋₂, bc

Ritornello e strofa hanno lo stesso basso.

CC 130
op. IV₁ (1668) • op. IV₂ (1674)

Inno *Sanctorum meritis*

Prima pubblicazione: 1668

«In Natali plur‹ium› Martyrum» (A)

A, vl₁₋₂, bc

La versione per A dell'inno *Iste confessor* (CC 112) utilizza le stesse parti strumentali.

Edizione moderna: in Torelli, *Carlo Donato Cossoni*, pp. 156-157.

CC 131
op. IV₁ (1668) (45) • op. IV₂ (1674) (45)

Inno *Tantum ergo sacramentum*

Prima pubblicazione: 1668

«A due Soprani con Sinfonie se piace» (vl₁)

CC *o* TT *o* C solo *o* T solo, vl₁₋₂ *ad lib.*, bc

La tavola indica per questo *Tantum ergo* e per il seguente (CC 132): «Con Sinfonia, e senza, e si possono cantare a Voce sola». La «sinfonia» e la strofa hanno lo stesso basso.

CC 132

Inno *Tantum ergo sacramentum*

Prima pubblicazione: 1668

«A due Soprani con Sinfonie se piace» (vla₁)

CC *o* TT *o* C solo *o* T solo, vla₁₋₂ *ad lib.*, bc

La tavola indica per questo *Tantum ergo* e per il precedente (CC 131): «Con Sinfonia, e senza, e si possono cantare a Voce sola». La «sinfonia» e la strofa hanno lo stesso basso.

CC 133

Inno *Tantum ergo sacramentum*

Prima pubblicazione: 1668

C, vl₁₋₂, bc

Si tratta di una strofa dell'inno *Pange lingua* (CC 121), che secondo la tavola del contenuto nella stampa originale può essere anche utilizzata come *Tantum ergo* a se stante.

CC 134

Inno *Tantum ergo sacramentum*

Prima pubblicazione: 1668

«Basso solo con violette» (B, 1668) • «Basso con violini» (vl₁, 1674)

B, vla₁₋₂, bc

CC 135

op. IV₁ (1668) • op. IV₂ (1674)

Inno *Te splendor et virtus*

Prima pubblicazione: 1668
«In Appartitione, ‹et› in Dedicatione S. Michaelis Archangeli» (A)
A, vl₁₋₂, bc

CC 136

op. IV₁ (1668) • op. IV₂ (1674)

Inno *Tristes erant apostoli*

Prima pubblicazione: 1668
«In Comune Apostolorum, ‹et› Evangelistarum Tempore Pascali» (C)
C, vl₁₋₂, bc

Ritornello e strofa hanno lo stesso basso.

CC 137

op. IV₁ (1668) • op. IV₂ (1674)

Inno *Ut queant laxis*

Prima pubblicazione: 1668
«In Nativitate S‹ancti› Ioannis Baptistae» (A)
A, vl₁₋₂, bc

Ritornello e strofa hanno lo stesso basso.

CC 138

Inno *Veni creator spiritus*

Prima pubblicazione: 1668
«In festo Pentecostes» (B)
B, vl₁₋₂, bc

CC 139

Inno *Vexilla regis prodeunt*

Prima pubblicazione: 1668
«In Dominicis Passionis, ‹et› Palmarum, ‹et› in festo Inventionis ‹et› exaltationis S‹anctae› Crucis» (B)
B, vl₁₋₂, bc

Strofe pari e dispari sono composte su diverse melodie, seguite da un proprio ritornello.

Edizione moderna: in TORELLI, *Carlo Donato Cossoni*, pp. 158-160.

Ufficio

Magnificat

CC 140 CH-E, 287.4 • 681.5

Magnificat

Data di redazione incerta

«Magnificat breve ex F. | à | Due Chori» (C1)

CATB CATB, bc

Pur non essendo trasmessa in alcun manoscritto di origine italiana, l'attribuzione di questa composizione a Cossoni è verosimile. Da un lato, lo stile è simile ad altre sue composizioni «piene e brevi»; dall'altro il copista svizzero delle parti CH-E, 681.5 è anche responsabile delle parti del Magnificat indubbiamente autentico in CH-E, 681.8.

CC 141 CH-E, 287.4 • 681.9

Magnificat

Data di redazione incerta

«a due Chori Pieno è Breve | Canto 1ᵐᵒ Choro» (C1)

CATB CATB, bc

Pur non essendo trasmessa in alcun manoscritto di origine italiana, l'attribuzione di questa composizione a Cossoni è verosimile. Da un lato, lo stile è simile ad altre sue composizioni «piene e brevi»; dall'altro il copista svizzero delle parti CH-E, 681.9 è anche responsabile delle parti del Magnificat indubbiamente autentico in CH-E, 681.8.

CC 142

Magnificat

Data di redazione incerta
«Pieno, con Versetti a solo. | Et in veritate tua disperde illos. | Sig‹nor› Cossonij» (C1)
CATB CATB, bc

Composizione mutila: mancano i versetti 'a solo' *Et exultavit* e *Fecit potentiam* (si veda l'*Introduzione*, pp. 61-62).

CC 143

Magnificat

Pubblicazione: 1667
CATB CATB, bc

CC 144

Magnificat

Pubblicazione: 1668
CCATBB (B$_2$ *ad lib.*) CCATB ripieni, vl$_{1-2}$, bc

CC 145 I-Baf, capsa I, n. 9[4]

Magnificat

Redazione: [1668]

«Magnificat à 8 Concertato | con V‹iolini› se piace | Organo» (org)

CATB CATB, vl1-2, bc

CC 146 CH-E, 437.3:6 • 678.12 • 678.21b

Magnificat

Redazione: 1669

«A 5 voci con Violini, e Ripieni, [aggiunta posteriore:] e si puol tralasciare il 2.o Sop‹ran›o | 1669 mense Martij. Bon‹oniae›. | Cossonij | Magnificat» (partitura)

CCATB (C2 *ad lib.*), vl1-2, vla1-2, bc

CC 147 I-COd, V-23

Magnificat

Redazione: [1686]

«Magnificat a. 5. del quinto T‹on›o» (Q)

CATQB, bc

Ufficio

Litanie

Litanie della B. V. M. *Iter impiorum peribit*

Data di redazione incerta

«Piene, e brevi | Iter impioru‹m› peribit | Organo. | Cossonij | Letanie» (C_2)

CATB CATB, bc

Chri - ste, Christe e-le - i - son

Composizione mutila: mancano sei parti (C_1, A_1, B_1, A_2, T_2, B_2).

Litanie della B. V. M. *A labiis iniquis*

Data di redazione incerta

«A labiis iniquis etc. [aggiunta di altra mano:] et Margaritas ante Porcos» (C_1)

CATB CATB, bc

Ky - ri - e   Ky - rie e-le-ison   Ky-ri-e   e-le-i-son

Composizione mutila: manca la parte di org$_2$.

Litanie della B. V. M.

Prima pubblicazione: 1665

«Letanie della B‹eata› V‹ergine› Maria à 3» (1665, C)

CAB, bc

Ky - ri-e   e-le-i-son   Chri-ste   e-le - i-son

CC **151** I-COd, 3A-8 • op. XI (1671)

Litanie della B. V. M.

Pubblicazione: 1671
«Piene» (indice a stampa)
CATB CATB, bc

Ky - ri-e e - le - ison, Ky - ri-e e - le - i son

CC **152** op. XI (1671)

Litanie della B. V. M.

Pubblicazione: 1671
«Concertate» (indice)
CATB CATB, bc

Ky - ri-e, ky - ri-e e - le - i - son

Lamentazioni

CC 153
op. VI (1668)

Lezione *Incipit lamentatio Jeremiae prophetae*

Pubblicazione: 1668
«Per il Mercordì santo. | Lectio prima» (indice)
C *o* T, bc

In - cipit, in - ci - pit lamenta - ti - o

CC 154
op. VI (1668)

Lezione *Vau. Et egressus est*

Pubblicazione: 1668
«Lectio secunda.» (indice)
C *o* T, bc

Va - - u. Et egres-sus est a fi - li-a Si - on

CC 155
op. VI (1668)

Lezione *Jod. Manum suam*

Pubblicazione: 1668
«Lectio tertia. | Iod. Manum suum [*sic*]» (indice)
B, bc

Jod. _____ Manum suam

Edizione moderna: in T<small>ORELLI</small>, *Carlo Donato Cossoni*, pp. 146-148

CC 156   op. VI (1668)

Lezione *De lamentatione … Heth. Cogitavit Dominus*

Pubblicazione: 1668
«Per il Giovedì Santo. | Lectio prima» (indice)
C *o* T, bc

CC 157   op. VI (1668)

Lezione *Lamed. Matribus suis*

Pubblicazione: 1668
«Lectio secunda» (indice)
A, bc

CC 158   op. VI (1668)

Lezione *Aleph. Ego vir videns*

Pubblicazione: 1668
«Lectio tertia» (indice)
B, bc

CC 159   op. VI (1668)

Lezione *De Lamentatione … Heth. Misericordiae Domini*

Pubblicazione: 1668
«Per il Venerdì Santo. | Lectio prima» (indice)
C *o* T, bc

CC 160

Lezione *Aleph. Quomodo obscuratum*

Pubblicazione: 1668
«Lectio secunda» (indice)
A *o* T, bc

CC 161

Lezione *Incipit oratio Jeremiae prophetae*

Pubblicazione: 1668
«Lectio tertia» (indice)
B, bc

Opere per la liturgia dei defunti

CC 162   CH-E, 437.3:5

Lezione *Manus tuae*

Redazione: [1686-1691 ca.]
«3.a Lettione. Sop‹ran›o o Tenore con 2 Violini, e Fagotto» (partitura)
C *o* T, vl$_{1-2}$, bc

Il fagotto indicato nel titolo della partitura autografa non ha una parte obbligata: segue il basso continuo.

CC 163   CH-E, 437.3:5

Lezione *Parce mihi, Domine*

Redazione: [1686-1691 ca.]
«Lettione p‹er› li Defonti del p‹rim›o Notturno. Basso solo con Instrumenti | Cossonij» (partitura)
B, vl$_{1-4}$, vla$_{1-3}$, fag, bc

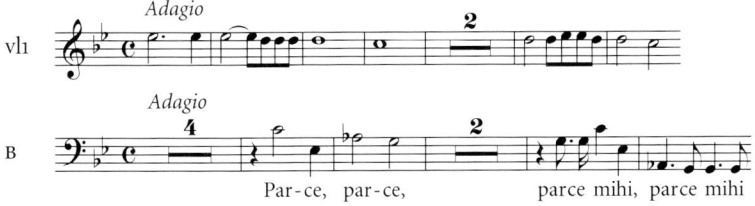

CC 164   CH-E, 437.3:5

Lezione *Taedet animam meam*

Redazione: [1686-1691 ca.]
«Sop‹ran›o solo con Due Violoncini obligati. 2.a Lettione» (partitura)
c, vlc$_{1-2}$, bc

La partitura autografa indica per il basso continuo una realizzazione con organo e contrabbasso.

Altre opere sacre in latino

CC 165   op. I₁ (1665) • op. I₂ (1678)

Ad lacrimas oculi

Prima pubblicazione: 1665
«Dialogo à 3. 2 Canti è Basso. | Per qual si voglia Santo ò Santa» (1665, C₁)
ccb, bc

CC 166   op. II₁ (1667) • op. II₂ (1668)

Ad mensam superum

Prima pubblicazione: 1667
«Per il Santissimo» (1667, indice)
c *o* t, bc

CC 167   CH-E, 437.3:2 • 677.25

Adoramus te Christe

Redazione: [1682-1688 ca.]
«A 8 pieno. | p‹er› la Passione del S‹gnor›e, e p‹er› S‹ant›a Croce | del Cossonij» (partitura)
catb catb, bc

Edizioni moderne: in Schubiger, *Cossoni*, pp. 55-58; Cossoni, *Adoramus te*.

CC 168

Adorata caeli consortia

Prima pubblicazione: [prob. 1673]
«Per ogni Tempo» (indice)
C *o* T, bc

CC 169

Adorat te cor meum

Pubblicazione: 1670
«Per il Signore, e per ogni Tempo» (indice)
CCB, bc

CC 170

Adoro te, sacratissime panis

Pubblicazione: 1670
«Per il Santissimo» (indice)
CC, bc

CC 171

Ad sidera cor meum

Redazione: 1690
«A più voci concertate. Per S. Anna, e p‹er› la Natività della M‹adonn›a S‹antiss›ma. |
Cossonij | 1690 | Mediol‹ani› | Mense | Junij» (partitura)
CATB CATB, bc

CC 172
op. I₁ (1665) • op. I₂ (1678)

Alas expandite, venite, descendite

Prima pubblicazione: 1665

«A due, Canto e Alto. | Pro quolibet Sancto vel Sancta» (1665, C)

CA, bc

CC 173
op. X (1670)

Alme creator spiritus

Pubblicazione: 1670

«Per lo Spirito Santo» (indice)

C *o* T, bc

CC 174
op. XII₂ (1675)

Amara memoria

Prima pubblicazione: [prob. 1673]

«Per un Santo, ò Santa» (indice)

C *o* T, bc

CC 175
op. II₁ (1667) • op. II₂ (1668)

Amor Jesu suavissime

Prima pubblicazione: 1667

«Per il Signore, e per ogni Tempo» (1667, indice)

C *o* T, bc

CC 176

Ardeo ardore caelico

Prima pubblicazione: [prob. 1673]
«Per la Beata Vergine» (partito); «Per la Madonna Santissima» (indice)
C *o* T, bc

CC 177

Argumentor contra conclusiones

Data di redazione incerta
«Seconda parte doppo il p‹rim›o Argomento» (partitura)
CATB, bc

La 'prima parte' della composizione è perduta.

CC 178

Audiat terra, sileant omnes

Pubblicazione: 1670
«Per un Santo Martire» (indice)
C *o* T, bc

CC 179

Audite fideles

Pubblicazione: 1670
«Della Beata Vergine» (indice)
C *o* T, bc

CC 180

CH-E, 437.3:2 • 677.22

Audite gaudia fideles

Redazione: 1686

«Motetto a 8 pieno, e breve, p‹er› Pasqua di Resurrettione. | 1686 Mense Martii | Mediol‹ani› | Cossonij» (partitura)

CATB CATB, bc

CC 181

op. II₁ (1667) • op. II₂ (1668)

Audite gentes quae loquor

Prima pubblicazione: 1667

«Per la festa della Santissima Trinità, e per le Domeniche in frà Anno» (1667, indice)

C *o* T, bc

CC 182

CH-E, 437.3:4 • 678.13

Audite insulae

Redazione: 1668

«Canto solo con violini. p‹er› la M‹adonn›a S‹antiss›ma. | 1668 | Mense Xbris. | Bon‹oniae› | Cossonij» (partitura)

C, vl₁₋₂, bc

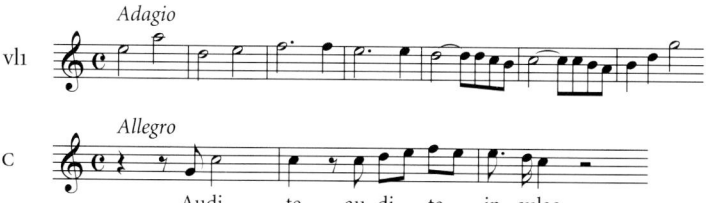

CC 183

Ave Crux amabilis

Redazione: [1682-1688 ca.]

«Dialogo à tre. | S‹ant›a Chiesa, Eraclio Imperatore, Cosdroa Tiranno. | p‹er› l'inven-
zione di S‹ant›a Croce | Cossonij» (partitura)

CAB, bc

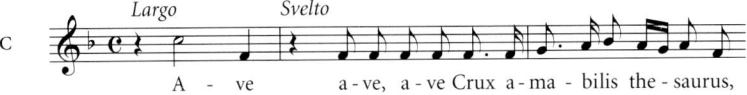

L'inizio del «Choro d'Angioli» finale viene rivestito nell'Ottocento di un testo alternativo, «Kyrie eleison», nel corso dell'arrangiamento della messa CC 347.

CC 184

Beatus vir qui inventus est

Prima pubblicazione: 1667

«Per qual si voglia Santo» (1667, indice)

A (o C), bc

CC 185

Charitate Dei

Prima pubblicazione: 1667

«Per S. Filippo neri, e le seconde parole per la Madonna Santissima, nella Natività del
Signore» (1667, C)

C o T, bc

CC 186

Cogitavi dies antiquos

Pubblicazione: 1670
«Dialogo à 2. C, e B. Per il Signore, e per ogni Tempo» (indice)
CB, bc

CC 187

Consurge induere fortitudine tua

Redazione: 1686
«In Nativitate Domini Jesu Christi. A due Chori. concertato nel p‹rim›o | Cossonij |
1686 | mense Xbris | Mediolani» (partitura)
CATB CATB, bc

CC 188

Cur me tenetis

Redazione: 1690
«1690 | Mense Martij | Mediolani | Sop‹ran›o solo» (partitura)
C, bc

CC 189

Dum clamo, dum quaero

Prima pubblicazione: 1665
«Per ogni tempo» (1678, A)
ATB, bc

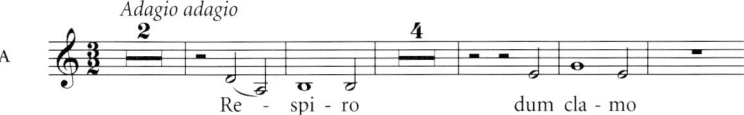

CC 190
op. x (1670)

Ecce Jesu mi

Pubblicazione: 1670
«Per il Signore, e per ogni Tempo» (indice)
C *o* T, bc

CC 191
CH-E, 437.3:3 • 678.9

Eia resonent

Redazione: [1682-1688 ca.]
«A 8. pieno, e breve. | Per ogni solennità | del Cossoni» (partitura)
CATB CATB, bc

CC 192
op. IX (1670)

Errasse paenitet, Jesu dulcissime

Pubblicazione: 1670
«Per il Signore, e per ogni Tempo» (indice)
ATB, bc

CC 193
I-COd, V-19

Exultantes et laetantes

Data di redazione incerta
«Motetto a 8. Pieno, p‹er› S‹an›ta Eufemia. | di D. C‹arlo› D‹onato› C‹ossoni›» (C₁)
CATB CATB, bc

CC 194

op. I₁ (1665) • op. I₂ (1678)

Funde voces, versus prome

Prima pubblicazione: 1665

«Per il Signore, e per ogni tempo» (1678, C)

CB, bc

CC 195

CH-E, 437.3:4 • 677.31

Furiae, non me tentate

Redazione: 1687

«1687 Mense | Junij. Medio⟨l⟩ani⟩ | A due Voci. | p⟨er⟩ la M⟨adonn⟩a S⟨antiss⟩ma. | Cossonij» (partitura)

CB, bc

CC 196

CH-E, 437.3:4 • 678.3

Furiae, vos incito

Redazione: 1682

«Affetti d'un Anima | A due Soprani. | Per ogni tempo. | Cossonij | 1682 | Mense Xbris» (partitura)

CC, bc

CC 197

CH-E, 437.3:3 • 678.14

Haec dicit Dominus

Redazione: 1689

«Motetto à due Chori, concertato nel primo. | In occasione del sposalitio del Re della Spagna con la Princip⟨ess⟩a di Neuburgo | Cossoni | 1689. Mense Augusti | Mediolani» (partitura)

CATB CATB, bc

CC 198

Heu infelix

Prima pubblicazione: [prob. 1673]

«Al Merito del Sig‹nor› Carlo Girolamo Carcano Basso Eccellentissimo nella Catedrale di Como» (C); «Sopra la Passione del Signore, e per ogni Tempo» (indice)

B, bc

Edizione moderna: in FILIPPI, *La scrittura mottettistica*, pp. 118-123.

CC 199

1679¹ • 1681¹

In profundo silentio

Prima pubblicazione: 1679

«Al merito impareggiabile dell'Illustriss‹i›ma Sig‹no›ra | la Sig‹no›ra Contessa Livia Arconati &c. | Del Sig‹nor› Carlo Donato Cossonio» (partito); «Per ogni Tempo» (indice)

C *o* T, bc

CC 200

op. II₁ (1667) • op. II₂ (1668)

Jo, jo, triumphate

Prima pubblicazione: 1667

«Per la Natività del Signor sopra la Pastorale.» (1667, C)

C *o* T, bc

CC 201 CH-E, 437.3:3

Jubilate chori angelici

Redazione: [1682-1688 ca.]
«A 8 pieno, e breve. | p‹er› ogni solennità | del Cossoni» (partitura)
CATB CATB, bc

C1

Ju - bila - te, ju-bilate Chori   ju - bi - late   ju-bilate cho-ri

CC 202 op. II₁ (1667) • op. II₂ (1668)

Jucunditas, amoenitas

Prima pubblicazione: 1667
«Per la Madonna Santissima» (1667, indice)
C *o* T, bc

C

Adagio adagio

Ju - cun - - - - - - - ditas

CC 203 S-Uu, Vok. mus. i hs. 83 • op. I₁ (1665) • op. I₂ (1678)

Morior misera

Prima pubblicazione: 1665
«Per ogni tempo» (1678, C₁)
CCB, bc

C1

Adagio   *p*   *f*

Mo - rior, *mo - ri-or* mi - se-ra mo - ri - or

CC 204 op. I₁ (1665) • op. I₂ (1678)

Musa voces melos ede

Prima pubblicazione: 1665
«Dialogo. Canto è Basso | Per ogni Solennità» (1665, C)
CB, bc

B

Musa voces, mu - sa melos e - de, mu-sa iu - bilum

CC 204a   I-COd, 1A-11

Musa voces melos ede

Data di redazione incerta
AT, bc

Mu-sa voces, mu - sa melos e-de musa ju - bilum

CC 205   op. II₁ (1667) • op. II₂ (1668)

Nolite timere, o mortales

Prima pubblicazione: 1667
«Per il Spirito Santo» (1667, indice)
C *o* T, bc

Noli-te, *no - li-te* ti-mere o mortales si fulgura coruscant si fremunt tonitrua

---

CC 206   op. XII₂ (1675)

Non me private, o caeli

Prima pubblicazione: [prob. 1673]
«L'Anima innamorata della presenza di Giesù» (partito); «Per ogni Tempo» (indice)
C *o* T, bc

Non me private, o cae-li

CC 207   op. X (1670)

O amantissime Jesu

Pubblicazione: 1670
«Per il Signore, Per ogni tempo, Per S. Francesco, Per S. Filippo Neri, e S. Teresia»
(indice)
C *o* T, bc

O aman - tis - sime Je - su   sa - tis, sa - tis est

CC 208

O amor, o dolor

Prima pubblicazione: 1665
«Per la Passione del Signore» (1678, A)
ATB, bc

CC 209

op. X (1670)

O angeli et caeli spiritus

Pubblicazione: 1670
«Per un Santo, ò Santa» (indice)
C *o* T, bc

CC 210

op. II₁ (1667) • op. II₂ (1668)

O cor meum pavens

Prima pubblicazione: 1667
«Per Santa Croce, e le seconde parole per il Signore, e per ogni tempo» (1667, indice)
C *o* T, bc

CC 211

op. X (1670)

O cor meum surge

Pubblicazione: 1670
«Per il Natale del Signore» (indice)
C *o* T, bc

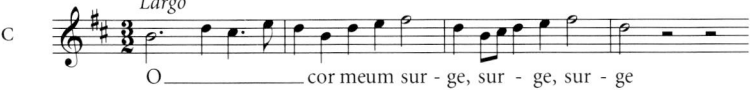

CC 212 CH-E, 437.3:4 • 678.2

O Jesu care

Redazione: 1667

«Dialogo a due Voci p‹er› S‹ant›a Teresa. | Alto, e Basso | 1667 mense 8bris | Cossonij» (partitura)

AB, bc

CC 213 op. XII$_2$ (1675)

O Jesu, mi pulcherrime

Prima pubblicazione: [prob. 1673]

«Per il Signore, e per ogni Tempo» (indice)

A (*o* C), bc

CC 214 op. I$_1$ (1665) • op. I$_2$ (1678)

O Maria, o mare grave

Prima pubblicazione: 1665

«Per la Madonna Santissima» (1678, A)

ATB, bc

CC 215 op. XII$_2$ (1675)

O misera

Prima pubblicazione: [prob. 1673]

«L'Anima pentita. Per ogni Tempo» (partito)

C *o* T, bc

CC 216 op. IX (1670)

O mortales, o fideles

Pubblicazione: 1670
«Per il Signore, e per ogni Tempo» (indice)
CB, bc

Iam lin-qui-te de - li-ci-as iam fugite il - lecebras iam spernite fal-laces

CC 217 op. I₁ (1665) • op. I₂ (1678)

O quae monstra, o quae prodigia

Prima pubblicazione: 1665
«Dialogo Per la Pentecoste» (1665, T); «Dialogo. | Per il Spirito Santo» (1678, T)
TB, bc

CC 218 op. IX (1670)

O quam bonus, o quam suavis est

Pubblicazione: 1670
«Per più Martiri» (indice)
CC, bc

o quam bonus

CC 219 op. XII₂ (1675)

O quam sum in hoc mundo

Prima pubblicazione: [prob. 1673]
«Per ogni Tempo» (indice)
C o T, bc

CC 220   op. XII₂ (1675)

O regina Dei mater

Prima pubblicazione: [prob. 1673]
«Al merito del Sig‹nor› D‹on› Lorenzo Gaggiotti Basso Celeberrimo in S‹an› Petronio di Bologna» (partito); «Per la Madonna Santissima» (indice)
B, bc

CC 221   op. IX (1670)

O sidera, o tellus

Pubblicazione: 1670
«Per le Anime de Defonti» (indice)
AT, bc

CC 222   S-Uu, Vok. mus. i hs. 78 • op. I₁ (1665) • op. I₂ (1678)

O suavis animarum vulnerator

Prima pubblicazione: 1665
«Per il Signore, e per ogni tempo» (1678, C₁)
CC, bc

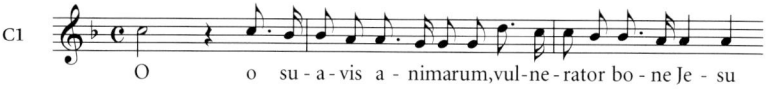

CC 223   op. I₁ (1665) • op. I₂ (1678)

O superi, o caelites

Prima pubblicazione: 1665
«Dialogo à due Canti. | Per la Madonna Santissima»
CC, bc

CC 224

CH-E, 437.3:4 • 678.1

Par urbi sit festum

Redazione: 1686

«A 8 concertato. | p‹er› S. Carlo. | all'Offertorio. | Cossonij | 1686. Mense | 8bris. | Mediolani» (partitura)

CATB CATB, bc

CC 225

op. II₁ (1667) • op. II₂ (1668)

Peccavi Domine, impie gessi

Prima pubblicazione: 1667

«Al Molto Illustre Molto Reverendo Sig‹nor› D‹on› Florenio Filiberi. Musico Celeberimo del'Illustrissimo Monsig‹nor› Torreggiani Arcivescovo di Raven‹n›a. | Della B‹eata› V‹ergine› e puol servire per la Salve Regina» (1667, C)

C *o* T, bc

CC 225a

I-COd, AA-43

Peccavi Domine, impie gessi

Redazione: ante 1667

C, bc

CC 226

op. II₁ (1667) • op. II₂ (1668)

Pendet Jesus in patibulo

Prima pubblicazione: 1667

«Per ogni Tempo, e per la Passione del Signore» (1667, C)

C *o* T, bc

CC 227   op. IX (1670)

Plange anima

Pubblicazione: 1670
«L'Anima penitente. Per ogni Tempo» (indice)
AB, bc

Plan - ge   *plan - ge* plange _ a - ni - ma

CC 228   I-COd, V-26

[...] *Plaudite, ludite in plausis*

Redazione: [1682-1688 ca.]
«In fine | à 3. | Del Cossoni» (C)
CAB soli, CAB ripieni, vl₁₋₂, bc

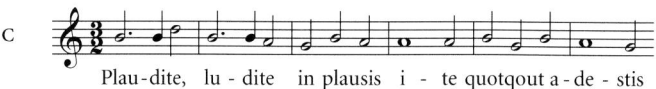

Plau-dite, lu - dite in plausis i - te quotqout a - de - stis

Composizione frammentaria: l'annotazione «In fine» indica la conclusione di un organismo musicale più ampio, che non è possibile però determinare.

CC 229   1668²

Procul delitiae dum Jesu perfruar

Pubblicazione: 1668
«Del Santissimo | Del Sig‹nor› D‹on› Carlo Donato Cossonio Organista in S. Petronio di Bologna» (indice)
ATB, bc

Pro-cul de - li - ti-ae dum Je - su   per - fruar

CC 230
op. I₁ (1665) • op. I₂ (1678)

Putruerunt et corruptae sunt

Prima pubblicazione: 1665

«Dialogo à due voci | Per S‹anti› Cos‹ma› e Dam‹iano› e per più martiri. | e per un Sancto» (C)

CB, bc

Pu - tru-e - runt   et corruptae sunt ci - ca - tri - ces me - ae

CC 231
op. II₁ (1667) • op. II₂ (1668)

Quaerens dilectum quem corde colebat

Prima pubblicazione: 1667

«Per ogni tempo.» (1667, indice)

A (*o* C), bc

Quae - rens di - le - ctum quem cor - de co - le - bat

CC 231a
I-COd, V-27

Quaerens dilectum quem corde colebat

Data di redazione incerta

C, bc

Quaerens di-le - ctum   quem cor - de cole - bat

CC 232
op. I₁ (1665) • op. I₂ (1678)

Quas tibi reddemus gratias

Prima pubblicazione: 1665

«Dialogo Di Tobia à 3» (1665, C); «Dialogo di Tobia à 3. C.A. e B. | Per li Angeli Custodi» (1678, C)

CAB, bc

Quas ti - bi   reddemus gra - ti - as   pro cantis be - ne - fi - ciis   a-ma-bi

CC 233   CH-E, 678.21b

Quem terra, pontus

Redazione: [1668 ca.]

«Alla Gran Madre di Giesù | Canto p‹rim›o Ch‹or›o | Cossonij» (C₁)

CATB CATB, bc

Composizione mutila: mancano le parti di A₁, T₁, B₁ e B₂.

CC 234   I-COd, 2A-18 • op. x (1670)

Quid anima mea retribues

Pubblicazione: 1670

C *o* T, bc

CC 235   CH-E, 437.3:3 • 678.7

Il sagrificio d'Abramo

Redazione: [1670 ca.]

«Il Sagrificio d'Abramo. | Dialogo à 3 voci. Angelo, Abramo, Isacco, e puol servire p‹er›
il S‹antis›s‹i›mo. | Cossonij» (partitura)

CAB, bc

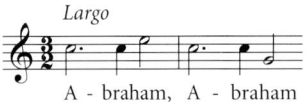

Edizione moderna: in NOSKE, *Sacred Music*, pp. 171-181.

CC 236   op. x (1670)

Salus aeterna te concupisco

Pubblicazione: 1670
«Per il Santissimo» (indice)
A (o C), bc

CC 237   op. ix (1670)

Salve Deus piissime

Pubblicazione: 1670
«Per il Signore, e per ogni Tempo» (indice)
CC, bc

CC 238   CH-E, 437.3:2 • 677.30

Salve regina silvarum

Redazione: 1686
«A 3. | Per la Solennità di S‹ant›a Croce | 1686. Mense Ap‹ri›lis; Mediol‹ani› | Cossonij»
(partitura)
CAB, bc

CC 239   op. xii₂ (1675)

Silentium, aves canorae

Prima pubblicazione: [prob. 1673]
«Per ogni Tempo» (indice)
A (o C), bc

CC 240

Silentium, sileas terra

Pubblicazione: 1670

«Per la Beata Vergine» (indice)

CCB, bc

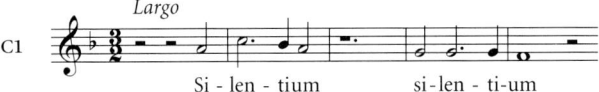

CC 241

Silete antra, tacete silvae

Prima pubblicazione: 1667

«Per la Natività di S. Gio‹vanni› Battista, e le seconde parole per qual si voglia altro Santo» (indice)

C *o* T, bc

CC 242

Spirate o venti, volate o Zephiri

Pubblicazione: 1670

«Per un Santo, ò Santa» (indice)

ATB, bc

CC 243

Suavissime Jesu, amabilissimum nomen

Pubblicazione: 1670

«Per il Signore, e per ogni Tempo» (indice)

B, bc

CC 244

op. XII₂ (1675)

Suspirat in dolore

Prima pubblicazione: [prob. 1673]
«Per ogni Tempo» (indice)
C *o* T, bc

CC 245

op. IX (1670)

Tota spes in te Maria

Pubblicazione: 1670
«Per la Beata Vergine» (indice)
AB, bc

CC 246

I-COd, 10A-2 • op. II₁ (1667) • op. II₂ (1668)

Vanitas vanitatum

Prima pubblicazione: 1667
«Per ogni tempo» (1667, indice)
B, bc

CC 247

I-COd, 10A-1 • op. X (1670)

Venite gentes, properate festinate

Pubblicazione: 1670
«Per la Madonna Santissima» (indice)
B, bc

CC 248   op. II₁ (1667) • op. II₂ (1668)

Venite, o gentes

Prima pubblicazione: 1667
«Per il Santissimo» (indice)
C *o* T, bc

CC 249   op. II₁ (1667) • op. II₂ (1668)

Vertere in luctum cithara mea

Prima pubblicazione: 1667
«Per il Signore, e per ogni Tempo» (1667, indice)
C *o* T, bc

CC 250   op. XII₂ (1675)

Vola, cor meum

Prima pubblicazione: [prob. 1673]
«Per l'Ascensione del Signore, e per l'Assunzione» (indice)
C *o* T, bc

CC 251   op. X (1670)

Volo, volo canere

Pubblicazione: 1670
«Per qual si voglia Santo, ò Santa, è per la Madonna» (indice)
A (*o* C), bc

Opere sacre in italiano

CC 252 I-COd, v-17

Aure piacevoli e lusinghevoli

Data di redazione incerta

«Nenia Sopra la Nativita Del Sig‹no›re A due Sop‹ra›ni. Sop‹ra›no. Primo Del | Cossoni» (c₁)

cc, bc

Au-re pia - ce - voli   e   lu-sin-ghe - voli

CC 253 I-COd, v-20 • *Sacre lodi* (1680)

Colpe dell'alma mia

Redazione: [1670 ca.]

«Sonetto Sop‹r›a il Pentimento de peccati | Sop‹ran›o solo con Violini del D‹o›n Cossonij» (partitura)

c, vl₁₋₂, bc

Col - pe   dell'alma mi - a, stra-tio peno - so

CC 254   I-COd, V-18

Fulmina col suo sdegno

Redazione: [1679-1691 ca.]
«Cantata à 3 con violini» (org)
CTB, vl₁₋₂, bc

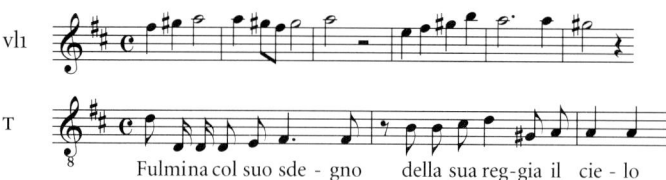

Fulmina col suo sde - gno   della sua reg-gia il cie - lo

CC 255   I-COd, V-20 • *Sacre lodi* (1680)

Già vibra a' danni miei l'invida Cloto

Redazione: [1670-1680 ca.]
«Sonetto Sop‹r›a la Memoria della Morte | a Sop‹ran›o solo Con V‹io›l‹ini› | del D‹on›
Cossonio» (partitura)
C, vl₁₋₂, bc

Già vibra_a'danni mie - - - i   l'in - vi da Clo - to

CC 256   I-COd, V-21

La gloria de' Santi

Redazione: 1670
«Oratorio a quattro Voci | con Violini | Musica del Cossoni | 1670» (partitura)
CATB, vl₁₋₂, bc

Mortal t'ingan-ni   se fra l'om-bre in - vol - to   spe - ri capir

CC 257   I-Baf, capsa I, n. 9²

Misere turbe

Redazione: 1668
«Sonetto à 3» (org)
CAB, bc

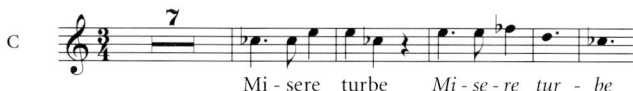

C

Mi - sere turbe   Mi - se - re tur - be

Opere profane

Acceso amante e fido

Pubblicazione: [prob. 1673]

B, bc

Cantata a una voce.

Amar chi non ha amor

Pubblicazione: [prob. 1673]

«Cantata à 3. voci» (partitura)

CAB, bc

Cantata a tre voci.

Bel gusto che ha

Pubblicazione: [prob. 1673]

C, bc

Canzonetta a una voce con tre strofe.

CC 261 op. VII (1669)

Belle donne, io tengo un core

Pubblicazione: 1669

«Amante volubile | Canto, ò Tenore» (indice)

C *o* T, bc

Canzonetta di due strofe.

Ristampa moderna: Cossoni, *Canzonette.*

CC 262 op. XIII [prob. 1673]

Celia, qualor di tua bellezza io veggio

Pubblicazione: [prob. 1673]

C, bc

Cantata a una voce.

CC 263 op. VII (1669)

Cinto da' folti horror d'un ciel notturno

Pubblicazione: 1669

«Amante geloso» (indice)

C *o* T, bc

Aria (così detta a p. 65) di tre strofe con ritornello vocale, aperta e chiusa da un recitativo.

Ristampa moderna: Cossoni, *Canzonette.*

CC 264 op. VII (1669)

Ci vuol tempo e poi Dio sa

Pubblicazione: 1669
«Amante Disperato. | Basso» (indice)
B, bc

Cantata in più sezioni con recitativi e un ritornello vocale. Redazione diversa rispetto a quella contenuta nel manoscritto A-Wn, Mus. Hs. 17760.

Ristampa moderna: COSSONI, *Canzonette.*

CC 264a A-Wn, Mus. Hs. 17760

Ci vuol tempo e poi Dio sa

Data di redazione incerta
«Parole del Can‹oni›co Grossi. | Basso Solo. | Musica Del Cossoni» (partitura)
B, bc

Cantata in più sezioni con recitativi e un ritornello vocale.

Rispetto alla versione della cantata pubblicata nel 1669 (CC 264), la redazione trasmessa in questo manoscritto è più ampia, arricchita di diversi abbellimenti. La filigrana suggerisce una data di compilazione tra il 1686 e il 1691 ca.; i tratti calligrafici indicano invece una datazione alta, vicina o addirittura precedente a quella della pubblicazione. Nel manoscritto il testo è attribuito a un non meglio identificato «canonico Grossi». Nel catalogo della biblioteca di Vienna (MANTUANI, *Tabulae*) la composizione è attribuita a Giovanni Antonio, padre di Carlo Donato Cossoni. Eitner dubitava dell'attribuzione, ma non aveva identificato il testimone a stampa del brano nell'op. VII (si rimanda all'*Introduzione*, pp. 42-43).

MANTUANI, *Tabulae*, X, p. 51; EITNER, *Quellen-Lexikon*, III, p. 74.

CC 265

op. xiii [prob. 1673]

Così leggiadra è la beltà che adoro

Pubblicazione: [prob. 1673]

«A due Soprani» (partitura)

cc, bc

Co-sì leggia - dra è la bel - tà che ado - ro

Cantata a due voci.

CC 266

op. vii (1669)

Donne, non mi credete

Pubblicazione: 1669

«Amante schernitore» (indice)

b, bc

Donne, non mi cre-de - te, non mi cre - de-te Se tal'hor mi ve - de-te

Tre strofe di canzonetta messe in musica non stroficamente in più sezioni, anche di recitativo.

Ristampa moderna: Cossoni, *Canzonette.*

CC 267

op. vii (1669)

Donzella vagante mai casta sarà

Pubblicazione: 1669

«Canzonetta. | Canto, ò Tenore» (indice)

c o t, bc

Donzel-la va - gan te mai ca-sta sa - rà

Canzonetta di tre strofe.

Ristampa moderna: Cossoni, *Canzonette.*

CC 268   op. XIII [prob. 1673]

D'un ruscello in su la riva

Pubblicazione: [prob. 1673]

C, bc

Cantata a una voce.

CC 269   op. VII (1669)

Fino all'ultimo respiro

Pubblicazione: 1669

«Costanza in Amore. Arietta» (indice)

C *o* T, bc

Canzonetta (o 'arietta') di otto strofe.

Ristampa moderna: Cossoni, *Canzonette.*

CC 270   op. VII (1669)

Forniti appena i lucidi intervalli

Pubblicazione: 1669

«Matto allegro. | Basso» (indice)

B, bc

Arietta (secondo l'indicazione a p. 133 della stampa) di due strofe, introdotta e con-
clusa da recitativi.

Ristampa moderna: Cossoni, *Canzonette.*

CC 271
op. XIII |prob. 1673|

Fortuna t'intendo

Pubblicazione: [prob. 1673]
C, bc

Cantata a una voce.

CC 272
op. VII (1669)

Godere e lasciare

Pubblicazione: 1669
«Amante ingannatore» (indice)
A, bc

Canzonetta di tre strofe con ritornello vocale.

Ristampa moderna: Cossoni, *Canzonette.*

CC 273
op. VII (1669)

Guardami ma non ridere

Pubblicazione: 1669
«Lusinghe d'Amor conosciute d'Amante scaltro | Canto, ò Tenore» (indice)
C o T, bc

Canzonetta di due strofe con ritornello vocale.

Ristampa moderna: Cossoni, *Canzonette.*

CC 274

op. XIII [prob. 1673]

Il regnator inglese

Pubblicazione: [prob. 1673]
«Lamento» (partitura)
B, bc

Cantata a una voce. Il testo si riferisce all'esecuzione del re Carlo I nel 1649.

N.B. Al momento di andare in stampa ci giunge segnalazione di una fonte manoscritta di questa cantata, copiata con ogni probabilità dalla stampa, in un manoscritto bolognese conservato presso la Biblioteca comunale di Urbania (I-URBc, Ubaldini Mss. 31/2); *cfr.* GIALDRONI, *Dalla Biblioteca comunale di Urbania*. Ringraziamo Teresa Gialdroni per la segnalazione.

CC 275

op. VII (1669)

Io lascio fare a voi

Pubblicazione: 1669
«Si concede libertà a gli occhi di veder ciò che vogliono, mà se gli averte il non invaghir- | si d'alcun' ogetto» (indice)
C *o* T, bc

Canzonetta di due strofe con ritornello vocale.

Ristampa moderna: COSSONI, *Canzonette.*

CC 276

op. VII (1669)

La mia dama par ferita

Pubblicazione: 1669
«Sopra li segni neri, che portano le Dame sù 'l mostaccio | Canto, ò Tenore» (indice)
C *o* T, bc

Canzonetta di quattro strofe.

Ristampa moderna: COSSONI, *Canzonette.*

CC 277

op. XIII [prob. 1673]

Lasso di sostenere

Pubblicazione: [prob. 1673]
c, bc

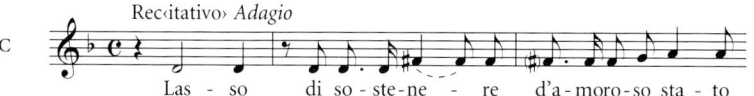

Cantata a una voce.

CC 278

op. VII (1669)

Mesto amatore in doloroso canto

Pubblicazione: 1669
«Canzonetta. Amante mesto» (indice)
c *o* T, bc

Una strofa di canzonetta introdotta da un recitativo.

Ristampa moderna: COSSONI, *Canzonette.*

CC 279

op. VII (1669)

Mi basta d'amare vezzosa beltà

Pubblicazione: 1669
«Non si cura, che Bella Donna sappia il suo affetto. | Canto, ò Tenore» (indice)
c *o* T, bc

Canzonetta di due strofe con ritornello vocale e un recitativo conclusivo.

Ristampa moderna: COSSONI, *Canzonette.*

CC 280   op. XIII [prob. 1673]

No, non voglio, se devo amare

Pubblicazione: [prob. 1673]

«A due voci, Canto, e Basso» (partitura)

CB, bc

Cantata a due voci.

CC 281   op. VII (1669)

Non si parli più d'amore

Pubblicazione: 1669

«Sdegno.» (partitura); «No, no, non si parli più d'Amore» (indice)

C *o* T, bc

Cantata, con un ritornello vocale.

Ristampa moderna: COSSONI, *Canzonette.*

CC 282   op. VII (1669)

Occhi belli, da voi bramo mercé

Pubblicazione: 1669

«Chiede da begli occhi mercé | Canto, ò Tenore» (indice)

C *o* T, bc

Canzonetta in due parti con ritornello vocale.

Ristampa moderna: COSSONI, *Canzonette.*

CC 283   op. VII (1669)

Rido una volta in cento

Pubblicazione: 1669
«Vita d'Amante infelice» (indice)
C *o* T, bc

Canzonetta di due strofe.

Ristampa moderna: Cossoni, *Canzonette.*

CC 284   op. XIII [prob. 1673]

Sin che spirto in seno avrò

Pubblicazione: [prob. 1673]
C, bc

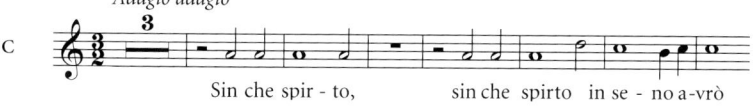

Canzonetta a una voce, con un'introduzione e due strofe.

CC 285   op. XIII [prob. 1673]

Sublime beldad del orbe

Pubblicazione: [prob. 1673]
«Aria Espanola. Sobre la hermosura de la Excelentissima Senora Duquesa de Osuna
Donna Anna Antonia de Benavides Carillo y Toledo Marquesa de Formista y
Caracena Condesa de Pinto & c.» (partitura)
C, bc

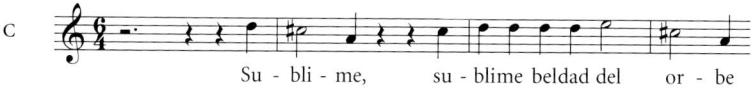

CC 286   op. VII (1669)

Su pensieri, hora ch'avete

Pubblicazione: 1669

«Amante Timido. | Alto» (indice)

A, bc

Cantata in più sezioni, con un breve recitativo e un ritornello vocale.

Ristampa moderna: COSSONI, *Canzonette.*

CC 287   op. VII (1669)

Un disperato amante

Pubblicazione: 1669

«Amante disperato» (indice)

A, bc

Aria (così detta a p. 94) di due strofe con recitativo iniziale.

Ristampa moderna: COSSONI, *Canzonette.*

CC 288   op. VII (1669)

Un'empia fortuna

Pubblicazione: 1669

«Al merito del Sig. D. Lorenzo Gaggiotti. Basso in S. Petronio di Bologna. | Amante imprigionato» (partitura)

B, bc

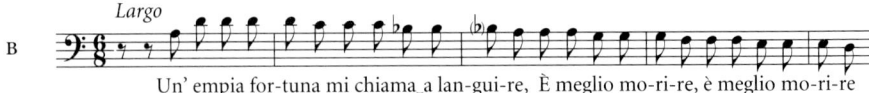

Cantata in più sezioni con recitativi e un ritornello vocale.

Ristampa moderna: COSSONI, *Canzonette.*

CC 289 op. VII (1669)

Vergine violata

Pubblicazione: 1669

«Donzella violata» (indice)

A, bc

Aria (secondo l'indicazione a p. 99 della stampa) di 2 strofe con un recitativo iniziale.

Ristampa moderna: Cossoni, *Canzonette.*

Opere perdute

CC 290   op. xiv (1679)

Messa

Pubblicazione: 1679
catb catb, bc

CC 291   *In exequiis* [1689]

Messa per i defunti

Esecuzione attestata: 1689

> *Requiem aeternam*
> *[Kyrie]*
> *Qui suscitasti Lazarum [Psalmellus]*
> *Domine exaudi [Cantus post epistolam]*
> *Requiem sanctam [Antiphona post evangelium]*
> *Domine Jesu Christe [Offertorium]*
> *Sanctus*
> *Audivi vocem [Confractorium]*
> *Agnus Dei*

Kendrick, *Conflitti*, pp. 30-31.

CC 292   *olim* CH-E

Gloria [e Kyrie]

«ex C»
catb catb, bc
Schubiger, *Cossoni*, p. 53.

CC 293
olim CH-E
Credo *Incidit in foveam*

Organico sconosciuto
SCHUBIGER, *Cossoni*, p. 53.

CC 294
In exequiis [1689]
Responsorio *Accepimus bona*

Esecuzione attestata: 1689
KENDRICK, *Conflitti*, pp. 30-31.

CC 295
In exequiis [1689]
Responsorio *Ante quam comedam*

Esecuzione attestata: 1689
KENDRICK, *Conflitti*, pp. 30-31.

CC 296
In exequiis [1689]
Responsorio *Induta est caro mea*

Esecuzione attestata: 1689
KENDRICK, *Conflitti*, pp. 30-31.

CC 297
In exequiis [1689]
Responsorio *Libera me, Domine*

Esecuzione attestata: 1689
KENDRICK, *Conflitti*, pp. 30-31.

CC 298
In exequiis [1689]
Responsorio *Non timebis*

Esecuzione attestata: 1689
KENDRICK, *Conflitti*, pp. 30-31.

CC 299   *In exequiis* [1689]

Responsorio *Paucitas dierum*

Esecuzione attestata: 1689

KENDRICK, *Conflitti*, pp. 30-31.

CC 300   *In exequiis* [1689]

Salmo *Benedictus Dominus Deus Israel*

Esecuzione attestata: 1689

KENDRICK, *Conflitti*, pp. 30-31.

CC 301   *In exequiis* [1689]

Salmo *Deus, Deus meus*

Esecuzione attestata: 1689

KENDRICK, *Conflitti*, pp. 30-31.

CC 302   *In exequiis* [1689]

Salmo *Deus, misereatur nobis*

Esecuzione attestata: 1689

KENDRICK, *Conflitti*, pp. 30-31.

CC 303   *In exequiis* [1689]

Salmo *Domine Deus meus*

Esecuzione attestata: 1689

KENDRICK, *Conflitti*, pp. 30-31.

CC 304   *In exequiis* [1689]

Salmo *Dominus regit me*

Esecuzione attestata: 1689

KENDRICK, *Conflitti*, pp. 30-31.

CC 305 *In exequiis* |1689|

Salmo *In te, Domine, speravi*

Esecuzione attestata: 1689

KENDRICK, *Conflitti*, pp. 30-31.

CC 306 *In exequiis* [1689]

Salmo *Judica, Domine*

Esecuzione attestata: 1689

KENDRICK, *Conflitti*, pp. 30-31.

CC 307 *In exequiis* [1689]

Salmo *Laudate Dominum de caelis*

Esecuzione attestata: 1689

KENDRICK, *Conflitti*, pp. 30-31.

CC 308 *In exequiis* [1689]

Salmo *Miserere mei Deus*
[ad laudes]

Esecuzione attestata: 1689

KENDRICK, *Conflitti*, pp. 30-31.

CC 309 *In exequiis* [1689]

Salmo *Miserere mei Deus*
[ad castrum doloris]

Esecuzione attestata: 1689

KENDRICK, *Conflitti*, pp. 30-31.

CC 310 *In exequiis* [1689]

Salmo *Sicut cervus*

Esecuzione attestata: 1689

KENDRICK, *Conflitti*, pp. 30-31.

CC 311   *In exequiis* [1689]

Salmo *Verba mea*

Esecuzione attestata: 1689

KENDRICK, *Conflitti*, pp. 30-31.

CC 312   op. XIV (1679)

Inno *Te Deum*

Pubblicazione: 1679

CATB CATB, bc

CC 313   *In exequiis* [1689]

Litanie dei Santi

Esecuzione attestata: 1689

KENDRICK, *Conflitti*, pp. 30-31.

CC 314   op. XIV (1679)

[Alcuni mottetti]

Pubblicazione: 1679

CATB CATB, bc

CC 315   *L'Adamo* (1663) • *L'Adamo* (1667) • *L'Adamo* [1671 ca.]

L'Adamo

Prima esecuzione: 1663

4 voci, archi, bc (?) • *Personaggi:* Testo, Iddio, Abramo, Eva, coro.

Si conserva il libretto della prima e di due successive rappresentazioni dell'oratorio.

CC 316   *Sacre lodi* (1680)

Ah, fu ben crudo quel cuore

Esecuzione attestata: 1680

«Cantata a otto voci Concertata con Violini.» (libretto)
8 voci, archi, bc

Si conserva il testo.

CC 317

Angeli, homini e stelle

Esecuzione attestata: 1681
«Oratorio pe'l Santissimo» (libretto)
2 voci, coro, archi, bc • *Personaggi:* Fede, Coro della Fede, Idolatria.
Si conserva il testo.

CC 318

Ave stella del mar

Esecuzione attestata: 1681
«Alla Santissima Madre di Dio. A Voce sola con Violini» (libretto)
voce, archi, bc
Si conserva il testo.

CC 319

Chiare faci il foco avampi

Esecuzione attestata: 1681
«Alla Santissima Madre di Dio. A Voce sola con Violini» (libretto)
voce, archi, bc
Si conserva il testo.

CC 320

Chi mi svela

Esecuzione attestata: 1681
«Oratorio per il Santissimo» (libretto)
6 voci, archi, bc • *Personaggi:* Volontà, Vista, Udito, Core, Intelletto, Fede.
Si conserva il testo.

CC 321

Dalle sfere superne

Esecuzione attestata: 1680
«Il ricorso al Santissimo Sacramento. Cantata à 3. voci con Sinfonia» (libretto)
3 voci, archi, bc
Si conserva il testo.

CC 322   *Sacre lodi* (1680)

De' celesti splendori

Esecuzione attestata: 1680

«Per l'espositione del Ss.mo Sacramento. A due Soprani, con Sinfonia. Dialogo» (libretto)

CC, archi, bc

Si conserva il testo.

CC 323   *Oratorii sacri* (1681)

Dell'aurora pellegrina

Esecuzione attestata: 1681

«Alla Santissima Madre di Dio. A Voce sola con Violini» (libretto)

voce, archi, bc

Si conserva il testo.

CC 324   *Dina rapita* (1668)

Dina rapita

Esecuzione attestata: 1668

voci, archi, bc (?) • *Personaggi:* Giacob, Simeone, Levino, Dina, Emor, Sichemo, Compagna prima, Compagna seconda, Choro di Sacerdoti Idolatri, Choro di Figli di Giacob, Testo.

Si conserva il testo. Con ogni probabilità, il libretto del 1668 è quello relativo a una ripresa dell'oratorio, la cui prima rappresentazione sarebbe avvenuta quindi qualche anno prima.

CC 325   *Sacre lodi* (1680)

Di quest'orbe mortale

Esecuzione attestata: 1680

«Abbandono del Mondo, e seguela di Maria. Cantata à Contralto solo con Sinfonia» (libretto)

A, archi, bc

Si conserva il testo.

CC 326

Divina bellezza

Esecuzione attestata: 1681
«Alla Santissima Madre di Dio. A Voce sola con Violini» (libretto)
voce, archi, bc

Si conserva il testo.

CC 327

Dormi Giacobbe, dormi

Esecuzione attestata: 1681
«Oratorio pe'l Santissimo» (libretto)
2 voci, due cori, archi, bc • *Personaggi:* Giacobbe, Fede, Primo Coro d'Angeli, Secondo
Coro d'Angeli.

Si conserva il testo.

CC 328

Già le promesse antiche

Esecuzione attestata: 1680
«Affetti di Maria sopra la Nascita di Giesù. Cantata à Basso solo con Sinfonia» (libretto)
B, archi, bc

Si conserva il testo.

CC 329

Gran contento haver la sorte

Esecuzione attestata: 1681
«Alla Santissima Madre di Dio. A Voce sola con Violini» (libretto)
voce, archi, bc

Si conserva il testo.

CC 330

La maraviglia maggior hoggi del mondo

Esecuzione attestata: 1681
«Oratorio pe'l Santissimo» (libretto)
5 voci, coro, archi, bc • *Personaggi:* Fede, Coro della Fede, quattro voci.

Si conserva il testo.

CC 331   *Oratorii sacri* (1681)

L'eterna sapienza

Esecuzione attestata: 1681
«Oratorio pe'l Santissimo» (libretto)
5 voci, archi, bc • *Personaggi:* Fede, Speranza, Carità, Misericordia, Hebraismo.
Si conserva il testo.

CC 332   *Sacre lodi* (1680)

Miei cari seguaci

Esecuzione attestata: 1680
«Il Lavar de Piedi. Cantata à 3. con Sinfonia» (libretto)
3 voci, archi, bc • *Personaggi:* Cristo, Testo, S. Pietro.
Si conserva il testo.

CC 333   *Sacre lodi* (1680)

No, no, no dolce Signore

Esecuzione attestata: 1680
«Mottivo d'Amor con Maria. A Soprano solo con Sinfonia. Arietta» (libretto)
C, archi, bc
Si conserva il testo.

CC 334   *Sacre lodi* (1680)

O mio Dio, e dove sei

Esecuzione attestata: 1680
«L'Eucaristia. A due voci Contralto, e Tenore, con Sinfonia» (libretto)
AT, archi, bc
Si conserva il testo.

CC 335   *Oratorii sacri* (1681)

O mio picciol infinito

Esecuzione attestata: 1681
«Oratorio pe'l Santissimo» (libretto)
3 voci, coro, archi, bc • *Personaggi:* Fede, Speranza, Carità, coro.
Si conserva il testo.

CC 336
Sacre lodi (1680)

Or ch'il Duce sovrano

Esecuzione attestata: 1680

«Invito à fuggire le grandezze, ed abbracciar l'umiltà di Christo, nella lavanda de piedi. Cantata à 3. voci, con Sinfonia» (libretto)

3 voci, archi, bc

Si conserva il testo.

CC 337
Oratorii sacri (1681)

Rallegrati, o core

Esecuzione attestata: 1681

«Oratorio per il Santissimo» (libretto)

11 voci, archi, bc • *Personaggi:* Eccellenza di Dio, Vita, Carità di Dio, Amor di Dio, Redentione, Immensità di Dio, Speranza, Timor di Dio, Innocenza, Applauso della gratia, Piacere.

Si conserva il testo.

CC 338
Oratorii sacri (1681)

Salve regina, madre pietosa

Esecuzione attestata: 1681

«Alla Santissima Madre di Dio. A Voce sola con Violini» (libretto)

voce, archi, bc

Si conserva il testo.

CC 339
Sacre lodi (1680)

Sempre amerò Maria

Esecuzione attestata: 1680

«Stabilimento di perpetuo Amore con la Vergine. A Soprano solo, con Sinfonia» (libretto)

C, archi, bc

Si conserva il testo.

CC 340   *Oratorii sacri* (1681)

Senza te dolce Maria

Esecuzione attestata: 1681
«Alla Santissima Madre di Dio. A Voce sola con Violini» (libretto)
voce, archi, bc

Si conserva il testo.

CC 341   *Oratorii sacri* (1681)

Si canti

Esecuzione attestata: 1681
«Oratorio per il Santissimo» (libretto)
2 voci, coro, archi, bc • *Personaggi:* Fede, una Voce, Coro.

Si conserva il testo.

CC 342   *Sacre lodi* (1680)

Signor, se mi condanni al crud' inferno

Esecuzione attestata: 1680
«Atto d'amor con la Vergine, e con Christo. Arietta à soprano solo, con Sinfonia» (libretto)
c, archi, bc

Si conserva il testo.

CC 343   *Sacre lodi* (1680)

Signor vorrei donarti, e non so che

Esecuzione attestata: 1680
«Con Dio, chi più le proprie colpe accusa, più premiato viene. Arietta à solo, con Sinfonia» (libretto)
voce, archi, bc

Si conserva il testo.

CC 344

Venite mortali

Esecuzione attestata: 1680

«Dialogo. Ebraismo, Fede, l'Amore, e Coro d'Angioli. Cantata à 3» (libretto)

3 voci, archi, bc • *Personaggi:* Ebraismo, Fede, Amore.

Si conserva il testo.

CC 345

Vivi, o core, in schiavitù

Esecuzione attestata: 1681

«Doppo la compieta. Alla Santissima Madre di Dio. A Voce sola con Violini» (libretto)

voce, archi, bc

Si conserva il testo.

CC 346

Voi che del mar d'Atlante

Esecuzione attestata: 1680

«Per il Santissimo Sacramento. Cantata à quattro con Sinfonia. Peccatore, e li Tre Rè Magi. Dialogo» (libretto)

4 voci, archi, bc • *Personaggi:* Peccatore, Gasparre, Merchiorre, Baldassarre.

Si conserva il testo.

Opere spurie

Carlo Donato Cossoni • Anonimo
Messa

Data di redazione incerta
CAB, bc

Kyrie

Gloria

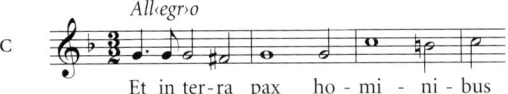

Sanctus e Benedictus

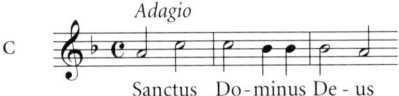

La messa contiene soltanto il *Kyrie*, il *Gloria* fino a «propter magnam gloriam tuam» e il *Sanctus* col *Benedictus*. Lo stesso copista compila alcune parti delle composizioni autentiche CC 4b e CC 5, ciononostante la composizione è da considerarsi spuria. L'inizio del *Kyrie* è un adattamento del coro finale del dialogo *Ave, crux amabilis* CC 183. Non è stato possibile identificare il modello cossoniano per le parti successive della messa: è tuttavia ipotizzabile un adattamento da una perduta messa 'brevissima' di Cossoni (come la seconda dell'op. XVI, CC 7b). Il *Sanctus*, che ha uno stile decisamente più tardo, va però senz'altro considerato un'aggiunta ottocentesca.

CC 348a

ANONIMO
Felix nox

Data di redazione incerta
«Adagiò. | Pro Festis Natalitijs D‹omini› N‹ostri› | Canto» (c)
CAB, bc

La composizione è tràdita in forma anonima fino all'inizio dell'Ottocento, quando compare la prima attribuzione a Cossoni. Come opera anonima appare anche in un manoscritto del 1749 in CH-NSJp, Ms. 23 e in un manoscritto del 1710 ca. in D-DO, Mus. Ms. 257. In calce alla parte dell'org in CH-E, 681.7 si trovano le iniziali: «P.A.P.». Tra i padri musicisti di Einsiedeln all'inizio del Settecento si trova padre Ambros Püntener, morto nel 1713 (*cfr.* HENGGELER, *Professbuch*, p. 347). Se la copia è stata realizzata nel convento, si potrebbe trattare di una copia di sua mano (di Püntener non si conservano purtroppo autografi musicali certi), in seguito attribuita a Cossoni. Il testo *Felix nox* è di frequente uso ad Einsiedeln nel giorno del Natale. Il cosiddetto *Kapellmeisterbuch* (CH-E, 925.3) riporta esecuzioni all'inizio dell'Ottocento di mottetti con questo titolo, opere di Nonnosus Madlseder e di Lorenzo Bologna (probabilmente contraffatture), e nel 1831 registra anche l'esecuzione di un *Felix nox* attribuito a Cossoni: questa è la più antica attestazione dell'attribuzione a Cossoni della presente composizione.

CC 348b

ANONIMO • MARKUS ZECH
Felix nox

Redazione: 1769
«'Felix Nox, bona dies.' | Pastorale a 3 Voci. | Canto, Alto, Basso | 2 Viole al beneplacito | Violoncello ed Organo | descritte dall'antico manoscritto 1769, | in Partitura 1872» (frontespizio)
CAB, vl₁₋₂ (*ad lib.*), vlc, bc

Nel 1769 padre Markus Zech (1727-1770) rielabora la composizione CC 348a aggiungendovi gli archi e modernizzando la notazione degli accidenti in chiave e della misura (tre quarti anziché tre mezzi). Non si conservano le parti del 1769, ma solo la copia in partitura che padre Sigismund Keller ne ha realizzato nel 1872.

CC 349a

ANONIMO
Laeti Bethlehem

Data di redazione incerta
cc, vl$_{1-2}$, bc

La fonte più antica per questa composizione non reca alcuna attribuzione a Cossoni.
Le caratteristiche stilistiche suggeriscono una datazione verso i primi decenni del
Settecento.

CC 349b

ANONIMO • SIGISMUND KELLER
O mirum, o ineffabile mysterium

Redazione: [1870 ca.]
CCTB, bc

Sigismund Keller copia e rielabora due sezioni interne del mottetto cc 349a, ed è soltanto sul frontespizio della sua partitura che si trova un'attribuzione a Cossoni, peraltro posteriore e a matita.

CATALOGO DELLE FONTI

Tabella riassuntiva dei manoscritti

A-Wn, Mus. Hs. 17760	CH-E, 678.3	D-MÜs, Hs. 1269
CH-E, 199.51	CH-E, 678.4	GB-Ob, Ms. Tenbury 333
CH-E, 283.6	CH-E, 678.5	I-Baf, capsa I, n. 9²
CH-E, 287.4	CH-E, 678.6	I-Baf, capsa I, n. 9³
CH-E, 435.5	CH-E, 678.7	I-Baf, capsa I, n. 9⁴
CH-E, 435.6	CH-E, 678.8	I-COd, 1A-11
CH-E, 435.7	CH-E, 678.9	I-COd, 1A-12
CH-E, 435.8	CH-E, 678.10	I-COd, 2A-18
CH-E, 437.3:1	CH-E, 678.11	I-COd, 2A-20
CH-E, 437.3:2	CH-E, 678.12	I-COd, 3A-8
CH-E, 437.3:3	CH-E, 678.13	I-COd, 10A-1
CH-E, 437.3:4	CH-E, 678.14	I-COd, 10A-2
CH-E, 437.3:5	CH-E, 678.15	I-COd, AA-43
CH-E, 437.3:6	CH-E, 678.16	I-COd, V-16
CH-E, 677.20	CH-E, 678.17	I-COd, V-17
CH-E, 677.21	CH-E, 678.18	I-COd, V-18
CH-E, 677.22	CH-E, 678.19	I-COd, V-19
CH-E, 677.23	CH-E, 678.20	I-COd, V-20
CH-E, 677.24	CH-E, 678.21a	I-COd, V-21
CH-E, 677.25	CH-E, 678.21b	I-COd, V-22
CH-E, 677.26	CH-E, 681.3	I-COd, V-23
CH-E, 677.27	CH-E, 681.4	I-COd, V-24
CH-E, 677.28	CH-E, 681.5	I-COd, V-25
CH-E, 677.29	CH-E, 681.6	I-COd, V-26
CH-E, 677.30	CH-E, 681.7	I-COd, V-27
CH-E, 677.31	CH-E, 681.8	I-Mfd, AD.11.1
CH-E, 677.32	CH-E, 681.9	I-PS, B.163:1
CH-E, 678.1	CH-E, 681.10	S-Uu, Vok. Mus. i hs. 78 (82)
CH-E, 678.2	CH-E, 681.40	S-Uu, Vok. Mus. i hs. 83 (11)

Fonti manoscritte

A-Wn, Mus. Hs. 17760

Volume composito proveniente dalla collezione di Leopoldo I, rilegato in pergamena chiara con insegne imperiali.

Il volume oblungo, di cm 26.5 × 10 (la c. 37, in formato differente, cm 26 × 22.5, è inserita ripiegata nel volume), è costituito da 9 fascicoli indipendenti. Le composizioni n. 2 e 5 sono costituite ciascuna da 2 fascicoli; negli altri casi, a ogni fascicolo corrisponde una composizione. La stesura è dovuta a differenti copisti. Il riferimento al devastante terremoto che nel 1693 colpì la città di Ragusa nella cantata di Antonio Masini (n. 2) rappresenta un *terminus post quem* per datare la rilegatura del volume miscellaneo, avvenuta in ogni caso prima della morte di Leopoldo I (1705).

MANTUANI, *Tabulae*, X, p. 51 • EITNER, *Quellen-Lexikon*, III, p. 74.

1. […] *Sì pur troppo è ver*
   c, bc
   cc. 1-8*v*
   Frammento ancipite, nella stessa mano dei nn. 2 e 3.

2. ANTONIO MASINI, *Ragusa.* «*Alle scosse fatali*»
   Cantata «del Sig‹nor› | Ant‹oni›o | Masini | Ragusa»
   c, bc
   cc. 9-18*v*

3. MARCO MARAZZOLI, *Oh Dio, se voi vedeste*
   Frammento di cantata «Del sig‹nor› Marco | Marazzoli»
   c, bc
   cc. 19-22*v*

4. CARLO DONATO COSSONI, *Ci vuol tempo e poi Dio sa*   → CC 264a
   «Parole del Can‹oni›co Grossi | Basso Solo | musica Del Cossoni»
   c, bc

   Ci vuol tempo e poi Dio sa, cc. 23-28*v*.

   Partitura autografa, 4 righi per pagina, fil. 32 [?]. È probabile che la partitura contenga una prima redazione dell'omonima composizione pubblicata nell'op. VII (17): cfr. *Introduzione*, pp. 50-51.

5. MARIANI, *A chi più crederò*
«Del Sig‹nor› | Mariani | Prima | A 3»
CCA, bc
cc. 29-36*v*

6. GIOVANNI ANTONIO BORETTI: *Che senti che speri*
«Del Sig‹nor› Gio‹vanni› Ant‹oni›o Boretti»
C, bc
c. 37

7. [GIOVANNI ANTONIO BORETTI ?]: *Io non t'intendo, Amor*
C, bc
c. 37*v*
Sul verso di c. 37 nella stessa mano, ma in altra misura e tonalità.

8. ANDREA [?]: *Udite stato non udito amanti*
«Del Sig‹nor› Don Andrea»
B, bc
cc. 38-41*v*

CH-E, 199.51

Convoluto di 4 parti, relative a una composizione.

Le parti sono descritte da quelle conservate in CH-E, 681.7 (tra le quali oggi manca però la parte del B). Le parti non recano alcuna attribuzione a Cossoni. Il nome del compositore è apposto da una mano ottocentesca su una papeletta di copertura: «Cossoni | Felix nox».

• ANONIMO, *Felix nox*   → CC 348a
«Pro festis Natÿvitatis D‹omini› N‹ostri› | Canto.» (C)
CAB, bc

Parti in-4°, cm 23 × 35 — 3 parti del sec. XVIII-XIX: C, A, B; 11 righi per pagina, mano H, fil. 27 — 1 parte del sec. XVIII-XIX: bc; 9 righi per pagina, mano G, fil. 6 e 27.

CH-E, 283.6

Volume miscellaneo in partitura, relativo a 31 composizioni.

Il volume oblungo, di 273 pp., cm 34 × 25.5, reca il titolo «Vocal- | Kirchen-Musik | von | Authoren des Klosters | Maria Einsiedeln. | Partituren.» ed è stato compilato da padre Sigismund Keller (1803-1882). Il n. 1 è una rielaborazione di due composizioni originali di Cossoni (CC 5 e 12), adattate ad un uso specifico di Einsiedeln (la festività della 'Engelweihe').

BRUGGISSER–CASTELLANI (ed.), *Engelweihe*, pp. I-X.

1. CARLO DONATO COSSONI • SIGISMUND KELLER, *Sanctus angelicum* → CC **5, 12**
   «Sanctus et Agnus Angelicum a duobus choris. Cossoni | Vide Sanctus
   Tomi 1^{mi} p. 66, et Sanctus Missa 10 T. 1mo p. 13 arrang‹iert›»
   CATB CATB, bc

   Sanctus Deus in aula, pp. 1-15

   Partitura, 12 righi per pagina, fil. non rilevata. La stesura del manoscritto non è
   databile con precisione.

2. GEROLD BRANDENBERG, *Agnus Dei miserere*
   CATB, tr_2 ob_2 vl_2 va vc org
   pp. 17-34

3. JUSTUS BURACH, *Sanctus angelicum*
   CATB CATB, vc, org
   pp. 37-48

4. MARKUS ZECH, *Sanctus et Agnus angelicum*
   CATB CATB, bc
   pp. 49-72

5. [MARKUS ZECH ?]: *Sanctus et Agnus angelicum*
   CATB CATB, vc, org
   pp. 73-95

6. MARKUS LANDWING, *Sanctus et Agnus angelicum*
   CATB CATB, bc
   pp. 97-113

7. MAR‹IANUS› MÜLLER, *Messa*
   CATB, vc, org obbl.
   pp. 114-148

8. MARKUS ZECH [?], *Statio 1.ma. Deum summum invocamus*
   CATB CATB, org
   pp. 149-153

9. [MARKUS ZECH], *Statio 2.da. O supreme caeli rex*
   CATB CATB, org
   pp. 153-160

10. [MARKUS ZECH], *Statio 3.^{tia.} Sancte Georgi inclite martyrio*
    CATB CATB, org
    pp. 161-164

11. [MARKUS ZECH], *Statio 4.ta ad S. Sacellum. Sub tuum praesidium*
    CATB CATB, org
    pp. 165-170

12. MARK‹US› ZECH, *Inno Lauda Sion*
    CATB CATB, org
    pp. 171-174

13. [Markus Zech], *Statio 2.$^{da.}$ Quod in coena*
    CATB CATB, org
    pp. 175-178

14. [Markus Zech], *Statio 3.$^{tia.}$ Sit laus plena*
    CATB CATB, org
    pp. 179-181

15. [Markus Zech], *Statio 4.$^{ta.}$ Bone pastor*
    CATB CATB, org
    pp. 182-185

16. [Markus Zech ?], *Sanctus Deus in aula*
    CC; vl$_2$, bc
    pp. 185-191

17. Anonimo, [...] *Sanguis pocula*
    CATB CATB
    p. 193

18. Anonimo, *Venite omnes populi*
    CATB CATB, org
    pp. 195-198

19. Anonimo, *Statio 2.$^{da.}$ O Deum*
    CATB CATB, org
    pp. 199-202

20. Anonimo, *Statio 3.$^{tia.}$ Gaudete*
    CATB CATB, org
    pp. 203-207

21. Anonimo, *Statio 4.$^{ta.}$ Sub tuum praesidium*
    CATB CATB, org
    pp. 208-214

22. Anonimo, *In Processione Sanct‹issim›i. Ad 1.^{mum} Altare. Adoramus*
    CATB CATB, org
    pp. 215-220

23. Anonimo, *Ad 2.^{dum} Altare. O memoranda*
    CATB CATB, org
    pp. 220-225

24. Anonimo, *Ad 3.^{tium} Altare. Ave verum*
    CATB CATB, org
    pp. 225-229

25. Anonimo, *Ad 4.^{tum} Altare. Hoc tegitur*
    CATB CATB, org
    pp. 229-232

26. [BERNHARD FORESTI ?], *Statio 1.ma. O quam suavis est*
    CATB
    pp. 233-235

27. [BERNHARD FORESTI ?], *Statio 2.da. Hostia sancta*
    CATB
    pp. 235-238

28. [BERNHARD FORESTI ?], *Statio 3.tia. Caro mea vere*
    CATB
    pp. 238-242

29. [BERNHARD FORESTI ?], *Statio IV.ta. O sacrum convivium*
    CATB
    pp. 242-245

30. [BERNHARD FORESTI ?], *Tantum ergo*
    CATB, org obbl.
    pp. 245-247

31. [JUSTUS BURACH ?], *Messa*
    CATB CATB, vc, org
    pp. 251-273

CH-E, 287.4

Volume miscellaneo in partitura relativo a quattordici composizioni.

Il volume compilato da padre Sigismund Keller reca il titolo «Magnificat | a duobus Choris […] 1872 | Partitura». I nn. 8, 9 e 10 nella miscellanea mettono in partitura opere di Cossoni presenti sotto forma di parti nella biblioteca del convento.

1. [JUSTUS BURACH ?], *Magnificat*
   CATB CATB, bc
   pp. 1-16

2. MARKUS ZECH, *Magnificat*
   CATB CATB, bc
   pp. 17-34

3. MARKUS ZECH, *Magnificat*
   CATB CATB, bc
   pp. 35-51

4. JUSTUS BURACH, *Magnificat*
   CATB CATB, bc
   pp. 52-64

5. JUSTUS BURACH, *Magnificat*
   CATB CATB, bc
   pp. 65-83

6. JUSTUS BURACH, *Magnificat*
CATB CATB, bc
pp. 84-91

7. FILIPPO BARONO (= BARONI), *Magnificat*
CATB CATB, bc
pp. 92-107

8. CARLO DONATO COSSONI, *Magnificat*   → CC 140
CATB CATB, bc
pp. 108-116

Partitura, 12 righi per pagina, fil. non rilevata. La musica è stata descritta nel 1872 dalle parti conservate in CH-E, 681.5.

9. CARLO DONATO COSSONI, *Magnificat*   → CC 142
CATB CATB, bc
pp. 117-136

Partitura, 12 righi per pagina, fil. non rilevata. La musica è stata descritta nel 1872 dalle parti conservate in CH-E, 681.8.

10. CARLO DONATO COSSONI, *Magnificat*   → CC 141
CATB CATB, bc
pp. 137-160

Partitura, 12 righi per pagina, fil. non rilevata. La musica è stata descritta nel 1872 dalle parti conservate in CH-E, 681.9.

11. [MELCHIORRE ?] DE VINCENTI, *Magnificat*
CATB CATB, bc
pp. 161-193

EITNER, *Quellen-Lexikon*, X, p. 94.

12. JUSTUS BURACH, *Magnificat*
CATB, bc
pp. 194-200

13. JUSTUS BURACH, *Magnificat*
CATB, bc
pp. 201-203

14. JUSTUS BURACH, *Magnificat*
CATB, bc
pp. 203-206

CH-E, 435.5

Convoluto formato da 10 parti, relative a una composizione.

Si tratta di un adattamento di due diverse composizioni originali di Carlo Donato Cossoni (CC 5 e 12), rielaborate per una specifica occasione liturgica di Einsiedeln (la festività della 'Engelweihe').

BRUGGISER–CASTELLANI (ed.), *Engelweihe*, pp. I-X.

- CARLO DONATO COSSONI • ANONIMO, *Sanctus Angelicum* → (CC 5, 12)
  «Sanctus | angelicum. | a 2 Chori con Organo et Violoncello. | [*in altra mano:*] Vide Sanctus in E mol Tomi 1.mo pag. 66 et Sanctus | Missae 1.^{mae} Tomi 1.^{mi} pag. 13. | Cossoni. | In Partitura. [*in altra mano, a matita:*] Cossoni» (org)
  CATB CATB, bc

1 partitura per org del sec. XVIII-XIX: 2 cc., in-4° oblungo, 10 righi per pagina, cm 23 × 32, mano I, fil. 26 — 9 parti del sec. XVIII-XIX: C$_1$, A$_1$, T$_1$, B$_1$, C$_2$, A$_2$, T$_2$, B$_2$, vlc; in-4°, 11 righi per pagina, cm 32 × 23, mano I, fil. 11 — La stesura dei manoscritti non è ulteriormente databile.

CH-E, 435.6

Convoluto di 4 parti, relative a una composizione.

Si tratta di un adattamento di almeno una composizione originale di Carlo Donato Cossoni (CC 183), completato da materiale probabilmente ottocentesco.

- CARLO DONATO COSSONI • ANONIMO, *Messa* → CC 347 (CC 183)
  CAB, bc

4 parti del sec. XIX: C, A, B, org; in-4° oblungo, cm 28 × 22, 12 righi per pagina, mano D, fil. non visibile. La parte dell'org non è un basso cifrato, ma una riduzione per tastiera (chiavi: Sol2 e Fa4).

CH-E, 435.7

Convoluto di 8 parti, relative a una composizione.

- *Ecce sacerdos* → CC 83
  «Ecce sacerdos. | Soprano 1.^{mae} Orchestrae. | Cossoni.» (C$_1$)
  CATB CATB, bc

8 parti del sec. XIX: C$_1$, A$_1$, T$_1$, B$_1$, C$_2$, A$_2$, T$_2$, B$_2$; in-4°, cm 23 × 28.5, 10 righi per pagina, mano E, fil. 29 e 46.

CH-E, 435.8

Convoluto di 16 parti, relative a una composizione.

- *Consurge induere fortitudine tua Sion*   → CC 187
  «In Nativitate D‹omi›ni Nostri Jesu Christi | Cossonij» (C$_1$ conc)
  CATB CATB, bc

16 parti autografe: C$_1$ conc, A$_1$ conc, T$_1$ conc, B$_1$ conc, C$_1$, A$_1$, T$_1$, B$_1$, org$_1$, C$_2$ (2 esempl.), A$_2$ (2 esempl.), T$_2$, B$_2$, org$_2$; in-4°, cm 23 × 28.5, 12 righi per pagina, fil. 5. Con ogni probabilità, redatte nel dicembre 1686 insieme alla partitura CH-E, 437.3:2 (1).

CH-E, 437.3:1

Volume miscellaneo in partitura, relativo a otto composizioni.

La rilegatura in cartone (carta marmorizzata) è realizzata ad Einsiedeln nella prima metà del sec. XIX. Su di essa è apposta un'etichetta con l'indicazione, di mano di padre Gall Morel: «Cossoni | Missae variae | Tom. I» e, in altra mano e in matita blu, la segnatura «70». Padre Gall redige sul risguardo del volume un indice del contenuto.

Il volume, di cm 28 × 23 oblungo, è costituito da 9 fascicoli in-4° indipendenti, per complessive 104 carte, cartulate a matita in alto a destra in epoca moderna.

1. Messa *Disperdet illos*   → CC 5
   «1690 | mense | 9bris | Mediolani | Missa. Disperdet illos D‹omi›nus Deus noster. piena, e brevis‹sima›. | Cossonij»
   CATB CATB, bc

   Gloria, cc. 1r-5v
   Kyrie, cc. 5v-6v
   Credo, cc. 7r-12v
   Sanctus, cc. 13r-15v
   Benedictus, cc. 15v-16v

   Fasc. 1 (cc. 1r-6v) e fasc. 2 (cc. 7r-16v). Partitura autografa, 10 righi per pagina, fil. 7. A c. 1 sono presenti annotazioni non autografe: in testa, «Gloria»; in calce, «Partes 18. Chori duplicati»; accanto all'incipit la segnatura «F.» in inchiostro rosso. Il *Sanctus* e il *Benedictus* hanno un secondo testo sottoposto al rigo musicale: si tratta di un tropo chiamato *Sanctus angelicum*, inserito sulla partitura da Marianus Müller intorno al 1760-1780, relativo alla festività della 'Engelweihe' in uso ad Einsiedeln (cfr. *Introduzione*, p. 63).

2. Messa   → CC 11
   «Gloria in excelsis, à più voci, intrecciato sino al fine. con Ripieni. | Mediolani | mense | Augusti | 1688. | Cossonij [B *solo:*] a beneplacito nel p‹rim›o ch‹or›o.»
   CCATBB (B2 ad lib.) CCATB, bc

Gloria, cc. 17r-39v

Kyrie, cc. 40r-40v

Fasc. 3 (cc. 17r-41v). Partitura autografa, 12 righi per pagina, fil. 32. Annotazioni non autografe: in calce a c. 17 «Partes 30. Concertant 10. voces. Bassus 3tius ad libit. | duo Canti pro 1o Choro, et duo pro 2o Choro necessarij»; accanto all'incipit la segnatura «G» in inchiostro rosso.

3. Messa *Acuerunt linguas suas*   → CC 4a

«Gloria in excelsis, pieno, e breve. | 1688 | mense 7bris | mediolani | Acuerunt linguas suas. | Sta‹mpa›ta | Cossonij»

CATB CATB, bc

Gloria, cc. 41r-46v

Kyrie, cc. 47r-48v

Fasc. 4 (cc. 41r-48v). Partitura autografa, 10 righi per pagina, fil. 52. Sotto il titolo autografo «Gloria […]» (c. 41r) si trova un appunto di padre Gall Morel: «Kyrie vide fol. 47 post "Gloria"».

4. Messa *Confundantur superbi*   → CC 2

«Messa a quattro voci, da Capella. | 1686 | mense 8bris | Grabedonae | B[…] Deus [*sovrascritto:*] Confundantur superbi | Cossonij»

CATB

Kyrie, cc. 49r-49v

Gloria, cc. 49v-51v

Credo, cc. 52r-54v

Sanctus, c. 55r

Benedictus, cc. 55r-55v

Agnus Dei, cc.55v-56r

Fasc. 5 (cc. 49r-56r). Partitura autografa, 12 righi per pagina, fil. 51. Annotazioni non autografe: accanto all'incipit la segnatura «M.» in inchiostro rosso; in calce a c. 49r si legge: «Partes 6.».

5. Messa   → CC 12

«Pieno e breve. p‹er› Due Organi. 1686 Mense Martij. Mediol‹ani› | Credo. | Cossonij»

CATB CATB, bc

Credo, cc. 57r-65v

Sanctus, cc. 66r-67v

Benedictus, cc. 67v-68r

Fasc. 6 (cc. 57r-68v). Partitura autografa, 10 righi per pagina, fil. 31. Annotazioni non autografe: accanto all'incipit la segnatura «V.» in inchiostro rosso. In calce a c. 57r si legge: «8. vocum. Chori duplicati.». *Sanctus* e *Benedictus* hanno un secondo testo aggiunto ad Einsiedeln, legato alla rielaborazione come *Sanctus angelicum* (cfr. *Introduzione*, p. 63).

6. Messa *Iniquos odio habui*   → CC 4b

«Pieno, e brevis‹sim›o | a Due Chori. | 1688. Mense 7bris Mediolani. | Sta‹mpa›ta | Cossonij | Iniquos odio habui | Credo cu‹m› S‹anc›tus»
CATB CATB, bc

   Credo, cc. 69r-77v
   Sanctus, cc. 78r-79r
   Benedictus, cc. 79v-80v

Fasc. 7 (cc. 69r-80v). Partitura autografa, 10 righi per pagina, fil. 31.

7. Messa   → CC 13

«A due Chori, pieno, e breve. | Cossonij | 1688 mense | 8bris | Grabedonae»
CATB CATB, bc

   Credo, cc. 81r-88r
   Sanctus, cc. 88v-91r
   Benedictus, cc. 91r-92v

Fasc. 8 (cc. 81r-92v). Partitura autografa, 10 righi per pagina, fil. 52. L'incipit del *Benedictus* nella partitura (non se ne è conservata la parte) è pesantemente corretto e difficilmente leggibile. Annotazioni non autografe: accanto all'incipit la segnatura «L.» in inchiostro rosso. In calce alla c. 81r in mano anonima: «Partes 28. Chori quadruplicati.».

8. Messa *Confringet Deus capita inimicorum suorum*   → CC 3b

«Pieno, e breve. | Confringet Deus capita inimicorum suorum. | Sta‹m›pa‹›te | Cossonij | 1689 | mense 8bris | Mediolani [sovrascritto:] 9bris | Grabedonae»
CATB CATB, bc

   Credo, cc. 93r-100v
   Sanctus, cc. 101r-103r
   Benedictus, cc. 103r-104v

Fasc. 9 (cc. 93r-104v). Partitura autografa, 10 righi per pagina, fil. 7.

CH-E, 437.3:2

Volume miscellaneo in partitura, relativo a tredici composizioni.

La rilegatura in cartone (carta marmorizzata) è realizzata ad Einsiedeln nella prima metà del sec. XIX. Su di essa è apposta un'etichetta di mano di padre Gall Morel con l'indicazione: «Tom. II | Cossoni | Offertoria» e, di altra mano in matita blu, la segnatura «71». Nel risguardo, è presente un indice del contenuto, redatto da padre Morel. Il volume, di cm 28 × 23, è costituito da 12 fascicoli indipendenti in-4° oblungo, per complessive 50 carte, cartulate a matita in alto a destra in epoca recente.

1. *Consurge induere fortitudine tua* → CC 187
«In Nativitate Domini Jesu Christi. A due Chori. concertato nel p‹rim›o | Cossonij | 1686 | mense xbris | Mediolani»
CATB CATB, bc

   Consurge induere fortitudine tua Sion, cc. 1r-6v

Fasc. 1 (cc. 1r-16v). Partitura autografa, 10 righi per pagina, fil. 51. Annotazioni non autografe: «10 [corretto in:] 11 | Partes | 17.»

2. Lucernario *Quoniam in te eripiar* → CC 22
«Lucern‹arium› Hymn‹us›; et post hym‹num›, in Nativitate, et Circumcis‹ione› | Cossonij | 1686 mense | 9bris Mediol‹ani›»
CATB, bc

   Quoniam in te eripiar, c. 7r

Fasc. 1 (cc. 1r-16v). Partitura autografa, 10 righi per pagina, fil. 51. L'annotazione «Solo il Salmo Magnificat» a c. 7r, in basso a sinistra, è autografa.

3. Inno *Intende qui regis Israel* → CC 110
«Inno | a 8.»
CATB CATB, bc

Intende qui regis Israel, cc. 7v-8r	CATB CATB, bc
Veni redemptor gentium, c. 8v	CC, bc
Non ex virili semine, cc. 9r-v	CATB CATB, bc
Alvus tumescit Virginis, c. 10r	$A_1 T_1 B_1$, bc
Procedit e thalamo suo, cc. 10v-11r	CATB CATB, bc
Ingressus eius a Patre, c. 11v	$C_2 A_2 B_2$, bc
Aequalis eterni Patri, cc. 12r-v	CATB CATB, bc
Praesepe iam fulget, c. 13r	ATB, bc
Gloria tibi Domine, cc. 13v-15v	CATB CATB, bc

Fasc. 1 (c. 1r-16v). Partitura autografa, 10 righi per pagina, fil. 51. Annotazioni autografe: «Due soprani | Cartina | e Basso 2o choro in cartina» [c. 8v]; «Tutti» [c. 9r]; «P‹rim›o Ch‹or›o | A 3» [c. 10r]; «2o Ch‹or›o | A 3» [c. 11v]; «Tutti» [c. 12r]; «Cartine | P‹rim›o Ch‹or›o | A 3» [c. 13r]. Con il termine «cartina» si fa riferimento alle parti per i solisti (cfr. *Introduzione*, p. 61). La data di redazione è certamente la medesima del lucernario n. 2, CC 22.

4. Responsorio *Venite populi* → CC 28
«Post Hymnum in Nativitate D‹omi›ni»
CATB, bc

   Venite populi, c. 16r

Fasc. 1 (c. 1r-16v). Partitura autografa, 10 righi per pagina, fil. 51. La data di redazione è certamente la medesima del lucernario n. 2, CC 22.

5. Responsorio *Praeter te Deus*   → CC 25
   «In Circumcisione | Domini | Post [Hymnum] supra»
   CATB, bc

   Praeter te Deus, cc. 16r-v

   Fasc. 1 (1r-16v). Partitura autografa, 10 righi per pagina, fil. 51. La data di redazione è certamente la medesima del lucernario n. 2, CC 22.

6. *Audite gaudia fideles*   → CC 180
   «Motetto a 8 pieno, e breve, p‹er› Pasqua di Resurrettione. | 1686 Mense Martii | Mediol‹ani› | Cossonij»
   CATB CATB, bc

   Audite gaudia fideles, c. 17r-20v

   Fasc. 2 (cc. 17r-20v). Partitura autografa, 10 righi per pagina, fil. 31. Annotazioni non autografe: «7. | Partes 26».

7. Lucernario *Quoniam in te eripiar*   → CC 21
   «Lucernario, Inno, e post Inno, p‹er› l'Ascensione di N‹ostr›o Sig‹no›re | Cossonij | 1686 | mense | Maii | Mediol‹ani›»
   CATB, bc

   (*Quoniam*) *in te eripiar*, c. 21r

   Fasc. 3 (cc. 21r-24v). Partitura autografa, 10 righi per pagina, fil. 31.

8. Responsorio *Prosperum iter*   → CC 26
   «Post Imnum.»
   CATB, bc

   Prosperum iter facit, c. 21r

   Fasc. 3 (cc. 21r-24v). Partitura autografa, 10 righi per pagina, fil. 31. Redatto insieme al lucernario n. 7, CC 21.

9. Inno *Optatus orbis gaudio*   → CC 120
   CATB CATB, bc

Optatus orbis gaudio, cc. 21v-22r	CATB CATB, bc
Ad astra Christus, c. 22r	C_1, bc
O grande cunctis gaudium, c. 22v	CATB CATB, bc
Agamus ergo gratias, c. 23r	C_2 A_2 T_2 B_2, bc
Sit caelitum laetantibus, c. 23r	C_1, bc
Nunc provocatis actibus, c. 23r	A_2, bc
Jesu tibi sit gloria, c. 23v-24v	CATB CATB, bc

   Fasc. 3 (cc. 21r-24v). Partitura autografa, 10 righi per pagina, fil. 31. Annotazioni autografe: «P‹rim›o Ch‹or›o | Soli» [c. 22r]; «P‹rim›o Ch‹or›o | A 3» [c. 22v]; «2o Ch‹or›o | A 3» [c. 23r]; «Solo» [c. 23r]; «Tutti» [c. 23v]; «Si volta p‹er› il post Inno | da capo» [c. 24v]. Redatto insieme al lucernario n. 7, CC 21.

10. *Adoramus te Christe* → CC 167

«A 8 pieno. | p‹er› la Passione del S‹gnor›e, e p‹er› S‹ant›a Croce | del Cossonij»

CATB CATB, bc

Adoramus te Christe, c. 25r-28v

Fasc. 4 (cc. 25r-28v). Partitura autografa, 10 righi per pagina, fil. 53. La partitura non è databile. Annotazioni non autografe, opera di un'anonima mano svizzera settecentesca: segnatura «20. | Partes 28.» (c. 25r).

11. *Ave Crux amabilis* → CC 183, 347

«Dialogo à tre. | S‹ant›a Chiesa, Eraclio Imperatore, Cosdroa Tiranno. | p‹er› l'invenzione di S‹ant›a Croce | Cossonij»

CAB, bc

Ave Crux amabilis, c. 29r-35v

Fasc. 5 (cc. 29r-36v). Partitura autografa, 10 righi per pagina, fil. 51. Annotazioni non autografe, opera di un'anonima mano svizzera settecentesca: segnatura «19.» (c. 29r). La partitura è databile al 1686-1689 ca. in base alla filigrana. All'inizio del «Choro d'Angioli» finale (34v-35r) viene sottoposto nell'Ottocento un secondo testo a matita, «Kyrie eleison», nel corso dell'arrangiamento della messa CC 347.

NOSKE, *Saints and Sinners*, pp. 121-123.

12. *Salve regina silvarum* → CC 238

«A 3. | Per la Solennità di S‹ant›a Croce | 1686. Mense Ap‹ri›lis; Mediol‹ani› | Cossonij»

CAB, bc

Salve regina silvarum, c. 37r-41r

Fasc. 6 (cc. 37r-42v). Partitura autografa, 10 righi per pagina, fil. 51. Annotazioni non autografe, opera di un'anonima mano svizzera settecentesca: segnatura «16.» (c. 37r).

13. Sequenza *Veni Sancte Spiritus* → CC 15

«Sequenza p‹er› la Festa della Pentecoste à 8 concertata e breve | 1686. Mense Maij mediol‹ani› | Cossonij»

CATB CATB, bc

Veni Sancte Spiritus, c. 45r-49v

Fasc. 7 (cc. 43r-50v). Partitura autografa, 10 righi per pagina, fil. 31. Annotazioni non autografe, opera di un'anonima mano svizzera settecentesca: segnatura «12. [*corretto in:*] 13. | Partes | 19. | Sine VV.» (c. 45r).

CH-E, 437.3:3

Volume miscellaneo in partitura, relativo a quattordici composizioni.

La rilegatura in cartone (carta marmorizzata) è realizzata ad Einsiedeln nella prima metà del sec. XIX. Su di essa è apposta un'etichetta di mano di padre Gall Morel con l'indicazione: «Tom. III | Cossoni | Offertoria | ov. | motetti» e, di altra mano in matita blu, la segnatura «72». Nel risguardo, è presente un indice del contenuto, redatto da padre Morel.

Il volume, di cm 28 × 23, è costituito da 13 fascicoli indipendenti in-4° oblungo, per complessive 74 carte, cartulate a matita in alto a destra in epoca recente (nella cartulazione è stata saltata una carta tra le attuali cc. 54 e 55).

1. Salmo *Cantate Domino canticum novum*   → CC 39
   «P‹rim›o Salmo p‹er› li Vesperi della Circoncisione del Sig‹no›re. | Pieno, e breve. | Cossonij | 1686 | Mense 9bris | Mediol‹ani›»
   CATB CATB, bc

   Cantate Domino canticum novum, cc. 1r-8v

   Fasc. 1 (cc. 1r-8v). Partitura autografa, 10 righi per pagina, fil. 51. L'annotazione «A quattro con le parti raddoppiate. Sopra il Canto fermo del Basso» (c. 8r), che introduce al *Sicut erat*, è autografa. Annotazioni non autografe, opera di un'anonima mano svizzera settecentesca: segnatura «I. | Partes | 16.» (c. 1r).

2. Salmo *Super flumina Babilonis*   → CC 76
   «A 3 | C A e Basso. | 1688 Mense Feb‹rarii› Medi‹o›l‹ani› | Per la Dom‹e›ni‹ca› di quinquagesima | Cossonij»
   CAB, bc

   Super flumina Babilonis sedimus et flevimus, cc. 9r-10v

   Fasc. 2 (cc. 9r-10v). Partitura autografa, 12 righi per pagina, fil. 32.

3. Salmo *Exultate Deo*   → CC 58
   «P‹rimo› Salmo, in solemnitate Corporis Christi | in 2.^{is} Vesp‹eris› | Pieno e breve. | Cossoni | 1687 Mense | Maij Mediol‹ani›»
   CATB CATB, bc

   Exultate Deo adiutori nostro, cc. 11r-24v

   Fasc. 3 (cc. 11r-24v). Partitura autografa, 10 righi per pagina, fil. 5. Annotazioni non autografe, opera di un'anonima mano svizzera settecentesca: segnatura «7. | Partes 21.» (c. 11r).

4. *Pater noster*   → CC 16
   «1686 | Mense Ap‹ri›lis. Mediol‹ani› | Breve, e pieno | Cosso[nii]»
   CATB CATB, bc

   Pater noster qui es in caelis, cc. 25r-28r

   Fasc. 4 (cc. 25r-28). Partitura autografa, 10 righi per pagina, fil. 31. Annotazioni non autografe, opera di un'anonima mano svizzera settecentesca: segnatura «20. | Partes 28.» (c. 25r).

5. *Cur me tenetis* → CC 188

«1690 | Mense Martij | Mediolani | Sop‹ran›o solo»
c, bc

Cur me tenetis gloriae fallaces, cc. 29r-30v

Fasc. 5 (cc. 29r-30v). Partitura autografa, 10 righi per pagina, fil. 32.

6. Salmo *Ecce nunc benedicite Dominum* → CC 56

«A due Sop‹rani› | Cossonij»
CC, bc

Ecce nunc benedicite Dominum, cc. 31r-32r

Fasc. 6 (cc. 31r-32v). Partitura autografa, 12 righi per pagina, fil. 32. La partitura è databile al 1686-1691 ca. in base alla filigrana. Annotazioni non autografe, opera di un'anonima mano svizzera settecentesca: segnature «4.» e «33», in rosso, e «a. 2. CC. sine VV. folia 6.» (c. 31r).

7. Salmo *Laudate Dominum omnes gentes* → CC 68

CC, bc

Laudate Dominum omnes gentes, cc. 31v-32r

Fasc. 6 (cc. 31r-32v). Partitura autografa, 12 righi per pagina, fil. 32. La partitura è databile al 1686-1691 ca. in base alla filigrana. Le annotazioni «20 Ch‹or›o» (c. 31v) e «Gl‹ori›a all'altra carta» (c. 32r) sono autografe.

8. *Haec dicit Dominus* → CC 197

«Motetto à due Chori, concertato nel primo. | In occasione del sposali-tio del Re della Spagna con la Princip‹ess›a di Neuburgo | Cossoni | 1689. Mense Augusti | Mediolani»
CATB CATB, bc

Haec dicit Dominus, cc. 33r-38v

Fasc. 7 (cc. 33r-38v). Partitura autografa, 10 righi per pagina, fil. 7. Annotazioni non autografe, opera di un'anonima mano svizzera settecentesca: segnatura «6. Partes 18. folia 6.» (c. 33r).

9. Salmo *Audite haec omnes gentes* → CC 29

«Primo Salmo, pro Confessore Sacerdote. | Pieno, e breve | Ut destruas inimicu‹m› | Cossonij | 1690 | Mense | Martij | Mediolani»
CATB CATB, bc

Audite haec omnes gentes, cc. 39r-46r

Fasc. 8 (cc. 39r-46v). Partitura autografa, 10 righi per pagina, fil. 32. Annotazioni non autografe, opera di un'anonima mano svizzera settecentesca: segnatura «5. Partes 13.» (c. 33r).

10. Salmo *Canite tuba in Sion* → CC 38

«Per la Vittoria grandiosa data da Dio all'Armi dell'Imp‹erator›e contro il Turco | Cossonij | 1687 | Die 24 | Mense | Augusti | Mediolani»
CATB CATB, bc

Canite tuba in Sion, cc. 47r-52r

Fasc. 9 (cc. 47*r*-52*v*). Partitura autografa, 10 righi per pagina, fil. 5. Annotazioni non autografe, opera di un'anonima mano svizzera settecentesca: segnatura «10. | Partes 19. folia 3.» (c. 47*r*).

11. *Il sagrificio d'Abramo* → CC 235

«Il Sagrificio d'Abramo. | Dialogo à 3 voci. Angelo, Abramo, Isacco, e puol servire p‹er› il S‹antis›s‹i›mo. | Cossonij»
CAB, bc

    Abraham. *Quae vox de caelo*, cc. 53*r*-55*v*

Fasc. 10 (cc. 53*r*-55*v*); nella cartulazione è stata saltata una carta tra le attuali cc. 54 e 55. Partitura autografa, 12 righi per pagina, fil. 13. La partitura è databile al 1670 ca. in base alla filigrana. Annotazione autografa: «Angelo | Abramo» (c. 53*r*). Annotazioni non autografe, opera di un'anonima mano svizzera settecentesca: segnatura «II», rubricata, e «11.», accanto all'incipit (c. 53*r*).

NOSKE, *Saints and Sinners*, p. 176-195.

12. Salmo *Caeli enarrant gloriam Dei* → CC 37

«Primo Salmo p‹er› li 2. Vesperi delli Apostoli, à duo Chori, pieno, e breve, col Gl‹ori›a Patri, e Sicut erat fugato | Cossonij | 1689 | Mense | 9bris | Grabedonae | Relegatus | Mediolano.»
CATB CATB, bc

    Caeli enarrant gloriam Dei, cc. 56*r*-65*r*

Fasc. 11 (cc. 56*r*-65*v*). Partitura autografa, 10 righi per pagina, fil. 51. Annotazioni non autografe, opera di un'anonima mano svizzera settecentesca: segnatura «16. | Partes 10.» (c. 56*r*).

13. *Eia resonent* → CC 191

«A 8. pieno, e breve. | Per ogni solennità | del Cossoni»
CATB CATB, bc

    Eia resonent omnia plausa, cc. 66*r*-69*v*

Fasc. 12 (cc. 66*r*-69*v*). Partitura autografa, 10 righi per pagina, fil. 53. La partitura non è databile. La cifra «2» apposta a c. 66*r* in basso a sinistra è autografa. Annotazioni non autografe, opera di un'anonima mano svizzera settecentesca: segnatura «6.» (c. 66*r*).

14. *Jubilate chori angelici* → CC 201

«A 8 pieno, e breve. | p‹er› ogni solennità | del Cossoni»
CATB CATB, bc

    Jubilate chori angelici, cc. 70*r*-73*r*

Fasc. 13 (cc. 70*r*-73*v*). Partitura autografa, 10 righi per pagina, fil. 53. La partitura non è databile. La cifra «3» a c. 70*r* in basso a sinistra è autografa.

CH-E, 437.3:4

Volume miscellaneo in partitura, relativo a nove composizioni.

La rilegatura in cartone (carta marmorizzata) è realizzata ad Einsiedeln nella prima metà del sec. XIX. Su di essa è apposta un'etichetta di mano di padre Gall Morel con l'indicazione: «Tom. IV. | Cossoni | Offertoria» e, di altra mano in matita blu, la segnatura «73». Nel risguardo, è presente un indice del contenuto, redatto da padre Morel.

Il volume, di cm 28 × 23, è costituito da 9 fascicoli indipendenti in-4° oblungo (il fasc. 5 è rifilato in maniera diversa e misura cm 22.5 × 23), uno per ciascuna composizione, per complessive cc. 53, cartulate a penna in alto a destra con ogni probabilità al momento della rilegatura.

1. *Audite insulae* → CC 182

«Canto solo con violini. p‹er› la M‹adonn›a S‹antiss›ma. | 1668 | Mense xbris. | Bon‹oniae› | Cossonij»
C, vl₁₋₂, bc

Audite insulae, cc. 1r-6r

Fasc. 1 (cc. 1r-6v). Partitura autografa, 12 righi per pagina, fil. 49. Annotazione autografa: «Auditae insulae», accanto all'incipit del rigo del C, a c. 1r. Annotazioni non autografe, opera di un'anonima mano svizzera settecentesca: segnatura «8.» (c. 1r).

2. Antifona *Inviolata, integra et casta* → CC 84

«A due Chori, pieno, è breve. | 1686. die 17 Mense Junij. Mediol‹ani› | Cossonij»
CATB CATB, bc

Inviolata, integra et casta, cc. 7r-11v

Fasc. 2 (cc. 7r-11v). Partitura autografa, 10 righi per pagina, fil. 31. Annotazioni autografe: indicazioni «Presto [*poi corretto in sovrascrittura in*] Svelto» e «Svelto», rispettivamente sopra e sotto i righi a c. 7r. Annotazioni non autografe, opera di un'anonima mano svizzera settecentesca: segnatura «4. Partes 10.» (c. 1r). Una seconda mano anonima di Einsiedeln del sec. XVIII annota in partitura un testo contraffatto: «O dolorosa Mater, afflicta et transficta doloris gladio …»; la stessa mano redige 11 parti di questa medesima composizione conservate in CH-E, 677.29.

3. *Furiae, non me tentate* → CC 195

«1687 Mense | Junij. Mediol‹ani› | A due Voci. | p‹er› la M‹adonn›a S‹antiss›ma. | Cossonij»
CB, bc

Furiae, non me tentate, cc. 11r-16v

Fasc. 3 (cc. 11r-16v). Partitura autografa, 12 righi per pagina, fil. 32. Annotazioni non autografe, opera di un'anonima mano svizzera settecentesca: segnatura «2.» (c. 11r).

4. *Ad sidera cor meum*   → CC 171

«A più voci concertate. Per S. Anna, e p‹er› la Natività della M‹adonn›a
S‹antiss›ma. | Cossonij | 1690 | Mediol‹ani› | Mense | Junij.»
CATB CATB, bc

Ad sydera cor meum, cc. 16r-21r

Fasc. 4 (cc. 16r-21v). Partitura autografa, 10 righi per pagina, fil. 32. Annotazioni
non autografe, opera di un'anonima mano svizzera settecentesca: segnatura «5.
Partes 10. fol‹ia› 9.» (c. 16r).

5. Antifona *Ecce sacerdos magnus*   → CC 83

«A due Chori Pieno. Motetto dà dirsi in occasione de Visite de
R‹everendissi›mi Vescovi, come | per la prima entrata fanno alle Sue
Chiese i Med‹esim›i | [poi aggiunto anche] Per un S‹ant›o Pontifice |
Cossonij | 1699 | Mense | Augusti | Grabed‹ona›e»
CATB CATB, bc

Ecce sacerdos magnus, cc. 23r-31r

Fasc. 5 (cc. 22r-31v). Partitura autografa, 9 righi per pagina, fil. 29 e 46. Annotazioni non autografe, opera di un'anonima mano svizzera settecentesca: segnatura «17. Partes 10.» (c. 23r).

6. *Par urbi sit festum*   → CC 224

«A 8 concertato. | p‹er› S. Carlo. | all'Offertorio. | Cossonij | 1686. Mense
| 8bris. | Mediolani.»
CATB CATB, bc

Par Urbi sit festu‹m›, cc. 32r-41r

Fasc. 6 (cc. 32r-41v). Partitura autografa, 10 righi per pagina, fil. 31. Annotazioni
non autografe, opera di un'anonima mano svizzera settecentesca: segnature «15.
Partes 27. sine VV.» e «Per S. Benedetto, over' un altro S. Confessore» (c. 32r).

7. *O Jesu care*   → CC 212

«Dialogo a due Voci p‹er› S‹ant›a Teresa. | Alto, e Basso | 1667 mense 8bris
| Cossonij»
AB, bc

O Jesu care, cc. 42r-46r

Fasc. 7 (cc. 42r-47v). Partitura autografa, 12 righi per pagina, fil. 49. Annotazioni non
autografe, opera di un'anonima mano svizzera settecentesca: segnatura «32.» (c. 42r).

8. Antifona *Regina caeli*   → CC 90

«1691 | Mense Ap‹ri›lis. Mediolani | Alto, e Basso | Cossonij»
AB, bc

Regina caeli laetare alleluia, cc. 48r-49v

Fasc. 8 (cc. 48r-49v). Partitura autografa, 12 righi per pagina, fil. 32. Annotazioni
non autografe, opera di un'anonima mano svizzera settecentesca: segnature «24.»
e «35», «Partes 3.» (c. 48r).

9. *Furiae, vos incito* → CC 196

«Affetti d'un Anima | A due Soprani. | Per ogni tempo. | Cossonij | 1682
| Mense xbris»
CC, bc

Furiae, vos incito ad arma, cc. 50r-53r

Fasc. 9 (cc. 50r-53v). Partitura autografa, 12 righi per pagina, fil. 50. L'indicazione
«Largo [*poi corretto in sovrascrittura con*] Allegro, e svelto» a c. 50r, è autografa.
Annotazioni non autografe, opera di un'anonima mano svizzera settecentesca:
segnatura «28.» (c. 50r) accanto all'incipit.

CH-E, 437.3:5

Volume miscellaneo in partitura, relativo a dieci composizioni.

La rilegatura in cartone (carta marmorizzata) è realizzata ad Einsiedeln nella prima
metà del sec. xix. Su di essa è apposta un'etichetta con l'indicazione, di mano di padre
Gall Morel: «Tom. v | Cossoni | Pro Defunctis» e, in altra mano e in matita blu, la
segnatura «74». Padre Gall scrive sul risguardo: «Invitatorium | Psalmi, Lectiones et
Responsoria primi Nocturni | pro Defunctis».

Il volume, in-4° oblungo, di cm 29 × 23, è costituito da 2 fascicoli divisi da un foglio
singolo (c. 31), per complessive cc. 44, cartulate a penna in alto a destra in epoca
moderna da c. 1 a c. 42 (sono state omesse le cc. 29bis e 30bis).

KENDRICK, *Conflitti*, p. 27.

1. *Invitatorio Regem cui omnia vivunt* → CC 20

«Invitatorio, col Venite exultemus p‹er› li Defonti, e li Salmi, Lettioni, e
Resp‹onsori› del p‹rim›o Notturno. | Cossonij»
CC soli CATB ripieni, vl$_{1-4}$, vla$_{1-3}$, bc

Sinfonia, c. 1r	vl$_{1-4}$, vla$_{1-3}$, bc
Regem cui omnia vivunt, cc. 1r-1v	CC soli, vl$_{1-4}$, vl$_{1-3}$, bc
Regem cui omnia vivunt, c. 2r	CATB ripieni, bc
Venite exultemus, cc. 2v-3r	CC soli, vl$_{1-4}$, vl$_{1-3}$, bc
Quoniam Deus magnus Dominus, c. 3v	CC soli, bc
Quoniam ipsius est mane, c. 4r	CC soli, bc
Hodie si vocem eius, c. 4v	CC soli, bc
Quadraginta annis, c. 5r	CC soli, bc
Requiem aeternam, cc. 5v-6r	CC soli, vl$_{1-4}$, vl$_{1-3}$, bc
Venite adoremus, c. 6v	CATB ripieni, bc
Regem cui omnia vivunt, c. 6v	CC soli, vl$_{1-4}$, bc
Venite adoremus, c. 6v	CATB ripieni, bc

Fasc. 1 (1r-30bis v). Partitura autografa, 10 righi per pagina, fil. 31. La partitura è
databile al 1679-1689 ca. in base alla filigrana. Il titolo autografo si riferisce al contenuto dell'intero volume. A c. 5v il rigo della vla$_1$ è preceduto dall'annotazione
autografa: «settimanona» (?).

2. Salmo *Verba mea auribus percipe Domine*   → CC 77
«P‹rim›o Salmo. | A 8 voci; pieno e breve.»
CATB CATB, bc

   Verba mea auribus percipe Domine, cc. 7r-11r
   Requiem aeternam, cc. 11v-12r

Fasc. 1 (1r-30bis *v*). Partitura autografa, 10 righi per pagina, fil. 31. La partitura è
databile al 1679-1689 ca. in base alla filigrana.

3. Salmo *Domine, ne in furore*   → CC 52
«2.º Salmo»
CATB CATB, bc

   Domine, ne in furore, cc. 12v-16v
   Requiem aeternam, cc. 16v-17r

Fasc. 1 (1r-30bis *v*). Partitura autografa, 10 righi per pagina, fil. 31. La partitura è
databile al 1679-1689 ca. in base alla filigrana.

4. Salmo *Domine Deus meus, in te speravi*   → CC 51
«3.º Salmo.»
CATB CATB, bc

   Domine Deus meus, in te speravi, cc. 17v-24r
   Requiem aeternam, cc. 24v-25r

Fasc. 1 (1r-30bis *v*). Partitura autografa, 10 righi per pagina, fil. 31. La partitura è
databile al 1679-1689 ca. in base alla filigrana.

5. Responsorio *Credo quod Redemptor meus vivit*   → CC 23
«Resp‹onsori›o p‹rim›o»
CATB CATB, bc

   Credo quod redemptor meus vivit, cc. 26r-27v

Fasc. 1 (1r-30bis *v*). Partitura autografa, 10 righi per pagina, fil. 31. La partitura è
databile al 1679-1689 ca. in base alla filigrana.

6. Responsorio *Qui Lazarum resuscitasti*   → CC 27
«2.º Resp‹onsori›o»
CATB CATB, bc

   Qui Lazarum resuscitasti, cc. 28r-29v

Fasc. 1 (1r-30bis *v*). Partitura autografa, 10 righi per pagina, fil. 31. La partitura è
databile al 1679-1689 ca. in base alla filigrana.

7. Responsorio *Domine, quando veneris*   → CC 24
«3.º Resp‹onsori›o»
CATB CATB, bc

   Domine, quando veneris, cc. 29bis *r*-30bis *r*
   Requiem aeternam, cc. 30bis *r*-30bis *v*

Fasc. 1 (1r-30bis *v*). Partitura autografa, 10 righi per pagina, fil. 31. La partitura è
databile al 1679-1689 ca. in base alla filigrana.

8. Lezione *Parce mihi, Domine*   → CC 163
   «Lettione p‹er› li Defonti del p‹rim›o Notturno. Basso solo con
   Instrumenti | Cossonij»
   B, vl₁₋₄, vla₁₋₃, fag, bc

   Parce mihi, Domine, cc. 32r-35r

   Fasc. 2 (32r-42v). Partitura autografa, 10 righi per pagina, fil. 31. La partitura è
   databile al 1679-1689 ca. in base alla filigrana.

9. Lezione *Taedet animam meam*   → CC 164
   «Sop‹ran›o solo con Due Violoncini obligati. 2.a Lettione»
   C, vlc₁₋₂, bc

   Taedet animam meam, cc. 35v-39r

   Fasc. 2 (32r-42v). Partitura autografa, 10 righi per pagina, fil. 31. La partitura è
   databile al 1679-1689 ca. in base alla filigrana. Annotazione autografa accanto al
   rigo del bc: «Org‹an›o e Contrabasso.».

10. Lezione *Manus tuae*   → CC 162
    «3.ª Lettione. Sop‹ran›o o Tenore con 2 Violini, e Fagotto.»
    C *o* T, vl₁₋₂, bc

    Manus tuae, cc. 39v-42r

    Fasc. 2 (32r-42v). Partitura autografa, 10 righi per pagina, fil. 31. La partitura è
    databile al 1679-1689 ca. in base alla filigrana.

CH-E, 437.3:6

Volume miscellaneo in partitura, relativo a sei composizioni.

La rilegatura in cartone (carta marmorizzata) è realizzata ad Einsiedeln nella prima
metà del sec. XIX. Su di essa è apposta un'etichetta con l'indicazione, di mano di padre
Gall Morel: «Tom. VI | Cossoni | pro Vesperis» e, in altra mano e in matita blu, la
segnatura «75». Padre Gall redige sul risguardo del volume un indice del contenuto; a
matita in alto a destra è aggiunta la parola «Tuch» (*sic*).

Il volume, in-4° oblungo, di cm 28.5 × 23 oblungo, riunisce 6 fascicoli, per complessive cc. 66 (esclusi i due risguardi iniziali), cartulate a matita in alto a destra in epoca
moderna. Le cc. 23 e 34 sono due fogli bianchi inseriti all'epoca della rilegatura.

1. Invitatorio *Domine, ad adiuvandum*   → CC 19
   «1696 mense Februarij. Grabedonae. | A due Chori, pieno. | Cossonij»
   CATB CATB, bc

   Domine, ad adiuvandum, cc. 1r-6r

   Fasc. 1 (1r-6v). Partitura autografa, 10 righi per pagina, fil. 7. Annotazioni non
   autografe, opera di un'anonima mano svizzera settecentesca: accanto all'incipit la
   segnatura «K.», in inchiostro rosso, e l'annotazione in calce «A 2. Chori pieno è
   Breve. partes 10.».

2. Salmo *Dixit Dominus*   → CC 50

«1696 mense Februarij [*corretto in:*] Januari. Grabedonae. | A due Chori
Pieno. | Cossonij»
CATB CATB, bc

   Dixit Dominus, cc. 7r-22r

Fasc. 2 (7r-22v). Partitura autografa, 10 righi per pagina, fil. 7.

3. Salmo *Confitebor tibi, Domine*   → CC 43

«A quattro in fuga. | Mediolani me‹n›se Ap‹ri›lis 1679. | Cossonij»
CATB, bc

   Confitebor tibi Domine, cc. 24r-33v

Fasc. 3 (24r-33v). Partitura autografa, 10 righi per pagina, fil. 31. Annotazioni non
autografe, opera di un'anonima mano svizzera settecentesca: accanto all'incipit la
segnatura «5.» in inchiostro rosso e la dicitura «Partes 38. cu‹m› VV. ad libitum».

4. Salmo *Beatus virqui timet Dominum*   → CC 32

«Basso solo con Violini | del Cossoni | Beatus vir»
B, vl$_{1-2}$, bc

   Beatus vir, cc. 35r-36v
   Potens in terra, cc. 36v-37v
   Exortum est, cc. 37v-38v
   In memoria aeterna, cc. 38v-39r
   Paratum cor eius, cc. 39r-41v
   Beatus vir… Sicut erat, cc. 41v-43v

Fasc. 4 (35r-44v). Partitura autografa, 12 righi per pagina, fil. 49. La partitura è
databile al 1667-1668 ca. sulla base della filigrana. Annotazioni non autografe,
opera di un'anonima mano svizzera settecentesca: accanto all'incipit la segnatura
«7.» in inchiostro rosso e la dicitura «Partes 8.».

5. Salmo *Beatus vir qui timet Dominum*   → CC 35

«A quattro in fuga. | Mediolani 1671. mense 9bris. | Cossonij | Beatus vir.»
CATB, bc

   Beatus vir, cc. 45r-52v

Fasc. 5 (45r-52v). Partitura autografa, 12 righi per pagina, fil. 10. Annotazioni non
autografe, opera di un'anonima mano svizzera settecentesca: accanto all'incipit e
di nuovo in testa alla pagina la segnatura «10.» in inchiostro rosso; accanto all'in-
cipit, «Partes 34. | cu‹m› V‹iolinibus› ad | libitu‹m›.».

6. *Magnificat*   → CC 146

«A 5 voci con Violini, e Ripieni, [*aggiunta posteriore:*] e si puol tralascia-
re il 2.º Sop‹ran›o | 1669 mense Martij. Bon‹oniae›. | Cossonij |
Magnificat»
CCATB (C$_2$ *ad lib.*), vl$_{1-2}$, vla$_{1-2}$, bc

   Magnificat, cc. 53r-54v   CCATB (C$_2$ *ad lib.*), vl$_{1-2}$, vla$_{1-2}$, bc
   Et exultavit, cc. 54v-55v   A, vl$_{1-2}$, bc

Quia respexit, cc. 55v-56r	ATB, bc
Quia fecit, cc. 56v-57r	CCATB (C$_2$ *ad lib.*), vl$_{1-2}$, vla$_{1-2}$, bc
Et misericordia eius, cc. 57r-58r	CCATB (C$_2$ *ad lib.*), bc
Fecit potentiam, cc. 58r-58v	CCATB (C$_2$ *ad lib.*), vl$_{1-2}$, vla$_{1-2}$, bc
Deposuit potentes, cc. 58v-60r	CCATB (C$_2$ *ad lib.*), vl$_{1-2}$, vla$_{1-2}$, bc
Esurientes, cc. 60v-61r	C *o* T, vl$_{1-2}$, bc
Suscepit Israel, cc. 61v-62r	ATB, bc
Sicut locutus, cc. 61v-62r	B, vl$_{1-2}$, bc
Gloria, c. 62v	CCATB (C$_2$ *ad lib.*), vl$_{1-2}$, vla$_{1-2}$, bc
Sicut erat, cc. 62v-65r	CCATB (C$_2$ *ad lib.*), vl$_{1-2}$, vla$_{1-2}$, bc

Fasc. 6 (53r-66v). Partitura autografa, 8 righi per pagina, fil. 8. Annotazioni non autografe, opera di un'anonima mano svizzera settecentesca: accanto all'incipit la segnatura «T.» in inchiostro rosso; in calce, «Partes 21. necessariae 5. Voc‹ibus› cu‹m› 2. V‹iolinibus› folia 10. | Et Exultavit: ab Alto solo vel Canto solo cu‹m› V‹iolinibus›.»

CH-E, 677.20

Convoluto di 14 parti, relative a una composizione.

• Messa   → CC 13

«Pieno, e breve. | Alto p‹er› Choretto p‹rimo› Ch‹or›o | Cossonij» (A$_1$ coretto)

CATB CATB, bc

14 parti autografe: *coretto*: A$_1$, T$_1$, B$_1$, org$_1$, C$_2$, T$_2$, B$_2$; *coro*: A$_1$, T$_1$, B$_1$, C$_2$, A$_2$ (2 esempl.), B$_2$; in-4°, cm 23 × 28.5, 12 righi per pagina, fil. 5 e 32. Con ogni probabilità, le parti sono state redatte nell'ottobre 1688 insieme alla partitura autografa CH-E, 437.3:1 (7). A proposito della distinzione tra «coro» e «coretto» si rinvia all'*Introduzione*, p. 101. Annotazioni non autografe: su tutte le parti, la segnatura «L.». Sulla parte del B$_1$ coretto la denominazione della parte è corretta in seguito a matita in «2.do Ch‹or›o». Sulla parte dell'org$_1$ per il coretto padre Gall Morel annota: «Partitur Tom. I-81».

CH-E, 677.21

Convoluto di 6 parti, relative a una composizione.

• Messa *Confringet Deus capita inimicorum suorum*   → CC 3b

CATB CATB, bc

4 parti autografe: A$_1$, A$_2$, T$_2$, B$_2$; in-4°, cm 22.5 × 28.5, 12 righi per pagina, fil. non rilevata — 2 parti del sec. XVII: A$_2$, B$_2$; in-4°, cm 22.5 × 28.5, 12 righi per pagina, mano 18, fil. non rilevata. Con ogni probabilità, le parti autografe sono state redatte nell'inverno del 1689 insieme alla partitura CH-E, 437.3:1 (8). Sulla parte non autografa del B$_2$ una mano di Einsiedeln (padre Gall Morel?) annota: «Partitur | Tom. I / 93».

CH-E, 677.22

Convoluto di 7 parti, relative a una composizione.

- *Audite gaudia fideles*   → CC 180
  «Motetto pieno, e breve, a 8, p‹er› la Resurrettione del S‹igno›re. | Cossonij» (C_1)
  CATB CATB, bc

7 parti autografe: C_1, A_1, T_1, org_1, C_2, A_2 (2 esempl.); in-4°, cm 23 × 29, 10 righi per pagina, fil. 5, 32 e 52. Con ogni probabilità, redatte nel marzo 1686 insieme alla partitura autografa CH-E, 437.3:2 (6). Sulla parte dell'org_1 una mano di Einsiedeln (padre Gall Morel?) annota: «Partitur T. II.17».

CH-E, 677.23

Convoluto di 14 parti, relative a 4 composizioni.

1. Lucernario *Quoniam in te eripiar*   → CC 22
   «Lucer‹nario› Inno, e post Inno, p‹er› la Natività, e Circoncisione di N‹ostr›o Sig‹no›re | Per l'Org‹an›o p‹rim›o Ch‹or›o | Cossonij» (org_1)
   CATB, bc

2. Inno *Intende qui regis Israel*   → CC 110
   CATB CATB, bc

3. Responsorio *Venite populi*   → CC 28
   CATB CATB, bc

4. Responsorio *Praeter te Deus*   → CC 25
   CATB, bc

14 parti autografe: C_1, A_1 (2 esempl.), T_1 (2 esempl.), B_1 (2 esempl.), org_1, C_2 (2 esemplari), T_2 (2 esempl.), B_2, org_2; in-4°, cm 22 × 28, 12 righi per pagina, fil. 5. Con ogni probabilità, redatte nel novembre 1686 insieme alla partitura autografa CH-E, 437.3:2 (2-5) e alle parti autografe dei soli per l'inno *Intende qui regis Israel* CH-E, 678.21b (9). Sulla parte dell'org_1 una mano svizzera ottocentesca (padre Gall Morel?) annota: «Partitur Tom. II.7».

CH-E, 677.24

Convoluto di 26 parti, relative a 3 composizioni.

1. Lucernario *Quoniam in te eripiar*   → CC 21
   «Lucernario, Inno, e post Inno, p‹er› l'Ascensione di N‹ostr›o Sig‹no›re | Per l'Organo primo. | Cossonij» (org_1)
   CATB, bc

2. Responsorio *Prosperum iter* → CC 26
CATB, bc

3. Inno *Optatus orbis gaudio* → CC 120
CATB CATB, bc

18 parti autografe: C_1 (solo e coro), A_1 (solo e coro), T_1 (solo e coro), B_1 (solo e coro), org_1, C_2 (2 esempl.), A_2 (2 esempl.), T_2 (2 esempl.), B_2 (2 esempl.), org_2; in-4°, cm 23 × 28.5, 12 righi per pagina, fil. 31. Con ogni probabilità, redatte nel maggio 1686 insieme alla partitura autografa CH-E, 437.3:2 (7-9). Sulla parte dell'org_1, un'anonima mano svizzera settecentesca annota: «Organo.», e una mano ottocentesca (padre Gall Morel?) aggiunge: «Partitur | Tom II.21» — 8 parti (per ripieni) del sec. XVII: T_1, B_1, org_1, C_2, A_2, T_2, B_2, org_2; in-4°, cm 23 × 28, 12 righi per pagina, mano 19, fil. 7.

CH-E, 677.25

Convoluto di 15 parti, relative a una composizione.

• *Adoramus te Christe* → CC 167
«A 8 voci pieno. | Cossonij» (C_1)
CATB CATB, bc

15 parti autografe: C_1, A_1 (2 esempl.), T_1 (2 esempl.), B_1 (2 esempl.), org_1, C_2 (2 esempl.), A_2 (2 esempl.), T_2 (2 esempl.), B_2; in-8°, cm 16 × 21.5, 10 righi per pagina, fil. 16 e 18. Con ogni probabilità, redatte insieme alla partitura autografa, databile al 1682-1688 ca., in CH-E, 437.3:2 (10). Accanto al titolo dell'org_1, una mano svizzera ottocentesca (padre Gall Morel?) annota: «Partitur II 25.».

CH-E, 677.26

Convoluto di 13 parti, relative a una composizione.

• Messa *Iniquos odio habui* → CC 4b
«Pieno, e breve. | Iniquos odio habui. | Canto p‹rim›o Ch‹or›o | Cossonij» (C_1 autografo)
CATB CATB, bc

6 parti autografe: C_1, A_1, B_1, org_1, C_2, A_2; in-4°, cm 23 × 28.5, 12 righi per pagina, fil. 32 — 6 parti del sec. XVII: C_1, A_1, T_1, C_2, A_2, B_2; in-4°, cm 23 × 28.5, 12 righi per pagina, mano 30, fil. 32 — 1 parte del sec. XIX: T_2; in-4°, cm 23 × 28.5, 10 righi per pagina, mano D, fil. non rilevata. È probabile che le parti autografe e le parti italiane seicentesche siano state redatte nel settembre 1688 insieme alla partitura CH-E, 437.3:1 (6). Sulla parte dell'org_1 una mano di Einsiedeln (padre Gall Morel?) aggiunge: «Partitur T. I. 63».

CH-E, 677.27

Convoluto di 7 parti, relative a una composizione.

- Messa   → CC 12
  «Pieno, e breve. | Canto p‹rim›o Ch‹or›o. | Cossonij | Credo»
  CATB CATB, bc

7 parti autografe: C_1, A_1, B_1 (2 esempl.), org_1, C_2, org_2; in-4°, cm 22 × 28, 12 righi per pagina, fil. 5. È probabile che le parti siano state redatte nel marzo 1686 insieme alla partitura CH-E, 437.3:1 (5). Su tutte le parti, accanto all'incipit si trova di mano anonima la segnatura «V.» in inchiostro rosso. Sulla parte dell'A_1 una mano di Einsiedeln (padre Gall Morel?) aggiunge: «Part. T. I f. 57».

CH-E, 677.28

Convoluto di 9 parti, relative a una composizione.

- Messa *Disperdet illos*   → CC 5
  «Messa piena, e breve. | Disperdet illos D‹omi›nus Deus noster. | Canto p‹rim›o Ch‹or›o. | Cossonij» (C_1)
  CATB CATB, bc

7 parti autografe: C_1, A_1, T_1, B_1, C_2, A_2, T_2; in-4°, cm 22 × 28, 12 righi per pagina, fil. 7. È probabile che le parti autografe siano state redatte nel novembre 1690 insieme alla partitura CH-E, 437.3:1 (1) — 1 parte del sec. XVIII-XIX: b; in-4°, cm 22 × 28, 10 righi per pagina, mano B, fil. non rilevata — Frammento di parte del sec. XIX: org; in-4° oblungo, cm 28 × 22, 12 righi per pagina, mano D, fil. non rilevata. Annotazioni non autografe: accanto all'incipit la segnatura «F», in inchiostro rosso sulle parti italiane, in inchiostro nero sulla parte del b. Sulla parte del C_1 una mano di Einsiedeln (padre Gall Morel?) aggiunge: «Partitur Tom. I». Non c'è la segnatura sulla parte dell'org, che è una riduzione per tastiera (chiavi: Sol2 e Fa4), non una parte di basso continuo. La parte dell'org inoltre anticipa il *Kyrie* prima del *Gloria*, per adattare la messa all'uso cattolico romano.

CH-E, 677.29

Convoluto di 22 parti, relative a una composizione.

- Antifona *Inviolata, integra et casta*   → CC 84
  CATB CATB, bc

8 parti autografe: A_1, T_1, B_1, C_2, A_2, T_2, B_2, org_2; in-4°, cm 20 × 26, 10 righi per pagina, fil. non visibile. Con ogni probabilità, redatte nel giugno 1686 insieme alla partitura autografa CH-E, 437.3:4 (2). Sulla parte dell'org_2, una mano svizzera ottocentesca (padre Gall Morel?) annota: «Partitur T. IV. 7» — 11 parti del sec. XVIII: C_1, A_1, T_1, B_1, C_2, A_2, T_2, B_2, A-vla, vlne, org; in-8o, cm 18 × 22, 7 righi per pagina, mano A, fil.

28 e 47. Esse contengono un testo contraffatto: «O dolorosa mater, afflicta …» (v. *Introduzione*, p. 62), redatto dalla stessa mano che annota la medesima contraffattura sulla partitura autografa. Su di esse si trova la segnatura: «3.» — 2 parti del sec. XVIII-XIX: C_1, B_1; in-4°, cm 20 × 26, 10 righi per pagina, mano L, fil. non visibile — 1 parte del sec. XVIII: org_1; in-4°, cm 18 × 22, 10 righi per pagina, mano B, fil. non visibile. Sulla parte dell'org_1, una mano svizzera ottocentesca (padre Gall Morel?) annota: «Partitur T. IV. f 7».

CH-E, 677.30

Convoluto di 2 parti, relative a una composizione.

- *Salve regina silvarum* → CC 238
  «A 3, p‹er› la Solennità di S‹an›ta Croce | Cossonij» (B)
  CAB, bc

2 parti autografe: A, B; in-4°, cm 23 × 29, 10 righi per pagina, fil. 31. Con ogni probabilità, redatte nell'aprile 1686 insieme alla partitura autografa CH-E, 437.3:2 (12). Accanto al titolo nella parte dell'A, una mano svizzera ottocentesca (padre Gall Morel?) annota: «Partitur T. II. 37.».

CH-E, 677.31

Convoluto di 3 parti, relative a una composizione.

- *Furiae, non me tentate* → CC 195
  «A Sop‹ran›o e Basso. | p‹er› la M‹adon›na S‹antissi›ma. | Cossonij» (C)
  CB, bc

3 parti autografe: C, B, org; in-4°, cm 23 × 29, 12 righi per pagina, fil. 32. Con ogni probabilità, redatte nel giugno 1687 insieme alla partitura autografa CH-E, 437.3:4 (3). Accanto al titolo nella parte dell'org, una mano svizzera ottocentesca (padre Gall Morel?) annota: «Partitur Tom. IV. f. 11.».

CH-E, 677.32

Convoluto di 7 parti, relative a una composizione.

- Antifona *Ecce sacerdos magnus* → CC 83
  «A due Chori. pieno. | Cossonij» (C_1)
  CATB CATB, bc

7 parti autografe: C_1, T_1, B_1, C_2, T_2, B_2, org_2; in-4°, cm 22 × 28, 12 righi per pagina, fil. non visibile. Con ogni probabilità, redatte nell'agosto 1699 insieme alla partitura autografa CH-E, 437.3:4 (5). Accanto al titolo nella parte del C_1, una mano svizzera ottocentesca (padre Gall Morel?) annota: «Partitur IV. f. 23».

CH-E, 678.1

Convoluto di 27 parti, relative a una composizione.

- *Par urbi sit festum*   → CC 224
  «Motetto concertato, p‹er› S. Carlo. | Cossonij» (A₁ conc)
  CATB CATB, bc

27 parti autografe: coro 1 conc: C₁, A₁, T₁, B₁; coro: C₁, A₁, T₁, B₁, org₁; C₂ (2 esempl.),
A₂ (2 esempl.), T₂ (2 esempl.), B₂ (2 esempl.), org; coretto rip: C₁, A₁, T₁, B₁, org₁; C₂,
A₂, T₂, B₂, org₂; in-4°, cm 23 × 28, 12 righi per pagina, fil. 5, 31, 32, 33 e 51. Con ogni
probabilità, redatte nell'ottobre 1686 insieme alla partitura autografa CH-E, 437.3:4
(6). Sulle parti di C₁, A₁, T₁, B₁ coro, B₁ conc, una mano svizzera settecentesca annota:
«ò S. Benedetto | o qualsivoglia Santo»; sulla parte di T₁ conc, «ò S. Benedetto overo
altro | S. Confessore»; in tutte queste parti, come su quelle di C₁ e A₁ conc., la stessa
mano apporta delle varianti testuali (v. *Introduzione*, p. 62). Sulla parte dell'org₁ coretto rip, una mano ottocentesca (padre Gall Morel?) annota: «Part. Tom. IV. f 32». Per
l'organico della cappella del Duomo, si rinvia all'*Introduzione*, p. 98.

CH-E, 678.2

Convoluto di 3 parti, relative a una composizione.

- *O Jesu care*   → CC 212
  «P‹er› S‹anta› Teresa Dialogo. | Ba[sso] p‹er› [*illeggibile*] | Cossonij» (vlne)
  AB, bc

1 parte autografa: vlne; in-4°, cm 22.5 × 29.5, 12 righi per pagina, fil. non rilevata. Con
ogni probabilità, redatta nell'ottobre 1667 insieme alla partitura autografa CH-E,
437.3:4 (7) — 2 parti del sec. XVII: A, B; in-4°, cm 23 × 27, 10 righi per pagina, fil. 33.
Esse recano in alto a destra la firma autografa di Cossoni. Sulla parte del B, una mano
ottocentesca (padre Gall Morel?) aggiunge: «Part. Tom. IV. f 42».

CH-E, 678.3

Convoluto di 3 parti, relative a una composizione.

- *Furiae, vos incito*   → CC 196
  «A due Soprani. Per ogni tempo. | P‹rim›o | Cossonij» (C₁)
  CC, bc

3 parti autografe: C₁, C₂, org; in-4°, cm 20 × 27, 10 righi per pagina, fil. 5. Con ogni probabilità, redatte nel dicembre 1682 insieme alla partitura autografa CH-E, 437.3:4 (9).
Sulla parte del C₂, una mano ottocentesca (padre Gall Morel?) annota: «Part. IV. 50».

CH-E, 678.4

Convoluto di 18 parti, relative a una composizione.

- *Pater noster* → CC 16
  «Pieno, e breve, a due Chori. | Cossonij» (org$_2$)
  CATB CATB, bc

8 parti autografe: C$_1$, A$_1$, T$_1$, org$_1$, A$_2$, T$_2$, B$_2$, org$_2$; in-4°, cm 23 × 28, 10 righi per pagina, fil. 31 — 10 parti del sec. XVII: C$_1$, A$_1$, T$_1$, B$_1$, C$_2$ (2 esempl.), A$_2$ (2 esempl.), T$_2$, B$_2$; in-4°, cm 23 × 28, 12 righi per pagina, mano 1, fil. 31. Con ogni probabilità, redatte nell'aprile 1686 insieme alla partitura autografa CH-E, 437.3:3 (4). Sulla parte dell'org$_2$, sotto il titolo, una mano ottocentesca (padre Gall Morel?) annota: «Partitura Tomo III 25». Tutte le parti recano in rosso la segnatura settecentesca: «20.».

CH-E, 678.5

Convoluto di 11 parti, relative a una composizione.

- Salmo *Audite haec omnes gentes* → CC 29
  «Pr‹im›o Salmo. prò Confessore Sacerdote. | Pieno, è breve | [*aggiunta autografa:*] Ut destruas inimicu‹m› | Basso 2.° Ch‹or›o | Sig‹no›r Cossonij» (B2)
  CATB CATB, bc

7 parti del sec. XVII: C$_1$, A$_1$, T$_1$, B$_1$, C$_2$, A$_2$, B$_2$; in-4°, cm 23 × 28, 12 righi per pagina, mano 25, fil. 7 — 4 parti del sec. XVII: C$_1$, A$_1$, T$_1$, B$_1$; in-4°, cm 23 × 28, 12 righi per pagina, mano 28, fil. 7. Con ogni probabilità, redatte nel marzo 1690 insieme alla partitura autografa CH-E, 437.3:3 (9). Su tutte le parti, Cossoni aggiunge personalmente il titolo: «Ut destruas inimicu‹m›». Sulla parte del C$_1$, una mano ottocentesca (padre Gall Morel?) annota: «Partitur Tom III 39».

CH-E, 678.6

Convoluto di 18 parti, relative a una composizione.

- Salmo *Canite tuba in Sion* → CC 38
  «Per la Vittoria grandiosa data da Dio all'Armi dell'Imp‹erator›e contro il Turco | Org‹an›o 2.° Ch‹or›o | Cossonij» (org$_2$)
  CATB CATB, bc

6 parti autografe: C$_1$, A$_1$, T$_1$, B$_1$, org$_1$, org$_2$; in-4°, cm 23 × 28, 12 righi per pagina, fil. 32 — 10 parti del sec. XVII: T$_1$, B$_1$, C$_2$ (2 esempl.), A$_2$ (2 esempl.), T$_2$ (2 esempl.), B$_2$ (2 esempl.); in-4°, cm 23 × 28, 12 righi per pagina, mano 26, fil. 32 — 2 parti del sec. XVII: C$_1$, T$_1$; in-4°, cm 23 × 28, 12 righi per pagina, mano 27, fil. 32. Con ogni probabilità, redatte nell'agosto 1687 insieme alla partitura autografa CH-E, 437.3:3 (10). Sulla parte del C$_1$ scritta dal copista 27, una mano ottocentesca (padre Gall Morel?) annota: «Partitur Tom III 47».

CH-E, 678.7

Convoluto di 4 parti, relative a una composizione.

• *Il sagrificio d'Abramo*   → CC 235
CAB, bc

4 parti del sec. XVIII: C, A, B, org; in-4°, cm 22 × 28, 9 righi per pagina, mano A, fil. 23. Le parti, non ulteriormente databili, sono con ogni probabilità copiate dalla partitura autografa CH-E, 437.3:3 (11). Sulla parte dell'org, una mano ottocentesca (padre Gall Morel?) annota: «Partitur Tom III 53».

CH-E, 678.8

Convoluto di 10 parti, relative a una composizione.

• Salmo *Caeli enarrant gloriam Dei*   → CC 37
«P‹rim›o Salmo p‹er› li 2ⁱ Vesp‹eri› delli Apostoli. Pieno, e breve a due
Organi | P‹er› il p‹rim›o Organo | Cossonij» (org₁)
CATB CATB, bc

10 parti autografe: C₁, A₁, T₁, B₁, org₁, C₂, A₂, T₂, B₂, org₂; in-4°, cm 23 × 29, 12 righi per pagina, fil. 31. Con ogni probabilità, redatte nel novembre 1689 insieme alla partitura autografa CH-E, 437.3:3 (12). Sulla parte dell'org₁, una mano svizzera settecentesca sovrascrive l'indicazione autografa «Organo» con la stessa parola: «Organo». Sulla parte dell'org₂, una mano ottocentesca (padre Gall Morel?) annota: «Partitur Tom III 56».

CH-E, 678.9

Convoluto di 10 parti, relative a una composizione.

• *Eia resonent*   → CC 191
«A 8 pieno | Per ogni Solennità. | Cossonij» (C₁)
CATB CATB, bc

8 parti autografe: C₁, A₁, T₁, C₂ (2 esempl.), A₂, B₂, vlne; in-4°, cm 23 × 28, 12 righi per pagina, fil. non visibile. Con ogni probabilità, redatte insieme alla partitura autografa, databile al 1682-1688 ca., in CH-E, 437.3:3 (13). Sulla parte del C₁, una mano ottocentesca (padre Gall Morel?) annota: «Partitur Tom III 66». Sulle parti di C₁, A₁, A₂, B₂ e una delle due parti di C₂ un copista svizzero (mano A) aggiunge il testo (v. *Introduzione*, pp. 102-103) — 2 parti del sec. XVIII: B₁, T₂; in-4°, cm 20 × 27, 9 righi per pagina, mano A, fil. 24.

CH-E, 678.10

Convoluto di 10 parti, relative a due composizioni.

«Domine, e Dixit à due Chori, pieno. | Organo p‹rim›o Ch‹or›o. | Cossonij» (org₁)

> 1. Invitatorio *Domine, ad adiuvandum*   → CC 19
>   CATB CATB, bc
>
> 2. Salmo *Dixit Dominus*   → CC 50
>   CATB CATB, bc

10 parti autografe: C₁, A₁, T₁, B₁, org₁, C₂, A₂, T₂, B₂, bc₂; in-4°, cm 23 × 29, 12 righi per pagina, fil. 20. È probabile che le parti siano state redatte nell'inverno 1696 insieme alla partitura CH-E, 437.3:6 (1-2). Annotazioni non autografe: in tutte le parti accanto all'incipit la segnatura «K.» in inchiostro rosso. La parte, cifrata, del bc₂ è chiamata in origine «Basso continuo p‹er› 2.° Ch‹or›o», una mano svizzera anonima aggiunge «Violoncello». Un'altra mano riscrive la parola «Organo» sulla parte dell'org. La parte del C₁ (e in parte quella del C₂) presenta un secondo testo («Filiae Jerusale‹m› venite et videte») sottoscritto da mano svizzera anonima al testo originale. Sulla parte del C₁ una mano di Einsiedeln (padre Gall Morel?) aggiunge a matita: «Part. T. vi fol. 1».

CH-E, 678.11

Convoluto di 2 parti, relative a una composizione.

> • Salmo *Beatus vir qui timet Dominum*   → CC 32
>   B, vl₁₋₂, bc

2 parti del sec. XVIII: vl₁, vl₂; in-4°, cm 22 × 28, 9 righi per pagina, mano A, fil. non rilevata. Le parti, non ulteriormente databili, sono descritte dalla partitura autografa CH-E, 437.3:6 (4), oppure dalle parti, ora perdute, che appartenevano al lascito di Cossoni (*v. Introduzione*, TAB. 2-3, pp. 40-41). Sulla parte del vl₁ una mano ottocentesca (padre Gall Morel?) aggiunge: «Part. Tom. vi | p. 35».

CH-E, 678.12

Convoluto di 6 parti, relative a una composizione.

> • *Magnificat*   → CC 146
>   CCATB (C₂ *ad lib.*), vl₁₋₂, vla₁₋₂, bc

6 parti autografe: C₁, A rip, vl₁, fag, cb, org; in-4°, cm 23 × 30, 12 righi per pagina, fil. 2, 8 — È probabile che le parti siano state redatte nel marzo 1669 insieme alla partitura autografa CH-E, 437.3:6 (6) — Annotazioni non autografe: in tutte le parti accanto all'incipit la segnatura «T.» in inchiostro rosso; sulla parte dell'org una mano di Einsiedeln (padre Gall Morel?) aggiunge: «Partitur Tom. vi° fol. 53».

CH-E, 678.13

Convoluto di 6 parti, relative a una composizione.

- *Audite insulae*   → CC 182
  «Canto solo con violini. p‹er› la M‹adonn›a S‹antiss›ma. | Cossonij» (vl₁)
  C, vl₁₋₂, bc

5 parti autografe: vl₁, vl₂, fag, vlne, org; in-4°, cm 22 × 28, 12 righi per pagina, fil. 31 [?]
e 54. Con ogni probabilità, redatte nel dicembre 1668 insieme alla partitura autografa
CH-E, 437.3:4 (1) — 1 parte del sec. XVIII: C; in-4°, cm 22 × 28, 9 righi per pagina,
mano A, fil. non visibile. Su di essa, una mano ottocentesca (padre Gall Morel?) annota: «Part. Tom. IV. f 1».

CH-E, 678.14

Convoluto di 21 parti, relative a una composizione.

- *Haec dicit Dominus*   → CC 197
  CATB CATB, bc

Parti del sec. XVIII: 6 parti per versetti solistici (cfr. *Introduzione*, p. 85) e 15 parti per
ripieni — 6 parti (soli): C (vers. 1), C (vers. 2), B (vers. 2), A (vers. 3), T (vers. 3), B (vers.
4); in-8°, cm 16 × 23, 7 righi per pagina, mano A, fil. non visibile — 15 parti (ripieni):
C₁, A₁, T₁ (2 esempl.), B₁ (2 esempl.), C₂, A₂, T₂ (2 esempl.), B₂ (2 esempl.), vla A, vla
T, vlc; in-4°, cm 21 × 27, 10 righi per pagina, mano A, fil. non visibile. Le parti non
sono databili con precisione e sono descritte da CH-E, 437.3:3 (8), di cui riportano la
variante testuale non autografa e alterano in parte l'ordine dei versetti (si rinvia all'*Introduzione*, p. 63-64). Sulla parte del C₁, una mano ottocentesca (padre Gall Morel?)
annota: «Partitur Tom».

CH-E, 678.15

Convoluto di 21 parti, relative a una composizione.

- Salmo *Exultate Deo*   → CC 58
  «P‹rim›o Salmo, p‹er› li Vesp‹eri› del Corpus D‹omi›ni | Cossonij»
  (C₁ autografo)
  CATB CATB, bc

11 parti autografe: C₁, A₁, T₁, B₁, org₁, C₂, A₂, T₂ (2 esempl.), B₂, org₂; in-4°, cm 22 × 28,
12 righi per pagina, fil. 5 e 32 [?]. Con ogni probabilità, almeno alcune delle parti autografe sono state redatte nel maggio 1687 insieme alla partitura autografa CH-E, 437.3:3
(3) — 8 parti del sec. XVII: A₁, T₁, B₁, org₁ (3 esempl.), A₂, B₂; in-4°, cm 22 × 28, 12 righi
per pagina, mano 2, fil. 7 — 2 parti del sec. XVII: C₁, C₂; in-4°, cm 22 × 28, 12 righi per
pagina, mano 2, fil. non rilevata. Sulla parte autografa dell'org₁, una mano svizzera settecentesca riscrive la parola «Organo» in inchiostro nero. Su una parte dell'org₁ non
autografa, una mano ottocentesca (padre Gall Morel?) annota: «Partitur Tom III 11».

CH-E, 678.16

Convoluto di 4 parti, relative a una composizione.

- Salmo *Super flumina Babilonis* → CC 76
  CAB, bc

4 parti autografe: C, A, B, org; in-4°, cm 20 × 26, 10 righi per pagina, fil. 4. Con ogni probabilità, redatte nel febbraio del 1688 insieme alla partitura autografa CH-E, 437.3:3 (2). Sulla parte dell'A, una mano ottocentesca (padre Gall Morel?) annota: «Partitur Tom III 9».

CH-E, 678.17

Convoluto di 11 parti, relative a una composizione.

- Salmo *Cantate Domino canticum novum* → CC 39
  «P‹rim›o Salmo p‹er› li Vesp‹eri› della Circoncis‹ion›e del Sig‹no›re. | Cossonij» (C₁ autografo)
  CATB CATB, bc

9 parti autografe: C₁, B₁ (2 esempl.), org₁, C₂, A₂, T₂, B₂, org₂; in-4°, cm 22 × 28, 12 righi per pagina, fil. 5 — 2 parti del sec. XVII: C₁, C₂; in-4°, cm 22 × 28, 12 righi per pagina, mano 23, fil. 5. Con ogni probabilità, redatte almeno in parte nel novembre 1686 insieme alla partitura autografa CH-E, 437.3:3 (1). Sulla parte dell'A₂, una mano ottocentesca (padre Gall Morel?) annota: «Partitur T. III 1».

CH-E, 678.18

Convoluto di 4 parti, relative a una composizione.

- *Ave Crux amabilis* → CC 183
  «Dialogo à 3 p‹er› S‹an›ta Croce. | S‹an›ta Chiesa, Eraclio Imp‹erato›re, Cosdroa Tiranno. | Cossonij» (C: Chiesa S‹an›ta)
  CAB, bc

4 parti autografe: C, A, B, org; in-4°, cm 22 × 28, 12 righi per pagina, fil. 5. Con ogni probabilità, redatte insieme alla partitura autografa, databile al 1682-1688 ca., CH-E, 437.3:2 (11). Sulla parte dell'org, una mano ottocentesca (padre Gall Morel?) annota: «Part T. II 129».

CH-E, 678.19

Convoluto di 19 parti, relative a una composizione.

- Sequenza *Veni Sancte Spiritus* → CC 15
  «Sequenza p‹er› la Festa della Pentecoste. | Cossonij» (C₁)
  CATB CATB, bc

16 parti autografe: C_1 (2 esempl.), A_1 (2 esempl.), T_1 (2 esempl.), B_1 (2 esempl.), org_1, C_2 (2 esempl.), A_2, T_2 (2 esempl.), B_2, org_2; in-4°, cm 23 × 28, 12 righi per pagina, fil. 5, 31. Con ogni probabilità, redatte nel maggio 1686 insieme alla partitura autografa CH-E, 437.3:2 (13) — 3 parti del sec. XVII: C_2, A_2, B_2; in-4°, cm 23 × 28, 12 righi per pagina, fil. non rilevata.

CH-E, 678.20

Convoluto di 10 parti, relative a una composizione.

- Messa *Acuerunt linguas suas*   → CC 8
  «Pieno a due Chori | Org‹an›o p‹rim›o Ch‹or›o | Acuerunt linguas suas | sicut serpentes. | Cossonij» (org_1)
  CATB CATB, bc

Parti autografe: C_1 (c. 1), A_1, T_1, org_1, C_2, A_2, T_2, B_2; in-4°, cm 23 × 28, 12 righi per pagina, fil. 32 — Parti del sec. XVII: C_1 (c. 2), B_1, org_2; in-4°, cm 23 × 28, 12 righi per pagina, mano 21, fil. non rilevata. Le parti sono databili al 1686-1691 in base alla filigrana. L'attuale parte di C_1 è una ricomposizione di due frammenti di parti originarie: si compone infatti di due carte, la prima autografa e la seconda di mano di un copista seicentesco. Cossoni annota il titolo «Acuerunt linguas suas sicut serpentes» anche su tutte le parti non autografe. Annotazioni non autografe: in tutte le parti accanto all'incipit la segnatura «I.» in inchiostro rosso; sulla parte dell'org_1 una mano di Einsiedeln (padre Gall Morel?) aggiunge: «Tom. I° 41 | Partitur». L'indicazione però è erronea: la composizione porta bensí lo stesso titolo della messa CC 4a, ma il dettato musicale non è confrontabile.

CH-E, 678.21a

Convoluto contenente 27 parti e 2 partiture, relative a 7 composizioni.

1. Messa   → CC 1
   «Messa, piena e breve a due Chori | Basso 2.o Ch‹or›o | Cossonij» (B_2)
   CATB CATB, bc

   4 parti in-4°, cm 23 × 28.5 — 1 parte autografa: B_2; 10 righi per pagina, fil. non rilevata — 1 parte del sec. XVII: C_2; 10 righi per pagina, mano 2, fil. 51 — 2 parti del sec. XVIII: vlc, org; 10 righi per pagina, mano A, fil. non rilevata. La parte del C_2 è databile al 1686-1689 ca. sulla base della filigrana. Annotazioni non autografe sulle parti seicentesche, accanto all'incipit la segnatura «K.» in inchiostro rosso. La stessa segnatura è presente sulle parti di origine svizzera, ma in inchiostro nero.

2. Litanie della Beata Vergine Maria *Iter impiorum peribit*   → CC 148
   «Piene, e brevi. | Iter impioru‹m› peribit | Organo. | Cossonij | Letanie» (org)
   CATB CATB, bc

3 parti autografe: T$_1$, C$_2$, org; in-4°, cm 22 × 28, 12 righi per pagina, fil. non rileva-ta. Le parti non sono databili. Annotazioni non autografe: su tutte le parti accan-to all'incipit la segnatura «12.» in inchiostro rosso, sulla parte dell'org in inchio-stro nero.

3. Messa *Et in ignem deiciet eos*   → CC 7a

«Pieno, e brevis‹im›o. | Et in igne‹m› deiciet eos. | Basso p‹rim›o Ch‹or›o. | Cossonij» (B$_1$ autografo)

CATB CATB, bc

12 parti in-4°, cm 22.5 × 28 — 6 parti autografe: B$_1$, C$_2$, A$_2$, T$_2$, B$_2$, org$_2$; 12 righi per pagina, fil. non rilevata — 5 parti del sec. XVII: A$_1$, B$_1$, C$_2$, A$_2$, T$_2$; 12 righi per pagi-na, mano 24, fil. non rilevata — 1 parte del sec. XVIII-XIX: vlc. 9 righi per pagina, mano B, fil. 3. Le parti seicentesche sono precedenti alla fine del 1693, quando la messa è pubblicata all'interno dell'op. XVI (2).

4. Messa   → CC 3a

«Kyrie, e Gloria a due Chori. pieno, e breve | Sta‹mpa›te | Cossonij | 1687 | mese Julii | mediol‹ani›» (partitura)

CATB CATB, bc

Frammento di partitura autografa: cc. 1, in-4° oblungo, cm 28.5 × 22, 10 righi per pagina, fil. non rilevata. La partitura contiene solo l'inizio del *Kyrie*.

5. Messa   → CC 14

«Sanctus et Benedictus | Tenore P‹rim›o Ch‹or›o | Cossonij» (T$_1$)

CATB CATB, bc

3 parti del sec. XVII: T$_1$, B$_1$, T$_2$; in-4°, cm 20 × 25.5, 10 righi per pagina, mano 2, fil. non rilevata. Le parti non sono databili.

6. Messa *Acuerunt linguas suas*   → CC 4A

«Pieno, e breve. | Acuerunt linguas suas. | Tenore p‹rim›o Ch‹or›o. | Cossonij» (T$_1$)

CATB CATB, bc

3 parti autografe: T$_1$, org$_1$, org$_2$; in-4°, cm 23 × 28, 12 righi per pagina, fil. 32. È probabile che le parti siano state redatte nel settembre 1688 insieme alla partitu-ra CH-E, 437.3:1 (3).

7. Messa *Confundantur superbi*   → CC 2

«Messa à quattro da Capella. | Confundantur superbi | Canto | Cossonij» (C)

CATB

2 parti autografe: C (2 esemplari); in-4°, cm 11 × 18, 12 righi per pagina, fil. 5. Con ogni probabilità, redatte nell'ottobre 1686 insieme alla partitura autografa CH-E, 437.3:1 (4). Annotazioni non autografe: su entrambe le parti, accanto all'incipit la segnatura «M.» in inchiostro rosso. Su una delle due parti padre Gall Morel aggiunge a matita: «Partit. Tom. I f 49» — 1 partitura del sec. XIX, in-4° oblungo, cm 32 × 23.5, 16 righi per pagina, di mano di padre Sigismund Keller, fil. 44. Partitura del solo *Kyrie*, descritta dalla partitura autografa CH-E, 437.3:1 (4).

CH-E, 678.21b

Convoluto di 25 parti, relative a 10 composizioni.

1. *Quem terra, pontus*   → CC 233
   «Alla Gran Madre di Giesù | Canto p‹rim›o Ch‹or›o | Cossonij»
   (C_1 autografo)
   CATB CATB, bc

   7 parti in-8°, cm 17 × 23 — 6 parti autografe: C_1, T_1, C_2, A_2, T_2, org; 10 righi per pagina, fil. 14 — 1 parte del sec. XVII: C_1; 10 righi per pagina, mano 24, fil. non rilevata. Le parti autografe possono essere datate al 1686 ca. in base alla filigrana. La parte non autografa porta tuttavia titolo e firma autografi.

2. *Magnificat*   → CC 142
   «Pieno, con Versetti a solo. | Et in veritate tua disperde illos. | Sig‹nor›
   Cossonij» (C_1)
   CATB CATB, bc

   1 parte del sec. XVII: C_1; in-4°, cm 23 × 28, 12 righi per pagina, mano 24, fil. non rilevata — 3 parti del sec. XVIII: A solo [«versetto ultimo», *Sicut locutus*], T solo [n. 4, *Esurientes*], B solo [n. 2, *Quia fecit*]; in-8°, cm 16 × 24, 7 righi per pagina, mano A, fil. non rilevata. Nella parte seicentesca, di mano di un copista attivo per Cossoni nel suo ultimo periodo milanese, accanto all'incipit si trova la segnatura «E.» di altra mano, in inchiostro rosso. Le parti settecentesche non recano alcuna indicazione di autore.

3. Salmo *Ecce nunc benedicite Dominum*   → CC 55
   CATB CATB, bc

   1 parte autografa: org_2 [*Laudate Dominus*]; in-8°, cm 17 × 23, 8 righi per pagina, fil. 19. La parte è databile al 1686 ca. in base alla filigrana. Due annotazioni autografe precedono e seguono il brano: «Ecce nunc tutto | tacet», «Quoniam confirmata | tacet | Gloria Patri | all'altra carta». Accanto all'incipit, di mano anonima, la segnatura «I.» in inchiostro rosso.

4. Salmo *Dixit Dominus*   → CC 47
   «Alto solo | Doppo il Gloria Patri pieno del Dixit» (A)
   organico incerto

   1 parte autografa: A solo [Gloria Patri]; in-4°, cm 18 × 24, 10 righi per pagina, fil. non rilevata. La parte non è databile. Annotazioni non autografe: accanto all'incipit la segnatura «O.» e la scritta «Canto vel [Alto solo]» in inchiostro rosso.

5. Salmo *Dominus regnavit*   → CC 54
   «P‹rim›o Salmo p‹er› li Vesperi, nel giorno dell'Assontione del S‹igno›re N‹ostr›o | all'Amb.ne [?] | Tenore p‹rim›o Ch‹or›o | Cossonij» (T_1)
   CATB CATB, bc

   1 parte autografa: T_1; in-4°, cm 23 × 28, 12 righi per pagina, fil. non rilevata. La parte non è databile.

6. Salmo *Confitebor tibi, Domine* → CC 40

«Pieno, e breve. | Choretto 2.o Ch‹or›o | Cossonij» (org₂ coretto)

CATB CATB, bc

1 parte autografa: [org₂ coretto]; in-4°, cm 22.5 × 28, 12 righi per pagina, fil. non rilevata. La parte non è databile. Accanto all'incipit, di mano anonima, la segnatura «6.» in inchiostro rosso.

7. Salmo *Beatus vir qui timet Dominum* → CC 36

«Pieno. à due Chori | Organo 2.° Ch‹or›o | del sig‹nor› Cossonij» (org₂)

CATB CATB, bc

1 parte del sec. XVII: org₂; in-4°, cm 22.5 × 28, 12 righi per pagina, mano 19, fil. 7. La parte è databile al 1689-1696 ca. in base alla filigrana. Accanto all'incipit la segnatura «12» in inchiostro rosso. La scritta «Organo» è stata riscritta in inchiostro nero da mano svizzera.

8. Antifona *O sacrum convivium* → CC 86

«A 8 voci pieno e breve. | p‹er› il S‹antissim›o | Basso p‹rim›o Ch‹or›o | Del Cossonij» (B₁)

CATB CATB, bc

3 parti autografe: B₁, B2, vlne; in-4°, cm 23 × 28, 12 righi per pagina, fil. non rilevata. Le parti non sono databili.

9. Inno *Intende qui regis Israel* → CC 110

«A due Sop‹rani› | Canto | Vers‹ett›o p‹rim›o» (C₁ solo)

CATB CATB, bc

4 parti autografe: C₁ [Versetto primo, *Veni redemptor gentium*], A, T, B [Versetto ultimo, *Praesepe iam fulget*]; in-8°, cm 17.5 × 23.5, 8 righi per pagina, fil. 14 e 19. Con ogni probabilità, redatte nel novembre 1686 insieme alla partitura autografa CH-E, 437.3:2 (2-5) e alle parti autografe CH-E, 677.23.

10. *Magnificat* → CC 146

CCATB (C₂ *ad lib.*), vl₁₋₂, vla₁₋₂, bc

2 parti del sec. XVIII: A [Versetto terzo, *Quia respexit*], T [Versetto nono, *Suscepit puerum suum*]; in-8°, cm 16 × 23, 7 righi per pagina, mano A, fil. non rilevata. Descritte dalla partitura CH-E, 437.3:6 (6).

CH-E, 681.3

Convoluto costituito da 5 parti, uno schizzo e una partitura, relative a due versioni di una medesima composizione.

> 1. ANONIMO, *Laeti Bethlehem*   → CC 349a
> CC, vl₁₋₂, bc

   5 parti del sec. XVIII: C₁, C₂, vl₁, vl₂, org; in-4°, cm 17 × 21, 9 righi per pagina, mano F, fil. non rilevata. La parte dell'org reca il titolo: «Organo. à 2 CC. è Cymbalo.», e una segnatura in inchiostro rosso «53». Tutte le parti recano annotazioni a matita di padre Sigismund Keller.

> 2. ANONIMO • SIGISMUND KELLER, *O mirum, o ineffabile mysterium*   → CC 349B
> CCTB, bc

   1 schizzo in-4° oblungo, 10 righi per pagina, nella mano di padre Sigismund Keller, fil. non rilevata — 1 partitura su un frammento di pagina in-folio, 12 (in origine 24) righi per pagina, nella mano di padre Sigismund Keller, fil. non rilevata. Né lo schizzo preparatorio né la partitura recano un titolo proprio. In alto a sin. sulla prima pagina della partitura si trova l'annotazione a matita: «Cossoni», l'unica attribuzione d'autore; accanto a questa, l'annotazione nella stessa mano: «defect», che indica forse che a giudizio dello scrivente nell'antigrafo vi erano delle parti mancanti.

CH-E, 681.4

Convoluto di 8 parti, relative a una composizione.

> • Sequenza *Veni Sancte Spiritus*   → CC 15
> CATB CATB, bc

8 parti del sec. XIX: C₁, A₁, T₁, B₁, C₂, A₂, T₂, B₂; in-4°, cm 24 × 31, 12 righi per pagina, mano M, fil. 45. Sulla parte del B₂ una mano più tarda (padre Gall Morel?) ha apposto la dicitura: «Partitur T. II.43», riferendosi alla partitura CH-E, 437.3:2 (13). Le parti invece sono probabilmente state descritte dalle parti seicentesche in 678.19.

CH-E, 681.5

Convoluto di 10 parti, relative a una composizione.

> • *Magnificat*   → CC 140
> «Magnificat breve ex F | à | Due Chori | Cossonij» (papeletta di copertura)
> CATB CATB, bc

10 parti del sec. XVIII-XIX: C₁, A₁, T₁, B₁, C₂, A₂, T₂, B₂, vlc, org; in-4° oblungo, cm 32 × 23, 10 righi per pagina, mano C, fil. 26. In calce al titolo una mano più tarda (padre Sigismund Keller?) ha apposto la dicitura: «In Partitur | N. 8 in der Sam‹m›lung.», riferendosi alla partitura CH-E, 287.4.

CH-E, 681.6

Partitura relativa a una composizione.

- ANONIMO, *Felix nox* → CC 348b

  «'Felix Nox, bona dies.' | Pastorale a 3 Voci. | Canto, Alto, Basso | 2 Viole al beneplacito | Violoncello ed Organo | descritte dall'antico manoscritto 1769, | in Partitura 1872» (frontespizio)

  CAB, vla$_{1-2}$ (ad lib.), vlc, bc

Partitura del sec. XIX, in-4° oblungo, cm 31 × 23, 12 righi per pagina, di mano di padre Sigismund Keller, fil. non rilevata. La partitura è attribuita a «Cossoni» in matita, in alto a destra sul frontespizio. Sulla prima pagina della partitura si trova in alto il titolo seguente: «'Felix nox'. Pastorale a 3 Voci, Canto, Alto, Basso; 2 Alto-Viole al beneplacito: Violoncello ed Organo, descritto dall'antico manoscritto 1769. So lautet der Titel von P. Mark Zech, der die Stim‹m›en kopiert und 2 Violen eingefügt. Traditionel wird dieses Pastoral Cossoni zugeschrieben, das antico manoscritto ist aber nicht mehr vorhanden.» In basso si trova una nota: «N.B. Eine andere Kopie ohne Violen [probabilmente le parti in CH-E, 681.7 oppure in CH-E, 199.51] hat die 20 ersten Takte in 3/2. Dass das antico manoscritto auch den 3/2 Takt hatte ergibt sich aus dem, dass M. Z. [padre Markus Zech] sich schon im zweiten Takt verschrieben und in den ersten und zweiten Stimmen eine halbe statt eine viertel Note geschreiben.» Padre Keller utilizza per le viole la chiave di Do3 (mentre Cossoni adoperava la chiave di Do1).

CH-E, 681.7

Convoluto costituito da 3 parti e una partitura, relative a una composizione.

- ANONIMO, *Felix nox* → CC 348a

  «Adagiò. | Pro Festis Natalitijs D‹omini› N‹ostri› | Canto.» (C)

  CAB, bc

3 parti del sec. XVIII: C, A, org; in-4°, cm 21 × 35, 14 righi per pagina, mano P.A.P., fil. 47. In calce alla parte dell'org si trovano le iniziali del copista: «P.A.P.». Le parti sono certamente anteriori al 1769, come si ricava dalla nota di padre Sigismund Keller nella partitura descritta più oltre. La fil. è inoltre identica a quella delle parti settecentesche nel convoluto CH-E, 677.29; le parti sono dunque provenienti con ogni probabilità da Einsiedeln — 1 partitura in-4° oblungo, cm 31 × 23, 12 righi per pagina, nella mano di padre Sigismund Keller, fil. non rilevata. La partitura è realizzata sulle parti, forse con l'aiuto delle parti in CH-E, 199.51. In testa alla pagina si trova la nota seguente: «'Felix nox'. Pastorale a 3 Voci, Canto, Alto, Basso con Organo. N.B. Man glaubt dieses Pastorale sey von Cossoni, es findet sich aber nicht vor in seinen von ihm selbst dem Kloster Einsiedeln vermachten Handschriften in Partitur. Eine Kopie von 1769 sagt nur: 'descritto dall'antico manoscritto' ohne Angabe des Authors. Der Kopist P. Markus Zech hat eine Begleitung und 2 Violen und 1 Violoncell dazu gesetzt.»

CH-E, 681.8

Convoluto di 10 parti, relative a una composizione.

- *Magnificat* → CC 142

  «Magnificat × Fb. | A. 2. Choris | Chorale intermix‹tus› | pro Vesperis
  Sabbathinis. | Cossonij» (foglio di copertura)
  CATB CATB, bc

3 parti del sec. XVIII-XIX: C_1, A_1, T_1, B_1, C_2, A_2, T_2, B_2, bc, org; in-4° oblungo, cm 32 ×
23, 10 righi per pagina, mano C, fil. 26. Sul foglio esterno una mano di Einsiedeln
(padre Sigismund Keller?) aggiunge: «N. 1 | In Partitura. N. 9 in | der Sam‹m›lung»,
riferendosi alla partitura CH-E, 287.4.

CH-E, 681.9

Convoluto di 10 parti, relative a una composizione.

- *Magnificat* → CC 141

  «Magnificat | à | Due Chori | Breve | Cossonij» (papeletta di copertura)
  CATB CATB, bc

10 parti del sec. XVIII-XIX: C_1, A_1, T_1, B_1, C_2, A_2, T_2, B_2, vlc_1, org; in-4° oblungo, cm 32
× 23, 10 righi per pagina, mano C, fil. 26. In calce al titolo una mano più tarda (padre
Sigismund Keller?) appone la dicitura: «In Partitura | N. 10 in der Sam‹m›lung.», rife-
rendosi alla partitura CH-E, 287.4.

CH-E, 681.10

Convoluto di 19 parti, relative a due composizioni.

1. Salmo *Inclina Domine aurem tuam* → CC 59

   «Salmo, p‹er› la Dedicazione della Chiesa, a due Chori, pieno e breve |
   Canto p‹rim›o Ch‹or›o» (C_1)
   CATB CATB, bc

   9 parti autografe: C_1, A_1, T_1, B_1, org_1, C_2, A_2, T_2, B_2; in-4°, cm 23 × 28, 10 righi per
   pagina, fil. 32 [?]. Le parti sono databili al 1686-1691 in base alla filigrana.

2. Salmo *Ecce nunc benedicite Dominum* → CC 57

   «A più voci, con Rip‹ieni› | Canto p‹rim›o Ch‹or›o Concertato. |
   Cossonij» (C_1 conc)
   CATB CATB, bc

   9 parti autografe: C_1 conc, A_1 conc, B_1 conc, T_1 (2 esempl.), org_1, C_2, A_2, B_2; in-4°,
   cm 23 × 29, 12 righi per pagina, fil. 51. Le parti sono databili al 1686-1689 in base
   alla filigrana — 1 parte del sec. XVII: vlne; in-4°, cm 19.5 × 26, 10 righi per pagina,
   mano 20, fil. 12. La parte è databile al 1699 ca. in base alla filigrana. Su tutte le parti,
   accanto all'incipit, la segnatura «9.» di mano anonima in inchiostro rosso.

CH-E, 681.40

Convoluto di 8 parti, relative a una composizione.

- *Et incarnatus* dalla Messa CC 13 → CC 13
  «Et Incarnatus | a | IV voci obligate | e | IV voci di choro | del pio |
  Cossoni | tirato dall' Credo di questo autore | morto verso il fine | del
  seculo settincentesimo | 1830 | Organo» (foglio di risguardo)
  CATB CATB, bc

8 parti datate 1830: C₁, A₁, T₁, B₁, C₂, A₂, T₂, B₂; in-4°, cm 16 × 23, 10 righi per pagina,
mano E, fil. non rilevata. Le parti, raccolte nel risguardo della perduta parte di org,
sono descritte dalla partitura autografa in CH-E, 437.3:1 (7).

D-MÜs, Hs. 1269

Volume miscellaneo in partitura, relativo a 11 composizioni.

La partitura, di 122 cc. nel formato cm 18 × 24, reca il titolo «Salmi a 8 brevi | di Carlo
Donato Cossoni». Compilata da Fortunato Santini (1778-1862), la raccolta di salmi
trascrive i primi undici numeri dalle parti che compongono l'op. III (1667), come
indica Santini stesso in una nota apposta sul verso del frontespizio.

1. Invitatorio *Domine, ad adiuvandum* → CC 17
   CATB CATB, bc
   cc. 1r-9r

2. Salmo *Dixit Dominus* → CC 48
   CATB CATB, bc
   cc. 9v-22r

3. Salmo *Confitebor tibi, Domine* → CC 41
   CATB CATB, bc
   cc. 22v-33v

4. Salmo *Beatus vir qui timet Dominum* → CC 31
   CATB CATB, bc
   cc. 34r-47r

5. Salmo *Laudate pueri* → CC 69
   CATB CATB, bc
   cc. 47v-60r

6. Salmo *Laudate Dominum omnes gentes* → CC 66
   CATB CATB, bc
   cc. 60v-67v

7. Salmo *In exitu Israel* → CC 61
   CATB CATB, bc
   cc. 68r-83r

8. Salmo *Laetatus sum*   → CC 62
CATB CATB, bc
cc. 83*v*-94*v*

9. Salmo *Nisi Dominus*   → CC 73
CATB CATB, bc
cc. 95*r*-103*v*

10. Salmo *Lauda Jerusalem*   → CC 64
CATB CATB, bc
cc. 104*r*-113*v*

11. Salmo *Credidi propter quod locutus sum*   → CC 45
CATB CATB, bc
cc. 114*r*-122*v*

GB-Ob, Ms. Tenbury 333 (*olim* F.XII.30)

Partitura relativa a una composizione.

- Messa   → CC 6
CATB CATB, bc

Partitura del sec. XIX; pp. 49 numerate, dimensioni non rilevate, mano N, fil. non rilevata. Descritta dalla stampa dell'op. XVI. Sul frontespizio è annotata la provenienza dalla collezione di Vincent Novello (1781-1861). Il testo manca a partire dal *Sanctus*.

FELLOWES, *Tenbury*, p. 54.

I-Baf, capsa I, n. 9[2]

Convoluto di 4 parti, relative a una composizione.

- *Misere turbe*   → CC 257
«No 9 | 1668 | Organo | Sonetto à 3.» (org)
CAB, bc

4 parti del sec. XVII: C, A, B, org; in-4°, cm 18 × 24.5, mano 16, fil. 55. Sull'esterno della parte dell'org, che funge da raccoglitore per le altre, una mano più recente di quella che ha redatto i materiali musicali attribuisce la composizione a Cossoni: «del Sig. D. Carlo Cossonio | p‹ri›mo Organista di S. Petronio | di Bologna». Non si tratta di materiali autografi. La loro stesura, che risale al 1668, è opera di un anonimo copista bolognese; lo stesso che redige anche gli altri due convoluti di partiture di Cossoni conservati nel fondo dell'Accademia Filarmonica di Bologna (v. anche *Introduzione*, p. 43-44).

CALLEGARI HILL, *L'Accademia Filarmonica*, p. 34.

I-Baf, capsa I, n. 9³

Convoluto di 9 parti, relative a una composizione.

- Salmo *Beatus vir qui timet Dominum* → CC 34
  «A 3. A.T.B. con Istrom‹en›ti | Organo | Beatus vir» (org)
  ATB, vl₁₋₂, bc

9 parti del sec. XVII: A, T, B, vl₁, vl₂, vlc, vlne, org (2 esempl.); in-4°, cm 17.5 × 25, mano 16, fil. 55. Nessuna esplicita attribuzione della composizione a Cossoni. Non si tratta di materiali autografi. La loro stesura, che risale al 1668, è opera di un anonimo copista bolognese; lo stesso che redige anche gli altri due convoluti di partiture di Cossoni conservati nel fondo dell'Accademia Filarmonica di Bologna (v. anche *Introduzione*, pp. 43-44).

CALLEGARI HILL, *L'Accademia Filarmonica*, p. 34.

I-Baf, capsa I, n. 9⁴

Convoluto di 11 parti, relative a una composizione.

- *Magnificat* → CC 145
  «Magnificat à 8 Concertato | con V‹iolini› se piace | Organo.» (org)
  CATB CATB, vl₁₋₂, bc

11 parti del sec. XVII: C₁, A₁, T₁, B₁, C₂, A₂, T₂, B₂, vl₁, vl₂, org; in-4°, cm 17.5 × 25, mano 16, fil. 25, 55 e 56. Nessuna esplicita attribuzione della composizione a Cossoni. Non si tratta di materiali autografi. La loro stesura, che risale al 1668, è opera di un anonimo copista bolognese; lo stesso che redige anche gli altri due convoluti di partiture di Cossoni conservati nel fondo dell'Accademia Filarmonica di Bologna (v. anche *Introduzione*, pp. 43-44).

CALLEGARI HILL, *L'Accademia Filarmonica*, p. 34.

I-COd, 1A-11

Convoluto di 3 parti, relative a una composizione.

- *Musa voces melos ede* → CC 204a
  AB, bc

3 parti in-4°, cm 24 × 30 ca., 10 righi per pagina — 2 parti del sec. XVII: A, B, mano 10, fil. 41 — 1 parte del sec. XVII: bc, mano 11, fil. non rilevata. Le parti presentano una versione del mottetto in parte diversa rispetto a quella a stampa contenuta nell'op. 1 (5): si rinvia all'*Introduzione*, p. 53-55.

PICCHI, *Catalogo*, p. 140.

I-COd, 1A-12

Convoluto di 4 parti, relative a una composizione.

- *O amor, o dolor*   → CC 208
  ATB, bc

4 parti in-4°, cm 22 × 28 ca., 10 righi per pagina — 2 parti del sec. XVII: A, B; mano 10, fil. 42 — 2 parti del sec. XVII: T, org; mano 11, fil. non rilevata. Probabilmente descritto dall'op. I (11).

PICCHI, *Catalogo*, p. 141.

I-COd, 2A-18

Partitura relativa a una composizione.

- *Quid anima mea retribues*   → CC 234
  C o T, bc

Partitura del sec. XVII; 4 cc., cm 22 × 28, 12 righi per pagina, mano 13, fil. 38. Descritta dalla stampa dell'op. X (2).

PICCHI, *Catalogo*, p. 144.

I-COd, 2A-20

Convoluto di 3 parti, relative a una composizione.

- Inno *Tantum ergo sacramentum*   → CC 134
  B, vl$_{1-2}$, bc

3 parti del sec. XVII: B (cm 28 × 23), vl$_1$, vl$_2$ (cm 12 ca. × 23), rispettivamente 10, 6 e 4 righi per pagina, mano 14, fil. non rilevata. Prob. descritte dall'op. IV$_1$ (1668) (47), un esemplare della quale è conservato anche in I-COd.

PICCHI, *Catalogo*, p. 131.

I-COd, 3A-8

Partitura relativa a una composizione.

- Litanie della Beata Vergine Maria   → CC 151
  CATB CATB, bc

Partitura del sec. XVII; 8 cc., cm 28 × 23, 18 righi per pagina, mano 15, fil. non rilevata. Descritta dalla stampa dell'op. XI (1), presente in I-COd.

PICCHI, *Catalogo*, p. 130.

I-COd, 10A-1

Partitura, relativa a due composizioni.

1. *Suavissime Jesu, amabilissimum nomen* → CC 243
   B, bc
   cc. 1-2

2. *Venite gentes, properate festinate* → CC 247
   B, bc
   cc. 3-4

Partitura del sec. XVII; 4 cc., cm 22 × 28, 8 righi per pagina, mano 12, fil. 38. Descritta dalla stampa dell'op. X (11 e 12).

PICCHI, *Catalogo*, pp. 147-148.

I-COd, 10A-2

Partitura miscellanea, relativa a due composizioni e a un frammento anonimo.

1. *Vanitas vanitatum* → CC 246
   B, bc
   cc. 1v-4r
   La partitura è redatta dalla mano 9. Descritta dalla stampa dell'op. II (17).
   PICCHI, *Catalogo*, p. 147.

2. Antifona *Salve regina* → CC 91
   B, bc
   cc. 4v-6v
   La partitura è redatta dalla mano 12. Descritta dalla stampa dell'op. II (18).
   PICCHI, *Catalogo*, p. 130.

Partitura del sec. XVII; 6 cc., cm 27 × 22, 10 righi per pagina, fil. 43. A c. 1r, uno schizzo di un anonimo *Omni die dic Maria*, a due voci e bc.

I-COd, AA-43

Frammento di partitura, relativo a una composizione.

• *Peccavi Domine, impie gessi* → CC 225a
   C, bc

Partitura autografa; 2 cc., in-4° oblungo, cm 28 × 22, 12 righi per pagina, fil. 45. Questa fonte trasmette una diversa versione di una composizione pubblicata a stampa nell'op. II (6). Con ogni probabilità, questo manoscritto conserva una prima redazione del mottetto, come provano i molti interventi correttivi apportati dall'autore. Essa andrebbe datata quindi a prima del 1667 (*v. Introduzione*, p. 51-52). I tratti calligrafici confermano che si tratti di una delle più antiche testimonianze autografe. La partitura è cartulata da mano più tarda, in alto a destra (cc. 53-54). La cartulazione potrebbe suggerire che la partitura provenga da un volume analogo a quelli conservati ad Einsiedeln.

PICCHI, *Catalogo*, p. 143.

I-COd, V-16

Convoluto formato da una partitura e 3 parti, relative a una composizione.

- *Argumentor contra conclusiones*   → CC 177
  «Seconda parte doppo il p‹rim›o Argomento.» (partitura)
  CATB, bc

Partitura autografa; 4 cc., cm 28.5 × 23, 10 righi per pagina, fil. 53 — 2 parti autografe: vlne, tiorba; cm 23 × 28.5, 12 righi per pagina, fil. non rilevata — 1 parte del sec. XVII: B; cm 22.5 × 28.5, 10 righi per pagina, mano 3, fil. non rilevata. Le parti autografe non sono ulteriormente databili. La 'prima parte' della composizione è perduta.

PICCHI, *Catalogo*, p. 112.

I-COd, V-17

Convoluto di 3 parti, relative a una composizione.

- *Aure piacevoli e lusinghevoli*   → CC 252
  «Nenia Sopra la Nativita Del Sig‹no›re A due Sop‹ra›ni. Sop‹ra›no Primo
  Del | Cossoni» (C$_1$)
  CC, bc

3 parti del sec. XVII: C$_1$, C$_2$, org; cm 22.5 × 28.5, 10 righi per pagina, mano 4, fil. 40. Le parti non sono ulteriormente databili. Il mottetto si conclude con una 'Girometta'.

PICCHI, *Catalogo*, p. 112.

I-COd, V-18

Convoluto di 7 parti, relative a una composizione.

- *Fulmina col suo sdegno*   → CC 254
  «Cantata à 3 con violini | Organo | Cossoni» (org)
  CTB, vl$_{1-2}$, bc

6 parti del sec. XVII: C, T, B, vl$_1$, vl$_2$, org; cm 22.5 × 28.5, 12 righi per pagina, mano 4, fil. 40 — 1 parte del sec. XVII: b; cm 23 × 29, 10 righi per pagina, mano 5, fil. non rilevata. Le parti non sono ulteriormente databili.

PICCHI, *Catalogo*, p. 112

I-COd, V-19

Convoluto di 10 parti, relative a una composizione.

- *Exultantes et laetantes* → CC 193
«Motetto a 8. Pieno, p‹er› S‹an›ta Eufemia. | di D. C‹arlo› D‹onato›
C‹ossoni›» (C₁)
CATB CATB, bc

10 parti del sec. XVII: C_1, A_1, T_1, B_1, C_2, A_2, T_2, B_2 («over violone»), org (2 esempl.); cm
20 × 26.5, 10 righi per pagina, mano 6, fil. non visibile.

PICCHI, *Catalogo*, p. 112.

I-COd, V-20

Partitura, relativa a due composizioni.

1. *Già vibra a' danni miei l'invida Cloto* → CC 255
«Sonetto Sop‹r›a la Memoria della Morte | a Sop‹ran›o solo Con
V‹io›l‹ini› | del D‹on› Cossonio.»
C, vl_{1-2}, bc

2. *Colpe dell'alma mia* → CC 253
«Sonetto Sop‹r›a il Pentimento de peccati | Sop‹ran›o solo con Violini del
D‹o›n Cossonij.»
C, vl_{1-2}, bc

Partitura del sec. XVII; 4 cc., cm 22.5 × 29, 10 righi per pagina, mano 5, fil. 30. La partitura è databile al 1670-1680 ca. La filigrana è la stessa di I-COd, V-21, datato 1670. I
testi di entrambe le composizioni sono stati pubblicati nelle *Sacre Lodi* (1680).

PICCHI, *Catalogo*, p. 112.

I-COd, V-21

Convoluto formato da partitura e da 9 parti, relative a una composizione.

- *La gloria de' Santi* → CC 256
«Oratorio a quattro Voci | con Violini | Musica del Cossoni | 1670»
(partitura)
CATB, vl_{1-2}, bc

Partitura del sec. XVII; 14 cc., in-4° oblungo, cm 29 × 23, 12 righi per pagina, mano 4,
fil. 30 — 9 parti del sec. XVII: C (S. Giovanni), A_1 (Angelo primo), A_2 (Angelo secondo), T (Testo), B_1 (Vecchio primo), B_2 (Vecchio secondo), vl_1, vl_2, vlne; in-4°, cm 28.5
× 22.5, 12 righi per pagina, mano 7, fil. 13 e 15.

PICCHI, *Catalogo*, p. 112.

I-COd, V-22

Convoluto di 10 parti, relative a una composizione.

• Litanie della Beata Vergine Maria *A labiis iniquis*   → CC 149
  «A labiis iniquis ‹etc.› [*in altra mano:*] et Margaritas ante Porcos |
  Cossonij» (C₁)
  CATB CATB, bc

Parti in-4°, cm 22.5 × 28, 12 righi per pagina.

9 parti autografe: C₁, A₁, T₁, B₁, org₁, C₂, A₂, T₂, B₂; fil. 34. Non è possibile datare il
materiale con precisione. L'aggiunta al titolo presente in tutte le parti autografe («et
Margaritas ante Porcos») è probabilmente di mano di Francesco Rusca — 1 parte del
sec. XVII: vlne; mano 15, fil. non rilevata.

PICCHI, *Catalogo*, p. 113; PICCHI, *Sull'impiego*, p. 305.

I-COd, V-23

Convoluto formato da una partitura e da 12 parti, relative a una composizione.

• *Magnificat*   → CC 147
  «Magnificat a. 5. del quinto T‹on›o» (Q)
  CATQB, bc

Partitura del sec. XVII; 6 cc., in-4° oblungo, cm 28 × 22.5, 12 righi per pagina, mano 8,
fil. 39 — 6 parti del sec. XVII: C, A, T, Q, B, org; in-4°, cm 23 × 28, 10 righi per pagina,
mano 8, fil. 37 — 6 parti del sec. XVII: C, A, T, Q, B, org; in-4°, cm 23 × 28, 12 righi per
pagina, nella mano di Francesco Rusca, fil. 36. Partitura e parti non sono ulteriormente databili. Tranne l'intonazione Magnificat, il cantico è musicato senza prevedere
alternanza con il gregoriano.

PICCHI, *Catalogo*, p. 113 • PICCHI, *Sull'impiego*, p. 306.

I-COd, V-24

Convoluto formato da una partitura e da 15 parti, relative una composizione.

• Salmo *Miserere mei Deus*   → CC 72
  «Al singolar merito del Sig. Francesco Rusca M‹aestr›o di Capella
  meri‹tissi›mo di Como. Dedicatogli dal suo se‹rvito›re Carlo D‹onat›o
  Cossoni. | A piu voci con Ripieni | obligati | 1699 mense | 9bris
  Grabedonae» (partitura)
  CATB soli CATB ripieni, bc

Partitura autografa; 14 cc., in-4° oblungo, cm 28 × 22.5, 12 righi per pagina, fil. 12 —
15 parti autografe ('cartine' per i soli); in-8°, cm 14.5 × 19.5 a cm 16.5 × 22, 10 righi
per pagina, fil. 21 e 22. Vers. 1: B; Vers. 2: T; Vers. 3: A; Vers. 4: C e A; Vers. 5: T; Vers.
6: C; Vers. 7: B₁ e B₂; Vers. 8: T; Vers. 9: B (e T: perduto); Vers. 10: C e A; Vers. 11: T;

Vers. 12: C. Materiali redatti insieme a I-COd, V-25, con cui erano riuniti nella precedente catalogazione.

Picchi, *Catalogo*, p. 113.

I-COd, V-25

Convoluto di 13 parti, relative a una composizione.

- Salmo *Miserere mei Deus*   → CC 72
  «A più voci | Canto | Cossonij | Miserere mei Deus» (C coro)
  CATB soli CATB ripieni, bc

13 parti autografe: C conc, A conc, B conc, C coro, A coro, T coro, B coro, C rip, A rip, T rip, B rip, vlne, org; in-4°, cm 23 × 28, 12 righi per pagina, fil. 9. Materiali redatti nel novembre 1699 insieme a I-COd, V-24, a cui erano uniti nella precedente catalogazione.

Picchi, *Catalogo*, p. 113.

I-COd, V-26

Convoluto formato da una partitura e 7 parti, relative a un frammento di composizione.

- *Plaudite, ludite in plausis*   → CC 228
  «In fine | à 3. | Del Cossoni» (C)
  CAB, vl₁₋₂, bc

Partitura autografa: 2 cc., in-4° oblungo, cm 22.5 × 29, fil. 53 — 7 parti autografe: C, A, B, vl₁, vl₂, vlne, org; in-80, cm 21.5 × 16, fil. 17 e 18. Materiale databile dopo il 1682 in base alle filigrane. L'annotazione «In fine» indica che la composizione è la conclusione di un organismo musicale più ampio, che non è possibile però determinare.

Picchi, *Catalogo*, p. 113.

I-COd, V-27

Partitura relativa a una composizione.

- *Quaerens dilectum quem corde colebat*   → CC 231a
  C, bc

Partitura autografa; 4 cc., in-4° oblungo, cm 28.5 × 22.5, fil. 37. Questa fonte trasmette una diversa versione di una composizione pubblicata a stampa nell'op. II (30). Con ogni probabilità, essa conservata una prima redazione del mottetto, databile quindi a prima del 1667 (v. *Introduzione*, pp. 52-53). I tratti calligrafici confermano che si tratti di una delle più antiche testimonianze autografe.

Picchi, *Catalogo*, p. 113.

I-Mfd, AD.11.1

Volume miscellaneo, relativo a 15 composizioni.

Il volume, in-4° oblungo, cm 29 × 22.5, è costituito da 18 fascicoli indipendenti per complessive cc. 63 numerate discontinuamente. La rilegatura in cartone è antica e reca il titolo:

1684 | Esperienze Fatte nel Concorso di | M‹aest›ro di Capella del Duomo di M‹ilan›o con l'ellett‹ion›e | del R‹everen›do S‹igno›r Carlo Consonio et Seguito in | Essa

Il volume raccoglie le prove d'esame effettuate nel 1684, il 18 agosto (antifona a otto voci, su soggetto obbligato), il 19 agosto (antifona a cinque voci, a cappella su soggetto obbligato) e il 21 agosto (salmo del mattutino ambrosiano). Ogni composizione è redatta su un fascicolo separato, controfirmato dai componenti della commissione (il rettore Federico Fagnano, i 'delegati' o 'deputati delle porte' Alvisio Lampugnano, Alessandro Croce arciprete, Carl'Antonio Appiani e il marchese Galeazzo Croce). Tutte le composizioni sono scritte sulla stessa carta (fil. 48), con 10 righi per pagina. A cc. 1 e 3 si trovano i soggetti per le composizioni a otto e a cinque voci.

SARTORI, *La cappella musicale*, p. 57 • GOBBI, *Cossoni e D'Alessandri*.

1. ANDREA PIZZALA, *Benedicite Deum caeli*
   CATB CATB, (bc)
   cc. 5r-6r. Partitura autografa. Il rigo del bc è notato solo sulla prima pagina della partitura.

2. ANDREA PIZZALA, *In virtute tua, Domine, laetabitur iustus*
   CCATB
   cc. 7r-8r. Partitura autografa.

3. ANDREA PIZZALA, *Qui cogitaverunt*
   CC, bc
   cc. 9r-10v. Partitura autografa.

4. GIULIO D'ALESSANDRI, *Benedicite Deum caeli*
   CATB CATB
   cc. 11-13. Partitura autografa, pp. numerate da 1 a 5.

5. GIULIO D'ALESSANDRI, *In virtute tua, Domine, laetabitur iustus*
   CATTB
   cc. 15r-16v. Partitura autografa.

6. GIULIO D'ALESSANDRI, *Qui cogitaverunt*
   CATB CATB, bc
   cc. 17r-24r. Partitura autografa.

7. CARLO DONATO COSSONI, Antifona *Benedicite Deum caeli*   → CC 82
   «a 8 voci reali | obligat‹o› | Cossonij»
   CATB CATB, bc
   cc. 25r-26v. Partitura autografa, fil. 48. Il rigo del bc è presente solo sulla prima pagina della partitura.

8. CARLO D. COSSONI, Antifona *In virtute tua, Domine, laetabitur iustus* → CC 85
«a cinque obligato da Capella. Quinto Tono. | Cossonij»
CATTB
cc. 27r-28r. Partitura autografa, fil. 48. Il rigo del basso vocale è numerato.

9. CARLO DONATO COSSONI, Salmo *Qui cogitaverunt* → CC 75
«Salmo a 8 voci, concertato, del 7o. Tono. | Cossonij.»
CATB CATB, bc
cc. 29r-38v. Partitura autografa, fil. 48.

10. GIOVANNI MARIA APPIANI, *Benedicite Deum caeli*
CATB CATB
cc. 39r-40v. Partitura autografa.

11. GIOVANNI MARIA APPIANI, *In virtute tua, Domine, laetabitur iustus*
CATTB
cc. 41r-42v. Partitura autografa.

12. GIOVANNI MARIA APPIANI, *Qui cogitaverunt*
CATB CATB, bc
cc. 43r-47v. Partitura autografa.

13. CARLO FRANCESCO CANE, *Benedicite Deum caeli*
CATB CATB
cc. 49r-52v. Partitura autografa.

14. CARLO FRANCESCO CANE, *In virtute tua, Domine, laetabitur iustus*
CATTB
cc. 54r-55r. Partitura autografa.

15. CARLO FRANCESCO CANE, *Qui cogitaverunt*
CATB CATB, bc
cc. 56r-62r. Partitura autografa, pp. numerate da 1 a 7.

I-PS, B.163:1

Volume in partitura relativo a 18 composizioni.

La raccolta, di 74 pp., cm 23 × 30, risale al primo quarto del sec. XVIII: è registrata infatti nel locale inventario redatto nel 1727. Essa raccoglie tutte le composizioni – redatte in partitura per doppio coro CATB CATB, org – dell'op. III (1667), copiate con ogni probabilità a partire dall'esemplare della stampa presente in I-PS. Copista e filigrana non rilevati. Tra il primo e il secondo Salmo è inserito un anonimo «Offertorio» per org, di fattura apparentemente più tarda.

URFM, *sub voce* «Cossoni».

1. Invitatorio *Domine, ad adiuvandum* → CC 17
CATB CATB, bc

2. Salmo *Dixit Dominus*   → CC 48
     CATB CATB, bc

3. Salmo *Confitebor tibi, Domine*   → CC 41
     CATB CATB, bc

4. Salmo *Beatus vir qui timet Dominum*   → CC 31
     CATB CATB, bc

5. Salmo *Laudate pueri*   → CC 69
     CATB CATB, bc

6. Salmo *Laudate Dominum omnes gentes*   → CC 66
     CATB CATB, bc

7. Salmo *In exitu Israel*   → CC 61
     CATB CATB, bc

8. Salmo *Laetatus sum*   → CC 62
     CATB CATB, bc

9. Salmo *Nisi Dominus*   → CC 73
     CATB CATB, bc

10. Salmo *Lauda Jerusalem*   → CC 64
     CATB CATB, bc

11. Salmo *Credidi propter quod locutus sum*   → CC 45
     CATB CATB, bc

12. Salmo *In convertendo*   → CC 60
     CATB CATB, bc

13. Salmo *Domine probasti*   → CC 53
     CATB CATB, bc

14. Salmo *De profundis clamavi*   → CC 46
     CATB CATB, bc

15. Salmo *Memento Domine David*   → CC 71
     CATB CATB, bc

16. Salmo *Beati omnes qui timent Dominum*   → CC 30
     CATB CATB, bc

17. Salmo *Confitebor tibi Domine*   → CC 44
     «Confitebor Angelorum» (C)
     CATB CATB, bc

18. *Magnificat*   → CC 143
     CATB CATB, bc

S-Uu, Vok. mus. i hs. 83 (11)

Partitura relativa a una composizione, all'interno di una miscellanea.

Il manoscritto è stato redatto nel 1674-1675 da Gustav Düben (1624-1690) in intavolatura d'organo tedesca. La composizione è descritta dall'op. I₁ (9), probabilmente a partire dall'esemplare della stampa appartenuta alla medesima collezione, tutt'ora conservata a Uppsala.

GRUSNICK, *Die Dübensammlung*, p. 159.

- *Morior misera*   → CC 203
  «Morior misera | a 3 | C. C. Basso | Carlo Donato»
  CCB, bc
  cc. 17*v*-19*r*

S-Uu, Vok. mus. i hs. 78 (82)

Partitura relativa a una composizione, all'interno di una miscellanea.

Il manoscritto è stato redatto nel 1666-1667 da Gustav Düben (1624-1690) in intavolatura d'organo tedesca. La composizione è descritta dall'op. I₁ (9), probabilmente a partire dall'esemplare della stampa appartenuta alla medesima collezione, tutt'ora conservata a Uppsala.

GRUSNICK, *Die Dübensammlung*, p. 159.

- *O suavis animarum vulnerator*   → CC 222
  «O Suavis | animarum vulnerator | (doy soprani) | Carlo Donato
  Cossoni.»
  CC, bc
  cc. 82*v*-84*r*

Edizioni individuali

op. I₁ (1665)

Canto | delli Motetti | A Due, e Tre voci, con le Letanie della B‹eata› V‹ergine› Maria à 3. | Consagrati all'immortalità del nome | dell'Ill‹ustrissi›mo Sig‹no›r Marchese | Alessandro Fachenetti | Dignissimo Presidente Perpetuo di S. Petronio di Bologna | Dà Carlo Donato Cossoni | Primo Orga- | nista in detta Basilica. | Opera prima.
Venezia: Francesco Magni detto Gardano, 1665

4 parti in-4°: C, A, B, org

Esemplari: I-Baf, I-Bc, I-Rsmt, PL-WRu (C, A, B, org: mutilo), S-Uu

Sɪᴍɪ Bᴏɴɪɴɪ, *Santa Maria in Trastevere*, pp. 304-305 • Rɪsᴍ, ᴄ 4199.

Dedica: al marchese Alessandro Fachenetti.

> Ill‹ustrissi›mo Sig‹no›r Patrone Col‹endissi›mo
> Col Chiaro nome di V‹ostra› Sig‹noria› Illustrissima do splendore à questo oscurissimo parto, che nel punto de suoi natali ossequiosame‹n›te le consacro. Non però dissegno d'accrescere numero à gl'infiniti pregi di generosa Nobiltà, Eroica virtù, e sublime grandezza, de quali ella và colma, mà desidero d'arrichirmi col pretioso Tesoro, che attendo dal patrocinio del suo gran Nome. Come tributo di servo volano divoti questi fogli à suoi piedi con isperanza, che non isdegnerà l'ochio di rimirarli cortese su queste riverentissime carte. Se le Sacrate Porpore de gl'Eminentissimi Fratello, e Zio, e i Camauri sacri del gran Proavo resero domestici nel suo gran sangue luminosi splendori di gloria, degnisi V‹ostra› Sig‹noria› Illustrissima compartire alle tenebre di questi fogli un sol raggio, acciò aquisto nel Mondo virtuoso splendore, & à i Critici Censori si renda abbacinata la malignità della vista. Mentre io sapendo, che l'armonia più perfetta si gode là su ne Cieli, spero vedere reso armonico il mio parto, quando gio‹n›gerà à godere nel Cielo della sua gratia alcun picciolo luogo. Del che mentre la supplico riverente l'inchino firmandomi | Di V‹ostra› Sig‹noria› Illustrissima Humilissimo, Divotissimo, & oblig‹atissimo› servitore | Carlo Donato Cossoni

1. *O suavis animarum vulnerator*   → CC 222
   CC, bc

2. *O superi, o caelistes*   → CC 223
   «Dialogo. Per la Madonna Santissima.» (C)
   CC, bc

3. *Alas expandite, venite, descendite*   → CC 172
   «Pro quolibet Sancto vel Sancta.» (C)
   CA, bc

4. *Funde voces, versus prome*   → CC 194
   CB, bc

5. *Musa voces melos ede*   → CC 204
   «Dialogo. Per ogni solennità.» (C)
   CB, bc

6. *Putruerunt et corruptae sunt*   → CC 230
   «Dialogo. Per S‹anti› Cos‹ma› e Dam‹iano› e per più martiri, e per
   un Sancto.» (C)
   CB, bc

7. *O quae monstra, o quae prodigia*   → CC 217
   «Dialogo Per la Pentecoste.» (T)
   TB, bc

8. *Dum clamo, dum quaero*   → CC 189
   ATB, bc

9. *Morior misera*   → CC 203
   CCB, bc

10. *O Maria, o mare grave*   → CC 214
    ATB, bc

11. *O amor, o dolor*   → CC 208
    ATB, bc

12. *Quas tibi reddemus gratias*   → CC 232
    «Dialogo Di Tobia à 3.» (C)
    CAB, bc

13. *Ad lacrimas oculi*   → CC 165
    «Dialogo à 3. Per qual si voglia Santo ò Santa.» (C₁)
    CCB, bc

14. *Litanie della Beata Vergine Maria*   → CC 150
    «Letanie della B‹eata› V‹ergine› Maria à 3.» (C)
    CAB, bc

op. I₂ (1678)

Il primo Libro | de motetti | a due, e tre voci | Con una letania della B‹eata›
V‹ergine› M‹aria› à 3. | di Carlo Donato Cossoni | Maestro di Capella della
Camera dell'Ecc‹ellentissi›mo | Sig‹nor› Prencipe Trivultio &c. | Opera prima,
e seconda impressione. | All'illustrissima signora | Sig‹no›ra Maria Vittoria |
Terzaga | Monaca professa nel Monastero | del Capuccio di Milano.
Milano: Giovan Battista Beltramino, [1678]

4 parti in-4°: C, A, B, org

Esemplari: GB-Lbm; I-COd (C, A, B)

Picchi, *Catalogo*, pp. 9-10 • Rism, C 4200.

Dedica: a Maria Vittoria Terzaga, monaca.

> Ill‹ustrissi›ma Signora Sig‹no›ra et Padrona Coll‹endissi›ma
> Gemono di novo sotto il torchio le mie fiacchezze; non mai satio di vedermi lace-
> rato dal rabbioso dente di scioperata Critica. Ne per questo mi pentirà già mai di
> haver consacrato alla luce questo parto del mio debole ingegno, mentre nell'istes-
> so punto unito con gli splendori del manto di V‹ostra› S‹ignoria› Illustrissima
> men chiari compariranno gli miei vergognosi rossori. Perche gli ossequiosi miei
> accenti gli rimbombassero dall'udito al cuore, acciò gli riuscissero più graditi,
> procurai di formarli armoniosi; Ne rio Timore il cuore mi turba, che non gli deb-
> bano riuscir cari, sapendo quanto l'immensa di lei benignità sii avezza
> Compatirmi. So che ad un tanto merito se gli richiedono, le voci delle Sirene, gli
> accenti de Cigni, essendo puoco tributo la Melodia di Filomela, et il lamento di
> Progne, dovendosi ad una gran Dama l'armonia delle Muse, con gli concerti
> d'Appollo; Mà divoto seno, Fatto ardito da gli fomenti d'imparigiabil cortesia,
> non teme dedicarli un aborto di faticoso sudore. Sotto il Vessillo donque di quel-
> la Croce di cui ella tanto si preggia, io n'anderò vittorioso, Sapendo come i miei
> parti resteranno cheti dai Fulmini della maledicenza. Alla più Canora Musa di
> questo Felice Parnaso offerisco la bassezza de miei concerti; Accetti dunque quel
> puoco, che sa contribuire una infinita volontà, che mi astringe à perpetua divotio-
> ne, mentre, con tutta riverenza immortalmente mi confermo | Di V‹ostra› S‹igno›-
> ria› Illustriss‹ima› Umiliss‹imo› S‹ervitore› obligatiss‹imo› | Carlo Donato Cossoni
> | Milano li 30. Marzo 1678.

1. *O suavis animarum vulnerator*   → CC 222
   «Per il Signore, e per ogni tempo.» (C₁)
   CC, bc

2. *O superi, o caelistes*   → CC 223
   «Dialogo. Per la Madonna Santissima.» (C₁)
   CC, bc

3. *Alas expandite, venite, descendite*   → CC 172
   «Per qualsivoglia Santo, ò Santa.» (C); «Per un Santo, ò Santa» (tavola)
   CA, bc

4. *Funde voces, versus prome*   → CC 194
   «Per il Signore, e per ogni tempo.» (C)
   CB, bc

5. *Musa voces melos ede*   → CC 204
   «Dialogo. Per ogni Solennità.» (C)
   CB, bc

6. *Putruerunt et corruptae sunt*   → CC 230
   «Dialogo à due voci. | Per S‹anti› Cos‹ma› e Dam‹iano› e per più Martiri.
   E per un Santo.» (C); «Per più Martiri, e per un Santo» (tavola)
   CB, bc

7. *O quae monstra, o quae prodigia*   → CC 217
   «Dialogo. | Per il Spirito Santo. | T. e B.» (T)
   TB, bc

   Nella ristampa del 1678, Cossoni corregge un errore occorso nella prima edizione
   alla mis. 3 del T dove il *re*$_3$ era stato stampato croma e il *fa*$_3$ era stato omesso.

8. *Dum clamo, dum quaero*   → CC 189
   «Per ogni tempo.» (A)
   ATB, bc

9. *Morior misera*   → CC 203
   «Per ogni tempo.» (C$_1$)
   CCB, bc

10. *O Maria, o mare grave*   → CC 214
   «Per la Madonna Santissima.» (A)
   ATB, bc

11. *O amor, o dolor*   → CC 208
   «Per la Passione del Signore.» (A)
   ATB, bc

12. *Quas tibi reddemus gratias*   → CC 232
   «Dialogo di Tobia. Per li Angeli Custodi.» (C)
   CAB, bc

13. *Ad lacrimas oculi*   → CC 165
   «Dialogo. Per qual si voglia Santo, ò Santa.» (C$_1$)
   CCB, bc

14. *Litanie della Beata Vergine Maria*   → CC 150
   « Letanie della B‹eata› V‹ergine› M‹aria›. à 3. C. A. e B.» (C)
   CAB, bc

op. II₁ (1667)

Canto del primo Libro | de motetti | a voce sola | di Carlo Donato Cossoni | primo organista | Di S. Petronio, et Accademico Faticoso; | Consecrati all'immortalità del Nome dell'Illustriss‹imo› e Reverendiss‹imo› | Sig‹nor› Abbate | Carlo Sanpietro. | Opera Seconda. | Con privilegio.
Bologna: Giacomo Monti, 1667

2 parti in-4° oblungo: C, partito

Esemplari: I-Bc

RISM, C 4201.

Nella tavola dell'opera, si legge: «Si stampano al presente li Salmi à 8. brevi, e pieni per tutte | le Solennità dell'Anno, del medesimo Auttore. Finis»: il riferimento è all'op. III. Sul contesto sociale e mecenatistico si veda l'*Introduzione*, pp. 89-90.

Dedica: all'abate Carlo Sanpietro.

> Illustriss‹imo› e Reverendiss‹imo› Sig‹nor› e Padron Colendiss‹imo›
> Chì hà un'animo tanto ben concertato in tutti i suoi affetti, come V‹ostra› S‹ignoria› Illustrissma, non può non avere anco un'orecchio intendente nell'armonia, che per ciò io mi son animato à consecrare al suo nome stampate in questo picciol volume le mie non sò se dica consonanze, ò dissonanze. Ed à chi meglio staranno consegnate le chiavi di mia Musica, che à un SAN PIETRO? Questi miei musici componimenti non ebbero mai miglior cadenza, che nelle liberali mani di V‹ostra› S‹ignoria› Illustrissima, da cui verranno sollevati à quell'onore, che per altro non meritano. Li composi a voce sola, per che sapevo, che dovevano far loro un nobile ripieno le di lei virtù, e li dò ora in sua protezione, perche così saranno regolati meglio coll'applauso di sua destra, che con le battute di mano maestra, guidati con armonia. Ogni nota sarà un segnale della mia infinita obligatione. Ogni linea tirerà al centro della sua compitissima gentilezza. E se poco le invio in riguardo del debito, trà queste carte canore sospirerò la languidezza del mio canto, quale più di riverenza, che d'eloquenza armato chino in sua presenza glie lo porgo. | Humiliss‹imo› devotiss‹imo› et obligatiss‹imo› Ser‹vitore› | Carlo Donato Cossoni.

> *Anagramma purum Domini Celsi Aversani Monachi Caelestini in laudem Auctoris eiusque Mecaenatis* | Carolus Donatus Cossonius Mediolanensis, Ecclesiae Sancti Petronij organista primus.

> *Anagramma.* | Claro, ac paene Regio Nomini, Sonos, et Cantus aureis | istis coronis almus pulsans dedicasti.

Le indicazioni per l'uso liturgico sono tratte (dove non specificato) dalla tavola posta alla fine della stampa. I mottetti nn. 15 e 16 prevedono anche un'esecuzione per C e bc (non segnalata nell'indice), leggendo il brano trasposto una quinta sopra, come indicato da due chiavi alternative in armatura, una chiave di Do1 per il *Superius* e una chiave di Do4 per il bc.

1. *Audite gentes quae loquor*   → CC 181
   «Per la festa della Santissima Trinità, e per le Domeniche in frà Anno.»
   C *O* T, bc

2. *Vertere in luctum cithara mea*   → CC 249
   «Per il Signore, e per ogni Tempo.»
   C *O* T, bc

3. *Amor Jesu suavissime*   → CC 175
   «Per il Signore, e per ogni Tempo.»
   C *O* T, bc

4. *O cor meum pavens*   → CC 210
   «Per Santa Croce, e le seconde parole per il Signore, e per ogni tempo.»
   C *O* T, bc

5. *Jucunditas, amoenitas*   → CC 202
   «Della Beata Vergine.» (partito); «Per la Madonna Santissima.» (tavola)
   C *O* T, bc

6. *Peccavi Domine, impie gessi*   → CC 225
   «Al Molto Illustre Molto Reverendo Sig‹nor› D‹on› Florenio Filiberi.
   Musico Celeberimo dell'Illustrissimo Monsig‹nor› Torreggiani Arcive-
   scovo di Raven‹n›a. | Della B‹eata› V‹ergine› e puol servire per la Salve
   Regina.» (C); «Per la Madonna Santissima, e puol servire per la Salve
   Regina.» (tavola)
   C *O* T, bc

7. *Jo, jo, triumphate*   → CC 200
   «Per la Natività del Signor sopra la Pastorale.» (partito); «Per la Natività
   del Signore.» (tavola)
   C *O* T, bc

8. *Ad mensam superum*   → CC 166
   «Per il Santissimo.»
   C *O* T, bc

9. Antifona *Regina caeli*   → CC 87
   «Per il tempo Pascale.»
   C *O* T, bc

10. *Nolite timere, o mortales*   → CC 205
    «Per il Spirito Santo.»
    C *O* T, bc

11. *Venite, o gentes*   → CC 248
    «Per il Santissimo.»
    C *O* T, bc

12. *Pendet Jesus in patibulo*   → CC 226
    «Per ogni Tempo, e per la Passione del Signore.» (partito); «Per la pas-
    sione del Signore, e per ogni tempo.» (tavola)
    C *O* T, bc

13. *Charitate Dei* → CC 185

«Per S. Filippo Neri, e le seconde parole per la Madonna Santissima, nella Natività del Signore.» (partito); «Per S. Filippo Neri, e le seconde parole per la Madonna Santissima nel Natale del Signore. | Questo sudetto Motetto Charitate Dei, puol servire anco per S. Francesco, per S. Teresia, e per S. Cattarina da Siena, mutando dove dice Filippus Nerius in Divus Franciscus, ò Diva N. e dove dice Filippus Nerius, ò Nerium se vi metterà il nome del Santo, ò Santa, al quale si vuol applicare» (tavola)
c *o* T, bc

14. *Silete antra, tacete silvae* → CC 241

«Per la Natività di S. Gio‹vanni› Battista, e per qual si voglia altro Santo.» (C); «Per la Natività di S. Gio‹vanni› Battista, e le seconde parole per qual si voglia altro Santo.» (indice)
c *o* T, bc

15. *Beatus vir qui inventus est* → CC 184

«Per un Santo.» (A); «Per qual si voglia Santo.» (indice)
A (o C), bc

16. *Quaerens dilectum quem corde colebat* → CC 231

«Per ogni tempo.»
A (o C), bc

17. *Vanitas vanitatum* → CC 246

«Per ogni tempo.»
B, bc

18. Antifona *Salve regina* → CC 91

B, bc

op. II₂ (1668)

Partito del Primo Libro | De Motetti | A Voce Sola | Di Carlo Donato Cossoni | Primo Organista di S. Petronio di Bologna, Accademico Faticoso; | Opera Seconda, e Seconda Impressione | Con Privilegio. | Dedicata all'Illustrissimo, e Reverendissimo Sig‹nor› il Sig‹nor› | D‹on› Melchior Oddi | Dottore di Sacra Theologia, Priore della Duchessa, | Pronotario Apostolico, e Vicario Foraneo | nella Diocesi di Parma.
Bologna: Giacomo Monti, 1668

2 parti in-4° oblungo: c, partito

Esemplari: I-Bc (partito)

RISM, C 4202.

Dedica: a don Melchiorre Oddi.

Illustrissi‹mo› e reverendiss‹imo› Sig‹nor› Padron Colendissimo.
Dall'affetto, e dal debito vengo continuamente sollecitato a riverire con attestatio-

ne particolare il merito di V‹ostra› Sig‹noria› Illustrissima, & hò ben spesso ricercata occasione di riconoscere con miei fervorosi, perche devotissimi ossequij, quelle Virtù, che ingemmano i fregi riguardevoli della sua gentilezza: mà perche ne' primi germogli dell'ingegno puol da Momi sognarsi, se non veracemente ritrovarsi fallo biasimevole, mentre co‹n› lor critiche estimationi rinvenir si va‹n›tano macchie nell'istessa luce; effetto principale di Pianeta risplendissimo: già che la presente mia Opera altra volta impressa, corse nella sua navigatione propitie l'onde dell'opinioni; e con fortuna non disuguale è stata con lieto volto abbracciata dalla cortesia de' Virtuosi; per non cimentare la mia devotione con parto incerto d'incontrare quel bramato ossequio, che potesse con gli altri concorrere a gli applausi di V‹ostra› Sig‹noria› Illustrissima, non hò volsuto produrre altro effetto, che spontaneamente raffinare con replicato torchio questi Motetti a voce sola; e con maturo conseglio l'hò dedicati, e consacro all'infinito suo merito: acciò mancando alla mia penna quell'acutezza, che dovrebbe à commun sollievo tor via da questo parto la ruvidezza, le sue lucidissime stelle, che sono le lingue del Cielo, meglio di quella dell'Orsa formino le note, e concordino ad Armonia soave anche una voce solitaria; non potendosi dir sola, ogni qual volta le riconoscerà Protettrici, & Amiche; peròche figurandosi in esse la Testa del Serpe d'Esculapio, il Cuor del Leone, e lo Scudo d'Argo, fulgentissime Stelle del Cielo, mi speranzano col lor splendore ad incontrar vantaggi infallibilmente sicuri. So pure, che se nel pelago scabroso delle censure, verrà questo picciol parto assalito da torbidissime furie; non mancaranno Heroi nella sua Nobilissima Famiglia, che con quell'animo coraggioso, che resero un tempo vittoriosa la sempre Augusta Monarchia delle Spagne, e di Modona, adopraranno il brando a debellare ogni ferocità nemica; non mancaranno (per confutar le calunnie) lettere, ch'in ogni tempo ne' suoi, ed in lei al presente più dell'istesso Sole risplendono, riconoscendo stretti, ed angusti confini della sua Fama l'ampia vastità d'un Mondo: Non mancaranno Campioni, che riconoscendosi vassalli alla magnanimità del suo generosissimo animo, applauderanno all'opera, se non per il di lei merito, almeno per ritrovarsi Protetta dal suo Augustissimo Stemma. Si compiaccia dunque V‹ostra› Sig‹noria› Illustrissima all'istesso grido della sua Fama aggiongere per sua benignità il gradimento del mio devoto ossequio; che se in riguardo al suo merito infinito, ed al mio sommo dovere è picciola caparra; se riguarderà il mio talento, e l'affetto, con che'l consacro, scorgerà esser il tutto, ch'io posso. E mentre mi comprometto fida scorta di serenità lo splendore della sua triplicata Tramontana, de' suoi Prosperosi Luciferi, scudo l'indubitata Protettione, e sicuro Asilo l'acquisto della sua cortesissima gratia, li prometto esser Tromba manifestativa del sommo delle sue lodi, come comincio, per un'eternità dichiarandomi | Di V‹ostra› S‹ignoria› Illustrissima, e Reverendisima Divotissimo, & Obligatissimo servo | Carlo Donato Cossoni | Bologna li 20 Agosto 1668.

Le indicazioni che riguardano il contesto liturgico dei mottetti sono tratte dalla tavola dell'opera. Per i mottetti nn. 15 e 16, alle chiavi di Do3 e Fa4 sono premesse le chiavi di Do1 e Do4, suggerendo un'esecuzione alternativa alla quinta alta non segnalata nell'indice.

1. *Audite gentes quae loquor*   → CC 181
«Per la festa della Santissima Trinità, e per le Domeniche in frà Anno.»
C *o* T, bc

2. *Vertere in luctum cithara mea*   → CC 249
«Per il Signore, e per ogni Tempo.»
C *o* T, bc

3. *Amor Jesu suavissime*   → CC 175
«Per il Signore, e per ogni Tempo.»
C *o* T, bc

4. *O cor meum pavens*   → CC 210
«Per Santa Croce, e le seconde parole per il Signore, e per ogni tempo.»
C *o* T, bc

5. *Jucunditas, amoenitas*   → CC 202
«Per la Madonna Santissima.» (indice); «Della Beata Vergine.» (C)
C *o* T, bc

6. *Peccavi Domine, impie gessi*   → CC 225
«Al Molto Illustre Molto Reverendo Sig‹nor› D‹on› Florenio Filiberi. Musico Celeberimo dell'Illustrissimo Monsig‹nor› Torreggiani Arcivescovo di Ravena. | Della B‹eata› V‹ergine› e puol servire per la Salve Regina.» (C); «Per la Madonna Santissima, e puol servire per la Salve Regina.» (indice)
C *o* T, bc

7. *Jo, jo, triumphate*   → CC 200
«Per la Natività del Signor sopra la Pastorale.» (C); «Per la Natività del Signore.» (indice)
C *o* T, bc

8. *Ad mensam superum*   → CC 166
«Per il Santissimo.»
C *o* T, bc

9. Antifona *Regina caeli*   → CC 87
«Per il tempo Pascale.»
C *o* T, bc

10. *Nolite timere, o mortales*   → CC 205
«Per il Spirito Santo.»
C *o* T, bc

11. *Venite, o gentes*   → CC 248
«Per il Santissimo.»
C *o* T, bc

12. *Pendet Jesus in patibulo*   → CC 226
   «Per ogni Tempo, e per la Passione del Signore.» (C); «Per la passione del
   Signore, e per ogni tempo.» (indice)
   C *o* T, bc

13. *Charitate Dei*   → CC 185
   «Per S. Filippo Neri, e le seconde parole per la Madonna Santissima, nella
   Natività del Signore.» (C); «Per S. Filippo Neri, e le seconde parole per la
   Madonna Santissima nel Natale del Signore. Questo sudetto Motetto
   Charitate Dei, puol servire anco per S. Francesco, per S. Teresia, e per S.
   Cattarina da Siena, mutando dove dice Filippus Nerius in Divus
   Franciscus, ò Diva N. e dove dice Filippus Nerius, ò Nerium se vi met-
   terà il nome del Santo, ò Santa, al quale si vuol applicare» (indice)
   C *o* T, bc

14. *Silete antra, tacete silvae*   → CC 241
   «Per la Natività di S. Gio‹vanni› Battista, e per qual si voglia altro Santo.»
   (C); «Per la Natività di S. Gio‹vanni› Battista, e le seconde parole per qual
   si voglia altro Santo.» (indice)
   C *o* T, bc

15. *Beatus vir qui inventus est*   → CC 184
   «Per un Santo.» (A); «Per qual si voglia Santo.» (indice)
   A (o C), bc

16. *Quaerens dilectum quem corde colebat*   → CC 231
   «Per ogni tempo.»
   A (o C), bc

17. *Vanitas vanitatum*   → CC 246
   «Per ogni tempo.»
   B, bc

18. Antifona *Salve Regina*   → CC 91
   B, bc

---

op. III (1667)

Salmi a otto voci | Pieni, e brevi, per li Vespri di tutte | le Solennità dell'Anno
| di Carlo Donato Cossoni | Primo organista di S. Petronio di Bologna | et
Accademico Faticoso | Opera terza. | Dedicata | All'Illustrissimo, et
Eccellentissimo Sig‹nor› il Sig‹nor› | Maestro di Campo | D‹on› Antonio
Renato | Borromei, | Duca di Cerri, Marchese d'Angera, Co. D'Arona, |
Canobbio, Vogogna, Intra, ec‹cetera›. | Con privilegio | [cornice]
Bologna: Giacomo Monti, 1667

9 parti in-4°: C_1, A_1, T_1, B_1, C_2, A_2, T_2, B_2, org. È possibile però che la stampa fosse ven-
duta in 10 parti: così si spiegherebbe la presenza di due parti di org in diversi esem-
plari attualmente conservati.

Esemplari. I-AOc (A₁, C₂); I-Bat (C₁, A₁, T₁, B₁, C₂, A₂, T₂, org: 3 esempl.); I-Bc; I-BRd (2 esempl.); I-BRs (T₁, B₂); I-COd (B2 mutilo, org); I-Ls (completo + org); I-LOc (completo + org); I-PS; I-SPd (C₁, C₂); I-Rsmt (completo + org); NL-DHk (C₁, A₁, T₁, B₁, C₂, A₂, B₂); US-Wc

Picchi, *Catalogo*, p. 11 • Simi Bonini, *Santa Maria in Trastevere*, pp. 304-305 • Rism, c/cc 4203.

Dedica: a don Antonio Renato Borromei.

Illustriss‹imo› et Eccell‹entissimo› Sig‹nor› Mio Padrone Colendissimo.
Ad un Prencipe le di cui singolarissime Virtù obligano gli ossequij del Mondo intiero, io credo ben proporzionato un'ossequio composto d'armoniose Consonanze. Solo mi dispiace, che le mie note non habbino quella perfetta Musicale dolcezza, ch'altri si immaginò partorita dalle Celesti Sfere; mà quello, che 'l mio poco tale‹n›to non hà saputo compartire à questi Musicali Componimenti, lo riconosceranno dal nome glorioso dell'Eccellenza Vostra, Nome, che perfezionando il Concerto de' più Segnalati, e Famosi eroi, che giamai illustrassero l'insubria, e spargessero valorosi sudori per imperlare la cattolica corona, addolcirà, e renderà grate, anche alle orecchie di più malevoli, l'asprezze de' miei Concerti. Resti pur servita l'Eccell‹enza› Vostra di non condannare il mio soverchio ardire, che io rendendole obligatissime grazie di beneficio così grande, e qualificato, profondissimamente inchinandola mi onorarò di vivere mai sempre | Dell'Eccell‹enza› Vostra Humiliss‹imo› Divotiss‹imo› et Obligatiss‹imo› Serv‹itore› | Carlo Donato Cossoni | Bolog‹na› li 10. Luglio 1667.

1. Invitatorio *Domine, ad adiuvandum*   → CC 17
   catb catb, bc

2. Salmo *Dixit Dominus*   → CC 48
   catb catb, bc

3. Salmo *Confitebor tibi, Domine*   → CC 41
   catb catb, bc

4. Salmo *Beatus vir qui timet Dominum*   → CC 31
   catb catb, bc

5. Salmo *Laudate pueri*   → CC 69
   catb catb, bc

6. Salmo *Laudate Dominum omnes gentes*   → CC 66
   catb catb, bc

7. Salmo *In exitu Israel*   → CC 61
   catb catb, bc

8. Salmo *Laetatus sum*   → CC 62
   catb catb, bc

9. Salmo *Nisi Dominus*   → CC 73
   catb catb, bc

10. Salmo *Lauda Jerusalem*   → CC 64
    CATB CATB, bc

11. Salmo *Credidi propter quod locutus sum*   → CC 45
    CATB CATB, bc

12. Salmo *In convertendo*   → CC 60
    CATB CATB, bc

13. Salmo *Domine probasti*   → CC 53
    CATB CATB, bc

14. Salmo *De profundis clamavi*   → CC 46
    CATB CATB, bc

15. Salmo *Memento Domine David*   → CC 71
    CATB CATB, bc

16. Salmo *Beati omnes qui timent Dominum*   → CC 30
    CATB CATB, bc

17. Salmo *Confiteor Angelorum*   → CC 44
    CATB CATB, bc

18. *Magnificat*   → CC 143
    CATB CATB, bc

op. IV₁ (1668)

Inni a voce sola, | Con Violini, per tutti li Vesperi, | Le quattro Antifone dell'Anno, e il Tantum | ergo in quattro modi, con Violini, | a beneplacito. | Opera quarta | di Carlo Donato Cossoni | Primo Organista in S. Petronio di Bologna, | Accademico Faticoso. | All'illustriss‹imo› Sig‹nor› Marchese | Cesare Tanara.
Bologna: Giacomo Monti, 1668

4 parti in-8°: C (anche B, A, C₂), vl₁ (anche vla₁), vl₂ (anche vla₂), org

Esemplari: I-Baf (completo + org); I-Bc; I-Bsp (C, org; dispersi al novembre 2005); I-COd; I-Rsmt (C, org); PL-Kj

PICCHI, *Catalogo*, p. 10 • PATALAS, *Catalogue*, p. 76 • SIMI BONINI, *Santa Maria in Trastevere*, pp. 304-305 • RISM, C 4204.

Le parti presentano, prima del frontespizio, un foglio di risguardo supplementare con un titolo abbreviato: «Inni a voce sola, | Con Violini, per tutti li Vesperi». La parte del C è detta «Parte da Cantare».

Dedica: al marchese Cesare Tanara.

Illustrissimo sig‹nore› e Padron mio Colendissimo.
Unico fine di palesare al Mondo tutto le mie infinite obligazioni all'animo nobile,

è generoso di Vossignoria Illustrissima, e non basso sentimento di vantaggiare il mio patrimonio, assai dovizioso, quando ricco della sua grazia, presta vivo impulso alla presente Dedicazione, che basterà à Vossignoria Illustrissima, per rendermi grato riconoscitore de' miei obblighi se non esatto pagatore de' miei debiti, il maggior de' quali è di vivere con perpetuo ossequio. | Di V‹ostra› S‹ignoria› Illustrissima | Umiliss‹imo› ‹e› Obligatiss‹imo› Servo
Carlo Donato Cossoni.

Sonetto dedicato al marchese Cesare Tanara.

All'Illustrissimo Sig‹nor› Marchese Cesare Tanara a cui si dedica il presente libro di Musica dal Sig‹nor› D‹on› Carlo Donato Cossoni. | S'allude alla meza Luna, all'Aquila, ‹e› al Drago dello Stemma del detto Illustrissimo, ‹e› all'eccellenza nella Musica del Sig‹nor› Cossoni. | Sonetto di D‹on› Carlo Ciccarelli, Celestino.

> Musici Anfioni, e de' grand'Orbi Atlanti,
> Ch'un il rapido sprona, un frena il lento;
> E temprate, al tenor del Firmamento
> Per dar lode al Fattor, cetre Stellanti.
>
> Sospendete le fughe a i globi erranti,
> Date pause a le sfere un sol momento;
> Ch'io qui v'invito, ove emular ben sento
> L'alt'Armonia de Sferici Adamanti.
>
> Quì spiega un'altro Sol de' Ciel l'imago,
> In cui Cinthia d'argento il corno veste,
> Et hà per fregi ancor l'Aquila, e 'l Drago.
>
> Sol vi mancava il Cigno, acciò che presto
> Sian di tal Ciel le note, e 'l suon più vago,
> Gli offre armonico Orfeo canto Celeste.

1. Inno *Creator alme siderum*   → CC 101
   «In Dominicis Adventus Domini.» (B)
   B, vl₁₋₂, bc

2. Inno *Creator alme siderum*   → CC 100
   «In Dominicis Adventus Domini.» (C)
   C, vl₁₋₂, bc

3. Inno *Jesu redemptor omnium*   → CC 116
   «In Nativitate, e Circuncisione Domini, ‹et› in Dominicis usque ad Epiphaniam.» (C)
   C, vl₁₋₂, bc

4. Inno *Salvete flores martyrum*   → CC 129
   «In festo S‹anctorum› Innocentium.» (C)
   C, vl₁₋₂, bc

5. Inno *Crudelis Herodes*   → CC 102
   «In Epiphania Domini.» (C)
   C, vl₁₋₂, bc

6. Inno *Lucis creator optime* → CC 117
«In Dominicis per Annum.» (C)
C, vl₁₋₂, bc

7. Inno *Lucis creator optime* → CC 118
«In Dominicis per Annum.» (B)
B, vl₁₋₂, bc

8. Inno *Audi benigne conditor* → CC 95
«In Dominicis Quadragesimae.» (C)
C, vl₁₋₂, bc

9. Inno *Audi benigne conditor* → CC 96
«In Dominicis Quadragesimae.» (B)
B, vl₁₋₂, bc

10. Inno *Vexilla regis prodeunt* → CC 139
«In Dominicis Passionis, ‹et› Palmarum, ‹et› in festo Inventionis ‹et› exal-
tationis S‹anctae› Crucis.» (B)
B, vl₁₋₂, bc

11. Inno *Ave maris stella* → CC 97
«In omnibus festivitatibus B‹eatae› M‹ariae› V‹irginis›.» (B)
B, vl₁₋₂, bc

12. Inno *Ave maris stella* → CC 98
«In omnibus festivitatibus B‹eatae› M‹ariae› V‹irginis›.» (C)
C, vl₁₋₂, bc

13. Inno *Ad regias agni dapes* → CC 94
«In Dominicis Paschal‹ibus›» (C)
C, vl₁₋₂, bc

14. Inno *Salutis humanae sator* → CC 128
«In Ascensione Domini.» (A)
A, vl₁₋₂, bc

15. Inno *Veni creator spiritus* → CC 138
«In festo Pentecostes.» (B)
B, vl₁₋₂, bc

16. Inno *Jam sol recedit igneus* → CC 114
«In Festo S‹anctissimae› Trinitatis.» (C)
C, vl₁₋₂, bc

17. Inno *Pange lingua gloriosi* → CC 121
«In festo Corporis Christi.» (C)
C, vl₁₋₂, bc

18. Inno *Quodcumque in orbe* → CC 125
«In festo Cathedrae S‹ancti› Petri.» (B)
B, vl₁₋₂, bc

19. Inno *Egregie doctor Paule* → CC 106
«In Conversione, ‹et› Commem‹oratione› S‹ancti› Pauli.» (B)
B, vl₁₋₂, bc

20. Inno *Ut queant laxis* → CC 137
«In Nativitate S‹ancti› Ioannis Baptistae.» (A)
A, vl₁₋₂, bc

21. Inno *Decora lux aeternitatis* → CC 104
«In festo S‹anctorum› Apostolorum Petri, e‹t› Pauli.» (C)
C, vl₁₋₂, bc

22. Inno *Pater superni luminis* → CC 122
«In festo S‹anctae› Mariae Magdalen‹a›e.» (C)
C, vl₁₋₂, bc

23. Inno *Miris modis* → CC 119
«In festo S‹ancti› Petri ad vincula.» (C)
C, vl₁₋₂, bc

24. Inno *Quicumque Christum* → CC 124
«In festo Transfigurationis Domini» (A)
A, vl₁₋₂, bc

25. Inno *Te splendor et virtus* → CC 135
«In Appartitione, ‹et› in Dedicatione S. Michaelis Archangeli» (A)
A, vl₁₋₂, bc

26. Inno *Custodes hominum* → CC 103
«In festo Sanctorum Angelorum Custodum» (B)
B, vl₁₋₂, bc

27. Inno *Regis superni nuntia* → CC 126
«In festo S. Teresiae Virginis» (A)
A, vl₁₋₂, bc

28. Inno *Placare Christe servulis* → CC 123
«In festo omnium Sanctorum.» (C)
C, vl₁₋₂, bc

29. Inno *Exultet orbis gaudiis* → CC 107
«In Natali Apostolorum, ‹et› Evangelistarum.» (C)
C, vl₁₋₂, bc

30. Inno *Exultet orbis gaudiis* → CC 108
«In Natali Apostolorum, ‹et› Evangelistarum.» (B)
B, vl₁₋₂, bc

31. Inno *Tristes erant apostoli* → CC 136
«In Comune Apostolorum, ‹et› Evangelistarum Tempore Pascali.» (C)
C, vl₁₋₂, bc

32. Inno *Deus tuorum militum*   → CC 105
    «In Natali unius Martyris.» (C)
    C, vl₁₋₂, bc

33. Inno *Sanctorum meritis*   → CC 130
    «In Natali plur‹ium› Martyrum» (A)
    A, vl₁₋₂, bc

34. Inno *Rex gloriose martyrum*   → CC 127
    «In Comune plur‹ium› Martyrum, Tempore Pascali.» (C)
    C, vl₁₋₂, bc

35. Inno *Iste confessor*   → CC 111
    «In Natali Confessorum.» (C)
    C, vl₁₋₂, bc

36. Inno *Iste confessor*   → CC 112
    «In Natali Confessorum» (A)
    A, vl₁₋₂, bc

37. Inno *Iste confessor*   → CC 113
    «In Natali Confessorum.» (B)
    B, vl₁₋₂, bc

38. Inno *Jesu corona virginum*   → CC 115
    «In Natali Virginum, ‹et› Martyrum» (A)
    A, vl₁₋₂, bc

39. Inno *Fortem virili pectore*   → CC 109
    «In Natali S. Martyris tantum, ‹et› nec Viriginis nec Martyris.» (B)
    B, vl₁₋₂, bc

40. Inno *Caelestis urbs Jerusalem*   → CC 99
    «In Dedicatione Ecclesiae.» (C)
    C, vl₁₋₂, bc

41. Antifona *Alma redemptoris mater*   → CC 78
    «Basso solo con Violini.» (B)
    B, vl₁₋₂, bc

42. Antifona *Ave regina caelorum*   → CC 80
    «Canto solo con Violini.» (C)
    C, vl₁₋₂, bc

43. Antifona *Regina caeli*   → CC 88
    «Alto solo con Violini» (A)
    A, vl₁₋₂, bc

44. Antifona *Salve regina*   → CC 92
    «Solo con Violini.» (C)
    C, vl₁₋₂, bc

45. Inno *Tantum ergo sacramentum* → CC 131
«A due Soprani con Sinfonie se piace» (vl₁)
CC *o* TT *o* C solo *o* T solo, vl₁₋₂ ad lib., bc

46. Inno *Tantum ergo sacramentum* → CC 132
«A due Soprani con Sinfonie se piace» (vla₁)
CC *o* TT *o* C solo *o* T solo, vla₁₋₂ ad lib., bc

47. Inno *Tantum ergo sacramentum* → CC 134
«Basso solo con violette» (B)
B, vla₁₋₂, bc

48. Inno *Tantum ergo sacramentum* → CC 133
C, vl₁₋₂, bc

op. IV₂ (1674)

Inni per li vesperi | di tutte le solennità dell'anno | a voce sola, | Parte con Violini obligati, e parte à beneplacito, | le quattro antifone della B. V. M. | Con Violini obligati. | Il Tantum ergo a una, e due voci, | Parte con violini obligati, e parte a beneplacito. | Dedicati | All'Illustriss‹imo› e Reverendiss‹imo› Sig‹nor› Conte | Gio‹vanni› Maria Casati | Canonico nella Reale Collegiata di | S. Maria della Scala | da Carlo Donato Cossoni | Maestro di Capella della Camera dell'Eccellentissimo | Sig‹nor› Prencipe Trivultio &c. | Opera quarta | Ristampata, & ampliata con nuova aggionta.

Bologna: Giacomo Monti, 1674

In origine 4 parti in-8°: C (anche B, A, C₂), vl₁ (anche vla₁), vl2 (anche vla₂), org

Esemplare: I-VIGsa (vl₁)

SABAINO, *Frammenti*, n. 17.

Dedica: al conte Giovanni Maria Casati.

Illustrissimo, e Reverendissimo Signore, e Patrone mio Collendiss‹imo›
Strana per aventura fù la vittoria di Eunomio con Aristosseno Musico, benche molto soave, & erudita la concorrenza: questi toccando un giorno la cetra, nel più dolce dell'armonia, se gli ruppe una corda, alla di cui mancanza accorse subito volando una Cicala, che supplendo col suo canto al diffetto accennato li stabilì la palma della Musical concorrenza; quindi li Greci drizzorono à Eunomio una Statua, & per Geroglifico della Musica vollero la Cicala. Non hò dubbio veruno Illustriss‹imo›, e Reverendiss‹imo› Signore, che in questa seconda Roma, dove la gerarchia de Musici virtuosi è cotanto numerosa, & dove al genio suo son si frequenti l'armonie, non hò, dico, dubbio veruno, che questo mio parto, ancorche concertato non compaia stridendo, e co' suoi garriti strepitosi succedi al concento soave della lor faconda dottrina, pur sè è vero ciò, che dicono i naturali, che la Cicala non con la bocca, mà col petto esponghi le sue voci canore, certo verificasi ancor in me esser questo concetto procedente più dal cuore, che dalla lingua,

movendomi più à publicarlo affettuoso spirito di divotione verso V‹ostra› S‹igno-ria› Illustriss‹ima›, e Reverendiss‹ima›, che ambitione vana d'applauso. Dovrà, se la speranza non mi schernisce, esser da V‹ostra› S‹ignoria› Illustriss‹ima› e Reverendiss‹ima› non meno con prontezza accettato, che con humanità gradito, ne sara forse la Musica di questa importuna Cicala, per essergli dispiacevole, ricor-dandomi, che Apollo donando il Caduceo à Mercurio, Mercurio all'incontro lo contracambia con la Lira. Quello ofre protettione, questo porge fatiche; & con qual'altro segno di riverenza può la mia debolezza riconoscere gl'infiniti meriti d' [sic] V‹ostra› S‹ignoria› Ill‹ustrissima› e Reverendiss‹ima›, e ristringer' in puoco un'infinito d'obligatione? Così dunque mi persuado, che V‹ostra› S‹ignoria› Ill‹ustrissima›, e Reverendiss‹ima› prenderà per testimonio dell'affettuosa osser-vanza dell'animo mio queste mie Musiche note, che in lei s'appoggiano, rallegran-domi meco stesso della speranza, che riservo di veder Lei, e l'Illustrissima sua Casa ripiena di quei meritati augmenti, che'l pregarglieli dal Cielo pienissimi, vaglia per fine di questa, e con ogni riverenza l'inchino | Di V‹ostra› S‹ignoria› Illustris-s‹ima›, e Reverendiss‹ima› | Milano li 10. Novembre 1674. | Umiliss‹imo› servit‹o-re› obligatiss‹imo› | Carlo Donato Cossoni.

1. Inno *Creator alme siderum*   → CC 101
   «In Dominicis Adventus Domini.» (B)
   B, vl₁₋₂, bc

2. Inno *Creator alme siderum*   → CC 100
   «In Dominicis Adventus Domini.» (C)
   C, vl₁₋₂, bc

3. Inno *Jesu redemptor omnium*   → CC 116
   «In Nativitate, e Circuncisione Domini, ‹et› in Dominicis usque ad Epiphaniam.» (C)
   C, vl₁₋₂, bc

4. Inno *Salvete flores martyrum*   → CC 129
   «In festo S‹anctorum› Innocentium.» (C)
   C, vl₁₋₂, bc

5. Inno *Crudelis Herodes*   → CC 102
   «In Epiphania Domini.» (C)
   C, vl₁₋₂, bc

6. Inno *Lucis creator optime*   → CC 117
   «In Dominicis per Annum.» (C)
   C, vl₁₋₂, bc

7. Inno *Lucis creator optime*   → CC 118
   «In Dominicis per Annum.» (B)
   B, vl₁₋₂, bc

8. Inno *Audi benigne conditor*   → CC 95
   «In Dominicis Quadragesimae.» (C)
   C, vl₁₋₂, bc

9. Inno *Audi benigne conditor* → CC 96
«In Dominicis Quadragesimae.» (B)
B, vl₁₋₂, bc

10. Inno *Vexilla regis prodeunt* → CC 139
«In Dominicis Passionis, ‹et› Palmarum, ‹et› in festo Inventionis ‹et› exaltationis S‹anctae› Crucis.» (B)
B, vl₁₋₂, bc

11. Inno *Ave maris stella* → CC 97
«In omnibus festivitatibus B‹eatae› M‹ariae› V‹irginis›.» (B)
B, vl₁₋₂, bc

12. Inno *Ave maris stella* → CC 98
«In omnibus festivitatibus B‹eatae› M‹ariae› V‹irginis›.» (C)
C, vl₁₋₂, bc

13. Inno *Ad regias agni dapes* → CC 94
«In Dominicis Paschal‹ibus›» (C)
C, vl₁₋₂, bc

14. Inno *Salutis humanae sator* → CC 128
«In Ascensione Domini.» (A)
A, vl₁₋₂, bc

15. Inno *Veni creator spiritus* → CC 138
«In festo Pentecostes.» (B)
B, vl₁₋₂, bc

16. Inno *Jam sol recedit igneus* → CC 114
«In Festo S‹anctissimae› Trinitatis.» (C)
C, vl₁₋₂, bc

17. Inno *Pange lingua gloriosi* → CC 121
«In festo Corporis Christi.» (C)
C, vl₁₋₂, bc

18. Inno *Quodcumque in orbe* → CC 125
«In festo Cathedrae S‹ancti› Petri.» (B)
B, vl₁₋₂, bc

19. Inno *Egregie doctor Paule* → CC 106
«In Conversione, ‹et› Commem‹oratione› S‹ancti› Pauli.» (B)
B, vl₁₋₂, bc

20. Inno *Ut queant laxis* → CC 137
«In Nativitate S‹ancti› Ioannis Baptistae.» (A)
A, vl₁₋₂, bc

21. Inno *Decora lux aeternitatis* → CC 104
«In festo S‹anctorum› Apostolorum Petri, e‹t› Pauli.» (C)
C, vl₁₋₂, bc

22. Inno *Pater superni luminis*   → CC 122
    «In festo S‹anctae› Mariae Magdalen‹a›e.» (C)
    C, vl$_{1-2}$, bc

23. Inno *Miris modis*   → CC 119
    «In festo S‹ancti› Petri ad vincula.» (C)
    C, vl$_{1-2}$, bc

24. Inno *Quicumque Christum*   → CC 124
    «In festo Transfigurationis Domini» (A)
    A, vl$_{1-2}$, bc

25. Inno *Te splendor et virtus*   → CC 135
    «In Appartitione, ‹et› in Dedicatione S. Michaelis Archangeli» (A)
    A, vl$_{1-2}$, bc

26. Inno *Custodes hominum*   → CC 103
    «In festo Sanctorum Angelorum Custodum» (B)
    B, vl$_{1-2}$, bc

27. Inno *Regis superni nuntia*   → CC 126
    «In festo S. Teresiae Virginis» (A)
    A, vl$_{1-2}$, bc

28. Inno *Placare Christe servulis*   → CC 123
    «In festo omnium Sanctorum.» (C)
    C, vl$_{1-2}$, bc

29. Inno *Exultet orbis gaudiis*   → CC 107
    «In Natali Apostolorum, ‹et› Evangelistarum.» (C)
    C, vl$_{1-2}$, bc

30. Inno *Exultet orbis gaudiis*   → CC 108
    «In Natali Apostolorum, ‹et› Evangelistarum.» (B)
    B, vl$_{1-2}$, bc

31. Inno *Tristes erant apostoli*   → CC 136
    «In Comune Apostolorum, ‹et› Evangelistarum Tempore Pascali.» (C)
    C, vl$_{1-2}$, bc

32. Inno *Deus tuorum militum*   → CC 105
    «In Natali unius Martyris.» (C)
    C, vl$_{1-2}$, bc

33. Inno *Sanctorum meritis*   → CC 130
    «In Natali plur‹ium› Martyrum» (A)
    A, vl$_{1-2}$, bc

34. Inno *Iste confessor*   → CC 112
    «In Natali Confessorum» (A)
    A, vl$_{1-2}$, bc

35. Inno *Rex gloriose martyrum* → CC 127
    «In Comune plur‹ium› Martyrum, Tempore Pascali.» (C)
    C, vl₁₋₂, bc

36. Inno *Iste confessor* → CC 111
    «In Natali Confessorum.» (C)
    C, vl₁₋₂, bc

37. Inno *Iste confessor* → CC 113
    «In Natali Confessorum.» (B)
    B, vl₁₋₂, bc

37. Inno *Jesu corona virginum* → CC 115
    «In Natali Virginum, ‹et› Martyrum» (A)
    A, vl₁₋₂, bc

38. Inno *Fortem virili pectore* → CC 109
    «In Natali S. Martyris tantum, ‹et› nec Viriginis nec Martyris.» (B)
    B, vl₁₋₂, bc

39. Inno *Caelestis urbs Jerusalem* → CC 99
    «In Dedicatione Ecclesiae.» (C)
    C, vl₁₋₂, bc

40. Antifona *Alma redemptoris mater* → CC 78
    «Basso solo con Violini.» (B)
    B, vl₁₋₂, bc

41. Antifona *Ave regina caelorum* → CC 80
    «Canto solo con Violini.» (C)
    C, vl₁₋₂, bc

42. Antifona *Regina caeli* → CC 88
    «Alto solo con Violini» (A)
    A, vl₁₋₂, bc

43. Antifona *Salve regina* → CC 92
    «Solo con Violini.» (C)
    C, vl₁₋₂, bc

44. Inno *Tantum ergo sacramentum* → CC 131
    «A due Soprani con Sinfonie se piace» (vl₁)
    CC *o* TT *o* C solo *o* T solo, vl₁₋₂ ad lib., bc

45. Inno *Tantum ergo sacramentum* → CC 132
    «A due Soprani con Sinfonie se piace» (vla₁)
    CC *o* TT *o* C solo *o* T solo, vla₁₋₂ ad lib., bc

46. Inno *Tantum ergo sacramentum* → CC 134
    «Basso con violette» (B)
    B, vla₁₋₂, bc

47. Inno *Tantum ergo sacramentum* → CC 133
    C, vl₁₋₂, bc

op. v (1668)

Lamentazioni della Settimana Santa | à voce sola | di Carlo Donato Cossoni | Primo Organista di S. Petronio Accademico Faticoso. | Opera quinta. | Al molt'Illustre Sig‹nor› Bernardo Pezzi.

Bologna: Giacomo Monti, 1668

Partitura in-8° oblungo (pp. 78)

Esemplari: I-Bc; I-COd (2 esempl.)

Picchi, *Catalogo*, p. 10 • Rism, c 4205.

Dedica: a Bernardo Pezzi.

> Molt'Illustre Sig‹nor› Padron mio Osservandiss‹imo›
> Fraposto trà laberinti d'infinite obligationi, non d'uscirne bramoso, mà di palesa-re à V‹ostra› S‹ignoria› ed al mondo tutto che vivo ricordevole delle sue gentilez-ze; non sò ad altro filo appigliarmi, ch'al spesso tentar congiontura di dichiararmi dedicato in servirla. E perche mi è nota la cortesia, co‹n› la quale V‹ostra› S‹igno-ria› riguarda, e favorisce tutti, sperai sarebbe per accogliere con affetti Gioviali le mie Muse, benche dogliose, e meste; Per il che indotto al parto di quei Lamenti, che dovranno celebrare i funerali all'Autor della Natura; hò pensato non d'altro Fautore provederli, che della sua Protettione; che se più volte per sua humanità con Generosità d'Alessandro s'è compiaciuta far celebrar armonie, e servitosi della mia debolezza nell'opportunità di Musiche; senza dubbio credo non sdegnarà adesso favorire con la mede‹si›ma finezza li miei Lamenti; quali ancorche gravidi di cordogli, non saranno sotto la sua Tutela, che per germogliare concordi: ed'a-scrivendo il tutto alla sua humanissima cortesia, entrando in nuovo Caos di debi-ti, sarò per restare | Di V‹ostra› S‹ignoria› Molt'Illust‹rissima› | Divotiss‹imo› ed Obligatiss‹imo› Servitore. | Carlo Donato Cossoni

I titoli sono tratti dalla tavola posta alla fine della stampa. Nella seconda lezione del venerdì santo, *Aleph. Quomodo obscuratum*, alle chiavi di Do3 e Fa4 sono premesse le chiavi di Do1 e Do4, insieme a un diesis, suggerendo un'esecuzione alternativa alla quinta alta.

    1. Lezione *Incipit lamentatio Jeremiae prophetae*   → CC 153
       «Per il Mercordì santo. | Lectio prima»
       c *o* t, bc

    2. Lezione *Vau. Et egressus est*   → CC 154
       «Lectio secunda.»
       c *o* t, bc

    3. Lezione *Jod. Manum suam*   → CC 155
       «Lectio tertia. | Iod. Manum suum [*sic*]»
       b, bc

4. Lezione *De lamentatione … Heth. Cogitavit Dominus* → CC 156
«Per il Giovedì Santo. | Lectio prima.»
C *o* T, bc

5. Lezione *Lamed. Matribus suis* → CC 157
«Lectio secunda.»
A, bc

6. Lezione *Aleph. Ego vir videns* → CC 158
«Lectio tertia.»
B, bc

7. Lezione *De Lamentatione … Heth. Misericordiae Domini* → CC 159
«Per il Venerdì Santo. | Lectio prima.»
C *o* T, bc

8. Lezione *Aleph. Quomodo obscuratum* → CC 160
«Lectio secunda.»
A (*o* C), bc

9. Lezione *Incipit oratio Jeremiae prophetae* → CC 161
«Lectio tertia.»
B, bc

---

op. VI (1668)

Salmi concertati | A cinque Voci, e due Violini con un Basso, che concerta | ad libitum, e cinque parti di Ripieno à beneplacito | di Carlo Donato Cossoni | Primo Organista in S. Petronio di Bologna, | Accademico Faticoso. | Opera sesta. | Con privilegio. | All'Eminentissimo, e Reverendiss‹imo› Sig‹nore› | Il Sig‹nor› Cardinale Pietro Vidoni.
Bologna: Giacomo Monti, 1668

14 parti in-8°: C₁, C₂, A, T, B, B₂ ad lib., C₁ rip, C₂ rip, A rip, T rip, B rip, vl₁, vl₂, org

Esemplari: I-Bc (T); I-COd (completo + org); I-VIGsa (T, T rip); PL-Kj (B rip, vl₂, org)

L'annotazione sulla rilegatura in cartone della parte del vl₂ conservata in I-COd e proveniente, contrariamente agli altri fascicoli di Como, dalla parrocchia di Lanzado (in provincia di Sondrio) è autografa.

Picchi, *Catalogo*, p. 11 • Patalas, *Catalogue*, p. 78 • Rism, C 4206 • Sabaino, *Frammenti*, nr. 18.

Dedica: al cardinale Pietro Vidoni (la lettera dedicatoria manca nelle parti dei ripieni).

Eminentissimo, e Reverendiss‹imo› Prencipe.
Dirà il Mondo, il confesso, che sia eccesso d'ardire il mio in vedendomi a piedi dell'E‹minenza› V‹ostra› con una vittima così povera, così vile, quale si è questa, che riverente consagro all'immortalità del di lei gloriosissimo nome: Tuttavolta, se a chi che sia fusse nota la divozione di quell'umilissimo ossequio, col quale hò

sempre riverita l'E‹minenza› V‹ostra› e massime in quegli anni, che da V‹ostra› E‹minenza› fù regolata quanto felice, altrettanto, e più saggiamente la direzione di questo nobilissimo Governo, ne quali ebbi io fortuna di dedicarle la mia divotissima Servitù, sono ben più che certo, che restarebbe no‹n› compatita, mà ben sì encomiata la mia giustissima rissoluzione. Alla fin fine io mi pregio d'aver consagrato questo mio debolissimo aborto al più generoso de Grandi, al più glorioso de Porporati. Gradisca l'E‹minenza› V‹ostra› co i soliti tratti della sua cortesissima compitezza i tributi della mia riverenza, mentre mi riprotesto sempre più | Dell'Em‹inenza› Vostra Reverendiss‹ima› | Bologna li 30. Agosto 1668 | Humiliss‹imo› ed Obligatiss‹imo› Serv‹itore› | Carlo Donato Cossonio.

1. Invitatorio *Domine ad adiuvandum*   → CC 18
   CCATBB (B$_2$ *ad lib.*) CCATB ripieni, vl$_{1-2}$, bc

2. Salmo *Dixit Dominus*   → CC 49
   CCATBB (B$_2$ *ad lib.*) CCATB ripieni, vl$_{1-2}$, bc

3. Salmo *Confitebor tibi, Domine*   → CC 42
   CCATBB (B$_2$ *ad lib.*) CCATB ripieni, vl$_{1-2}$, bc

4. Salmo *Beatus virqui timet Dominum*   → CC 33
   CCATBB (B$_2$ *ad lib.*) CCATB ripieni, vl$_{1-2}$, bc

5. Salmo *Laudate pueri*   → CC 70
   CCATBB (B$_2$ *ad lib.*) CCATB ripieni, vl$_{1-2}$, bc

6. Salmo *Laudate Dominum omnes gentes*   → CC 67
   CCATBB (B$_2$ *ad lib.*) CCATB ripieni, vl$_{1-2}$, bc

7. Salmo *Laetatus sum*   → CC 63
   CCB, vl$_{1-2}$, bc

8. Salmo *Nisi Dominus*   → CC 74
   CCATBB (B$_2$ *ad lib.*) CCATB ripieni, vl$_{1-2}$, bc

9. Salmo *Lauda Jerusalem*   → CC 65
   «Al merito del Sig. Antonio Piantanida. Musico celeberrimo nella Reggia, e Ducal Corte di Milano, e nella Chiesa di nostra Signora presso S. Celso.» (A)
   A, vl$_{1-2}$, bc

10. *Magnificat*   → CC 144
    CCATBB (B$_2$ *ad lib.*) CCATB ripieni, vl$_{1-2}$, bc

op. VII (1669)

Il libro primo | delle | canzonette amorose | a voce sola | di Carlo Donato Cossoni | Primo Organista in S. Petronio di Bologna Accademico Faticoso. | Opera Settima | All'illustrissimo signor | Vincenzo Maria Carrati
Bologna: Giacomo Monti, 1669

Partitura in-8° oblungo (pp. IV + 144)

Esemplari: A-Wn; I-Baf; I-Bc; I-Bsp

Pusterla, *La società barocca*, *passim* • Rism, C 4207.

Ristampa moderna: Cossoni, *Canzonette*.

Prima del frontespizio trascritto si trova una carta di risguardo che reca un titolo abbreviato: «Canzonette | amorose | a voce sola | di Carlo Donato Cossoni | Opera Settima»; al frontespizio segue una carta recante lo stemma del dedicatario.

Dedica: a Vincenzo Maria Carrati.

> Illustrissimo signore e Padron Colendissimo.
> L'Hore più importune de' passati giorni estivi opportuna mi porsero l'occasione à questi Musici Componimenti, poi che se altri assomigliaron la Muisca alle fresch'aure de' venti, altri al grato mormorio dell'acque, non potevo in tal' opra sperare, che grato ristoro in sì calda Stagione, dovendosi altresì queste mie fatiche ricovrare sotto l'ombra propitia di V‹ostra› S‹ignoria› Illustriss‹ima› non sarà per tanto à mio credere per inavveduta stimata questa mia risolutione con la quale consagro à i di lei meriti questo, benche picciol mio parto, poiche frà l'altre sublimi Virtudi, che adornano il di lei nobilissimo animo vi s'aggiunge altre sì l'esser Ella così perfettamente versato in questa sì pregiata, e dilettevol'Arte della Musica, havendo perciò con particolare inclinatione eretto in casa propria la nobile Academia de Filarmonici cotanto riguardevole, per i virtuosi Soggetti, che la compongono, fancendone in questa Patria risuonare il di lei pregiatissimo nome. Gradisca per tanto questa mia, benche picciol'offerta, come in attestato delle molte obligationi che li professo, ‹e› in segno, che mi dedico
> Di V‹ostra› S‹ignoria› Illustrissima | Devotissimo Servo | Carlo Donato Cossoni.

I sottotitoli sono tratti dalla tavola posta alla fine della stampa.

1. *Guardami ma non ridere* → CC 273
   «Lusinghe d'Amor conosciute d'Amante scaltro»
   C *o* T, bc

2. *Belle donne, io tengo un core* → CC 261
   «Amante volubile»
   C *o* T, bc

3. *La mia dama par ferita* → CC 276
   «Sopra li segni neri, che portano le Dame sù 'l mostaccio»
   C *o* T, bc

4. *Occhi belli, da voi bramo mercé*   → CC 282
   «Chiede da begli occhi mercé»
   C *o* T, bc

5. *Rido una volta in cento*   → CC 283
   «Vita d'Amante infelice»
   C *o* T, bc

6. *Non si parli più d'amore*   → CC 281
   «Sdegno» (partitura); «No, no, non si parli più d'Amore» (indice)
   C *o* T, bc

7. *Donzella vagante mai casta sarà*   → CC 267
   «Canzonetta»
   C *o* T, bc

8. *Io lascio fare a voi*   → CC 275
   «Si concede libertà a gli occhi di veder ciò che vogliono, mà se gli averte
   il non invaghirsi d'alcun' ogetto»
   C *o* T, bc

9. *Mi basta d'amare vezzosa beltà*   → CC 279
   «Non si cura, che Bella Donna sappia il suo affetto»
   C *o* T, bc

10. *Cinto da' folti horror d'un ciel notturno*   → CC 263
    «Amante geloso»
    C *o* T, bc

11. *Mesto amatore in doloroso canto*   → CC 278
    «Canzonetta. Amante mesto»
    C *o* T, bc

12. *Fino all'ultimo respiro*   → CC 269
    «Costanza in Amore. Arietta» (indice); «Costanza in Amare. Arietta» (C)
    C *o* T, bc

13. *Su pensieri, hora ch'avete*   → CC 286
    «Amante Timido»
    A, bc

14. *Godere e lasciare*   → CC 272
    «Amante ingannatore»
    A, bc

15. *Un disperato amante*   → CC 287
    «Amante disperato».
    A, bc

16. *Vergine violata*   → CC 289
    «Donzella violata»
    A, bc

17. *Ci vuol tempo e poi Dio sa* → CC 264
«Amante disperato»
ʙ, bc

18. *Un'empia fortuna* → CC 288
«Amante imprigionato» (indice); «Al merito del Sig. D. Lorenzo
Gaggiotti. Basso in S. Petronio di Bologna. | Amante imprigionato.»
(partitura)
ʙ, bc

19. *Forniti appena i lucidi intervalli* → CC 270
«Matto allegro»
ʙ, bc

20. *Donne, non mi credete* → CC 266
«Amante schernitore»
ʙ, bc

op. vɪɪɪ (1669)

Messe | A Quattro, e Cinque Voci Concertate | con Violini, e Ripieni à bene-
placito | di Carlo Donato Cossoni | Primo Organista in S. Petronio di
Bologna, | Accademico Faticoso | Opera ottava | Con privilegio. | Al Molto
Rever‹endo› P‹adre› Maestro | Domenico Valvasori | Reggente nel Convento
di S. Agostino | di Roma.
Bologna: Giacomo Monti, 1669

13 parti in-8°: C_1, C_2, ᴀ, ᴛ, ʙ, C_1 rip, C_2 rip, ᴀ rip, ᴛ rip, ʙ rip, vl_1, vl_2, org

Esemplari: I-Bc (ʙ rip); I-COd (2 esemplari completi + 1 parte di org); US-BEm
(completo; vl_1 mutilo)

Pɪccʜɪ, *Catalogo*, pp. 10-11 • Scʜɴoebeleɴ, *Le messe bolognesi*, p. 211 • Rɪsm, c 4208.

Dedica: a Domenico Valvasori, reggente nel convento di S. Agostino di Roma.

Molto rever‹endo› padre Sig‹nore› e Padron Colendissimo.
Non dovevano P‹adre› M‹olto› R‹everendo› queste mie Musicali compositioni
uscire alla luce con quella nerezza, che dalla sola impressione delle note riportano, perche il Mondo, che mira solamente quell'esteriore apparenza, l'havrebbe di
subito condannate alle tenebre dell'oblìo, quasi inhabil'à svegliare ne gl'altrui petti
quel diletto, che per suo proprio parto vanta la Musica. Il Torchio, che non sà dare
se non che l'oscurità dell'inchiostro, non può da per se stesso illustrare quell'opre,
che sopportano volontieri i suoi tormenti, perche possano poi godere appress'agli
huomini la meritata lode; Quindi è, che queste mie fatiche per uscir alle stampe
s'hanno avvalorato con l'immortalità del suo nome, a fine d'acquistare sotto l'om-
bra sua quel lume, che da per se stesse non hanno. Non credo d'arrecar meravi-
glia, s'invio fogli di Musica a chi hà nobilitato il nostro Secolo con le Catedre delle
Scienze più rare, ‹e› a chi hà fatto risuonare i Pergami più famosi con l'Eloquenza:

avvenga che la mia professione m'obliga a risarcirli quell'honore, che dall'inventioni de i bugiardi Poeti venne già deturpato, e se finsero questi, che Pallade la Dea del Sapere havesse tal volta havuto a sdegno i Musicali strome‹n›ti, onde ridottili in pezzi, per dichiararl'indegni di comparire, l'habbi nell'oscurità d'un sepolcro sepolti: e ch'Apollo il Dio delle Muse habbi dalla propria pelle spogliato quel Mrsia, che nel canto voll'essergli compettitore, quasi che l'un, e l'altro Nume havess'a schivo la Musica: Io per rimovere dalle menti humane una tal' impostura di trasognante Poeta, voglio, che vedano, che la Pallade del nostro Secolo, e l'Apollo de i nostri tempi, non abbortisca, mà arricchisca d'immortali preggi una tanto nobil Virtù, eternando col suo nome, queste mie benche humili componimenti; son sicuro, ch'ogni linea di questi fogli illustrati d'un tanto Sole emola diverrà dell'Ecclittica solare del Cielo; ch'ogni punto che quì si scorge, gareggiarà con le stelle, e ch'ogni sospiro servirà per contrasegno di giubilo, non di dolore. Nè senza ragione dal Patrocinio di Vostra P‹aternità› M‹olto› R‹everenda› si può compromettere questa mia opra tante grandezze, avvenga che con la nobiltà del suo antico Lignaggio, hà saputo somministrare Eroi Gloriosi alla Chiesa come la Catedra Arcivescovale di Milano lo restifica, ch'un tempo sostennero Vido, ‹e› Anselmo Valvasori ambi Arcivescovi, come parime‹n›te nella Santità accoppiat'alla Porpora vidde un S. Galdino Valvasori Cardinale, ‹e› Arcivescovo assieme dell'istessa Chiesa, ‹e› hora nella Illustrissima sua Religione con dar un suo Fratello per General Moderatore, e per Capo universale di essa, ch'attualmente gloriosa la rende, fà scorgere chiaramente, che mai cessa di tramandare Atlanti valevoli a sostenere più Mondi; anzi con le sue rare dottrine hà accresciuto al Ciel Agostiniano non minor splendore, mentre con la meritata Carica di Reggente prima nello Studio di Pesaro, poi di Siena, da questo a quel di Firenze, anche in quel di Bologna, ‹e› adesso in cotesto di Roma felicemente giunse seminando Virtù, e mietendo palme di glorie. Confesso per tanto esser troppo disuguale alla vastità de' suoi meriti una così leggiera offerta, ma si come no‹n› sdegna il Mare quei rivoli, che corrono a tributarlo, così spero, che V‹ostra› P‹aternità› M‹olto› R‹everenda› gradirà queste poche fatiche che l'offerisco, ‹e› humilmente me le inchino | Di Vostra Paternità Molto Rev‹erenda› | Umilissimo ‹e› Obligatissimo Serv‹itore› | Carlo Donato Cossoni.

I titoli sono tratti dalla tavola sull'ultima p. delle parti.

1. Messa   → CC 9

«Messa concertata à quattro voci. Canto, Alto, Tenore, e Basso, con Violini, e Ripieni se piace.»

CATB CATB ripieni (*ad lib.*), vl$_{1-2}$ (*ad lib.*), bc

Sinfonia
Kyrie
Gloria
Credo

2. Messa → CC 10

«Messa concertata à cinque. Due Canti, Alto, Tenore, e Basso, con due Violini obligati, e suoi Ripieni à beneplacito.»

CCATB CCATB ripieni (*ad lib.*), vl_{1-2}, bc

Sinfonia
Kyrie
Gloria
Credo

---

op. IX (1670)

Il secondo libro | de motetti | A due, e trè voci | di Carlo Donato Cossoni. | Primo Organista in S. Petronio di Bologna, | Accademico Faticoso. | Opera nona. | All'Illustrissimo Signore | Giovanni Giani | Dottore di Sacra Teologia, e dell'una, e l'altra Legge, | Protonotario Apostolico, et Auditore Generale | della Legatione di Bologna.

Bologna: Giacomo Monti, 1670

4 parti in-4°: C_1, C_2, B, org

Esemplari: D-B (org); GB-Lbm; I-ASc (B, org); I-Bc; I-Bsp (C_1, C_2, org); I-COd (C_1); PL-Kj; US-Wc

Picchi, *Catalogo*, p. 10 • Rism, C 4209.

Il frontespizio è preceduto da una carta che contiene sul *recto* una forma semplificata del frontespizio stesso («Motetti | A due, e trè Voci | di Carlo Donato Cossoni. | Libro secondo | Opera nona. | Con privilegio.»).

Dedica: a Giovanni Giani.

Illustrissimo Sig‹nor› Mio Signor, e Padron Colendiss‹imo›
Sembrerà forse à molti innoportuno quest'humilissimo tributo armonico, che da me viene dedicato al merito sublime di V‹ostra› S‹ignoria› Illustriss‹ima› per assicurare da' maligni influssi sotto la di lei autorevole protettione questo Secondo Libro de' Motetti, parto de' miei Componimenti Musicali; e massime nella presente congiontura, ch'ella con tanta sua gloria, e soddisfattione di questa nobilissima Città di Bologna, si ritrova applicata alla regenza di quelle più cospicue Cariche, che importano il totale governo di questa gran Legatione, come, oltre l'essere dignissimo Auditore di Monsignor Illustriss‹imo› Buratti Vicelegato, gode etiamdio, per la lontananza dell'Eminentiss‹imo› Sig‹nor› Card‹inale› Palavicino Legato, il titolo pregiatissimo di Auditor Generale unito all'Auditorato della Grascia; ne' quali Ufficij fà V‹ostra› S‹ignoria› Illustriss‹ima› triplicamente campeggiare non solo la finezza del suo sommo sapere, e l'impareggiabile esattezza della sua ammirabile prudenza, ma anche l'incorrotta integrità dell'eccelso suo animo; tutte occasioni di tanta obligatione, che non le permetteranno un sol

momento di tempo da poter degnare d'un benignissimo sguardo questa mia pic-
ciola, mà divota oblatione. Mà troppo bene son'io informato della sublimità del-
l'intelletto, e giuditio di V‹ostra› S‹ignoria› Illustriss‹ima› valevoli al governo d'un
Mondo, non che d'una Città, come appunto ne diede meraviglioso saggio à tutta
Roma, qua‹n›do dalla fel‹ice› mem‹oria› dell'Eminentiss‹imo› Sig‹nor› Card‹inale›
Farnese, fu chiamata per suo aiuta‹n›te di Studio allora che per l'andata
dell'Eminentiss‹imo› Sig‹nor› Card‹inale› Chigi Nipote della S‹ua› M‹aestà›
d'Alessandro VII. in Francia gli restò appoggiata la Carica di Prefetto della
Signatura di N‹ostro› S‹ignore›. Nè solo allora la di lei egregia virtù si rese cospicua in sì premuroso, et arduo impiego, mà poscia seppe risple‹n›dere in tutti quei
maestosi Tribunali nell'esercitio dell'Avvocatione, e finalmente, tacendo per brevità l'eccellenza della sua penna ne' Poetici Componimenti Latini dati alle Stampe
in più occorrenze applauditi anche da i più delicati Censori, soggiongerò solo, che
riportò la lode d'eloquentissimo oratore sino al Sacro Collegio Apostolico nella
Pontificia Capella: doti singolari d'un'animo vasto d'ogni virtù ripieno, che mi
fanno sperare dalla di lei sperimentata benignità un cortese aggradimento d'affetto a questi miei pochi sudori, che le porgo per soddisfar in parte quelle infinite
obligationi, che le professo, e che mi renderanno in perpetuo | Di V‹ostra› S‹igno-
ria› Illustrissima Divotiss‹imo› et Obligatiss‹imo› | Serv‹itore› | Carlo Donato Cos-
soni | Bologna li 20. Settembre 1670.

Le indicazioni per l'uso liturgico dei mottetti sono tratte dalla tavola sull'ultima pagina delle parti.

1. *Adoro te, sacratissime panis*   → CC 170
   «Per il Santissimo.»
   CC *o* TT, bc

2. *Salve Deus piissime*   → CC 237
   «Per il Signore, e per ogni Tempo.»
   CC, bc

3. *O quam bonus, o quam suavis est*   → CC 218
   «Per più Martiri.»
   CC, bc

4. *O sidera, o tellus*   → CC 221
   «Per le Anime de Defonti.»
   AT, bc

5. *Cogitavi dies antiquos*   → CC 186
   «Dialogo à 2. C, e B. Per il Signore, e per ogni Tempo.»
   CB, bc

6. *O mortales, o fideles*   → CC 216
   «Per il Signore, e per ogni Tempo.»
   CB, bc

7. *Tota spes in te Maria* → CC 245
   «Per la Beata Vergine.»
   AB, bc

8. *Plange anima* → CC 227
   «L'Anima penitente. Per ogni Tempo»
   AB, bc

9. *Adorat te cor meum* → CC 169
   «Per il Signore, e per ogni Tempo.»
   CCB, bc

10. *Silentium, sileas terra* → CC 240
    «Per la Beata Vergine.»
    CCB, bc

11. *Spirate o venti, volate o Zephiri* → CC 242
    «Per un Santo, ò Santa.»
    ATB, bc

12. *Errasse paenitet, Jesu dulcissime* → CC 192
    «Per il Signore, e per ogni Tempo.»
    ATB, bc

op. x (1670)

Il secondo Libro | de motetti | a voce sola | di Carlo Donato Cossoni | Primo Organista in S. Petronio di Bologna, Accademico Faticoso. | Dedicato | al molt'illustre Sig‹nor› | Giulio Paravicino. | Opera decima | con privilegio. | [*fregio*] Bologna: Giacomo Monti, 1670

Partito, in-4° oblungo. È probabile che la stampa prevedesse in origine anche una parte per il Canto, ora dispersa.

Esemplari: I-Bc (partito)

RISM, C 4210

Nell'unico esemplare conservato, il frontespizio è preceduto da una carta che contiene sul recto una forma semplificata del frontespizio stesso («Motetti | a voce sola | di Carlo Donato Cossoni | Opera decima.») e sul verso lo stemma nobiliare del dedicatario.

Dedica: a Giulio Paravicino.

Molt'illustre sig‹nor› mio padron singolarissimo.
Nella fortunata congiuntura del passaggio di V‹ostra› S‹ignoria› per Bologna, non può quel genio riverente, che sempre mai hò professato al di lei gran merito, contenersi ne' limiti del silentio, senza nota di mancamento: Onde, forzato dalla somma gentilezza di V‹ostra› S‹ignoria› e dalle mie obligationi, prendo volontieri l'occasione d'offrirle quest'ossequioso tributo de' miei sudori, col dedicar all'im-

mortalità del suo Nome la stampa di questo Libro Secondo de' Motetti a Voce sola. Sò, che per esser canora l'offerta non resterà priva del suo benignissimo aggradimento, per esser V‹ostra› S‹ignoria› a gloria di questa nobil professione, l'Apollo Protettore de' Musici, e la sua Casa un Parnasso delitioso alle dolcissime gorgie de' più famosi Cigni dell'Insubria, frà le melodie de' quali, supplicola, a non sdegnar le raucedini di questi miei componimenti, poiche vengono ad adolcirsi nell'Elicona di quella gratia, che mi constituisce per sempre
Di V‹ostra› S‹ignoria› Molt'Illustre Devotiss‹imo› et Obligatiss‹imo› Serv‹itore› | Carlo Donato Cossoni. | Bologna 1670.

Le indicazioni per l'uso liturgico dei mottetti sono tratte dalla tavola dell'indice. Per i mottetti nn. 9 e 10, alle chiavi di Do3 e Fa4 sono premesse le chiavi di Do1 e Do4, suggerendo un'esecuzione alternativa alla quinta alta non segnalata nell'indice.

1. *Ecce Jesu mi*   → CC 190
   «Per il Signore, e per ogni Tempo.»
   C *o* T, bc

2. *Quid anima mea retribues*   → CC 234
   «Per ogni Tempo.»
   C *o* T, bc

3. *Alme creator spiritus*   → CC 173
   «Per lo Spirito Santo.»
   C *o* T, bc

4. *Audite fideles*   → CC 179
   «Della Beata Vergine.»
   C *o* T, bc

5. *O amantissime Jesu*   → CC 207
   «Per il Signore, Per ogni tempo, Per S. Francesco, Per S. Filippo Neri, e S. Teresia.»
   C *o* T, bc

6. *O cor meum surge*   → CC 211
   «Per il Natale del Signore.»
   C *o* T, bc

7. *O angeli et caeli spiritus*   → CC 209
   «Per un Santo, ò Santa.»
   C *o* T, bc

8. *Audiat terra, sileant omnes*   → CC 178
   «Per un Santo Martire.»
   C *o* T, bc

9. *Volo, volo canere*   → CC 251
   «Per qual si voglia Santo, ò Santa, è per la Madonna.»
   A (*o* C), bc

10. *Salus aeterna te concupisco* → CC 236
    «Per il Santissimo.»
    A (*o* C), bc

11. *Suavissime Jesu, amabilissimum nomen* → CC 243
    «Per il Signore, e per ogni Tempo.»
    B, bc

12. *Venite gentes, properate festinate* → CC 247
    «Per la Madonna Santissima» (indice); «Per la Beata Vergine» (partito)
    B, bc

op. XI (1671)

Letanie, | e quattro antifone | dell'anno, | À otto voci piene, e brevi | con una letania | Parimente à otto concertata. | Di Carlo Donato Cossoni | Primo Organista in S. Petronio di Bologna, Accademico Faticoso. | Opera undecima. | Con privilegio. | Al molto reverendo padre maestro | Ottavio Garutti servita | Teologo Collegiato di Bologna. [*Emblema:* un violino con il motto: UT RElevet MIserum FAtum SOLitosq‹ue› LAbores]
Bologna: Giacomo Monti, 1671

9 parti, in-8°: C₁, A₁, T₁, B₁, C₂, A₂, T₂, B₂, org

Esemplari: I-Bc; I-COd (completo + org); I-NOVd (A₁ e T₁ mutili); I-PCd (T₁); I-VCd

Picchi, *Catalogo*, p. 10 • Rism, c/cc 4211.

Dedica: a Ottavio Garutti servita, teologo collegiato di Bologna.

Molto reverendo padre mio Sig‹nore› e Padrone Colendissimo.
Consacro al Nome di V‹ostra› P‹aternità› M‹olto› R‹everenda› queste mie poche fatiche Musicali. E non senza ragione à lei, che è partiale di tal virtù era dovuto un parto di questa nobil'Arte, e servirà se non d'altro, d'argomento al Mondo, e del suo merito, e dell'ossequio mio. Sono Musiche Note: faran pertanto contrapunto, e al suono della sua Fama, e all'Armonia delle sue Virtù. Il di lei Nome, che stà registrato nel riverito Catalogo de' Teologi Collegiati di questa sua Patria, non dovrà haver per male di vedersi collocato in fronte à questa mia opera; ricordandosi, che anche Salomone, gran Prodigio de gl'Ingegni, e versò dal Trono gli Oracoli della Sapienza, e regolò nel Tempio le forme dell'Armonia. La stima, che d'alcune di queste mie Compositioni fà già in Milano, facendo io la Musica nella Chiesa Ducale di Nostra Signora della Scala, il Governator Caracena, gran guerriero di Spagna, m'assicura del gradimento, che n'è per havere V‹ostra› P‹aternità› M‹olto› R‹everenda› già prudentissimo Priore di questo suo Insigne Monastero, e sì virtuoso Cittadino di Felsina. Il Sig‹nore› Iddio conservi longamente l'armonia in lei di tante prerogative, per fare longo concerto con l'armonia delle mie ammirationi: mentre resto | Di Vostra Paternità Molto Rever‹enda› | Devotiss‹imo› ‹e› Oblitagiss‹imo› Serv‹itore› | Carlo Donato Cossoni.

1. *Litanie della Beata Vergine Maria*   → CC 151
   «Letanie piene» (indice)
   CATB CATB, bc

2. Antifona *Alma redemptoris mater*   → CC 79
   CATB CATB, bc

3. Antifona *Ave regina caelorum*   → CC 81
   CATB CATB, bc

4. Antifona *Regina caeli*   → CC 89
   CATB CATB, bc

5. Antifona *Salve regina*   → CC 93
   CATB CATB, bc

6. *Litanie della Beata Vergine Maria*   → CC 152
   «Letanie concertate» (indice)
   CATB CATB, bc

---

op. XII₂ (1675)

Il terzo Libro | de motetti a voce sola | di Carlo Donato Cossoni | Maestro di
Capella della Camera dell'Eccellentissimo | Sig‹nor› Prencipe Trivultio etc. |
dedicato | all'illustrissimo Sig‹nor› | D‹on› Ignatio Porta. | Opera duodecima.
| Seconda impressione. | Con privilegio.
Bologna: [Giacomo Monti], 1675

Partito, in-4° oblungo. È probabile che la stampa prevedesse in origine anche una
parte per il Canto, ora dispersa.

Esemplari: I-Bc

RISM, C 4212.

Dal frontespizio si apprende il presente volume è una «seconda impressione». In realtà, si tratta soltanto di una nuova tiratura del primo fascicolo (contenente un nuovo
frontespizio e probabilmente una nuova dedica), sostituito nei volumi rimasti probabilmente invenduti della precedente edizione. Il resto del volume rappresenta quindi
di fatto la «prima impressione» della raccolta, che dovrebbe aver conosciuto la via
delle stampe verso la fine del 1673: si rinvia all'*Introduzione*, pp. 21-26.

Nell'unico esemplare oggi conservato il frontespizio è preceduto da due carte: la
prima contiene sul *recto* una raffinata xilografia con lo stemma nobiliare del dedica-
tario (c. 1*r) e sul *verso* una forma ridotta del frontespizio stesso («Motetti | a voce
sola | di Carlo Donato Cossoni | Opera decima.») (c. 1*v); sulla seconda carta, le cui
pagine sono numerate 7 e 8, è stampata invece la dedica. Segue poi la carta con il frontespizio principale, il cui verso è vuoto. Le pagine del volume sono numerate in seguito progressivamente da 1 a 149. Lo stato pertubato dei fogli iniziali potrebbe essere
l'effetto della maldestra sostituzione del frontespizio.

Dedica: a Don Ignazio Porta.

Illustrissimo Signore e Padrone mio Collendissimo.

Stimerei, che havessero perduti tutti i Tempi le mie Note, se dalle loro battute, e dalla mia servitù non imparassero la soggezione dovuta al merito di V‹ostra› S‹ignoria› Illustrissima, la quale con dar ugualmente le misure alla Musica, ed à se stessa, accoppia sì eccellentemente l'armonia de' sensi, e dell'ingegno. La nobiltà di sua stirpe da cui riconoscono gloriose Mitre la Chiesa, dotti allora la Legge, prodi Campioni la guerra m'affida, che 'l riverbero delle grand'opre rifletterà qualche luce all'Opera, che le presento. Ma sopra tutto mi spinge ad offerirle questo picciol dono la vaghezza, che hà V‹ostra› S‹ignoria› Illustrissima di far vaga la più soave dell'arti con l'arte sua; onde pare, che vedendo il Padre e Fratelli dar calore col sangue alle guerre più calde di Fiandra, Italia, Portogallo, e Catalogna, ella tutta si adoperi à raddolcire e la bravura della Casa con le grazie dell'Armonia, perche si ammirino anco adesso congiunte la Spada, e la cetra d'Achille. Sò che à motivi d'offerire non corrisponde l'offerta, ma sono insieme sicuro, che la gentilezza di V‹ostra› S‹ignoria› Illustrissima sforzerà l'altezza del suo merito ad abbassarsi, ed appagarsi di poco, quando il poco è segno d'una totale, e umilissima divozione, con la quale mi protesto | Di V‹ostra› S‹ignoria› Illustrissima Umiliss‹imo› Serv‹itore› Obligatiss‹imo› | Carlo Donato Cossoni | Milano 1675.

Le indicazioni per l'uso liturgico dei mottetti sono tratte (dove non specificato) dalla tavola dell'indice. Per i mottetti nn. 9 e 10, alle chiavi di Do3 e Fa4 sono premesse le chiavi di Do1 e Do4, suggerendo un'esecuzione alternativa alla quinta alta non segnalata nell'indice.

1. *O misera*   → CC 215
   «L'Anima pentita. Per ogni Tempo.» (partito); «Per ogni Tempo.» (indice)
   c *o* T, bc

2. *Suspirat in dolore*   → CC 244
   «Per ogni Tempo.»
   c *o* T, bc

3. *Adorata caeli consortia*   → CC 168
   «Per ogni Tempo.»
   c *o* T, bc

4. *O quam sum in hoc mundo*   → CC 219
   «Per ogni Tempo.»
   c *o* T, bc

5. *Amara memoria*   → CC 174
   «Per un Santo, ò Santa.»
   c *o* T, bc

6. *Non me private, o caeli* → CC 206
   «L'Anima innamorata della presenza di Giesù» (partito); «Per ogni Tempo.» (indice)
   c *o* t, bc

7. *Vola, cor meum* → CC 250
   «Per l'Ascensione del Signore, e per l'Assunzione.»
   c *o* t, bc

8. *Ardeo ardore caelico* → CC 176
   «Per la Beata Vergine.» (partito); «Per la Madonna Santissima.» (indice)
   c *o* t, bc

9. *Silentium, aves canorae* → CC 239
   «Per ogni Tempo.»
   A (*o* t), bc

10. *O Jesu, mi pulcherrime* → CC 213
    «Per il Signore, e per ogni Tempo.»
    A (*o* t), bc

11. *Heu infelix* → CC 198
    «Al Merito del Sig‹nor› Carlo Girolamo Carcano Basso Eccellentissimo nella Catedrale di Como.» (partito); «Sopra la Passione del Signore, e per ogni Tempo.» (indice)
    B, bc

12. *O regina Dei mater* → CC 220
    «Al merito del Sig‹nor› D‹on› Lorenzo Gaggiotti Basso Celeberrimo in S‹an› Petronio di Bologna.» (partito); «Per la Madonna Santissima.» (indice)
    B, bc

---

op. XIII [prob. 1673]

L'unico esemplare noto dell'op. XIII manca del frontespizio e della lettera dedicatoria che probabilmente conteneva. Si riporta il titolo corrente stampato in calce alla prima pagina di ogni nuovo fascicolo della partitura: «Cantate à una, due, e trè voci del Cossonio | Opera Decimaterza».

Sulla base dell'analisi di alcuni elementi bibliografici (i capilettera e le filigrane, in parte in comune con l'op. X e soprattutto con l'op. XII; v. *Introduzione*, pp. 25-26) è possibile stabilire che il volume sia stato prodotto a Bologna: i caratteri sono infatti quelli dell'officina di Giacomo Monti. Il volume è apparso con certezza tra il 1671 (data di pubblicazione dell'op. XI; dell'op. XII infatti non si conosce la data di stampa dell'*editio princeps*) e il 1678 (anno in cui Cossoni avvia la collaborazione con l'editoro milanese Giovanni Battista Beltramino). Esso è stato pubblicato con ogni probabilità alla fine del 1673, come indicherebbe anche la dedica della settima cantata alla nobildonna spagnola Ana Antonia de Benavides, che nel 1672 diventa la seconda moglie di Gaspar Tellez Girón, governatore di Milano dal 1670 al 1674 (si rinvia ancora all'*Introduzione*, p. 26).

[Bologna: Giacomo Monti, prob. 1673]

Partitura in-4° oblungo (pp. 154 numerate)

Esemplari: I-Bc

UGGÉ, *Cossoni, passim* • PUSTERLA, *La società barocca, passim* • RISM, C 4213.

I sottotitoli riportati si trovano accanto all'incipit musicale nella partitura.

1. *Fortuna t'intendo*   → CC 271
   c, bc

2. *D'un ruscello in su la riva*   → CC 268
   c, bc

3. *Celia, qualor di tua bellezza io veggio*   → CC 262
   c, bc

4. *Sin che spirto in seno avrò*   → CC 284
   c, bc

5. *Lasso di sostenere*   → CC 277
   c, bc

6. *Bel gusto che ha*   → CC 269
   c, bc

7. *Sublime beldad del orbe*   → CC 285
   «Aria Espanola. Sobre la hermosura de la Excelentissima Senora Duquesa de Osuna Donna Anna Antonia de Benavides Carillo y Toledo Marquesa de Formista y Caracena Condesa de Pinto & c.»
   c, bc

8. *Acceso amante e fido*   → CC 258
   B, bc

9. *Il regnator inglese*   → CC 274
   «Lamento»
   B, bc

10. *No non voglio, se devo amare*   → CC 280
    «A due voci, Canto, e Basso.»
    CB, bc

11. *Così leggiadra è la beltà che adoro*   → CC 265
    «A due Soprani.»
    CC, bc

12. *Amar chi non ha amor* → CC 259
«Cantata à 3. voci.»
CAB, bc

---

op. XVI (1694)

Quattro messe | Trè piene, e brevi, e l'altra Fugata | sin'al fine in tutti due li Chori | Con il Basso per il secondo Organo à beneplacito. | Opera XVI. | Del canonico | D‹on› Carlo Donato Cossoni. | Dedicata | all'impareggiabil merito | Dell'Illustrissimo Signor | D‹on› Filippo Maria | Stampa. | Con privilegio. [*fregio*]
Milano: Giovanni Battista Beltramino, 1694

9 parti in-8°: C1, A1, T1, B1, C2, A2, T2, B2, org

Esemplari: GB-Lwa

Barclay Squire, *Westminster*, pp. 8-9.

Dedica: a Filippo Maria Stampa.

> Ill‹ustrissi›mo Sig‹no›re
> Poiche al Basso profondo dell'ossequioso mio Genio, corrisponde con un gentil contrapunto il merito Soprano di V‹ostra› S‹ignoria› Illustrissima, non devo punto temere, ch'ella non sia per aggradire la Dedicatoria di quest'Opra, che con la varietà di tante note sù 'l Contralto di mia privata fortuna se 'n viene con la sola intentione di fargli conoscere l'invariabile tenore della mia pronta osservanza. Sono lodi, preci, e gratie, che nell'incruento Sagrificio dell'Altare si rendono, porgono, e cantano solennemente à quel Dio, che sempre benefico al Mondo tutto, scelse frà l'altre l'Illustrissima Casa Stampa per colmarla di tante benedittioni quante fossero valevoli à contradistinguerla à ragi d'una purissima Nobiltà di Sangue trà le più cospicue, e riguardevoli di trè gran Regni Grecia, Francia, ed Italia. L'innata Pietà, che V‹ostra› S‹ignoria› Illustrissima e contrasse, ed apprese da Religiosissimi suoi Genitori può meglio di mè renderla persuasa ad aggradire il mio dono, non per essere l'Opera mia, ma per essere un monumento perpetuo delle divine lodi, alle quali professandosi con una propensione di Cuore non ordinaria inchinata, non in un'Orchestra da Theatro, mà in una Capella di Paradiso hà cangiato la propria Casa con l'allettamento di que virtuosissimi Professori dell'Arte che la frequentano. Di questa più che di qualunque altro pregio di Nobiltà, e Ricchezza, con giustissimo iudicio vien fatto dal purgatissimo suo intelletto un Capitale maggiore, mentre il pretendere di farsi grande co 'l solo merito degli Antenati è un effigere con ingiustissima frode l'altrui Credito, ‹e› un espilare contra ragione un heredità, che mai può dirsi propria di chi si sia, se prima dell'aditione di questa non ha hereditato quella stessa virtù sù la cui base, e fondamento stabilirono le glorie loro li di lui Ascendenti. V‹ostra› S‹ignoria› Illustrissima che non ha per ben speso alcun tempo, se non viene in operationi virtuose distratto può giustamente vantarsi della Nobiltà del suo Sangue; E se non

fosse parere d'un Gran letterato de nostri tempi essere la Casa Stampa una di quelle, alle quali si fa gran torto, se volendola lodare di Nobiltà se ne rapporta altro, che 'l nome non lascerei alla Genesi d'altro Scrittore il tessere un Catalogo dei di lei Antenati, che gloriosi per la virtù non meno, che per le cariche, e dignità valorosamente essercite, e sostenute hanno lasciato a' suoi Posteri essempj degni da imitarsi e stimoli pungentissimi per avanzarsi. Le Preture perpetue, e le Regie degli Antonij, de i Nicolò, e dei Steffani: le publiche Salmaticensi letture, e li Bastoni di Commando dei Claudij: le Mitre de Donati, e de Carli: li studiosissimi volumi de Lelij: e le Cathedre Senatorie sì degnamente occupate da Gian Pietri sono da mè poste con molt'altri contrasegni specifici della Nobiltà della [di] lei Casa in silenzio sì perche non debbo con le Ceneri benche Illustri de gli Avi gettar polve nell'occhio limpidissimo de Nipoti, come perche non essendo questi il luogo proprio per una Galleria d'imagini fumose non mi resta che suggerire solo che per essere dotta vanta l'origine da una Casa che possede longo tempo il Ducato d'Atene, e per essere forte da chi servì con tanta lode di Scudo all'Hercole Christiano della Francia Carlo Magno l'imperatore, dico di quel Gran Scudiero Giovanni, che da nove secoli in qua lasciò gloriosa, e fellicissima discendenza in Italia l'età Nestorea del quale augurando al merito di V‹ostra› S‹ignoria› Illustrissima mi confermo | Di V‹ostra› S‹ignoria› Ill‹ustrissi›ma | Gravedona li 21. Novembre 1693. | Umil‹issi›mo Ser‹vito›re Oblig‹atissi›mo | Il Canonico D‹on› Carlo Donato Cossoni.

Avvertimento al lettore

Amico lettore.

Fui già pregato da molti à publicare col mezzo delle Stampe queste mie deboli fatiche, ne risentendomi per le molte occupationi all'hora negai di farlo. Hor che son sciolto sodisfaccio alla petitione delli Amici, e benevoli, ‹e› alla tua virtuosa curiosità, assicurandoti che non sono ancor posthume, e stà sano.

I titoli sono tratti dalla tavola dell'indice.

1. Messa $\qquad\qquad$ → CC 3
«Messa prima»
CATB CATB, org$_{1-2}$ (org$_2$ *ad lib.*)

  Kyrie
  Gloria
  Credo
  Sanctus
  Benedictus

2. Messa $\qquad\qquad$ → CC 7
«Messa seconda brevissima»
CATB CATB, bc org$_{1-2}$ (org$_2$ *ad lib.*)

  Kyrie
  Gloria
  Credo
  «Sanctus ut supra»

3. Messa   → CC 4
  «Messa terza»
  CATB CATB, org$_{1-2}$ (org$_2$ *ad lib.*)

  Kyrie
  Gloria
  Credo
  «Sanctus ut supra»

4. Messa   → CC 6
  «Messa quarta fugata». L'*Agnus Dei* porta la seguente indicazione:
  «Agnus Dei, Che puol servire ancora per le altre Messe».
  CATB CATB, org$_{1-2}$ (org$_2$ *ad lib.*)

  Kyrie
  Gloria
  Credo
  Sanctus
  Benedictus
  Agnus Dei

Edizioni collettive

1668²

Sacri concerti | overo | motetti | A due, e trè Voci di diversi Eccellentissimi | Autori; | Raccolti, e dati in luce da Marino Silvani, e | consacrati | Al Molt'Illustre Signor | Giacomo Maria | Marchesini.

Bologna: Giacomo Monti, 1668

4 parti in-4°: C_1, C_2, B, org

Esemplari: GB-Lbl; I-Baf; I-Bc (C_1, C_2, org); I-BRq (B); I-BRs (org mutilo)

Rism, 1668².

Dedica: a Giacomo Maria Marchesini.

> Molt'illustre Signore. Padrone Osservandissimo.
> A Comun beneficio, et à publica curiosità de' Professori di Musica, hò raccolto buon numero di Motetti Sacri, composti da i più celebri, e rinomati Maestri, che fioriscono in questi tempi in Italia, considerando, che sarà per riuscire di co‹m›modo non ordinario, haver raccolto in un Volume quel, che in molti si ritrova disperso. Determinai dar questa mia fatica alle stampe; e nel pensar trà me stesso à chi doveva dedicarla, mi sovenne il merito di V‹ostra› S‹ignoria› Molt'Illustre, nella quale fioriscono, anco ad onta dell'Invidia, conditioni tanto lodevoli, che la rendono amabile a tutti, che la conoscono, et a me in particolare, che più d'ogn'altro ne vivo partialissimo. A lei dunque consacro questa Opera, come in voto della singolare osservanza, che le professo. Ella in tanto non isdegni l'offerta di questo dono, il quale benche sia di picciola stima in rig[u]ardo del donatore, il renderà nondimeno considerabile l'autorità del suo Nome: Mentre per fine mi protesto. | Di V‹ostra› S‹ignoria› Molt'Illustre Devotiss‹imo› Serv‹itore› Obligatiss‹imo› | Marino Silvani | Bologna li 15. Marzo. 1668.

Le indicazioni per l'utilizzo liturgico dei brani sono tratte dalla tavola dell'indice.

1. Natale Monferrato, *Dulce sit*
   «Per ogni Tempo.»
   CA, bc

2. Francesco Cavalli, *O bone Jesu*
   «Del Santissimo, e per ogni Tempo.»
   CA, bc

3. GIOVAN BATTISTA VOLPE detto ROVETTA, *Jesu mi benignissime*
«Del Santissimo, e per ogni Tempo.»
CC, bc

4. PIETR'ANDREA ZIANI, *Exultate*
«Del Santissimo.»
CB, bc

5. MAURIZIO CAZZATI, *Salve mundi*
«Della B‹eata› V‹ergine›»
AB, bc

6. ORAZIO TARDITI, *Spargite flores*
«Della B‹eata› V‹ergine›.»
CB, bc

7. GIOVANNI ROVETTA, *O quando suavissimum*
«Del Santissimo.»
ATB, bc

8. FRANCESCO CAVALLI, *Plaudite, cantate*
«Per ogni Tempo.»
ATB, bc

9. AGOSTINO FILIPPUCCI, *Quam dulcis*
«Per una Santa Vergine, e Martire.»
ATB, bc

10. CARLO DONATO COSSONI, *Procul delitiae dum Jesu perfruar*   → CC 229
«Del Santissimo | Del Sig‹nor› D‹on› Carlo Donato Cossonio
Organista in S. Petronio di Bologna.»
ATB, bc

11. [EGIDIO] TRABATTONE, *O anima fideles*
«Per un Santo, ò Santa.»
ATB, bc

12. GIOVANNI PAOLO COLONNA, *Ad stabat*
«Dialogo | Anima, Testo e Christo per ogni Tempo.»
CCB, bc

1679[1]

Nuova Raccolta | de Motetti Sacri | A voce sola | di diversi Eccellentissimi
Autori. | Dati in luce | da Carlo Federico Vigoni | Consacrati | all'Illustris-
s‹imo› Sig‹no›re Sig‹no›re e Patrone Coll‹endissi›mo | Il Sig‹no›r Conte |
Giuseppe Maria Arconati & c‹etera›
Milano: Francesco Vigone, 1679

Partito, in-4° oblungo. È probabile che la raccolta prevedesse in origine anche la parte del Canto, ora dispersa.

Esemplari: B-Bc; I-Bc; I-Rsg

Passadore, *Le antologie lombarde* • Rism, 1679¹

Dedica al Conte Giuseppe Maria Arconati

> Ill‹ustrissi›mo Sig‹no›re
> Questa raccolta di Mottetti Sacri, che dalle mie Stampe esce alla publica luce, non sarebbe da me ordinata con buon concerto se non fosse consacrata al merito di V‹ostra› S‹ignoria› Illustriss‹ima›, à cui dovendo per ogni raggione quanto può havere titolo di mio, so anche non potere offrir cosa più grata di questi Musici Componimenti; mercè che concorrendo in lei con bellissima consonanza la nobiltà de natali, la generosità de costumi, è tutti li ornamenti di qualificato Cavagliere anche il di lei genio è inclinato alla Musica harmonia, segno d'animo ben regolato, e che dalle leggi del retto non discorda. Onde se bene hanno queste note il suo preggio dall'eccellenza delli Autori; so però, che traranno maggior valore dal di lei nome, quale portando in fronte, spirar anno aria più gradevole, né temerano le battute d'invidiosa censura. Se bene son misurate co'l tempo, godo però, che appalesino à posteri i di lei applausi immortali, & i debiti infiniti della mia devota osservanza, per attestatione della quale offrendoli tutto me stesso con questo picciol tributo, quì faccio pausa, senza mai far ponto fermo alla mia ossequiosa servitù, professandomi per sempre | Di V‹ostra› S‹ignoria› Illustriss‹ima› Devotiss‹imo› & Obligatiss‹imo› Ser‹vitore› | Carlo Federico Vigoni

L'utilizzo liturgico dei brani è ricavato dal partito, se non altrimenti specificato.

1. Antonio Francesco Martinenghi, *Sum in tetro laberinto*
   «Per ogni tempo.»
   c *o* t, bc

2. Angelo Zanetti, *Si virgo pro nobis quis contra nos*
   «Della B‹eata› V‹ergine›.»
   c *o* t, bc

3. Bartolomeo Castelli, *Venite angeli*
   «Del Signore.»
   c *o* t, bc

4. Carlo Donato Cossoni, *In profundo silentio*   → CC 199
   «Al merito impareggiabile dell'Illustriss‹i›ma Sig‹no›ra | la Sig‹no›ra Contessa Livia Arconati &c. | Del Sig‹nor› Carlo Donato Cossonio.» (partito); «Per ogni Tempo. | Del Sig‹nor› Carlo Donato Cossonio.» (indice)
   c *o* t, bc

5. Francesco Bagatti, *O Maria, unica stella*
   «Della B‹eata› V‹ergine›.»
   c *o* t, bc

6. GIROLAMO ZANETTI, *Palmae aeternae*
   «Per un Santo ò Santa Martiri.»
   c *o* t, bc

7. D. M. C., *Quando o caeli sereni*
   «Per ogni Tempo»
   c *o* t, bc

8. PAOLO MAGNI, *Ad pugnas, o furiae*
   «Per un Santo, & per ogni Tempo.»
   c *o* t, bc

9. GIOVANNI APPIANI, *Quid me tentatis*
   «Per ogni Tempo.»
   A, bc

10. GIUSEPPE RIVOLTA, *In tormento incredibile*
    «Della B‹eata› V‹ergine›.»
    A, bc

1681[1]

Nuova Raccolta | De Motetti Sacri | A Voce Sola | Di Diversi Eccellenti Autori. | Dati in luce | da Carlo Federico Vigoni. | Consacrati | Al Nome Immortale Dell'Illustriss‹i›mo Sig‹no›r | Conte Pirro Gratiani | Conte di Sarzano | Gentil'huomo della Camera Segreta, & Ambasciatore per | l'Altezza Serenissima del Sig‹nor› Duca di Modena in Milano & c‹etera›
Milano: Francesco Vigone, 1681

Partito, in-4° oblungo. È probabile che la raccolta prevedesse in origine anche una parte del Canto, ora dispersa.

Esemplari: GB-Lbl; I-Bc

PASSADORE, *Le antologie lombarde* • RISM, 1681[1].

Dedica: al Conte Pirro Gratiani.

> Illustriss‹i›mo Sig‹no›re
> Non sia alcuno, che non approvi il mio pensiere d'offerire à V‹ostra› S‹ignoria› Illustriss‹ima› queste musiche note de più ingegnosi Compositori. Ben si doveva-no ad'un Generoso Mecenate, che havendo col nome un animo degno di Pirro, porta non nell'Agata, mà nel Cuore scolpite le muse. Nate al buio di foschi Inchiostri, e da qual lume potevano ricevere più chiari splendori, che dalli di lei Soli aviti, e per grandezza, e per virtù chiarissimi, che accoppiando in lei, come in Sole maggiore tutta la luce delli Antenati tramandano raggi di gloria immortale. Possono ben rallegrarsi queste mie stampe di sortire nascendo una felicissima constellazione havendo verticale si gran Pianeta, & ponno promettersi un giorno senza Occaso, perche vedono à suoi Natali radoppiati i Soli. Non possono se non aspettare un glorioso Meriggio da una Illustriss‹ima› Aurora, che per loro sponta

da quei Monti fecondi di Palme. Ben devono sperare un lieto corso di fortunati eventi sotto la Protettione di chi porta è nella stirpe, e ne i costumi le Gratie, & io congratulandomi della loro fortuna godo d'incontrare la sorte di potermi insieme, con esse dedicare | Di V‹ostra› S‹ignoria› Illustriss‹ima› Devotiss‹imo›, & Obligatiss‹imo› Ser‹vitore› | Carlo Federico Vigoni

L'utilizzo liturgico dei brani è ricavato dal partito, se non altrimenti specificato.

1. Antonio Francesco Martinenghi, *Sum in tetro laberinto*
   «Per ogni tempo.»
   c *o* t, bc

2. Angelo Zanetti, *Si virgo pro nobis quis contra nos*
   «Della B‹eata› V‹ergine›.»
   c *o* t, bc

3. Bartolomeo Castelli, *Venite angeli*
   «Del Signore.»
   c *o* t, bc

4. Carlo Donato Cossoni, *In profundo silentio*   → CC 199
   «Al merito impareggiabile dell'Illustriss‹i›ma Sig‹no›ra | la Sig‹no›ra Contessa Livia Arconati &c. | Del Sig‹nor› Carlo Donato Cossonio.» (partito); «Per ogni Tempo. | Del Sig‹nor› Carlo Donato Cossonio.» (indice)
   c *o* t, bc

5. Francesco Bagatti, *O Maria, unica Stella*
   «Della B‹eata› V‹ergine›.»
   c *o* t, bc

6. Girolamo Zanetti, *Palmae aeternae*
   «Per un Santo ò Santa Martiri.»
   c *o* t, bc

7. D. M. C., *Quando o caeli sereni*
   «Per ogni Tempo.»
   c *o* t, bc

8. Paolo Magni, *Ad pugnas, o furiae*
   «Per un Santo, & per ogni Tempo.»
   c *o* t, bc

9. Giovanni Appiani, *Quid me tentatis*
   «Per ogni Tempo.»
   A, bc

10. Giuseppe Rivolta, *In tormento incredibile*
    «Della B‹eata› V‹ergine›.»
    A, bc

11. Girolamo Zanetti, *Plaude caelum*
    «Per qualsivoglia Martire.»
    C, bc

L'Adamo (1663)

L'Adamo | Dramatica Musicale | Cantata Nell'Oratorio | Della | Santissima Trinità | Nel Giorno Solenne Di Essa; | Posta in Musica dal Sig‹nor› | D‹on› Carlo Donato Cossoni, | E Dedicata | All'Illustriss‹imo› e Reverendiss‹imo› Sig‹nor› | Bernardo Pini | Canonico della Metropoli di S‹an› Pietro, | e Primicerio della sudetta | Compagnia.
Bologna: Giacomo Monti, 1663
Libretto in-8°, di 24 pp. numerate dalla terza (pp. 3-24)
Esemplari: B-Bc; I-Bc; I-Bca; I-Bu; I-Rn
Sartori, *Libretti*, n. 241.
Dedica di Lorenzo Orlandi, Priore della Compagnia della Santissima Trinità, a Bernardo Pini, Canonico di S. Pietro e Primicerio della medesima Compagnia.

> Illustrissimo, e Reverendissimo Signore.
> L'Adamo, ridotto in dramatica Musicale da un de Fratelli della nostra Compagnia, e posto in Musica dal Signor Don Carlo Donato Cossoni, ardisce d'uscire col beneficio delle Stampe alla luce del publico giudizio. L'ardimento non è senza periglio, mentre la colpa, ch'egli a commun danno commise, il rende a tutti sospetto. Hà bisogno di non mediocre patrocinio. Non so ritrovarlo nè più proporzionato nè più valevole di quello di V‹ostra› S‹ignoria› Illustrissima, a cui si deve questo ufficio non solo in riguardo della sua autorità, mà rispetto alla Carica di Primicerio ch'ella esercita nella nostra Compagnia della Santissima Trinità. Gradisca questo picciolo segno della mia servitù, e nel gradirlo consideri non la condizione del dono, ma l'affetto del donatore, che riverentemente si ratifica. | Di V‹ostra› S‹ignoria› Illustrissima | Humiliss‹imo› e Devotiss‹imo› Serv‹itore› Obligatiss‹imo›. | Lorenzo Orlandi Priore. | Dall'Oratorio della Santissima Trinità di Bologna li 20 Maggio 1663.

Oratorio in tre parti. Personaggi: Testo, Iddio, Adamo, Eva, Lucifero, Serpe, Angelo, Coro di diavoli, Coro pieno.

Testo di autore anonimo. Lorenzo Orlandi, che firma la dedica, ricorda che l'autore è «un de Fratelli della nostra Compagnia [della Santissima Trinità]». La musica di Carlo Donato Cossoni è perduta.

‹ *L'Adamo* › CC 315

PRIMA PARTE

Incipit: (Testo) *Già dal nulla creato il tutto havea*

Explicit: (Coro pieno) *A suo soccorso occhio Divin non dorme.*

SECONDA PARTE

Incipit: (Testo) *Mentre in dolce riposo*

Explicit: (Coro pieno) *Non mostri al suo Gran Nume animo ingrato.*

TERZA PARTE

Incipit: (Testo) *Già con funesta sorte*

Explicit: (Coro pieno) *Chi'l commando Divin rompe, e disprezza.*

L'Adamo (1667)

L'Adamo | Dramatica Musicale | Cantata Nell'Oratorio | Dell'Illustrissimo Sig‹nor› Marchese Senatore | Paleotti | In occasione della Solennità del Patriarca | S‹an› Gioseppe | Posta in Musica dal Sig‹nor› | D‹on› Carlo Donato Cossoni | Primo Organista di S‹an› Petronio.

Bologna: Giacomo Monti, 1667

Libretto in-8°, di 24 pp. numerate dalla terza alla ventiduesima (pp. 3-22)

Esemplari: F-Pn; I-Bc; I-PEmazza

SARTORI, *Libretti*, n. 242.

Senza dedica.

Oratorio in due parti. Personaggi: Testo, Iddio, Adamo, Eva, Lucifero, Serpe, Angelo, Coro di diavoli, Coro pieno. Ripresa dell'oratorio rappresentato presso l'Oratorio della Santissima Trinità di Bologna nel 1663. Rispetto alla prima rappresentazione, il testo è stato suddiviso in due parti, accorpando le originali PRIMA e SECONDA PARTE.

Testo di autore anonimo (*cfr*. I edizione dell'oratorio: Bologna 1663). La musica di Carlo Donato Cossoni è perduta. Numerose indicazioni di carattere musicale: «Aria», «Ritornello», «Sinfonia», «Choro di Diavoli con Sinfonia orrida in modo di battaglia», «Aria con violini intrecciati», «Aria con Violini in modo di Tromba», «Aria mesta con Violini».

• *L'Adamo* → CC 315

PRIMA PARTE

(«Dopo un suono di una Sinfonia grave, si diede principio all'Oratorio.»)

Incipit: (Testo) *Già dal nulla creato il tutto havea*

Explicit: (Coro pieno) *Non mostri al suo Gran Nume animo ingrato.*

SECONDA PARTE

(«Terminato il Sermone, che fece l'Abbate D‹on› Giacomo Certani, si diede principio ad un'altra Sinfonia.»)

Incipit: (Testo) *Già con funesta sorte*

Explicit: (Coro pieno) *Chi'l commando Divin rompe, e disprezza.*

L'Adamo (1671 ca.)

L'Adamo | Dramatica Musicale | Cantata | In occasione della Solennità | Di |
S. Filippo Benicii | Posta in Musica dal Sig. | D. Carlo Donato Cossoni | dedi-
cato | Alli Molto Illustri Signori | Mercanti D'Oro.
Milano: Per gli Heredi di Filippo Ghisolfi, [s.d.]

Libretto in-8°, di pp. 24

Esemplari: I-Ma

SARTORI, *Libretti*, n. 240.

Il riferimento alla «Solennità di S. Filippo Benicii», priore generale dell'ordine dei
Serviti canonizzato il 12 aprile 1671, costituisce non soltanto un terminus post quem
collocare la rappresentazione dell'oratorio, ma con ogni probabilità l'anno della sua
effettiva esecuzione a Milano.

Dedica del servita padre Bernardo Daverio ai mercanti d'oro di Milano.

> Alli Molto Illustri Signori Mercanti d'Oro Miei Patroni Osservandissimi.
> Il musico concento di tal virtù pregiosi ne smariti secoli (al rappresentare de favo-
> leggianti dicitori) rapire seco non l'animate fiere, mà altresì l'insensati tronchi, e
> le più dure, e sorde pietre, e perciò queste metriche note non ad altri devono esse-
> re appoggiate ch'à loro Signori Mercanti d'oro, havendo ella preso il suo vigore
> dall'oro, vanno in mille guise loro Signori ingegnosamente tessendo; havendo al
> pari l'oro un occulta virtù di attrahere à se amiche le fiere non che ogn'altra crea-
> tura. Vantò la musica per inventore Mercurio che porta i talari d'oro, e l'insegnò
> ad Orfeo, il di cui nome non altro indica che far oro; e se altri dicono esser stato
> l'inventore un nipote d'Adamo; significando il nome d'Adamo la terra rossa ch'u-
> sano i sapienti Alchimisti per tramutare i metalli in oro, sarà sempre confine la
> musica dall'oro; Io deffinisco la musica una radunanza, ed aggiustata proportio-
> ne, e mistione de soni acuti, e gravi, e di questi misti; e l'oro e pur composto de i
> quattro elementi con giustissima proportione del caldo e del secco accuti dell'hu-
> mido e frigido gravi assieme vinti, se l'oggietto della musica è il suono, così pure
> dell'oro è tanto più grato, quanto più muto, e ottuso; se la musica si divide in
> naturale ed artificiale, in humana e celeste; l'oro pure è naturale, altro dal sapien-
> te artificio di christallino solpho e purgato Sale e Mercurio si compone; altro è
> celeste, si come lo comprese dalla cognitione del Sole quel sapiente Filosofo, che
> dal Cielo in terra per artificio dovea ascendere, e descendere; in questo sono dif-
> ferenti la musica, e l'oro, che la musica usa le note, e l'oro risplende come il Sole;
> anzi sono simiglianti; stando che il Sole s'include nel do re mi fa sol la della musi-
> ca; se la musica hà le sue chiavi, e l'oro apre la porta ad ogni felicità , se vanta le
> pause, ed esso si gloria d'esser fisso metallo, se hà le massime note, ed esso è il
> massimo frà mettalli, s'hà le longhe, ed esso è dal martello tanto duttibile, quanto
> flessibile, s'hà le brevi, e l'oro da sottilli d'ingegno con le forbici s'abbrevia, ed alle
> volte si semibrevia, e si minima à tal grado s'affila per tessere non odinarij addob-
> bi. Vanta diversi tuoni l'oro come la Musica hor di guerra, hor di pace, hor discor-
> dia, e con due ottave, e col quinto tuono con l'armi; hor concorda con altri; mà

sempre à suo tempo al pari della musica. Donque mentre è l'oro prototipo, ed anche tipo della musica, deve questa con caratteri d'oro portar nella fronte scolpito l'aureo Patrocinio delle Signorie loro; Sicura con il suo concerto unito à quello dell'oro di non paventare le due ottave dissonanti dell'altrui Aristarcherie; Mi do à credere si compiaceranno aggradirla con l'occhio della benignità del secol d'oro, che risplende al pari della christiana pietà nelli loro animi cotanto inclinati ad honorare con solennità sì riguardevoli il Gloriosissimo S. Filippo Benitio, à di cui honore furono suggellate le bensì scarse, mà divote note; mentre per fine mi rassegno per sempre | Delle Signorie loro Molto Illustri | Divot‹issimo› et Oblig‹atissimo› Ser‹vitore›. | Il P‹adre› Bernardo Daverio de Servi di MARIA.

Oratorio rappresentato in precedenza a Bologna nel 1663 e nel 1667. Nel libretto è segnalato l'inizio della Parte prima, ma non sono indicate le successive parti: è probabile però che siano due, come nel 1667. Personaggi: Testo, Iddio, Adamo, Eva, Lucifero, Serpe, Angelo, Coro di diavoli, Coro pieno.

Testo di autore anonimo (*cfr.* I edizione dell'oratorio: Bologna 1663). La musica di Carlo Donato Cossoni è perduta. Numerose indicazioni di carattere musicale, identiche a quelle presenti nel libretto del 1667: «Aria», «Rittornello», «Sinfonia», «Choro di Diavoli con Sinfonia orrida in modo di battaglia», «Aria con violini intrecciati», «Aria con Violini in modo di Tromba», «Aria mesta con Violini».

- *L'Adamo*   → CC 315

PRIMA PARTE

(«Dopo un suono di una Sinfonia grave, si diede principio all'Oratorio.»)
Incipit: (Testo) *Già dal nulla creato il tutto havea*

[SECONDA PARTE]

Explicit: (Coro pieno) *Chi'l commando Divin rompe, e disprezza.*

Dina rapita (1668)

Dina Rapita | Oratorio | Cantato nella Cappella del Palazzo dell' | Illustriss‹imo› Sig‹nor› Marchese Senatore | Paleotti | In occasione della Solennità del Patriarca | S‹an› Gioseppe. | Poesia del P‹adre› D‹on› Carlo Ciccarelli | Monaco celestino in S‹anto› Stefano. | Posta in Musica dal Sig‹nor› | D‹on› Carlo Donato Cossoni | Primo Organista di S‹an› Petronio.
Bologna: Giacomo Monti, 1668

Libretto in-8°, di 32 pp. numerate dalla terza (pp. 3-[3]2)

Esemplari: F-Pn; I-Bam; I-Bc

SARTORI, *Libretti*, n. 7889.

Senza dedica.

Oratorio in due parti. Personaggi: Giacobbe, Simeone, Levino, Dina, Emor, Compagnia I, Compagnia II, Coro di Sacerdoti Idolatri, Coro, di Figli di Giacobbe, Testo. Padre don Carlo Ciccarelli, monaco celestino di Santo Stefano, è l'autore del testo. La musica di Carlo Donato Cossoni è perduta. Numerose indicazioni di carattere musicale: «aria», «aria con violini», «aria con Istrumenti», «sinfonia».

La mancanza della dedica rende assai probabile che si tratti della ripresa di un oratorio già rappresentato in precedenza.

> • *Dina rapita*   → CC 324

> PRIMA PARTE

> («Dopo una Sinfonia di diversi Stromenti si diede principio all'Oratorio.»)
> Incipit: (Testo) *Stanco il piè, grave il fianco, e curvo il tergo*
> Explicit: (Coro) *Del tesoro d'honor farà iattura.*

> SECONDA PARTE

> («Dopo terminato il Sermone, che fece il P‹adre› Francesco Maria da Novellare Predicator Cappuccino, si diede principio ad un'altra Sinfonia.»)
> Incipit: (Testo) *Già l'impudico Prence*
> Explicit: (Coro pieno) *A Tragedie funeste.*

Sacre Lodi (1680)

Sacre lodi | poste in musica | dal signor | D‹on› Carlo Cossoni | da cantarsi | nell'occasione | Dell'Ottava del Corpus Domini | à S. Vittore al Teatro | consacrate | all'impareggiabil merito, e pietà | Dell'Ill‹ustrissi›mo, ‹et› Eccell‹entissi›mo Sig‹no›re Senatore | Don Antonio | Maria Erba.
Milano: Giovanni Battista Beltramino, [1680]. Imprimatur: 14 giugno 1680
Volumetto in-8° di 35 pp.

Esemplari: I-Ma

SARTORI, *Libretti*, n. 20277.

Dedica di Federico Moltini a don Antonio Maria Erba.

> Illustrissimo, ‹et› Eccell‹entissi›mo Sig‹no›re Sig‹no›re e Padrone Collend‹issi›mo
> Quel cuore, quale non sà nodrir altre massime, che d'ossequiar il Gran Merito di V‹ostra› E‹ccellenza› eccolo con un lieve tributo consacrato à quella grandezza, che con tante prerogative si rese addomesticata la Gloria.
> Non è poco l'ardimento (ben lo scorgo) che m'induce à presentarle queste puoche fatiche d'una seria Musa; mà inebriato dalli splendori della gran benignità di V‹ostra› E‹ccellenza› m'accinsi all'impresa.
> Più m'accresce il Coraggio lo solo considerare, che si consegna all'alto suo Patrocinio, un trattato Morale della Sacrosanta Eucharestia. Dono ben certo d'essere aggradito, mentre ch'in seno di V. E. per simili effetti della Divinità è Fatto il Santuario.
> Ad un'Atlante della Chiesa era forzosa la Consegna di queste Sacre armoniose rime, essendo anche vero, che riceveranno maggior lume della Chiarezza delle rare qualità della sua Protettione, che dalla luce delle Stampe.

La Sua ineffabile bontà, è quel Sole ch'invaghisse il mio genio à tributarle questo picciol composto; Benche non manchi la ragione alla volontà maggiore unirsi, acciò con tutto me stesso alli piedi di V‹ostra› E‹ccellenza› mi prostri immortalmente dichiarandomi | Di V‹ostra› Eccell‹en›za | Umil‹issi›mo ser‹vito›re oblig‹atissi›mo | Federico Moltini

Serie di testi devozionali di autore ignoto (Federico Moltini?), musicate da Carlo Donato Cossoni. Per ognuna delle otto sere, sono previste due composizioni in italiano, probabilmente inframezzate dal sermone di un predicatore. Tranne che per due casi (*Già vibra a' danni miei l'invida Cloto* e *Colpe dell'alma mia strazio penoso*), la musica è perduta.

PRIMA SERA

• *Sempre amerò Maria* → CC 339
«Stabilimento di perpetuo Amore con la Vergine. | A Soprano solo, con sinfonia.»
C, archi, bc

• *O mio Dio, e dove sei* → CC 334
«L'Eucaristia. | A due voci Contralto, e Tenore, con Sinfonia.»
AT, archi, bc

SECONDA SERA

• *Già vibra a' danni miei l'invida Cloto* → CC 255
«Sonetto sopra la Memoria della Morte. | Soprano solo con Sinfonia.»
C, archi, bc
La musica è conservata in I-COd, V-20.

• *Dalle sfere superne* → CC 321
«Il ricorso al Santissimo Sacramento. | Cantata à 3. voci con Sinfonia.»
3 voci, archi, bc

TERZA SERA

• *No, no, no, dolce Signore* → CC 333
«Mottivo d'Amor con Maria. | A Soprano solo con Sinfonia. | Arietta»
C, archi, bc

• *Voi che del mar d'Atlante* → CC 346
«Per il Santissimo Sacramento. | Cantata à quattro con Sinfonia. Peccatore, e li Tre Rè Magi. Dialogo.»
4 voci, archi, bc

QUARTA SERA

• *Di quest'orbe mortale* → CC 325
«Abbandono del Mondo, e seguela di Maria. | Cantata à Contralto solo con Sinfonia.»
A, archi, bc

• *Or ch'il Duce sovrano* → CC 336
«Invito à fuggire le grandezze, ed abbracciar l'umiltà di Christo, nella lavanda de piedi. | Cantata à 3. voci, con Sinfonia.»
3 voci, archi, bc

• *Già le promesse antiche*   → CC 328
«Affetti di Maria sopra la nascita di Giesù. | Cantata à Basso solo con
Sinfonia.»
B, archi, bc

• *De' celesti splendori*   → CC 322
«Per l'esposizione del S‹antissi›mo Sacramento. | A due Soprani, con
Sinfonia. Dialogo.»
CC, archi, bc

• *Signor, se mi condanni al crud'Inferno*   → CC 342
«Atto d'amor con la Vergine, e con Christo. | Arietta à soprano solo, con
Sinfonia.»
C, archi, bc

• *Miei cari seguaci*   → CC 332
«Il Lavar de Piedi. | Cantata à 3. [Cristo, Testo, S. Pietro] con Sinfonia.»
3 voci, archi, bc

• *Signor vorrei donarti, e non sò che*   → CC 343
«Con Dio, chi più le proprie colpe accusa, più premiato viene. | Arietta à
solo, con Sinfonia.»
1 voce, archi, bc

• *Venite mortali*   → CC 344
«Dialogo. Ebraismo, Fede, l'Amore, e Coro d'Angioli. | Cantata à 3.»
3 voci, archi, bc

• *Colpe dell'alma mia*   → CC 253
«Sonetto sopra il Pentimento de Peccati. | A Soprano solo, con Sinfonia.»
C, archi, bc
La musica è conservata in I-COd, V-20.

• *Ah, fu ben crudo quel cuore*   → CC 316
«Cantata a otto voci. | Concertata con Violini.»
8 voci, archi, bc

Oratorii sacri (1681)

Oratorii sacri | Da cantarsi l'ottava | del Santissimo | nella chiesa parochiale | Di S. Vittore al Teatro di Milano. | Poesia dell'Illustrissimo Sig. Don | Luiggi De Teves | posti in musica dal sig. | D. Carlo Cossoni. | Consacrati | all'immortalità del nome | Dell'Ill.mo, ‹et› Eccell.mo Sig.re Senatore | don Antonio Maria Erba. Milano: Giovanni Battista Beltramino, 1681. Imprimatur: 21 maggio 1681

Volumetto in-8°, di pp. 56 ([I-VIII] + 1-48)

Esemplari: I-Ma; I-Mcom

SARTORI, *Libretti*, n. 17132.

Dedica di Federico Moltini a don Antonio Maria Erba.

> Ill‹ustrissi›mo, ‹et› Eccell‹entissi›mo Signore.
>
> Se (al parere di Seneca) deve la gratitudine haver il primo loco nell'animo di chi si trova beneficato, non può mancare il mio humile ossequio à render gratie all'E‹ccellenza› V‹ostra› in primo loco per la bontà, con la quale aggradì l'anno trascorso il mio riverente ufficio nel dedicarli quei divoti sensi, ‹et› in secondo supplicare Vostra Eccellenza continuarmi il suo patrocinio in questi; La Protettione de' Grandi è come l'Alloro, chi s'arma di quello non è sottoposto à i fulmini; onde non temo di contraria sorte, sotto l'ombra de' benigni auspicij dell'E‹ccellenza› V‹ostra›, alla quale augurando quelle grandezze, che merita, humilmente m'inchino, e resto à i piedi | Dell'E‹ccellenza› V‹ostra› Ill‹ustrissi›ma Hum‹ilissi›mo, Dev‹otissi›mo, ‹et› obl‹igatissi›mo ser‹vito›re | Federico Moltini.

Lettera prefatoria di don Luigi De Teves

> Al lettor il poeta.
>
> Già mi sento risonar d'intorno mormorationi, nò; Zelo sì, d'ammaestrare la mia ignoranza, te ne resto con obligo, mà riccordati, che l'ammaestramento vuol'esser placido, non con la sferza alla mano, Cicerone così me l'insegna; Io per anticipar discolpe ai carichi, che mi potrai fare (oltre gl'infiniti errori, per li quali ti chiede perdono la mia insufficienza[)] suppongo sarà uno il vedere in tutti quest'Oratorij sempre un Personaggio stesso, ch'è la Fede, dimmi di gratia, di che si tratta? di Misterio di Fede, e a chi toccar[à] il rispondere se non à quella? inoltre potrai dirmi perche non hò citato in margine i testi, passi di Scrittura, ‹et› Autori, Io ti rispondo, se sei dotto, gli comprendi senza citarli; se ignorante non te li farà intendere la citatione; ti supplico anche haver riguardo, che le Compositioni per Musica sono molto diverse dall'altre Compositioni; ti prego anche à ricorda[r]ti, che che molti fiscalizando senza intendere fanno pompa del lor poco sapere nella maldicenza; hò stimato bene prevenirti con questi miei discarichi, acciò (come già dissi) m'ammaestri placido, non severo; Vale.
>
> Per le Virtuose Compositioni Dell'Illustrissimo Sig‹nor› Don Luiggi de Teves In occasione dell'Ottava del Corpo di Christo N‹ostro› S‹ignore› che si celebra con pompa Solenne nella Chiesa di S. Vittore al Teatro di Milano. | Sonetto di Domenico Antonio Ceresolo.

Sonetto.

Perle di Santità, dotti stupori
Stempri ò Luiggi sù divoti Altari;
E ne fogli eternando i tuoi splendori
Rendi gl'inchiostri luminosi, e chiari.

A temprar di Saulle i Fati amari
Regia Cetra svegliar Genij sonori;
Tù à trasformar i Tempij in Sfere impari,
I Ditirambi dà gl'Eterei Chori.

Tuo metro unito al suono lusinghiero,
Che in un estase udì Francesco il Santo
Può nell'Alme influire il Cielo intero.

Trasformar del tuo Plettro il dolce incanto
Può, dove gionse Enea menzognero
In Paradiso la Magion del Pianto.

DOMENICO ANTONIO CERESOLO.

Serie di testi devozionali, opera di don Luigi De Teves, messi in musica da Carlo Donato Cossoni. Per ognuna delle otto sere, sono previste due composizioni in italiano (probabilmente inframezzate dal sermone di un predicatore), di cui la seconda è un «oratorio». La musica è perduta.

PRIMA SERA. DOPPO LA COMPIETA

- *Vivi o core in schiavitù*   → CC 345
  «Alla Santissima Madre di Dio. | A Voce sola con Violini.»
  1 voce, archi, bc

- *Rallegrati o core*   → CC 337
  «Oratorio per il Santissimo. | Interlocutori. | L'Eccellenza di Dio. La Vita. La Carità di Dio. L'Amor di Dio. La Redentione. L'Immensità di Dio. La Speranza. Il Timor di Dio. L'Innocenza. L'Applauso della gratia. Il Piacere.»
  [11 voci?], bc

SECONDA SERA

- *Dell'Aurora pellegrina*   → CC 323
  «Alla Santissima Madre di Dio. | A Voce sola con Violini.»
  1 voce, archi, bc

- *Chi mi svela*   → CC 320
  «Oratorio per il Santissimo. | Interlocutori. | La Volontà. La Vista. L'Udito. Il Core. L'Intelletto. La Fede.»
  [6 voci?], bc

TERZA SERA

- *Salve regina, madre pietosa*   → CC 338
  «Alla Santissima Madre di Dio. | A Voce sola con Violini.»
  1 voce, archi, bc

- *Si canti* → CC 341
  «Oratorio per il Santissimo. | Interlocutori. | La Fede. Una Voce. Coro.»
  [2 voci], coro, bc

  QUARTA SERA
- *Chiare faci il foco avampi* → CC 319
  «Alla Santissima Madre di Dio. | A Voce sola con Violini.»
  1 voce, archi, bc

- *Angeli, homini, e stelle* → CC 317
  «Oratorio pe'l Santissimo. | Interlocutori. | La Fede. Coro della Fede.
  Idolatria.»
  [2 voci], coro, bc

  QUINTA SERA
- *Divina bellezza* → CC 326
  «Alla Santissima Madre di Dio. | A Voce sola con Violini.»
  1 voce, archi, bc

- *La maraviglia maggior hoggi del mondo* → CC 330
  «Oratorio pe'l Santissimo. | Interlocutori. | La Fede. Coro della Fede.
  Quattro voci.»
  [5 voci?], coro, bc

  SESTA SERA
- *Gran contento haver la sorte* → CC 328
  «Alla Santissima Madre di Dio. | A Voce sola con Violini.»
  1 voce, archi, bc

- *O mio picciol infinito* → CC 335
  «Oratorio pe'l Santissimo. | Interlocutori. | Fede. Speranza. Carità. Un
  Coro.»
  [3 voci], coro, bc

  SETTIMA SERA
- *Ave stella del mar* → CC 318
  «Alla Santissima Madre di Dio. | A Voce sola con Violini.»
  1 voce, archi, bc

- *Dormi Giacobbe, dormi* → CC 327
  «Oratorio pe'l Santissimo. | Interlocutori. | Giacobbe. La Fede. Primo
  Coro d'Angeli, Secondo Coro d'Angeli.»
  [2 voci], coro, bc

  ULTIMA SERA
- *Senza te dolce Maria* → CC 340
  «Alla Santissima Madre di Dio. | A Voce sola con Violini.»
  1 voce, archi, bc

- *L'eterna sapienza* → CC 331
  «Oratorio pe'l Santissimo. | Interlocutori. | Fede. Speranza. Carità.
  Misericordia. Hebraismo.»
  [5 voci?], bc

Stampe
Altre opere a stampa

In exequiis [1689]

In exequijs | Mariae Aloysiae | Hyspaniarum Reginae
Milano: Giovanni Beltramino, [1689]

Foglio singolo in-8°, fatto stampare da Cossoni in cento esemplari in occasione della cerimonia funebre tenuta in Duomo in ricordo di Maria Luisa di Borbone, prima moglie di Carlo II. L'unica copia conosciuta si conserva in I-Mas, *Atti di governo, Potenze sovrane post 1535*, cart. 18. Il foglio contiene l'elenco delle musiche eseguite sia dai musici che dai canonici del Duomo durante le funzioni dei tre notturni, lodi, e messa dei defunti il giorno 3 aprile 1689. Le musiche polifoniche devono considerarsi composizioni perdute (per questo punto e per l'organico, si veda l'*Introduzione*, p. 79).

KENDRICK, *Conflitti*, pp. 30-31.

IN NOCTURNO PRIMO

- Salmo *Verba mea* → CC 311
- Salmo *Domine Deus meus* → CC 303
- Responsorio *Accepimus bona* → CC 294
- Responsorio *Ante quam comedam* → CC 295

IN SECUNDO NOCTURNO

- Salmo *Dominus regit me* → CC 304
- Salmo *In te, Domine, speravi* → CC 305
- Responsorio *Induta est caro mea* → CC 296
- Responsorio *Paucitas dierum* → CC 299

IN NOCTURNO TERTIO

- Salmo *Judica, Domine* → CC 306
- Salmo *Sicut cervus* → CC 310
- Responsorio *Libera me, Domine* → CC 297
- Responsorio *Non timebis* → CC 298

AD LAUDES

- Salmo *Miserere mei Deus* → CC 308
- Salmo *Deus, Deus meus, una cum* → CC 301

- Salmo *Deus, misereatur nobis* → CC 302
- Salmo *Laudate Dominum de caelis* → CC 307
- Salmo *Benedictus Dominus Deus Israel* → CC 300
  AD MISSAM
- Messa per i defunti → CC 291
  AD CASTRUM DOLORIS
- Salmo *Miserere mei Deus* → CC 309
- Litanie dei Santi → CC 313

La regina delle rose (1668)

La | Regina Delle Rose | A | Christo | Dedicata | Fra le Vergini del Nobilissimo Monastero | de' SS. Naborre, e Felice. | Nel Monacarsi la Signora | Ginevra Zannoni | Pigliando il Nome di | Suor Maria Regina | Rosalia.
Bologna: Emilio Maria Manolessi, 1668

Raccolta poetica in-8°, cm 14 × 19.5, di 20 pp. num. dalla terza alla penultima (pp. 3-19)

Del libretto è noto attualmente un unico esemplare (I-Bca, 17. N III 25:7), conservato all'interno di un volume miscellaneo in-4°, cm 19.5 × 27, con rilegatura in pelle chiara del XVIII sec., insieme ad altre 10 stampe, apparse tra il 1668 e il 1736, accomunate dal fatto di essere raccolte poetiche pubblicate in occasione della vestizione di monache presso il Monastero dei Santi Naborre e Felice di Bologna.

Dedica di Carlo Donato Cossoni alla Signora Sampieri.

> All'Illustrissima Sig‹no›ra e Padrona Col‹endissi›ma La Signora Gentile Sampieri. Escono alla luce nella publicatione di queste poetiche lodi i veraci rincontri di quegli affetti pudici, che in ben radicata virtude di religiosi pensieri intreccian serti di gloria alla Sig‹nora› Ginevra Zanoni. Questa, che non altro diede, che alimenti di merito all'animo suo, per constituirsi ricetto di godimenti beati, seppe attenersi maisempre alla esemplar diretione di V‹ostra› S‹ignoria› Ill‹ustrissi›ma per rendersi con la chiarezza di quella degnamente capace d'inspirationi divine; così trahendo, e dal suo proprio instinto lume di santità, e da i di lei gentilissimi discorsi multiplicati raggi di singolar perfezione. A V‹ostra› S‹ignoria› Ill‹ustrissi›ma dunque, come à dama, che sì altamente hà coadiuvato al profitto spirituale della Sig‹nora› Ginevra, humilmente m'honoro di consacrare questi fregi devoti, che all'habito monastico d'essa vengono intessuti dall'altrui sapere; supplicandola di permettermi, che il solo nome di questa Signora tanto da lei considerata, porga à me libera introduzione à V‹ostra› S‹ignoria› Ill‹ustrissi›ma per dedicarle insieme l'humilissimo ossequio mio in contrasegno della riverentissima servitù, che le professo, e le faccio devotissimo inchino. | Bologna li 3. Giugno 1668. | Humil‹issi›mo et Dev‹otissi›mo Ser‹vito›re | Carlo Donato Cossoni.

Il libretto contiene 13 composizioni poetiche.

1. GIOVANNI MILANO DA IMOLA, *Ubbidisco al mio Dio, Musici Alati*
   «S'allude al Canto, e Suono della sudetta Signora.»

2. GIOVANNI MILANO DA IMOLA, *Tu Regina Rosalia ami i tesori*
   «Rinuntiando le pompe di questo Mondo si fa Monaca la sudetta Signora.»

3. GIOVANNI MILANO DA IMOLA, *Voi già della mia man cure gradite*
   «Alla medesima Signora mentre le tagliano i Capelli.»

4. GIOVANNI MILANO DA IMOLA, *Dimmi, gentil Ginebbro*
   «Alludendo al Nome di Regina, Rosalìa.»

5. GIUSEPPE MARIA FRIZZA, *Florite, ò Gigli, e di soavi odori*
   «Si allude alli nomi di Regina, e Rosalìa.»

6. SOLLEVATO ACCADEMICO GELATO, *Tronco da ferro pio caduto è il Crine*

7. MICHELE GIUSEPPE RICCI, *Ginevra il Mondo è spina, e tù sei Rosa*
   «Si allude al nome di Ginevra al secolo, e di Rosalìa al Chiostro.»

8. MICHELE GIUSEPPE RICCI, *Sovra l'ali sospesi*
   «Alludesi al canto, e suono della medesima.»

9. GIOVANNI PAOLO CASTELLI, *Ne Giardini del suol nembi di Fiori*
   «S'allude all'Arme, ed al Nome.»

10. NICOLÒ DU PONCHAU, *Si j'adis par son chant Orphee mouvet les arbres*
    «A Mademoiselle Geneviesve Zanoni se rendans Religieuse au Monaster des SS. Nabor, e Felice. | Quam mihi sordet terra dum caelum aspicio.»

11. NICOLÒ DU PONCHAU, *O Mille fois heureux changement de sejour*
    «A la mesme sur le mesme sujet.»

12. CELSO AVERSANI, *Spiritus gladio*
    «Suscipit Regularem habitum in Illustri, & Sacro Monasterio Sanctorum Naboris, & Felicis, Domina Ginevra Zannonia. Anagrammata pura.»

13. CELSO AVERSANI, *Annidata nel Ciel, del senso ad onta*
    «Se Monaca nel Sacro, & Illustre Monasterio di Santo Nabore, e Felice, che vien detto la Badia: la Signora Ginevra Zannoni, cambiandosi nome Suora Maria Regina Rosalìa.»

Fonti perdute
Manoscritti

CH-E

- *Gloria* [e *Kyrie*]   → CC 292
  «ex C»
  CATB CATB, bc

SCHUBIGER, *Cossoni*, p. 53.

CH-E

- *Credo Incidit in foveam*   → CC 293
  Organico sconosciuto

SCHUBIGER, *Cossoni*, p. 53.

Stampe

---

op. II$_2$ (1668)

«Canto del Primo Libro | De Motetti | A Voce Sola | Di Carlo Donato Cossoni | Primo Organista di S. Petronio di Bologna, Accademico Faticoso; | Opera Seconda, e Seconda Impressione | Con Privilegio. | Dedicata all'Illustrissimo, e Reverendissimo Sig‹nor› il Sig‹nor› | D‹on› Melchior Oddi | Dottore di Sacra Theologia, Priore della Duchessa, | Pronotario Apostolico, e Vicario Foraneo | nella Diocesi di Parma.»

Bologna: Giacomo Monti, 1668

2 parti in-4° oblungo: C, partito

Esemplari perduti: I-Bam (C)

BONORA, *S. Petronio*, p. 56.

---

op. IX (1670)

«Il secondo libro | de motetti | A due, e trè voci | di Carlo Donato Cossoni. | Primo Organista in S. Petronio di Bologna, | Accademico Faticoso. | Opera nona. | All'Illustrissimo Signore | Giovanni Giani | Dottore di Sacra Teologia, e dell'una, e l'altra Legge, | Protonotario Apostolico, et Auditore Generale | della Legatione di Bologna.»

Bologna: Giacomo Monti, 1670

4 parti in-4°: C$_1$, C$_2$, B, org

Esemplari perduti: I-Bam (completo)

BONORA, *S. Petronio*, p. 56.

op. xii₁ (prob. 1673)

[Il terzo Libro de motetti a voce sola di Carlo Donato Cossoni … Opera duodecima. Prima impressione.]
Bologna: [Giacomo Monti], prob. fine del 1673

Partito, in-4° oblungo. Il titolo è dedotto dalla seconda impressione della raccolta, apparsa nel 1675 (op. xii₂). In realtà, essa contiene una nuova tiratura soltanto del primo fascicolo (che comprende un nuovo frontespizio e probabilmente una nuova dedica), sostituito nei volumi rimasti forse invenduti della precedente edizione. Il resto del volume rappresenta quindi di fatto la «prima impressione» della raccolta. Ciò permette di ricavare preziose informazioni relative sia al luogo, sia al periodo di stampa. Le coincidenze di una serie di elementi bibliografici che l'op. xii₁ ha in comune con l'op. xiii (in particolare, i capilettera e le filigrane, oltre ai caratteri della musica, che sono gli stessi), permettono di ipotizzare che le due raccolte siano state stampate insieme nell'officina di Giacomo Monti verso la fine del 1673, quando con ogni probabilità è stata allestita almeno l'op. xiii: per la questione si rinvia all'*Introduzione*, pp. 24-25. La stampa prevedeva probabilmente una parte per il Canto e un partito.

op. xiv (1679)

Motetti, Messa e Te Deum laudamus, a otto voci, pieni e brevi [...]: Opera Decima quarta | di Carlo Donato Cossoni.
Milano: Giovanni Battista Beltramino, 1679

Presumibilmente in origine nove parti: C_1, A_1, T_1, B_1, C_2, A_2, T_2, B_2, org

Esemplari: I-Tcm: A_1, T_1, C_2; I-NOVd: T_1, B_1, C_2, A_2, B_2 (tutte incomplete)

- *Mottetti*   → CC 314
  catb catb, bc

- *Messa*   → CC 290
  catb catb, bc

- Inno *Te Deum*   → CC 312
  catb catb, bc

Nessuno dei fascicoli è attualmente reperibile. I fascicoli di Torino furono trasportati nel 1968 dal Duomo all'Archivio capitolare, dove però non sono più stati ritrovati. L'archivio capitolare di Novara è al momento in riordino; nell'ultimo catalogo non figurano i cinque fascicoli dell'op. xiv (comunicazione personale dell'archivista Paolo Monticelli, primavera 2006).

Demaria, *Il fondo musicale*, pp. xiv-xv • Rism, C 4214.

op. xv [1680-1694]

L'op. xv è completamente perduta. Nessuna indicazione è disponibile sul titolo né sul contenuto. Gli estremi cronologici sono dati dalla pubblicazione dei numeri d'*opus* precedente e successivo. È possibile sia stata pubblicata nel 1680: *v. Introduzione*, p. 30.

L'Adamo (1665)

L'Adamo giustificato Drammatica Musicale cantata nell'Oratorio della SS: Trinità nel giorno solenne di essa. Posta in Musica da d. Carlo Donato Cossoni P‹rim›o Organista di S. Petronio.
Bologna: Giacomo Monti, 1665

La notizia di questo libretto, ora disperso, e della relativa esecuzione dell'oratorio di Cossoni si ricava da un anonimo *Indice ossia Nota degli oratori posti in Musica da Diversi Auttori*, manoscritto bolognese redatto verso la metà del xviii sec. (I-Bc, H.6), nel quale sono raccolte informazioni relative alle rappresentazioni di oratori a Bologna tra il 1659 e il 1743.

CROWTHER, *The Oratorio in Bologna*, pp. 45-46.

APPENDICE

Le filigrane

Di ogni filigrana è indicata la segnatura del manoscritto in cui è stata identificata, che rinvia al *Catalogo delle fonti*; la tipologia della filigrana (secondo i repertori correnti: Heawood, *Watermarks*; Briquet, *Filigranes*; Piccard, *Wasserzeichenkartei*); dove possibile, una descrizione più dettagliata; la segnatura o le segnature dei manoscritti relativi; e in parentesi il numero di catalogo della o delle composizioni corrispondenti. Le illustrazioni, riprodotte in proporzione secondo la scala in calce a questa pagina, mostrano tutte le filigrane riscontrate in fonti autografe; il tratteggio orizzontale corrisponde al piego del foglio. Nonostante l'attenzione profusa nei calchi, il tratto delle immagini è comunque approssimativo.

FIL. 1

CH-E, 437.3:4, cc. 22, 30 (1699)
distanza tra i filoni mm 33-34

Cerchio; con lettere iscritte (illeggibili) e sopra un trifoglio.

CH-E, 437.3:4 (CC 83)

FIL. 2

CH-E, 678.12, cb [1699]
distanza tra i filoni mm 20-22

Cerchio; cerchio vuoto, decorazione di fogliame.

CH-E, 678.12 (CC 146)

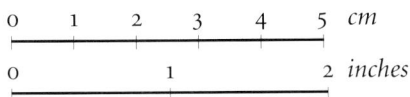

FIL. 3

Stemma; stemma di Amsterdam, banda centrale con tre croci, sorretto da due leoni rampanti.

CH-E, 678.21a (CC 7a)

FIL. 4

CH-E, 678.16, C, org [1688]
distanza tra i filoni mm 22

Cerchio: sopra, una corona.

CH-E, 678.16 (CC 76)

FIL. 5

CH-E, 678.15, org₁, org₂ [1687]
distanza tra i filoni mm 18-22

Figura umana; busto femminile in ovale, contornato da motivi decorativi.

CH-E, 435.8 (CC 187)
CH-E, 437.3:3 (CC 38)
CH-E, 437.3:3 (CC 58)
CH-E, 677.20 (CC 13)
CH-E, 677.22 (CC 180)
CH-E, 677.23 (CC 22)
CH-E, 677.27 (CC 12)
CH-E, 678.1 (CC 224)
CH-E, 678.3 (CC 196)
CH-E, 678.15 (CC 58)
CH-E, 678.17 (CC 39)
CH-E, 678.18 (CC 183)
CH-E, 678.19 (CC 15)
CH-E, 678.21a (CC 2)

FIL. 6

Freccia; accanto, le lettere 'M' ed 'S'.

CH-E, 199.51 (CC 348a)

FIL. 7

CH-E, 677.28, A₁ [1690]
distanza tra i filoni mm 35

Giglio.

CH-E, 437.3:1 (cc 3b, cc 5)
CH-E, 437.3:3 (cc 197)
CH-E, 437.3:6 (cc 19)
CH-E, 677.24 (cc 21)
CH-E, 677.28 (cc 5)
CH-E, 678.5 (cc 29)
CH-E, 678.15 (cc 58)
CH-E, 678.21b (cc 36)

FIL. 8

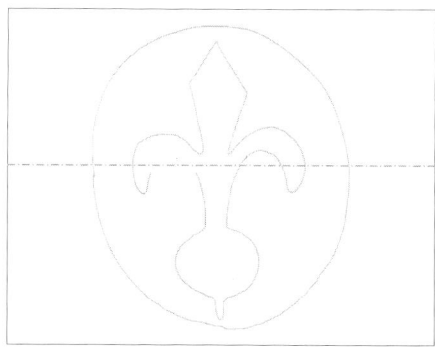

CH-E, 678.12, C₁ [1669]
distanza tra i filoni mm 23

Giglio; iscritto in un cerchio.

CH-E, 437.3:6 (cc 146)
CH-E, 678.12 (cc 146)

FIL. 9

I-COd, v-25, org [1699]
distanza tra i filoni mm 34

Giglio; piccolo giglio, con fascia trasversale.

I-COd, v-24 (cc 72)
I-COd, v-25 (cc 72)

FIL. 10

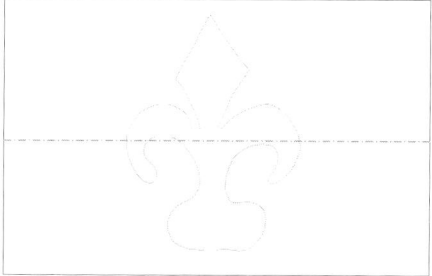

CH-E, 437.3:6, cc. 49, 50 (1671)
distanza tra i filoni mm 24-25

Giglio; piccolo giglio, senza fascia trasversale.

CH-E, 437.3:6 (cc 35)

FIL. 11

Giglio; iscritto in uno stemma, sormontato da una corona

CH-E, 435.5 (cc 5)

FIL. 12

CH-E, 681:10, vlne
distanza tra i filoni mm 30

Lettere o monogramma; '3', 'P' e sotto 'R' iscritti in un cerchio sormontato da un trifoglio.[1]

CH-E, 681.10 (CC 57)
I-COd, V-24 (CC 72)
I-COd, V-25 (CC 72)

FIL. 13

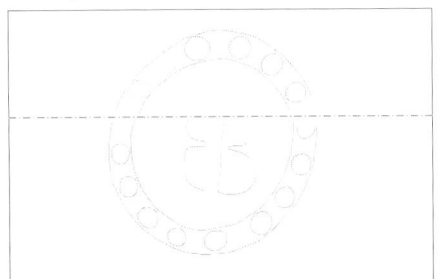

CH-E, 437.3:3, cc. 54, 55 [1670 ca.]
distanza tra i filoni mm 21

Lettere o monogramma; lettere 'F' (?) e 'B' inserite in una spirale chiusa a forma di cerchio.

CH-E, 437.3:3 (CC 235)
I-COd, V-21 (CC 256)

FIL. 14

CH-E, 678.21b (1), C₁, C₂ [1686 ca.]
distanza tra i filoni mm 30

Lettere o monogramma; tre triangoli iscritti in un cerchio decorato da una spirale, la parola 'CANTONI' (?), sopra, e la parola 'BERGAMO', sotto, iscritte in rettangoli.

CH-E, 678.21b (CC 110)
CH-E, 678.21b (CC 233)

FIL. 15

Lettere o monogramma; 'Z' (?), 'P' (?) e una foglia a sei lobi tra le due lettere.

I-COd, V-21 (CC 256)

---

1 La parte da cui è tratta l'illustrazione non è autografa la filigrana è però identica a quella riscontrata nelle altre fonti indicate.

FIL. 16

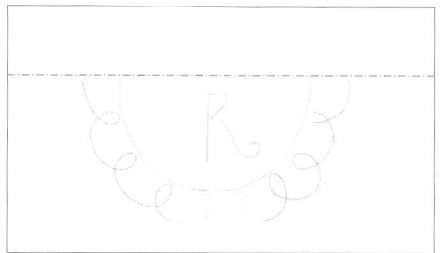

CH-E, 677.25, org₁ [1682-1688 ca.]
distanza tra i filoni mm 33

Lettere o monogramma; fil. incompleta, lettera 'R' iscritta in un cerchio decorato con una spirale.

CH-E, 677.25 (CC 167)

FIL. 17

I-COd, V-26, vl₂ [s.d.]
distanza tra i filoni mm 20

Lettere o monogramma; cerchio con iniziali (illeggibili); incompleta; forse identica alla FIL. 18.

I-COd, V-26 (CC 228)

FIL. 18

I-COd, V-26, A, vl₁ [s.d.]
distanza tra i filoni mm 35

Lettere o monogramma; ovale con iniziali ('cv'?), sopra un trifoglio.

I-COd, V-26 (CC 228)
CH-E, 677.25 (CC 167)

FIL. 19

CH-E, 678.21b (3), C, A [1686 ca.]
distanza tra i filoni mm 23-28

Lettere o monogramma; 'BREMBATA' iscritto in un rettangolo; forse la contromarca della FIL. 14.

CH-E, 678.21b (CC 25)
CH-E, 678.21b (CC 55)

FIL. 20

CH-E, 678.10, A₂ [1696]
distanza tra i filoni mm 26

Lettere o monogramma; 'F', 's' e un trifoglio tra le due lettere.

     CH-E, 678.10 (CC 19)

FIL. 21

I-COd, V-25, C, T (cartine) [1699]
distanza tra i filoni mm 32

Lettere o monogramma; '3', 'B' e sotto 'C' iscritti in un cerchio sormontato da una corona, sotto una parola illeggibile iscritta in un rettangolo.

     I-COd, V-24 (CC 72)
     I-COd, V-25 (CC 72)

FIL. 22

I-COd, V-25, C, T (cartine) [1699]
distanza tra i filoni mm 29

Lettere o monogramma; tre triangoli iscritti in un doppio cerchio, le parole 'CANTONI' (?), sopra, e 'BERGAMO', sotto, iscritte in rettangoli (*cfr.* FIL. 14).

     I-COd, V-24 (CC 72)
     I-COd, V-25 (CC 72)

FIL. 23

Lettere o monogramma; 'IF'.

     CH-E, 678.7 (CC 235)

FIL. 24

Lettere o monogramma; 'IK', sopra due fiori (?).

     CH-E, 678.9 (CC 191)

FIL. 25

Giglio.

     I-Baf, capsa I, n. 9⁴ (CC 145)

FIL. 26

Lettere o monogramma; giglio con corona, contromarca 'HBLUM'.[2]

    CH-E, 435.5 (CC 5)
    CH-E, 681.5 (CC 140)
    CH-E, 681.8 (CC 142)
    CH-E, 681.9 (CC 141)

FIL. 27

Lettere o monogramma; motivo ornamentale (?), contromarca 'FB'.

    CH-E, 199.51 (CC 348a)

FIL. 28

Lettere o monogramma; monogramma
'HK'.

    CH-E, 677.29 (CC 84)

FIL. 29

Lettere o monogramma; lettere 'AS'.

    CH-E, 435.7 (CC 83)

FIL. 30

Mano.[3]

    I-COd, V-20 (CC 253, 255)
    I-COd, V-21 (CC 256)

FIL. 31

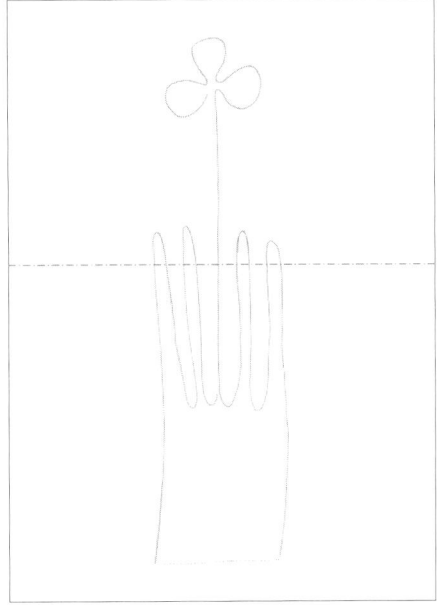

CH-E, 678.4, org₁, org₂ [1686]
distanza tra i filoni mm 32

Mano; sopra, un trifoglio.

    CH-E, 437.3:1 (CC 12)
    CH-E, 437.3:1 (CC 4b)
    CH-E, 437.3:2 (CC 15)
    CH-E, 437.3:2 (CC 21, 180)
    CH-E, 437.3:3 (CC 16)
    CH-E, 437.3:4 (CC 224)
    CH-E, 437.3:4 (CC 84)
    CH-E, 437.3:5 (CC 162)
    CH-E, 437.3:6 (CC 43)
    CH-E, 677.3 (CC 238)
    CH-E, 677.24 (CC 21)
    CH-E, 678.4 (CC 16)
    CH-E, 678.8 (CC 37)
    CH-E, 678.13 (CC 182)
    CH-E, 678.19 (CC 15)

2 La cartiera di Hieronymus Blum (il giovane) fu attiva a Basilea, 1756-1788; *cfr.* TSCHU-
DIN, *Ancient Paper-Mills*, p. 229 e in particolare filigrana n. 410.

3 Poiché la filigrana del tipo 'mano' è tra le
più comuni, in questa categoria è più pro-
blematica la distinzione tra varianti della
stessa filigrana, dovute all'usura del setac-
cio, e filigrane diverse.

FIL. 32

CH-E, 678.1, C rip., org coretto 1 [1686]
distanza tra i filoni mm 34

Mano; sopra, due foglie e più sopra, altre tre foglie.

A-Wn, Mus. Hs. 17760 (cc 264a)
CH-E, 437.3:1 (cc 5)
CH-E, 437.3:3 (cc 29)
CH-E, 437.3:3 (cc 56)
CH-E, 437.3:3 (cc 76)
CH-E, 437.3:3 (cc 188)
CH-E, 437.3:4 (cc 90)
CH-E, 437.3:4 (cc 171)
CH-E, 677.2 (cc 13)
CH-E, 677.22 (cc 180)
CH-E, 677.26 (cc 4b)
CH-E, 677.31 (cc 195)
CH-E, 678.1 (cc 224)
CH-E, 678.6 (cc 38)
CH-E, 678.15 (cc 58)
CH-E, 678.20 (cc 8)
CH-E, 678.21a (cc 4a)
CH-E, 681.1 (cc 59)

FIL. 33

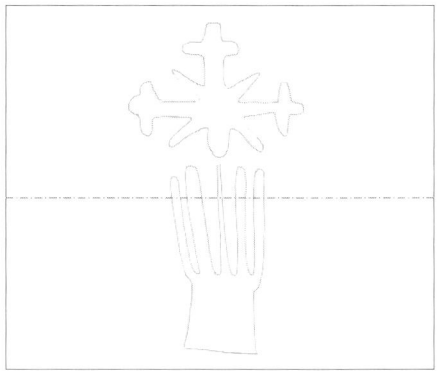

CH-E, 678.2, A [1667]
distanza tra i filoni non rilevata

Mano; sopra, un piccolo fiore a otto petali (o un fiocco di neve?).

CH-E, 678.1 (cc 224)
CH-E, 678.2 (cc 212)

FIL. 34

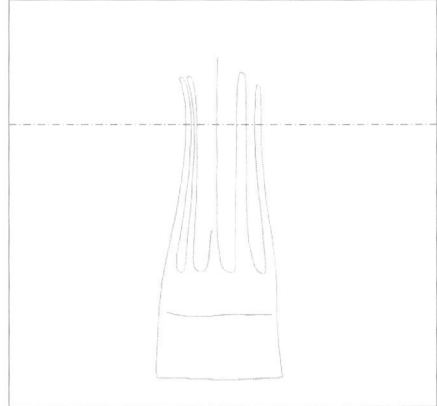

I-COd, V-22, B$_1$, B$_2$ [s.d.]
distanza tra i filoni non rilevata

Mano; le dita separate dal palmo con una linea trasversale, sopra, un elemento illeggibile.

I-COd, V-22 (cc 149)

FIL. 35

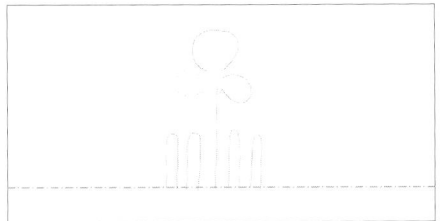

I-COd, AA-43, poco leggibile [ante 1667?]
distanza tra i filoni non rilevata

Mano; sopra, un trifoglio (?).

I-COd, AA-43 (CC 225a)

FIL. 36

Mano.

I-COd, V-23 (CC 147)

FIL. 37

I-COd, V-27 [ante 1667?]
distanza tra i filoni mm 22

Mano; sopra una piccola foglia cordiforme.

I-COd, V-23 (CC 147)
I-COd, V-27 (CC 231a)

FIL. 38

Mano; le dita separate dal palmo con una linea trasversale, sopra un trifoglio.

I-COd, 2A-18 (CC 234)
I-COd, 10A-1 (CC 243)

FIL. 39

Mano; sopra, un fiore a otto petali (o un fiocco di neve?).

I-COd, V-23 (CC 147)

FIL. 40

Mano; sopra, un trifoglio.

I-COd, V-17 (CC 252)
I-COd, V-18 (CC 254)

FIL. 41

Mano; sopra, una losanga, e sopra questa un fiore con petali frastagliati.

I-COd, 1A-11 (CC 204a)

FIL. 42

Mano; sopra, una foglia cordiforme.

I-COd, 1A-12 (CC 208)

FIL. 43

Mano; sopra, un fiore a sei petali.

I-COd, 10A-1 (CC 243)

FIL. 44

Mezzaluna; con profilo umano, inserita in un contorno ornamentale; contromarca 'MA'.

CH-E, 678.21a (CC 2)

FIL. 45

Mezzaluna; dentro uno scudo.

    CH-E, 681.4 (CC 15)

FIL. 46

Mezzaluna; con profilo umano.

    CH-E, 435.7 (CC 83)

FIL. 47

Serto di foglie; all'interno, tre pesci.

    CH-E, 677.29 (CC 84)
    CH-E, 681.7 (CC 348a)

FIL. 48

I-Mfd, AD.11.1, cc. 29, 30 (1684)
distanza tra i filoni mm 31

Lettere o monogramma; '3', 'P' e sotto 'R' iscritti in un cerchio sormontato da un trifoglio (simile a FIL. 12).

    I-Mfd, AD.11.1 (CC 75, 82, 85)

FIL. 49

CH-E, 437.3:6, cc. 42, 38 (1668)
distanza tra i filoni mm 34-38.

Stella; stella a sei punte.

    CH-E, 437.3:4 (CC 182)
    CH-E, 437.3:4 (CC 212)
    CH-E, 437.3:6 (CC 32)

FIL. 50

CH-E, 437.3:4, cc. 52, 53 (1682)
distanza tra i filoni mm 22

Stella; stella a otto punte.

    CH-E, 437.3:4 (CC 196)

FIL. 51

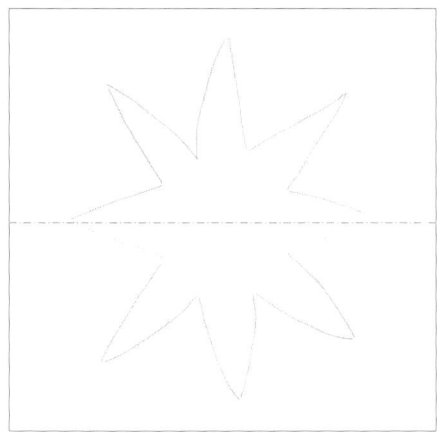

CH-E, 677.22, T₁, A₂ [1686]
distanza tra i filoni mm 31

Stella; stella a otto punte.

CH-E, 437.3:1 (cc 2)
CH-E, 437.3:2 (cc 25)
CH-E, 437.3:2 (cc 183)
CH-E, 437.3:2 (cc 187)
CH-E, 437.3:2 (cc 238)
CH-E, 437.3:3 (cc 37)
CH-E, 437.3:3 (cc 39)
CH-E, 437.3:4 (cc 195)
CH-E, 677.22 (cc 180)
CH-E, 678.1 (cc 224)
CH-E, 678.21a (cc 1)
CH-E, 681.1 (cc 57)

FIL. 52

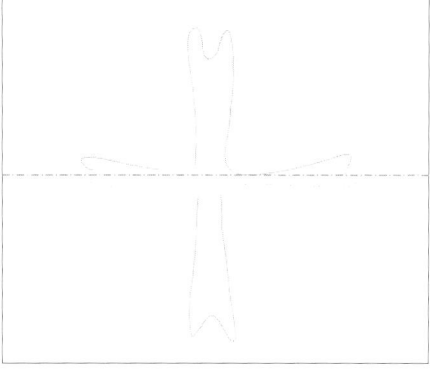

CH-E, 437.3:1, cc. 43, 44 (1688)
distanza tra i filoni mm 33

Croce; croce di Malta.

CH-E, 437.3:1 (cc 4)
CH-E, 437.3:1 (cc 13)

FIL. 53

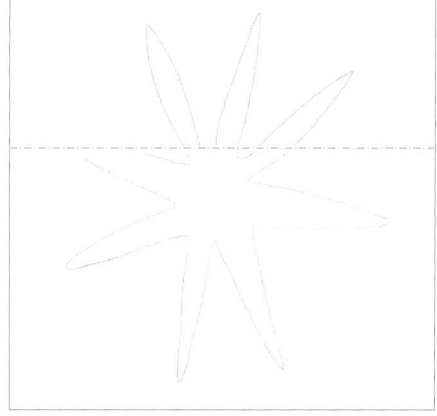

I-COd, v-16 [s.d.]
distanza tra i filoni mm 33

Stella; stella a otto punte.

CH-E, 437.3:2 (cc 167)
CH-E, 437.3:3 (cc 191)
I-COd, v-16 (cc 177)
I-COd, v-26 (cc 228)

FIL. 54

CH-E, 678.13, fag, vlne [1668]
distanza tra i filoni mm 28

Stemma; sei cerchi, sopra una corona.

CH-E, 678.13 (cc 182)

FIL. 55

Animali; leone rampante in cerchio.

I-Baf, capsa I, n. 9² (cc 257)
I-Baf, capsa I, n. 9³ (cc 34)
I-Baf, capsa I, n. 9⁴ (cc 145)

FIL. 56

Lettere e monogrammi; 'TIA'.

I-Baf, capsa I, n. 9⁴ (cc 145)

Le mani

Di ogni mano è indicata la sigla utilizzata nelle schede del *Catalogo delle fonti*, seguita dalle segnature dei manoscritti redatti da ciascun copista e il numero di catalogo dell'opera corrispondente. Numeri e lettere denotano la provenienza geografica, italiana o no, del copista. Le illustrazioni riproducono tutte le mani riscontrate in fonti seicentesche.

MANO 1

Mano italiana seicentesca   CH-E, 678.4 – B$_1$
   CH-E, 678.4 (CC 16)

MANO 2

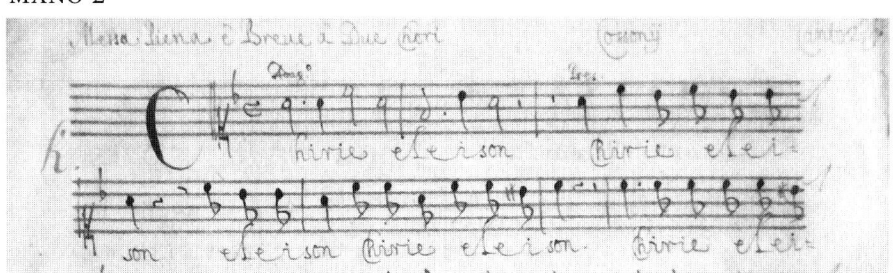

Mano italiana seicentesca   CH-E, 678.21a – C$_2$
     CH-E, 678.15 (CC 58)
     CH-E, 678.21a (CC 1)
     CH-E, 678.21a (CC 14)

MANO 3

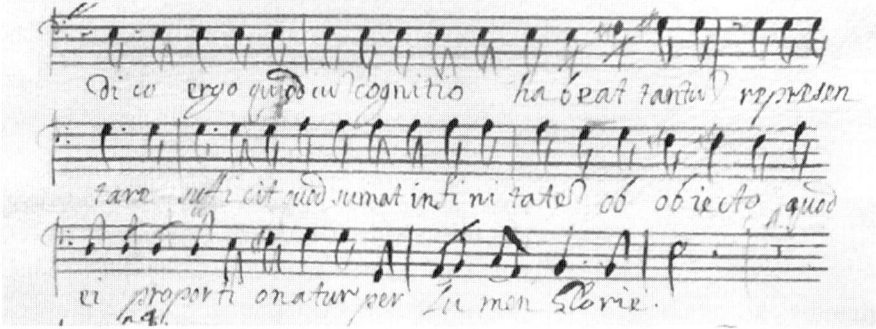

Mano italiana seicentesca   I-COd, V-16 – B
   I-COd, V-16 (CC 177)

MANO 4

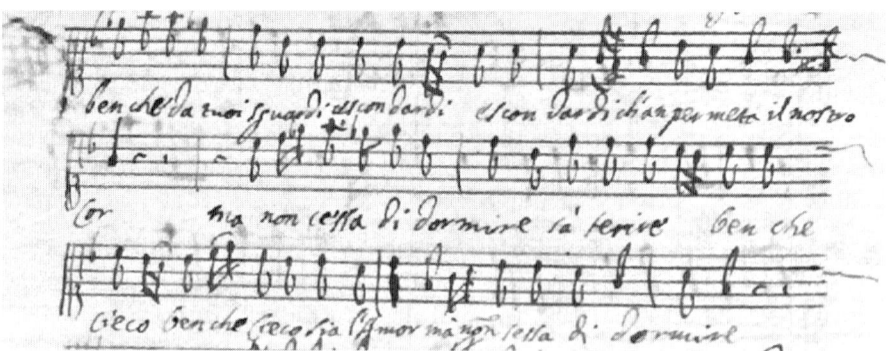

Mano italiana seicentesca   I-COd, V-17
   I-COd, V-17 (CC 252)
   I-COd, V-18 (CC 254)
   I-COd, V-21 (CC 256)

MANO 5

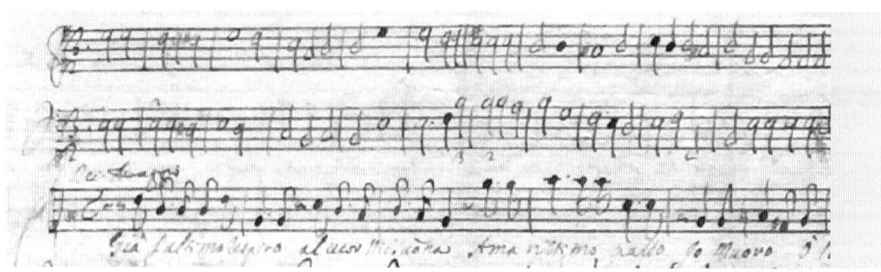

Mano italiana seicentesca   I-COd, V-20
   I-COd, V-18 (CC 254)
   I-COd, V-20 (CC 255)

MANO 6

Mano italiana seicentesca

I-COd, v-19 (cc 193)

I-COd, v-19

MANO 7

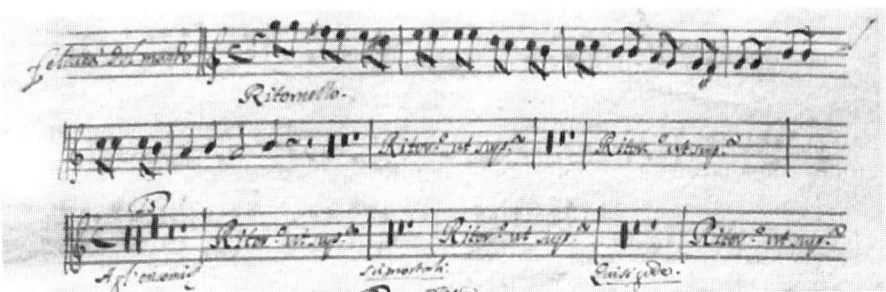

Mano italiana seicentesca

I-COd, v-21 (cc 256)

I-COd, v-21 – vl₂

MANO 8

Mano italiana seicentesca

I-COd, v-23 (cc 147)

I-COd, v-23 – B

MANO 9

Mano italiana seicentesca   I-COd, 10A-2
    I-COd, 10A-2 (cc 246)

MANO 10

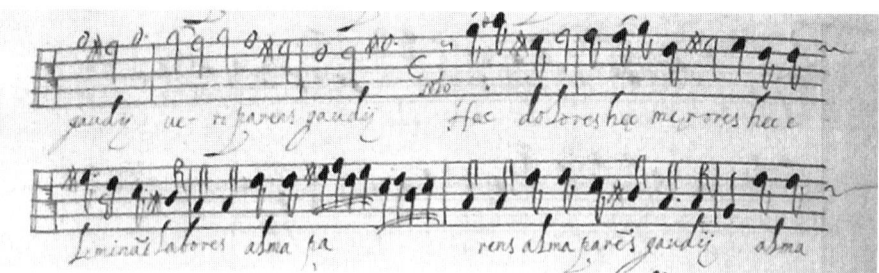

Mano italiana seicentesca   I-COd, 1A-11 – A
    I-COd, 1A-11 (cc 204a)
    I-COd, 1A-12 (cc 208)

MANO 11

Mano italiana seicentesca   I-COd, 1A-11 – org
    I-COd, 1A-11 (cc 204a)
    I-COd, 1A-11 (cc 208)

MANO 12

Mano italiana seicentesca   I-COd, 10A-2

I-COd, 10A-1 (CC 247)
I-COd, 10A-2 (CC 246)

MANO 13

Mano italiana seicentesca   I-COd, 2A-18

I-COd, 2A-18 (CC 234)

MANO 14

Mano italiana seicentesca   I-COd, 2A-20 – vl₁

I-COd, 2A-20 (CC 134)

MANO 15

Mano italiana seicentesca   I-COd, 3A-8

     I-COd, 3A-8 (CC 151)

MANO 16

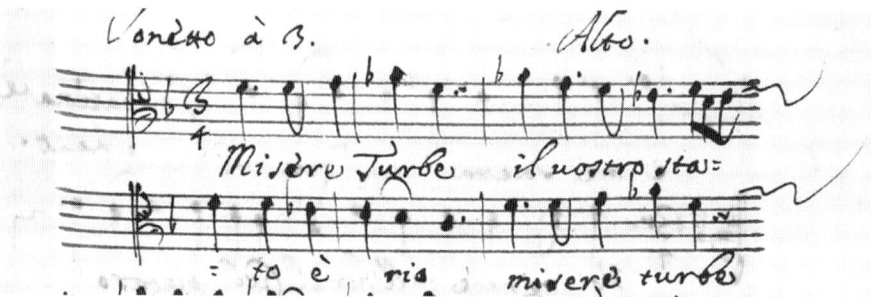

Mano italiana seicentesca   I-Baf, capsa I, n. 9^2 – A

     I-Baf, capsa I, n. 9^2 (CC 257)
     I-Baf, capsa I, n. 9^3 (CC 34)
     I-Baf, capsa I, n. 9^4 (CC 145)

MANO 17

Mano italiana seicentesca   CH-E, 678.15 – A_2

     CH-E, 678.15 (CC 58)

MANO 18

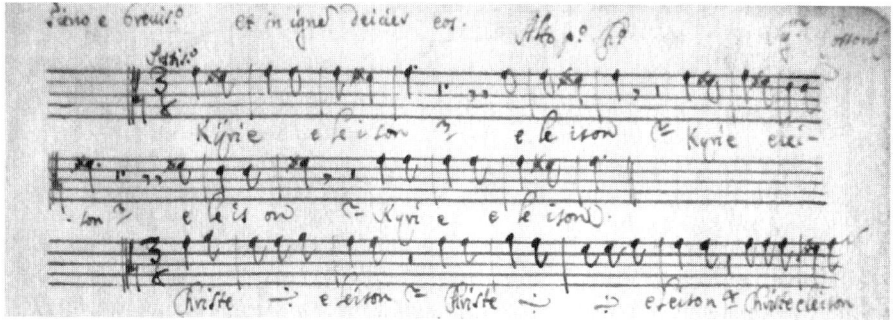

Mano italiana seicentesca   CH-E, 678.21a (3) – A₁

    CH-E, 677.21 (cc 3b)

    CH-E, 678.21a (cc 7a)

MANO 19

Mano italiana seicentesca   CH-E, 678.21b (7) – org₁

    CH-E, 677.24 (cc 21)

    CH-E, 678.21b (7) (cc 36)

MANO 20

Mano italiana seicentesca   CH-E, 681.10 – vlne

    CH-E, 681.10 (cc 57)

MANO 21

Mano italiana seicentesca
CH-E, 678.20 (CC 8)

CH-E, 678.20 – B₁

MANO 22

Mano italiana seicentesca
CH-E, 678.19 (CC 15)

CH-E, 678.19 – C₂

MANO 23

Mano italiana seicentesca
CH-E, 678.17 (CC 39)

CH-E, 678.17 – C₁

MANO 24

Mano italiana seicentesca

CH-E, 678.21b – C$_1$
titolo e chiavi nella mano di Cossoni

CH-E, 678.21a (CC 7a)
CH-E, 678.21b (CC 233)
CH-E, 678.21b (CC 142)

MANO 25

Mano italiana seicentesca

CH-E, 678.5 – C$_1$

CH-E, 678.5 (CC 29)

MANO 26

Mano italiana seicentesca

CH-E, 678.6 – T$_1$

CH-E, 678.6 (CC 38)

MANO 27

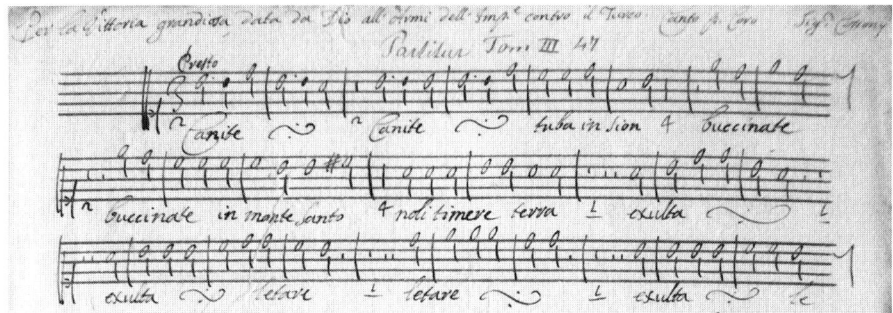

Mano italiana seicentesca   CH-E, 678.6 – C$_1$
   CH-E, 678.6 (CC 38)

MANO 28

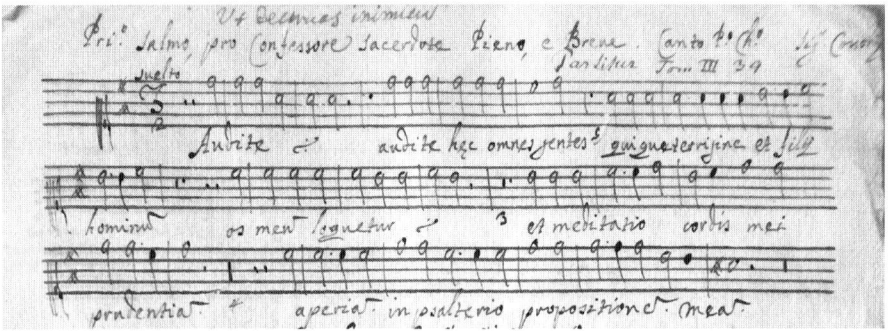

Mano italiana seicentesca   CH-E, 678.5 – C$_1$
   CH-E, 678.5 (CC 29)

MANO 29

Mano italiana seicentesca   CH-E, 678.2 – A
   CH-E, 678.2 (CC 212)

MANO 30

Mano italiana seicentesca
    CH-E, 677.26 (CC 4b)

CH-E, 677.26 – C$_1$

FRANCESCO RUSCA

Mano di Francesco Rusca
    I-COd, V-23 (CC 147)

I-COd, V-23 – C

MANO A

Mano svizzera settecentesca

    CH-E, 677.29 (CC 84)
    CH-E, 678.11 (CC 32)
    CH-E, 678.13 (CC 182)
    CH-E, 678.14 (CC 197)
    CH-E, 678.21a (CC 1)
    CH-E, 678.21b (CC 142)
    CH-E, 678.21b (CC 146)
    CH-E, 678.9 (CC 191)

MANO B

Mano svizzera del sec. XVIII-XIX

    CH-E, 677.29 (CC 84)
    CH-E, 678.21A (CC 7a)
    CH-E, 677.28 (CC 5) (?)

MANO C

Mano svizzera del sec. XVIII-XIX

    CH-E, 681.5 (CC 140)
    CH-E, 681.8 (CC 142)
    CH-E, 681.9 (CC 141)

MANO D

Mano svizzera ottocentesca

    CH-E, 435.6 (CC 347)
    CH-E, 677.26 (CC 4b)
    CH-E, 677.28 (CC 5)

MANO E

Mano svizzera ottocentesca

    CH-E, 435.7 (CC 83)
    CH-E, 681.40 (CC 13)

MANO F

Mano svizzera settecentesca

    CH-E, 681.3 (CC 349a)

MANO G

Mano svizzera del sec. XVIII-XIX

    CH-E, 199.51 (CC 348a)

MANO H

Mano svizzera del sec. XVIII-XIX

    CH-E, 199.51 (CC 348a)

MANO I

Mano svizzera ottocentesca

    CH-E, 435.5 (CC 5, 12)

MANO L

Mano svizzera ottocentesca

    CH-E, 677.29 (CC 84)

MANO M

Mano svizzera ottocentesca

    CH-E, 681.4 (CC 15)

MANO N

Mano inglese del sec. XVIII-XIX

    GB-Ob, Ms. Tenbury 333 (CC 6)

SIGISMUND KELLER

Mano di Sigismund Keller

    CH-E, 283.6 (CC 5, 12)
    CH-E, 287.4 (CC 140, 141, 142)
    CH-E, 678.21a (CC 2)
    CH-E, 681.3 (CC 349b)
    CH-E, 681.6 (CC 348b)
    CH-E, 681.7 (CC 348a)

P. A. P.

Mano svizzera settecentesca

    CH-E, 681.7 (CC 348a)

Bibliografia

Bacciagaluppi, 'Con quegli «Gloria, gloria» non la finiscono mai'
Claudio Bacciagaluppi, 'Con quegli «Gloria, gloria» non la finiscono mai: the Neapolitan concerted mass and its reception history', *Recercare* 18 (2006), pp. 113-155.

Bacciagaluppi, *La musique prédomine trop*
Claudio Bacciagaluppi, '«La musique prédomine trop dans nos abbaïes helvétiques»: Einige Quellen zur Stellung der Figuralmusik in Schweizer Klöstern', in *Musiques des monastères de la region alpine – Musik aus Klöstern des Alpenraums* (Atti di colloquio: Fribourg, 24-25 novembre 2007), ed. par Giuliano Castellani et Christoph Riedo, in preparazione.

Bacciagaluppi–Collarile, *Trasmissione e recezione*
Claudio Bacciagaluppi – Luigi Collarile, 'In margine alla trasmissione e recezione della musica di Carlo Donato Cossoni', in Daolmi, *Cossoni*, pp. 83-102.

Barclay Squire, *Westminster*
William Barclay Squire, 'Musik-Katalog der Bibliothek der Westminster-Abtei in London', supplemento a *Monatshefte für Musikgeschichte* 35 (1903).

Blazey, *Concertato Litany*
David Blazey, 'The Mid Baroque Concertato Litany in Northern Italy: Inherited Problems and Borrowed Solutions', in *Tradizione e stile* (Atti di convegno: Como, 1987), a cura di Alberto Colzani, Andrea Luppi e Maurizio Padoan, Como, Amis, 1989, pp. 123-153.

Bonora, *S. Petronio*
Alfredo Bonora, *Città di Bologna: Archivio di S. Petronio*, Parma, Fresching, 1911 (Catalogo delle opere musicali nelle biblioteche e negli archivi pubblici e privati d'Italia, 2.3).

Borella, *Il rito ambrosiano*
Pietro Borella, *Il rito ambrosiano*, Brescia, Morcelliana, [1964] (Biblioteca di scienze religiose. Sez. 3, La liturgia).

Brett, *Music and ideas*
Ursula Brett, *Music and ideas in seventeenth-century Italy. The Cazzati-Arresti polemic*, 2 vols. (Ph.D. diss., Univ. Of London, 1984), New York [et a.], Garland, 1989.

BRIQUET, *Filigranes*
Charles Moïse Briquet, *Les filigranes: dictionnaire historique des marques du papier dès leur apparition vers 1282 jusqu'en 1600*, 4 voll., Leipzig, Hiersemann, 1923; ristampa anastatica: Amsterdam, Paper Publication Society, 1968.

BRUGGISSER–CASTELLANI, *Engelweihe*
Musik für die Engelweihe in Einsiedeln, a cura di Therese Bruggisser-Lanker e Giuliano Castellani, Adliswil, Kunzelmann, 2007 (Musik aus Schweizer Klöstern, 1).

BRUGGISSER-LANKER, *Kirchenmusik*
Therese Bruggisser-Lanker, 'Kirchenmusik zwischen barocker Religiosität und politischer Repräsentation: Die Musikkultur des 17. und 18. Jahrhunderts im Stift Beromünster', in *Lieder jenseits der Menschen: Das Konfliktfeld Musik – Religion – Glaube*, hrsg. von Annette Landau und Sandra Koch, Zürich, Chronos, 2002, pp. 107-132.

CALLEGARI HILL, *L'Accademia Filarmonica*
Laura Callegari Hill, *L'Accademia Filarmonica di Bologna, 1666-1800: statuti, indici degli aggregati e catalogo degli esperimenti d'esame nell'archivio, con un'introduzione storica*, Bologna, AMIS, 1991 (La musica a Bologna, B. Età Barocca e Moderna 2, II).

CARPANI, *Valenze sceniche*
Roberta Carpani, 'Valenze sceniche e aperture drammaturgiche nell'attività dell'Accademia dei Faticosi', *Studia Borromaica* 13 (1999), pp. 161-202.

CARTER, *L'editoria musicale*
Tim Carter, 'L'editoria musicale tra Cinque e Seicento', in *Il libro di musica*, a cura di Carlo Fiore, Palermo, L'Epos, 2004 (De charta, 7), pp. 137-162.

COLLARILE, *Bellinzona 1675-1852*
Luigi Collarile, 'Bellinzona, 1675-1852. Aspetti della trasmissione di musica italiana verso i conventi della Svizzera interna', in *Musiques des monastères de la region alpine – Musik aus Klöstern des Alpenraums* (Atti di colloquio: Fribourg, 24-25 novembre 2007), ed. par Giuliano Castellani et Christoph Riedo, in preparazione.

COLLARILE, *Giovanni Legrenzi*
Luigi Collarile, 'Giovanni Legrenzi e il concorso per il posto di maestro di cappella del duomo di Milano (1669)', *Rivista Italiana di Musicologia* 40 (2005), pp. 19-83.

COLLARILE, *Natale Monferrato*
Luigi Collarile, 'Natale Monferrato. Ritratto di un musicista veneziano del Seicento', *Rivista Italiana di Musicologia*, in preparazione.

COLLARILE, *Sacri concerti*
Luigi Collarile, *Sacri concerti. Studi sul mottetto a Venezia nel Seicento*, tesi di dottorato, in preparazione.

COSSONI, *Adoramus te*
Carlo Donato Cossoni, *Adoramus te*, Fontenay Mauvoisin, P. Caillard, 1999.

COSSONI, *Canzonette*
Carlo Donato Cossoni, *Il libro primo delle canzonette amorose a voce sola di Carlo Donato Cossoni primo organista in S. Petronio accademico Faticoso*, Bologna, Giacomo Monti, 1669; ristampa anastatica: Sala Bolognese, Forni, 1978 (Bibliotheca Musica Bononiensis, IV, 64).

CROWTHER, *The Oratorio in Bologna*
Victor Crowther, *The Oratorio in Bologna*, Oxford, Oxford University Press, 1999.

DAOLMI, *Cossoni*
Carlo Donato Cossoni nella Milano spagnola (Atti di convegno: Como, 11-13 giugno 2004), a cura di Davide Daolmi, Lucca, LIM, 2007.

DE RUVO, *Carlo Cossonio prete*
Irene De Ruvo, '«Carlo Cossonio prete» maestro di cappella del Duomo di Milano', in DAOLMI, *Cossoni*, pp. 35-55.

DEMARIA, *Il fondo musicale*
Enrico Demaria, *Il fondo musicale della Cappella dei cantori del Duomo di Torino*. Lucca, LIM, 2001 (Cataloghi di fondi musicali del Piemonte; 2).

DONÀ, *La stampa musicale*
Mariangela Donà, *La stampa musicale a Milano fino all'anno 1700*, Firenze, Olschki, 1961 (Biblioteca di Bibliografia Italiana, 39).

EITNER, *Quellen-Lexikon*
Robert Eitner, *Biographisch-bibliographisches Quellen-Lexikon der Musiker und Musikgelehrten*, 10 voll., Leipzig, Breitkopf und Härtel, 1900-1904.

FELLERER, *Verzeichnis*
Karl Gustav Fellerer, 'Verzeichnis der kirchenmusikalischen Werke der Santinischen Sammlung', *Kirchenmusikalisches Jahrbuch* 26 (1931), 111-140; 27 (1932), 157-171; 28 (1933), 143-154; 29 (1934), 125-141; 30 (1935), 149-168; 31-33 (1936-38), 95-110 [pubblicazione interrotta].

FELLOWES, *Tenbury*
Edmund Horace Fellowes, *The catalogue of manuscripts in the Library of St. Michael's College Tenbury*, Paris, Éditions de l'Oiseau lyre, 1934.

FERRARI, *L'organo Graziadio Antegnati*
Tarcisio Ferrari, *L'organo Graziadio Antegnati della Collegiata di Bellinzona: nascita ed evoluzione storica, 1588-1999*, Bellinzona, Casagrande, 2002.

FILIPPI, *La scrittura mottettistica*
Daniele V. Filippi, 'La scrittura mottettistica di Cossoni: «Heu infelix anima»', in DAOLMI, *Cossoni*, pp. 103-122.

FIORIO, *Le chiese di Milano*
Le chiese di Milano, a cura di Maria Teresa Fiorio, Milano, Electa, 2006 (II edizione); I ediz.: *ibidem*, 1985.

GAMBASSI, *L'Accademia filarmonica*
Osvaldo Gambassi, *L'Accademia filarmonica di Bologna: fondazione, statuti e aggregazioni*, Firenze, Olschki, 1992.

GAMBASSI, *La cappella musicale di S. Petronio*
Osvaldo Gambassi, *La cappella musicale di S. Petronio: maestri, organisti, cantori e strumentisti dal 1436 al 1920*, Firenze, Olschki, 1987 (Historiae musicae cultores – Biblioteca, 44).

GIALDRONI, *Dalla Biblioteca comunale di Urbania*
Teresa M. Gialdroni, 'Dalla Bibioteca comunale di Urbania: due raccolte musicali per un interprete', *Aprosiana. Rivista annuale di studi barocchi* 16 (2008), in preparazione.

GILLIO, *Il mottetto a voce sola*
Giuseppe Gillio, 'Il mottetto a voce sola: un oratorio in miniatura', in *Nuovi studi vivaldiani. Edizione e cronologia critica delle opere*, a cura di Antonio Fanna e Giovanni Morelli, Firenze, Olschki, 1988 (Studi di musica veneta. Quaderni vivaldiani, 4), pp. 501-510.

GOBBI, *Cossoni e D'Alessandri*
Pierangelo Gobbi, 'Cossoni e D'Alessandri: le prove del concorso del 1684', in DAOLMI, *Cossoni*, 2007, pp. 56-66.

GRUSNICK, *Die Dübensammlung*
Bruno Grusnick, 'Die Dübensammlung. Ein Versuch ihrer chronologischen Ordnung', *Svensk tidskrift för musikforskning* 46 (1964), pp. 27-82; 48 (1966), pp. 63-186.

HANKE KNAUS, *Ganze Parthien Musikalien*
Gabriella Hanke Knaus, '«Ganze Parthien Musikalien»: Der Notenbestand der ehemaligen Reichsabtei Weingarten in der Musikbibliothek der Benediktinerabtei Einsiedeln', in *Oberschwäbische Klostermusik im europäischen Kontext, Alexander Sumski zum 70. Geburtstag*, hrsg. von Ulrich Siegele, Frankfurt, Peter Lang, 2004, pp. 89-130.

HEAWOOD, *Watermarks*
Edward Heawood, *Watermarks mainly of the 17th and 18th centuries*, Hilversum, Paper Publication Society, 1950.

HELG, *Die Musik-Handschriften*
Die Musik-Handschriften zwischen 1600 und 1800 in der Musikbibliothek des Klosters Einsiedeln: ein Katalog, hrsg. von Lukas Helg, Einsiedeln, Kloster Einsiedeln, 1995.

HELG, *Die neue Musikbibliothek*
Lukas Helg, *Die neue Musikbibliothek des Klosters Einsiedeln*, Einsiedeln, Stiftsbibliothek, 1999.

Helg, *Meinrad*
Lukas Helg, 'Meinrad und die Einsiedler Gnadenmutter in der Musik: Eine Materialsammlung', *Studien und Mitteilungen zur Geschichte des Benediktinerordens und seiner Zweige* 111 (2000), pp. 213-256.

Henggeler, *Geschichte der Residenz*
Rudolf Henggeler, 'Geschichte der Residenz und des Gymnasiums der Benediktiner von Einsiedeln in Bellenz', *Mitteilungen des historischen Vereins des Kantons Schwyz* 27 (1918), pp. 39-174.

Henggeler, *Professbuch*
Rudolf Henggeler, *Professbuch der fürstlichen Benediktinerabtei unserer lieben Frau zu Einsiedeln*, Einsiedeln, Selbstverlag des Stifts, [1933], online: www.klosterarchiv.ch.

Kendrick, *Celestial sirens*
Robert L. Kendrick, *Celestial sirens: nuns and their music in early modern Milan*, Oxford, Clarendon Press, 1996.

Kendrick, *Conflitti*
Robert L. Kendrick, 'Conflitti, riti e funerali nella Milano di Cossoni', in Daolmi, *Cossoni*, pp. 16-34.

Kendrick, *The sounds of Milan*
Robert L. Kendrick, *The sounds of Milan, 1585-1650*, Oxford, Oxford Univ. Press, 2002.

Kladeck, *Cossoni-Pater noster*
Carlo Donato Cossoni, *Pater noster*, a cura di Thomas Kladeck, Kürten, CantARTe, s.d.

Kurtzman, *Introduzione ai salmi di Cossoni*
Jeffrey G. Kurtzman, 'Introduzione ai salmi di Cossoni', in Daolmi, *Cossoni*, pp. 167-210.

Landini, *Carlo Donato Cossoni*
G. Landini, 'Carlo Donato Cossoni', in *Dizionario biografico degli Italiani*, Roma, Istituto della Enciclopedia italiana, 1960-, vol. 30 (1984), pp. 113-115.

Longatti, *La cappella musicale*
Mario Longatti, 'La cappella musicale del Duomo di Como', in *La musica sacra in Lombardia nella prima metà del Seicento*, (Atti di convegno: Como 1985) a cura di Alberto Colzani, Andrea Luppi e Maurizio Padoan, Como, Amis, 1988, pp. 297-311.

Longatti, *Organi, organisti e organari*
Mario Longatti, *Organi, organisti e organari nelle tre pievi altolariane*, a cura della Comunità Montana Alto Lario Occidentale, Menaggio, Sampietro, 1998.

Longatti, *Carlo Cossoni*
Mario Longatti, 'Carlo Cossoni da Gravedona (1623-1700) nel terzo centenario della morte', *Archivio storico della Diocesi di Como* 11 (2000), pp. 245-262.

LUNELLI, *Di alcuni inventari*
Renato Lunelli, 'Di alcuni inventari delle musiche già possedute dal coro della parrocchiale di Merano', *Studien zur Musikwissenschaft* 25 (1962), pp. 347-362.

MAGAUDDA–COSTANTINI, *Giulio D'Alessandri*
Ausilia Magaudda – Danilo Costantini, 'Giulio D'Alessandri e il canonico Chiapetta: un caso di doppia identità', in *Barocco padano 2* (Atti di convegno: Como, 1999), a cura di Alberto Colzani, Andrea Luppi e Maurizio Padoan, Como, AMIS, 2002, pp. 305-362.

MAGAUDDA–COSTANTINI, *La «Santa Francesca romana»*
Ausilia Magaudda – Danilo Costantini, 'La «Santa Francesca romana» del rivale di Cossoni', in DAOLMI, *Cossoni*, pp. 271-302.

MALVEZZI, *I libretti*
Gustavo Malvezzi, 'I libretti di Cossoni: prime valutazioni', in DAOLMI, *Cossoni*, pp. 244-270.

MANTUANI, *Tabulae*
Tabulae codicum manu scriptorum praeter graecos et orientales in Biblioteca Palatina Vindobonensi asservatorum, vol. 9-10: Codicorum musicorum, pars 1-2, curavit Josef Mantuani, Wien, Gerold, 1897; ristampa anastatica: Graz, Akademischer Druck- und Verlagsanstalt, 1965.

MARTINI, *Serie cronologica*
Giovanni Battista Martini, *Serie cronologica de' principi dell'Accademia de' Filarmonici di Bologna*, Bologna, Lelio della Volpe, 1776; ristampa anastatica: Bologna, Forni, 1970.

MAYLENDER, *Storia delle Accademie d'Italia*
Michele Maylender, *Storia delle Accademie d'Italia*, 5 voll., Bologna, Cappelli, 1926-1930.

McGOWAN, *The Venetian printer Giuseppe Sala*
Richard A. McGowan, 'The Venetian printer Giuseppe Sala: new informations based upon archival documents', *Fontis artis musicae* 36 (1989), pp. 102-108.

MIOLI, *Dal 1649 al 1677*
Pietro Mioli, 'Dal 1649 al 1677: Arie, cantate e canzonette nell'opera di Maurizio Cazzati', in *Seicento inesplorato. L'evento musicale tra prassi e stile: un modello d'interdipendenza* (atti di convegno: Cenno-Como, 23-25 giugno 1989), a cura di Alberto Colzani, Andrea Luppi e Maurizio Padoan, Como: AMIS, 1993, pp. 411-424.

MISCHIATI, *Indici*
Oscar Mischiati, *Indici, cataloghi e avvisi degli editori e librai musicali italiani dal 1591 al 1798*, Firenze, Olschki, 1984 (Studi e testi per la storia della musica).

MORELLI, *La circolazione dell'oratorio*
Arnaldo Morelli, 'La circolazione dell'oratorio italiano nel Seicento', *Studi Musicali* 26 (1997), pp. 105-186.

MORELLI, *Musica nobile e copiosa*
Arnaldo Morelli, '«Musica nobile e copiosa di voci et istromenti»: spazio architetton-ico, cantorie e palchi in relazione ai mutamenti di stile e prassi nella musica da chiesa fra Sei e Settecento', in *Musik in Rom im 17. und 18. Jahrhundert: Kirche und Fest*, a cura di Markus Engelhardt, Laaber, Laaber, 2004 (Analecta musicologica, 33), pp. 293-333.

MORINI, *La regia Accademia Filarmonica*
Nestore Morini, *La regia Accademia Filarmonica di Bologna: monografia storica*, Bologna, Cappelli, 1930.

MORRESI, *Nuovi dati biografici*
Timoteo Morresi, 'Nuovi dati biografici su Carlo Donato Cossoni', in DAOLMI, *Cossoni*, 2007, pp. 1-15.

NOSKE, *Sacred Music*
Frits Noske, 'Sacred Music as a Miniature Drama: Two Dialogues by Carlo Donato Cossoni (1623-1700)', in *Festschrift Rudolf Bockholdt zum 60. Geburtstag*, hrsg. von Soren Meyer-Eller und Norbert Dubowy, Pfaffenhofen, Ludwig, 1990, pp. 161-181.

NOSKE, *Saints and Sinners*
Frits Noske, *Saints and Sinners: the latin musical dialogue in the seventeenth century*, Oxford, Clarendon Press, 1992.

PAGANI, *Carlo Cossoni*
Fabrizio Pagani, 'Carlo Cossoni, maestro di cappella in Duomo: una nomina contro-versa', *Civiltà ambrosiana* 16 (1999), pp. 52-66.

PAGANI, *Federico Visconti*
Fabrizio Pagani, 'Un episcopato poco conosciuto: Federico Visconti arcivescovo a Milano', in DAOLMI, *Cossoni*, 2007, pp. 67-82.

PASSADORE, *Le antologie lombarde*
Francesco Passadore, 'Le antologie lombarde a voce sola di Carlo Federico Vigoni', in *Tradizione e stile* (Atti di convegno: Como, 1987), a cura di Alberto Colzani, Andrea Luppi e Maurizio Padoan, Como, AMIS, 1989, pp. 221-253.

PATALAS, *Catalogue*
Catalogue of early music prints from the collections of the former Preussische Staatsbibliothek in Berlin, kept at the Jagiellonian Library in Cracow, ed. by Aleksandra Patalas, Kraków, Musica Iagellonica, 1999.

PICCARD, *Wasserzeichenkartei*
Gerhard Piccard, *Wasserzeichenkartei*, Hauptstaatsarchiv Stuttgart; Piccard-Online: pan.bsz-bw.de/piccard.

PICCHI, *L'archivio musicale*
Alessandro Picchi, 'L'archivio musicale del Duomo di Como', *Fonti musicali in Italia* 1, serie 1 (1987), pp. 177-179.

PICCHI, *Catalogo*
Archivio musicale del Duomo di Como: Catalogo delle opere a stampa e manoscritte dei secoli XVI-XVIII, a cura di Alessandro Picchi, Como-Baradello, Rotary Club, [1990].

PICCHI, *Sull'impiego*
Alessandro Picchi, 'Sull'impiego delle composizioni di Cossoni nella vita musicale di Como nel secolo XVII', in DAOLMI, *Cossoni*, 2007, pp. 303-310.

PITONI, *Notizia*
Ottavio Pitoni, *Notizia de' contrappuntisti e compositori di musica*, a cura di Cesarino Ruini, Firenze, Olschki, 1988 (Studi e testi per la storia della musica, 6).

PUSTERLA, *La società barocca*
G. Pusterla, *La società barocca e la musica da camera: il significato della musica profana di C. D. Cossoni,* tesi di laurea, Milano, Università Cattolica del Sacro Cuore, a.a. 1968-1969.

RISM
Répertoire international des sources musicales: Einzeldrucke vor 1800, a cura di Karlheinz Schlager, Basel, Bärenreiter, 1971–; *Recueils imprimés, XVIe-XVIIe siècles*, ed. par François Lesure, München, Henle, 1960.

ROMAGNOLI, *Il manoscritto di musica*
Angela Romagnoli, 'Il manoscritto di musica nel Seicento', in *Il libro di musica. Per una storia materiale delle fonti musicali in Europa*, a cura di Carlo Fiore, Palermo, L'Epos, 2004 (De charta, 7), pp. 215-238.

SABAINO, *Frammenti*
Daniele Sabaino, 'Frammenti di storia musicale vigevanese in alcune stampe cinque-seicentesche recentemente riscoperte nell'Archivio capitolare della cattedrale. Catalogo generale e prime osservazioni', *Vigevanum. Miscellanea di studi storici e artistici* 6 (1996), pp. 82-98.

SANTORO, *Tipografi milanesi*
Caterina Santoro, 'Tipografi milanesi del secolo XVII', *La Bibliofilia* 67 (1965), pp. 303-349.

SARTORI, *La cappella musicale*
Claudio Sartori, *La cappella musicale del Duomo di Milano: catalogo delle musiche dell'archivio*, Milano, Veneranda Fabbrica del Duomo, 1957.

SARTORI, *Giuseppe Sala*
Claudio Sartori, 'Giuseppe Sala', in *Dizionario degli editori musicali italiani*, Firenze, Olschki, 1958 (Biblioteca di bibliografia italiana, 32), p. 137.

SARTORI, *Le origini di una casa editrice*
Claudio Sartori, 'Le origini di una casa editrice veneziana', *Fontes artis musicae* 8 (1960), pp. 57-61.

SARTORI, *Un catalogo di Giuseppe Sala*
Claudio Sartori, 'Un catalogo di Giuseppe Sala del 1715', *Fontes Artis Musicae* 13 (1966),
pp. 112-116.

SARTORI, *Libretti*
Claudio Sartori, *I libretti italiani a stampa dalle origini al 1800*, 6 voll. in 7 tomi, Cuneo,
Bertola e Locatelli, 1990-1994.

SCARPETTA, *Michelangelo Grancino*
Umberto Scarpetta, 'Michelangelo Grancino maestro di cappella del Duomo di
Milano', in *La musica sacra in Lombardia nella prima metà del Seicento*, (Atti di con-
vegno: Como 1985) a cura di Alberto Colzani, Andrea Luppi e Maurizio Padoan,
Como, AMIS, 1988, pp. 245-257.

SCHNOEBELEN, *Cazzati vs. Bologna*
Anne Schnoebelen, 'Cazzati vs. Bologna: 1657-1671', *The Musical Quarterly* 57 (1971),
pp. 26-39.

SCHNOEBELEN, *Cazzati*
Anne Schnoebelen, 'Maurizio Cazzati', in www.grovemusic.com (consultato il
20.4.2008).

SCHNOEBELEN, *Monti*
Anne Schnoebelen, 'Giacomo Monti, in *Music printing and publishing*, ed. by D. W.
Krummel and Stanley Sadie, New York [et a.], W.W. Norton & company, pp. 343-344.

SCHNOEBELEN, *Silvani*
Anne Schnoebelen, 'Marino Silvani', in *Music printing and publishing*, ed. by D. W.
Krummel and Stanley Sadie, New York [et a.], W.W. Norton & company, p. 429.

SCHNOEBELEN, *Le messe bolognesi*
Anne Schnoebelen, 'Le messe bolognesi di Carlo Donato Cossoni', in DAOLMI, *Cossoni*, pp. 211-243.

SCHUBIGER, *Cossoni*
Anselm Schubiger, 'Carlo Donato Cossoni', *Monatshefte für Musikgeschichte* 3 (1871),
pp. 49-58.

Storia di Milano
Storia di Milano, 18 voll., Roma, Istituto della Enciclopedia Italiana, 1953-1996.

SIMI BONINI, *Santa Maria in Trastevere*
Eleonora Simi Bonini, *Catalogo del Fondo Musicale di Santa Maria in Trastevere,
nell'Archivio storico del vicariato di Roma. Tre secoli di musica nella basilica romana di
Santa Maria in Trastevere*, Roma, IBIMUS, 2000.

SMITHER, *What's Oratorio*
Howard E. Smither, 'What's Oratorio in Mid-Seventeenth-Century Italy?', in *Report of the Eleventh Congress Copenhagen 1972*, Copenhagen, Edition Wilhelm Hansen 1974, pp. 657-663.

TORELLI, *Carlo Donato Cossoni*
Daniele Torelli, 'Carlo Donato Cossoni e l'Ufficio «a voce sola»: gli *Inni* e le *Lamentazioni* (1668)', in DAOLMI, *Cossoni*, 2007, pp. 124-166.

TRAUB, *Die Kompositionen*
Andreas Traub, 'Die Kompositionen Carlo Donato Cossonis im Kloster Einsiedeln', in *Schweizer Jahrbuch für Musikwissenschaft* 1 (1981), pp. 93-105.

TSCHUDIN, *The Ancient Paper-Mills*
Walter Friedrich Tschudin, *The Ancient Paper-Mills of Basle and Their Marks*, Hilversum, The Paper Publications Society, 1958.

UGGÉ, *Cossoni*
Laura Uggé, *Carlo Cossoni: le cantate a una, due e tre voci opera XIII*, tesi di laurea, Cremona, Università degli Studi di Pavia, Scuola di Paleografia e Filologia Musicale, a.a. 1988-1989.

URFM
Catalogo a schede iniziato da Claudio Sartori, Ufficio ricerca fonti musicali, Milano, Conservatorio G. Verdi, online: www.urfm.braidense.it (consultato il 20.4.2008).

VACCARINI GALLARANI, *L'ambrosianità*
Marina Vaccarini Gallarani, 'L' 'ambrosianità' del contesto nella storia dell'oratorio milanese', in *L'oratorio musicale italiano e i suoi contesti (secc. XVII-XVIII)* (Atti di convegno: Perugia, 18-20 settembre 1997), a cura di Paola Besutti, Firenze, Olschki, 2002 (Quaderni della Rivista Italiana di Musicologia, 35), pp. 453-488.

VANSCHEEUWIJCK, *The Cappella Musicale*
Marc Vanscheeuwijck, *The Cappella Musicale of San Petronio in Bologna under Giovanni Paolo Colonna (1674-95). History, organization, repertoire*, Bruxelles, Institut Historique Belge de Rome, 2003 (Etudes d'histoire de l'art, 8).

WITZENMANN, *Das Fest der Heiligen Lucia*
Wolfgang Witzenmann, 'Das Fest der Heiligen Lucia an San Giovanni in Laterano', in *Musik in Rom im 17. und 18. Jahrhundert. Kirche und Fest*, a cura di Markus Engelhardt, Laaber, Laaber, 2004 (Analecta musicologica, 33), pp. 145-165.

Indice dei titoli e degli incipit

Sono riportati solo gli incipit e i titoli originali di opere di Cossoni, non quindi contraffatture o rielaborazioni, né composizioni di altri autori presenti in raccolte. I titoli che non coincidono con l'incipit corrispondente si sono indicati in corsivo.

Indice cronologico dei manoscritti

aprile 1686	CH-E, 437.3:2 (12)*
	CH-E, 437.3:3 (4)*
[aprile 1686]	CH-E, 678.4*
[aprile 1686]	CH-E, 677.30*
maggio 1686	CH-E, 437.3:2 (13)*
	CH-E, 437.3:2 (7-9)*
[maggio 1686]	CH-E, 678.19*
	CH-E, 677.24*
[giugno 1686]	CH-E, 437.3:4 (2)*
	CH-E, 677.29*
ottobre 1686	CH-E, 437.3:1 (4)*
	CH-E, 437.3:4 (6)*
[ottobre 1686]	CH-E, 678.1*
	CH-E, 678.21a (7)*
novembre 1686	CH-E, 437.3:3 (1)*
	CH-E, 437.3:2 (2-5)*
[novembre 1686]	CH-E, 677.23*
	CH-E, 678.17
	CH-E, 678.17*
	CH-E, 678.21b (9)*
dicembre 1686	CH-E, 437.3:2 (1)*
maggio 1687	CH-E, 437.3:3 (3)*
[maggio 1687?]	CH-E, 678.15*
	CH-E, 678.15
[maggio 1687]	CH-E, 678.15*
giugno 1687	CH-E, 437.3:4 (3)*
[giugno 1687]	CH-E, 677.31*
luglio 1687	CH-E, 678.21a (4)*
agosto 1687	CH-E, 437.3:3 (10)*
[agosto 1687]	CH-E, 678.6
	CH-E, 678.6*
febbraio 1688	CH-E, 437.3:3 (2)*
[febbraio 1688]	CH-E, 678.16*
agosto 1688	CH-E, 437.3:1 (2)*
settembre 1688	CH-E, 437.3:1 (3)*
	CH-E, 437.3:1 (6)*
[settembre 1688]	CH-E, 677.26
	CH-E, 677.26*
	CH-E, 678.21a (6)*
ottobre 1688	CH-E, 437.3:1 (7)*
[ottobre 1688]	CH-E, 677.20*
[1689-1696 ca.]	CH-E, 678.21b (7)
agosto 1689	CH-E, 437.3:3 (8)*
[autunno 1689]	CH-E, 677.21*
novembre 1689	CH-E, 678.8*
	CH-E, 437.3:3 (12)*
	CH-E, 437.3:1 (8)*
marzo 1690	CH-E, 437.3:3 (5)*
	CH-E, 437.3:3 (9)*

[marzo 1690]	CH-E, 678.5
giugno 1690	CH-E, 437.3:4 (4)*
novembre 1690	CH-E, 437.3:1 (1)*
[novembre 1690]	CH-E, 677.28*
aprile 1691	CH-E, 437.3:4 (8)*
[ante 1694]	CH-E, 678.21a (3)*
	CH-E, 678.21a (3)
gennaio 1696	CH-E, 437.3:6 (2)*
febbraio 1696	CH-E, 437.3:6 (1)*
[inverno 1696]	CH-E, 678.10*
[1699 ca.]	CH-E, 681.10 (2)
agosto 1699	CH-E, 437.3:4 (5)*
[agosto 1699]	CH-E, 677.32*
novembre 1699	I-COd, v-24*
[novembre 1699]	I-COd, v-24*
	I-COd, v-25*
sec. XVIII	CH-E, 677.29
	CH-E, 678.7
	CH-E, 678.9
	CH-E, 678.11
	CH-E, 678.13
	CH-E, 678.14
	CH-E, 678.21a (1)
	CH-E, 678.21b (2)
	CH-E, 678.21b (10)
	CH-E, 681.3 (1)
	CH-E, 681.7
	I-PS, B.163/1
sec. XVIII-XIX	CH-E, 199.51
	CH-E, 435.5
	CH-E, 677.28
	CH-E, 677.29
	CH-E, 678.21a (3)
	CH-E, 681.5
	CH-E, 681.8
	CH-E, 681.9
	D-MÜs, Hs. 1269
sec. XIX	CH-E, 283.6
	CH-E, 435.6
	CH-E, 435.7
	CH-E, 677.26
	CH-E, 677.28
	CH-E, 678.21a (7)
	CH-E, 681.3 (2)
	CH-E, 681.4
	CH-E, 681.6
	GB-Ob, Ms. Tenbury 333
1830	CH-E, 681.40
1872	CH-E, 287.4

Indice dei nomi

Non si riportano nomi di fantasia, divinità o santi (se non in quanto personaggi storici).
Not included are fictional characters, divinities and saints (except if mentioned as historical figures).

PUBLIKATIONEN
DER SCHWEIZERISCHEN MUSIKFORSCHENDEN GESELLSCHAFT, Serie II

Lieferbar sind:

Band 2:   Hans Peter Schanzlin, Johann Melchior Gletles Motetten
          Ein Beitrag zur schweizerischen Musikgeschichte des 17. Jahrhunderts.
          143 S., brosch. Fr. 14.– / € 11.–

Band 7:   Maria Taling-Hajnali, Der fugierte Stil bei Mozart
          131 S. mit Notenbeispielen, brosch. Fr. 18.– / € 14.–

Band 8:   Frank Labhardt, Das Sequentiar Cod. 546 der Stiftsbibliothek von St. Gallen
          und seine Quellen
          Teil I: Textband. 272 S., viele Tabellen, 5 Bildtafeln mit Faksimileseiten, brosch.
          Fr. 17.80 / € 14.–
          Teil II: Notenband. 12 S. Text und 110 S. Noten, brosch. Fr. 18.– / € 14.–

Band 9:   Hans Oesch, Berno und Hermann von Reichenau als Musiktheoretiker
          Mit einem Ueberblick über ihr Leben und die handschriftliche Ueberlieferung
          ihrer Werke.
          251 S., brosch. Fr. 24.– / € 15.30

Band 10: Salvatore Gullo, Das Tempo in der Musik des 13. und 14. Jahrhunderts
          96 S. mit 8 Notenbsp., brosch. Fr. 19.80 / € 15.50

Band 12: Theodor Käser, Die Leçon de Ténèbres im 17. und 18. Jahrhundert
          Unter besonderer Berücksichtigung der einschlägigen Werke
          von Marc-Antoine Charpentier.
          156 S. mit 118 Notenbsp., 69 Darstellungen im Text und einem Notenanhang
          von 12 S., brosch. Fr. 17.80 / € 14.–

Band 14: Pierre Tagmann, Archivistische Studien zur Musikpflege
          am Dom von Mantua 1500–1627
          99 S. und 8 Bildtafeln, brosch. Fr. 22.– / € 16.90

Band 15: Raimund Rüegge, Orazio Vecchis geistliche Werke
          107 S. mit zahlreichen Notenbsp. im Text und einem Notenanhang,
          brosch. Fr. 28.– / € 22.10

Band 16: Rudolf Häusler, Satztechnik und Form in Claude Goudimels lateinischen Vokalwerken
          136 S. mit über 150 Notenbsp., brosch. Fr. 20.– / € 17.70

Band 17: Raymond Meylan, L'Enigme de la Musique des Basses Danses du Quinzième Siècle
          121 S. mit vielen Notenbsp., brosch. Fr. 36.– / € 28.–

Band 18: Friedrich Jakob, Der Orgelbau im Kanton Zürich
          Teil I: Textband. 296 S. mit 32 Kunstdrucktafeln.
          Teil II: Quellenband 470 S.
          Beide Bände zusammen brosch. Fr. 86.– / € 67.90

Band 19: Hans-Rudolf Dürrenmatt, Die Durchführung bei Johann Stamitz (1717–1757)
          Beiträge zum Problem der Durchführung und analytische Untersuchung
          von ersten Sinfoniesätzen.
          155 S. mit zahlreichen Notenbsp., brosch. Fr. 28.– / € 22.10

Band 20: Frank Labhardt, Das Cantionale des Karthäusers Thomas Kreß
          424 S. inkl. Notenanhang, brosch. Fr. 68.– / € 53.80

Band 22: Jürg Stenzl, Die vierzig Clausulae der Handschrift Paris Bibliothèque Nationale
          Latin 15139 (Saint Victor-Clausulae).
          248 S. mit Notenbsp. und 8 Faksimilia, brosch. Fr. 38.– / € 30.30

PUBLIKATIONEN
DER SCHWEIZERISCHEN MUSIKFORSCHENDEN GESELLSCHAFT, Serie II

Band 38: Musikalische Interpretation: Reflexionen im Spannungsfeld von Notentext, Werkcharakter und Aufführung (Symposium zum 80. Geburtstag von Kurt von Fischer Zürich 1993), hrsg. v. Joseph Willimann in Zusammenarbeit mit Dorothea Baumann.
148 S., Notenbsp., brosch. Fr. 35.– / € 27.30

Band 39: Peter Sterki, Klingende Gläser Die Bedeutung idiophoner Friktionsinstrumente mit axial rotierenden Gläsern, dargestellt an der Glas- und Tastenharmonika.
230 S., 28 Abb., brosch. Fr. 57.– / € 45.–

Band 40: Heidy Zimmermann, Tora und Shira Untersuchungen zur Musikauffassung des rabbinischen Judentums
442 S., zahlreiche Notenbeispiele und Tabellen, brosch. Fr. 78.– / € 61.20

Band 41: Musik denken Ernst Lichtenhahn zur Emeritierung. 16 Beiträge seiner Schülerinnen und Schüler, hrsg. v. Antonio Baldassarre, Susanne Kübler und Patrick Müller.
313 S., zahlreiche Abb. und Notenbeispiele, brosch. Fr. 68.– / € 53.80

Band 42: Martin Kirnbauer, Hartmann Schedel und sein „Liederbuch" Studien zu einer spätmittelalterlichen Musikhandschrift (Bayerische Staatsbibliothek München, Cgm 810) und ihrem Kontext.
417 S., zahlreiche Abb. und Notenbeispiele, brosch. Fr. 79.– / € 50.60

Band 43: Felix Wörner, „… was die Methode der ‚12-Ton-Komposition' alles zeitigt …" Anton Weberns Aneignung der Zwölftontechnik 1924–1935
298 S., zahlreiche Notenbeispiele, brosch. Fr. 82.– / € 56.–

Band 44: Thomas Steiner, ed. Instruments à claviers – expressivité et flexibilité sonore. Keyboard Instruments – Flexibility of Sound and Expression
Actes des recontres harmoniques / Proceedings of the harmoniques International Congress, Lausanne 2002.
320 S., div. s/w Abbildungen, brosch. Fr. 60.– / € 41.40

Band 45: Jacqueline Waeber, ed.: La note bleue. Mélanges offerts au Professeur Jean-Jacques Eigeldinger.
392 S., zahlreiche Notenbeispiele und s/w. Abbildungen, brosch. Fr. 110.– / € 75.60

Band 46: Michael Latcham, ed.: Musique ancienne – instruments et imagination / Music of the past – instruments and imagination.
Actes des Rencontres Internationales harmoniques 2004 / Proceedings of the harmoniques International Congress 2004.
298 S., div. s/w Abbildungen, brosch. Fr. 55.– / € 36.40

Band 47: Susanne Gärtner: Werkstatt-Spuren: Die Sonatine von Pierre Boulez. Eine Studie zu Lehrzeit und Frühwerk.
408 S., zahlreiche Notenbeispiele, brosch. Fr. 97.– / € 66.30

Band 48: Luigi Collarile & Alexandra Nigito (Hrsg.): In organo pleno. Festschrift für Jean-Claude Zehnder zum 65. Geburtstag.
432 S., zahlreiche Notenbeispiele, brosch. Fr. 106.– / € 72.80

Band 49: Peter Jost (Hrsg./éd.): Arthur Honegger. Werk und Rezeption/L'œuvre et sa réception.
354 S., zahlreiche Notenbeispiele, brosch. Fr. 88.– / € 56.70

PUBLIKATIONEN
DER SCHWEIZERISCHEN MUSIKFORSCHENDEN GESELLSCHAFT, Serie II

Band 50   Jacqueline Waeber (éd.):
Musique et Geste en France de Lully à la Révolution.
Études sur la musique, le théâtre et la danse.
In Vorbereitung.

Band 51   Claudio Bacciagaluppi & Luigi Collarile:
Carlo Donato Cossoni (1623-1700). Catalogo tematico.
412 S., zahlreiche Notenbeispiele und s/w. Abbildungen, brosch. Fr. 65.– / € 60.70